AF541856

हिन्दी भाषा का समाजशास्त्र

हिन्दी भाषा का समाजशास्त्र

रवीन्द्रनाथ श्रीवास्तव

प्रधान सम्पादक

बीना श्रीवास्तव

सम्पादक

महेन्द्र

दिलीप सिंह

राधाकृष्ण प्रकाशन

ISBN : 978-81-7119-298-4

हिंदी भाषा का समाजशास्त्र (भाषा-विज्ञान)

पहला संस्करण : 1994
चौथा संस्करण : 2015
This book is printed on **Print on Demand** Technology : 2025

मूल्य : ₹995

प्रकाशक
राधाकृष्ण प्रकाशन प्राइवेट लिमिटेड
जी-17, जगतपुरी, दिल्ली-110 051
शाखाएँ : अशोक राजपथ, साइंस कॉलेज के सामने, पटना-800 006
पहली मंजिल, दरबारी बिल्डिंग, महात्मा गांधी मार्ग, प्रयागराज-211 001
1, अनमोल सोराबजी संतुक लेन, धोबी तलाव, मरीन लाइंस, मुम्बई-400 002
वेबसाइट : www.radhakrishnaprakashan.com
ई-मेल : info@radhakrishnaprakashan.com

HINDI BHASHA KA SAMAJSHASTRA
by Ravindranath Srivastava

सम्पादकीय

भाषाविज्ञान की अधुनातन प्रवृत्तियों तथा सैद्धांतिक मान्यताओं पर प्रो. रवींद्रनाथ श्रीवास्तव जैसी गहरी दृष्टि विरले भारतीय भाषावैज्ञानिकों में ही दिखाई देती है। उनके सभी प्रकाशित लेख एवं पुस्तकें उनकी सूक्ष्म शोधपरक दृष्टि तथा गहन साधना के साक्षी हैं। उन्होंने सैद्धांतिक और अनुप्रयुक्त भाषाविज्ञान के विविध पक्षों पर निरंतर चिंतन और लेखन किया। यह उल्लेखनीय और सराहनीय है कि इन पक्षों पर उनका लेखन मजबूत सैद्धांतिक पीठिका और भाषा के व्यावहारिक दृष्टांतों को साथ-साथ समेटते हुए वैचारिक लेखन की एक सम्प्रेषणीय परम्परा कायम करता है।

इसमें तो कोई संदेह ही नहीं कि उनका चिंतन-क्षेत्र अति व्यापक था और इसमें भी कि भाषावैज्ञानिक प्रश्नों पर उनकी दृष्टि एक जागरूक शोधार्थी की दृष्टि है। उनकी इस प्रखर वैचारिकता के कई कारणों में से दो कारण प्रमुख हैं–एक तो पाश्चात्य भारतीय-दर्शन के मूलभूत प्रकरणों को जाँचने-परखने की उनकी अतुलनीय मेधा और दूसरे विश्व-फलक पर उभरते समसामयिक भाषा-चिंतनों को भारतीय भाषा परिवेश में घटाकर देखने की उनकी अद्‌भुत क्षमता।

भारतीय भाषावैज्ञानिक चिंतन के ढाँचे को देखने से यह बहुत साफ दिखाई देता है कि पिछले बीस-पच्चीस वर्षों में भारत के भाषावैज्ञानिक मूलतः सैद्धांतिक भाषाविद् ही बने रहे हैं। इतना ही नहीं, इनमें से अधिकांश का चिंतन पाश्चात्य विचारों से आक्रांत भी रहा है। यही कारण है कि भारतीय संदर्भ में हिंदी भाषा से सम्बद्ध भाषावैज्ञानिक समस्याओं के वैज्ञानिक आकलन तथा सर्वस्वीकार्य समाधानों की खोज की ओर बहुत कम भाषावैज्ञानिकों का ध्यान गया।

हिंदी भाषा, साहित्य और समीक्षा का यह सौभाग्य रहा कि इन्हें केंद्र में रखकर प्रो. श्रीवास्तव ने अपने अधुनातन भाषा-चिंतन की धुरी से इन्हें बड़ी सहजता से जोड़े रखा। कई लोगों के लिए यह एक जानकारी हो सकती है कि प्रो. श्रीवास्तव ने अपने लेखन का प्रारम्भ हिंदी में सर्जनात्मक साहित्य रचकर तथा हिंदी-साहित्य-समीक्षा लिखकर किया। सम्भवतः इसीलिए हिंदी के प्रति उनके हृदय का एक कोना सदैव कोमल भावनाओं से ओतप्रोत रहा। हिंदी भाषा के प्रति उनके

इसी लगाव ने उन्हें हिंदी भाषा समुदाय, हिंदी भाषा-संरचना, हिंदी के सामाजिक संदर्भ, उसकी संवैधानिक स्थिति, मातृभाषा–द्वितीय भाषा–विदेशी भाषा के रूप में हिंदी-शिक्षण की समस्याओं, प्रयोजनमूलक हिंदी के मानकीकरण और आधुनिकीकरण के विवेचनों तथा उसके समस्त अनुप्रयुक्त पक्षों (यथा—अनुवाद के संदर्भ में, शैलीवैज्ञानिक विश्लेषण के धरातल पर, भाषा नीति की दृष्टि से आदि) पर गम्भीरता से विचार करने की ओर प्रेरित किया।

प्रस्तुत पुस्तक उनके इसी लगाव से उपजे वैचारिक-मंथन का परिणाम है। हम तो उनके श्रम को इस अथाह वेदना के साथ आप सुधी पाठकों के समक्ष लाने का निमित्त मात्र हैं कि काश ! यह पुस्तक आदरणीय डॉक्टर साहब के जीवन-काल में प्रकाशित हो पाती।

वेदना की इस अनुभूति से संतोष का यह भाव भी आ जुड़ा है कि प्रो. श्रीवास्तव के विचार एक स्थान पर एकत्रित मिल सकेंगे। प्रो. श्रीवास्तव द्वारा आधुनिक भाषावैज्ञानिक परिप्रेक्ष्य पर हिंदी में लिखित प्रकाशित-अप्रकाशित छिटपुट आलेखों को पाँच पुस्तकों की एक शृंखला के रूप में प्रकाशित करने की योजना कार्यान्वित की जा रही है। इस शृंखला में 'हिंदी भाषा का समाजशास्त्र', 'हिंदी भाषा : संरचना के विविध आयाम', 'अनुप्रयुक्त भाषाविज्ञान : सिद्धांत एवं प्रयोग', 'भाषाविज्ञान : सैद्धांतिक चिंतन' और 'सर्जनात्मक साहित्य' नामक पुस्तकें प्रकाशित होंगी। इसी प्रकार अंग्रेजी में भी लगभग सात पुस्तकों की एक शृंखला के प्रकाशन की योजना है।

इन सभी पुस्तकों में प्रो. श्रीवास्तव के विविध विषय-क्षेत्रों में उनके सार्थक दृष्टिकोण को उद्‌घाटित करनेवाले आलेख संकलित होंगे। इस योजना के पीछे हमारा यह संकल्प है कि प्रो. श्रीवास्तव के वैचारिक-मानस की क्रमबद्ध सामग्री भाषा और भाषाविज्ञान के छात्रों, शोधकर्मियों तथा अध्येताओं को एक स्थान पर प्राप्त हो सके तथा हिंदी में और हिंदी पर उनका विवेचन यह स्पष्ट कर सके कि हिंदी के बौद्धिक-शैक्षिक-आधुनिक विकास में उनका योगदान कितना बहुमूल्य और अतुलनीय है।

हमारा पूर्ण विश्वास है कि इस पुस्तक का स्वागत उसी प्रकार होगा, जैसा उनकी अन्य प्रकाशित पुस्तकों का हुआ है।

प्रस्तावना

भाषा का समाज-संदर्भित अध्ययन ही आज 'वास्तविक' भाषाविज्ञान की मान्यता प्राप्त कर चुका है। इतना ही नहीं, सामाजिक संदर्भों के अभाव में आज भाषा-अध्ययन को अधूरा भी माना जाने लगा है। समाज-संदर्भित इस भाषा-अध्ययन के सम्प्रति दो क्षेत्र पूर्ण विकसित हैं—समाजभाषाविज्ञान और भाषा का समाजशास्त्र। समाजभाषाविज्ञान, भाषावैज्ञानिक अध्ययन का वह क्षेत्र है जो भाषा और समाज के बीच पाए जानेवाले हर प्रकार के सम्बन्धों का अध्ययन-विश्लेषण करता है। वह भाषा की संरचना और प्रयोग के उन सभी पक्षों एवं संदर्भों का अध्ययन करता है जिनका सम्बन्ध सामाजिक एवं सांस्कृतिक प्रकार्य के साथ होता है। अतः इसके अध्ययन-क्षेत्र के भीतर विभिन्न सामाजिक वर्गों की भाषिक अस्मिता, बहुभाषिकता का सामाजिक आधार, भाषा-नियोजन जैसे भाषा-अध्ययन के वे सभी संदर्भ आ जाते हैं जिनका सम्बन्ध सामाजिक संस्थान से रहता है।

भाषा का समाजशास्त्र, मूलतः इस लक्ष्य और उद्देश्य को साधता है कि 'भाषा-अध्ययन' के माध्यम से हम सामाजिक संरचना की तहों तक पहुँच सकें तथा भाषायी लक्षणों के माध्यम से सामाजिक संगठन के लक्षणों की परख कर सकें। यह क्षेत्र भाषा, उसकी बोलियों एवं इनके प्रयोगगत विकल्पनों को व्यापक सामाजिक घटकों से सम्बद्ध करके देखने की दृष्टि भी हमें प्रदान करता है। अल्पसंख्यक-भाषा समुदायों की भाषाओं का मिश्रण, स्थिर बहुभाषिकता का विकास, भाषा का मानकीकरण और आधुनिकीकरण, भाषा-विकास में भाषा-नियोजन की भूमिका आदि कुछ अध्ययन-क्षेत्र 'भाषा का समाजशास्त्र' के अंतर्गत आते हैं।

भाषा और समाज के अंतस्सम्बन्धों को विवेचित-विश्लेषित करनेवाला यह अध्ययन-क्षेत्र अपने सैद्धांतिक परिप्रेक्ष्य और अपनी विवेचन-प्रणाली में विशिष्ट प्रकृति का है। इसीलिए यह न तो मात्र समाजशास्त्र और भाषाविज्ञान के अवमिश्रण का परिणाम है और न ही सामाजिक व्यवस्था और भाषिक व्यवस्था की कोई सहसंकल्पना है; बल्कि यहाँ यह माना जाता है कि भाषा, समाजसापेक्ष प्रतीक-व्यवस्था है और इस प्रतीक-व्यवस्था के मूल में ही सामाजिक तथ्य प्रकृतितः निहित रहते हैं। अतः इन क्षेत्रों में भाषा को शुद्ध भाषिक प्रतीकों की व्यवस्था नहीं माना

जाता, (जैसाकि सैद्धांतिक भाषा वैज्ञानिकों का एक वर्ग स्वीकार करता है) बल्कि यहाँ भाषा को सामाजिक प्रतीकों की एक उपव्यवस्था के रूप में परिभाषित किया जाता है।

तभी तो हम किसी एक व्यक्ति के लिए कहते हैं–'आप इधर आइए' तो दूसरे व्यक्ति से बोलते हैं–'तू इधर आ।' प्रतिष्ठा-प्राप्त डॉक्टर या प्रोफेसर से कहते हैं–'कृपया आप बताइए कि' जबकि किसी धोबी या मोची से बात करते हुए बोलते हैं–'तू यह बता कि।' इसी प्रकार अपने माता-पिता या दादा-नाना से बहुवचन का प्रयोग करते हुए बोलते हैं–'आप यहाँ बैठें', जबकि छोटे बेटे-बेटी या नाती-पोतों से बातचीत करते समय एकवचन का प्रयोग करते हुए कहते हैं–'तू यहाँ बैठ' या फिर 'तुम यहाँ बैठो।' अतः यहाँ 'तू, तुम या आप' में से किसी एक के प्रयोग का चयन अथवा एकवचन या बहुवचन में से एक के स्थान पर दूसरे के चयन के पीछे का निर्धारक तत्त्व भाषा-प्रयोग का सामाजिक बोध ही है।

इस प्रकार भाषा, भाषा-प्रयोक्ता की सोच, उसके सामाजिक सम्बन्धों तथा उसके सामाजिक परिवेश को उद्घाटित करने में एक महत्त्वपूर्ण भूमिका निभाती है। भारत जैसे बहुभाषिक और बहुसांस्कृतिक राष्ट्र के संदर्भ में तो भाषा का समाज संदर्भित अध्ययन और भी सार्थक सिद्ध होता है। साथ ही राष्ट्रीय स्तर पर हिंदी भाषा-समुदाय, उसकी अधीनस्थ बोलियाँ, उसकी साहित्यिक शैलियाँ तथा उसके प्रयोजनमूलक विकल्पों के समूह हिंदी भाषा के समाज संदर्भित अध्ययन को प्रचुर सामग्री उपलब्ध कराते हैं। इस धरातल पर यहाँ शुद्ध भाषावैज्ञानिकों और समाजभाषावैज्ञानिकों के वैचारिक भेद को देखना भी असमीचीन न होगा। इन दोनों दृष्टियों के भेद का मूल कारण भाषा को भिन्न ढंग से देखने की दृष्टि का ही परिणाम कहा जा सकता है।

दोनों के मूलभूत भेदों को देखें तो पहले स्तर पर यह स्पष्ट होता है कि शुद्ध भाषाविज्ञान, भाषा का अध्ययन 'भाषा, भाषा के लिए' के आधार पर करता है इसीलिए इसका प्रमुख कार्य भाषा की अपनी आंतरिक व्यवस्था पर प्रकाश डालना होता है। यह अपने अध्ययन को इस प्रश्न से जोड़ता है कि 'भाषा स्वयं में क्या है ?' इसके विपरीत समाज-संदर्भित भाषा-अध्ययन भाषा को सम्प्रेषण-व्यवस्था का एक अन्यतम साधन मानता है और 'सम्प्रेषण के लिए भाषा' का अध्ययन करता है। इस दृष्टि-भेद के परिणामस्वरूप ही शुद्ध भाषाविज्ञान के लिएं भाषा ही उसकी सम्पूर्ण इकाई है और उसके अध्ययन का संदर्भ भी; जबकि समाजभाषाविज्ञान के लिए भाषा एक इकाई तो है परंतु उसके अध्ययन का संदर्भ क्योंकि सम्प्रेषण है अतः वह इकाई अपने में सम्पूर्ण नहीं, भाषायी समाज के अपने भाषायी कोश का वह मात्र एक अंग है। इस धरातल पर यदि हिंदी भाषा को

समझना हो तो सबसे पहले हमें 'हिंदी भाषायी समाज की संकल्पना' स्पष्ट करनी होगी और फिर इस समाज के व्यक्ति जिन-जिन भाषाओं, बोलियों और शैलियों का प्रयोग करते हैं उनके समुच्चय (भाषायी कोश) का निर्धारण करना होगा (यथा–हिंदी-उर्दू, खड़ी बोली और अन्य क्षेत्रीय बोलियाँ, संस्कृतनिष्ठ उच्च हिंदी और बोलचाल की हिंदुस्तानी, सामाजिक शैलियाँ आदि।)

दूसरे स्तर पर हम यड़ देख सकते हैं कि शुद्ध भाषाविज्ञान भाषाविश्लेषण की महत्तम इकाई 'वाक्य' को मानता है और इस प्रकार वह भाषा को 'एकालाप' की भाँति देखता है, जबकि समाज संदर्भित भाषा-अध्ययन की दृष्टि में विश्लेषण की महत्तम इकाई 'शाब्दिक घटना' या 'प्रोक्ति' होती है। इस प्रकार वह भाषा के मूल में 'वार्तालाप' की सत्ता को स्वीकार करता है। इसकी मान्यतानुसार मनुष्य केवल 'बोलनेवाला' पशु न होकर 'बातचीत करनेवाला प्राणी' है। इसकी यह भी मान्यता है कि जिस प्रकार वाक्य, व्याकरण की सार्थक इकाई है, उसी प्रकार 'शाब्दिक घटना', सम्प्रेषण-व्यवस्था की सार्थक इकाई है।

तीसरे स्तर पर देखें तो हम यह पाते हैं कि शुद्ध भाषाविज्ञान अपने अध्ययन में 'कथ्य' और अभिव्यक्ति के सम्बन्धों को केंद्र में रखता है। इस प्रकार उसकी सामग्री व्याकरण है। व्याकरण के आधार पर ही वह यह पता लगाता है कि भाषा की प्रकृति क्या है। समाज़-संदर्भित भाषा-अध्ययन केवल भाषाओं के व्याकरण तक ही अपने को सीमित नहीं करता। इसका उद्देश्य व्यापक होता है–भाषा के सम्पूर्ण रूप का अध्ययन करना। अतः 'भाषा क्या है ?' इस प्रश्न के साथ-साथ इस प्रश्न का उत्तर भी ढूँढ़ता है कि "भाषा किन-किन प्रयोजनों के लिए प्रयुक्त होती है।"

भेद के चौथे स्तर पर हम पाते हैं कि शुद्ध भाषाविज्ञान की प्रकृति भाषिक नियमों की खोज पर आधारित है, इसीलिए वह मनुष्य के भाषिक व्यवहार को नियम-नियंत्रित मानता है। इतना ही नहीं, इसके लिए वह भाषा सम्बन्धी नियम बनाता भी है। इसके विपरीत समाजभाषाविज्ञान भूमिकाजन्य भाषा-प्रयोगों के नियमों की खोज करता है, अर्थात् वह यह देखना चाहता है कि अगर नौकर अपने मालिक को 'आप' द्वारा सम्बोधित करता है तब मालिक, नौकर को किस रूप में सम्बोधित कर सकता है। कब, कौन, किससे 'आज्ञात्मक वाक्य' कह सकता है और कब 'अनुरोधपरक वाक्य'। इस प्रकार समाज-संदर्भित भाषा-अध्ययन की दृष्टि मूलतः वक्ता और श्रोता के आपसी सामाजिक सम्बन्धों पर केंद्रित रहती है। इसीलिए वह यह मानता है कि वक्ता और श्रोता के परस्पर सामाजिक सम्बन्ध भाषा-प्रयोग में भिन्नता ला सकते हैं।

भेद का पाँचवाँ स्तर यह है कि शुद्ध भाषाविज्ञान 'रूप' और 'प्रकार्य' के सम्बन्ध के बीच 'रूप' को प्रमुखता देता है। इस प्रकार 'भाषिक रूपों' का अध्ययन

ही उसका लक्ष्य होता है, इसीलिए उसने अपने अध्ययन की सीमा 'भाषिक क्षमता' को माना है। इसके विपरीत समाजभाषाविज्ञान 'प्रकार्य' को प्रमुख मानता है। भाषिक क्षमता के स्थान पर वह 'सम्प्रेषण क्षमता' को अपने अध्ययन का क्षेत्र स्वीकार करता है।

भाषा को सम्प्रेषण, बोधगम्यता और प्रकार्यों के धरातल पर विवेचित करनेवाली अध्ययन-दृष्टि का फलक अति व्यापक है। सम्भवतः यही कारण है कि सम्प्रति उसके तीन अभिविन्यास अपने-अपने आयामों के पूर्ण विकास के साथ आज के भाषिक चिंतन में उपस्थित हैं। इन तीनों अभिविन्यासों को इस क्षेत्र में कार्य करनेवाले विद्वानों का 'लक्ष्यकेंद्रित भेद' भी कहा जा सकता है अथवा इन्हें समाज भाषावैज्ञानिक अध्ययन के तीन 'निश्चित दृष्टिकोण' की संज्ञा भी दी जा सकती है। ये तीन अभिविन्यास हैं–भाषा का समाजशास्त्र, समाजोन्मुख भाषाविज्ञान और (समाज) भाषाविज्ञान। आधुनिक भाषाविज्ञान के इन तीनों अभिविन्यासों पर प्रो. रवींद्रनाथ श्रीवास्तव की तीव्र और शोधपरक दृष्टि सदैव रही। वास्तव में हिंदी भाषा के संदर्भ में उसके समाज संदर्भित अध्ययन की नींव ही उन्होंने डाली और फिर निरंतर उस पर वे भिन्न पक्षों और दृष्टियों के भित्ति और कंगूरे निर्मित करते चले गए। इन तीनों वर्गों के मूल भेदों के प्रति ही प्रो. श्रीवास्तव जागरूक नहीं दिखाई देते, बल्कि भारतीय भाषायी स्थिति तथा हिंदी भाषा के 'डॉटा' के माध्यम से वे अपने विचारों पर प्रामाणिकता और मौलिकता की मुहर भी लगा देते हैं। भाषा का समाजशास्त्र वे उस शास्त्र को मानते थे जो भाषा के उन प्रश्नों को अपने अध्ययन का लक्ष्य बनाता है, जिनका सम्बन्ध समाज एवं उनके संस्थान से रहता है। उनका यह दृढ़ मत था कि भाषा केवल विचारों की अभिव्यक्ति का माध्यम नहीं होती, वह स्वयं में वह कथ्य है जो सामाजिक अस्मिता के साथ-साथ द्वेष का कारण भी बन सकता है। उनका यह भी मानना था कि भाषा, सामाजिक पद के सूचक के रूप में भी कार्य करती है और अन्य सामाजिक वर्गों के प्रति विभिन्न दृष्टिकोणों को भी व्यक्त करती है। भाषा का समाजशास्त्र इन सभी पक्षों का अध्ययन करता है। इसके साथ हां समाज में किस भाषा को राजभाषा बनाया जाए, किसे शिक्षा की माध्यम भाषा के रूप में स्वीकृत किया जाए आदि नीतिपरक प्रश्नों के साथ-साथ वह भाषा-नियोजन के अन्य पक्षों पर भी विचार करता है; यथा–मानकीकरण, आधुनिकीकरण आदि। अभिविन्यास के इस धरातल पर इस संकलन में प्रो. श्रीवास्तव के 'हिंदी भाषा और राष्ट्रीय एकीकरण', 'हिंदी और मानकीकरण के विविध संदर्भ', 'नियोजन और भाषा-नियोजन' और 'भारत की सम्पर्क भाषा और हिंदी' जैसे कई आलेखों को समाहित किया गया है।

समाजोन्मुख भाषाविज्ञान को परिभाषित करते हुए प्रो. श्रीवास्तव ने भाषा-भेद का प्रमुख कारण सामाजिक प्रकार्य को माना है, इसीलिए समाजोन्मुख

भाषाविज्ञान भाषा को सामाजिक प्रतीक मानते हुए उसका विश्लेषण करता है। इस अभिविन्यास के सभी अध्येता विद्वान भाषा और समाज की संकल्पनाओं को एक-दूसरे के घात-प्रतिघात के रूप में देखते हैं। इस पुस्तक में 'भारतीय बहुभाषिकता : विचार, रूढ़ियाँ और वास्तविकता' और 'बहुभाषिकता और उसके विविध आयाम' जैसे शोध-पत्रों के माध्यम से प्रो. श्रीवास्तव ने भाषा और समाज के परस्पर घात-प्रतिघात को भारतीय भाषा परिवेश में घटाकर देखा है।

(समाज) भाषाविज्ञान के प्रवर्तक के रूप में प्रो. श्रीवास्तव ने विलियम लेवॉब को मान्यता दी है और उनका अपना यह मत है कि भाषा और समाज के अंतस्सम्बन्धों को भाषाविज्ञान से अलग नहीं किया जा सकता। उनकी यह भी मान्यता है कि क्योंकि भाषा एक सामाजिक वस्तु है, अतः उसकी मूल प्रकृति में ही सामाजिक तत्त्व अंतर्भुक्त रहते हैं, ये ही तत्त्व भाषा को विषम-रूपी और विकल्पन-युक्त बनाते हैं। भाषा-व्यवहार में प्राप्त इन विकल्पनों का अध्ययन ही भाषा की वास्तविक प्रकृति का उद्‌घाटन कर सकता है। अभिविन्यास के इस स्तर पर प्रस्तुत संकलन में प्रो. श्रीवास्तव के 'भाषा और समाज का अन्तस्सम्बन्ध', 'समाजभाषाविज्ञान : स्वरूप और प्रकृति', 'आधुनिक भाषाविज्ञान का सामाजिक संदर्भ : एक सर्वेक्षण' आदि आलेखों को स्थान दिया गया है।

यह हिंदी भाषा का सौभाग्य है कि प्रो. श्रीवास्तव ने अपने अकादमिक क्रिया-कलापों में हिंदी भाषा, हिंदी भाषा समुदाय तथा हिंदी के विविध प्रकार्यों को सदैव केंद्रीय स्थान प्रदान किया। भारतीय भाषा समुदाय की वैविध्यपूर्ण प्रकृति के साथ उनकी पारखी दृष्टि बराबर हिंदी भाषा की क्षेत्रीय, सामाजिक और राष्ट्रीय भूमिकाओं की परख करती रही। इस संकलन के सभी आलेख उनकी इस दृष्टि के परिचायक हैं। 'राजभाषा' हिंदी का प्रश्न उसके अक्षेत्रीय संदर्भों को उभारता है तो जनव्यवहार की भाषा या सम्पर्क भाषा हिंदी का प्रश्न उसकी जनपदीय, राष्ट्रीय एवम् अंतर्राष्ट्रीय भूमिकाओं की ओर हमारा ध्यान आकर्षित करता है। इन दोनों दिशाओं की सोच से जुड़े आलेख प्रो. श्रीवास्तव के व्यापक चिंतन का प्रतिबिंब हैं। इसके साथ ही हिंदी भाषा के विकास-क्रम में 'हिंदी' शब्द को लेकर जो भ्रांतियाँ व्याप्त हैं, उनका समाधान भी इस संकलन के कुछ आलेख करते हैं। इन आलेखों में हिंदी-उर्दू के प्रश्न को, हिंदी को सामाजिक अस्मिता की माध्यमभाषा मानने के पक्ष को तथा भाषा और बोली के संदर्भ में हिंदी और उसकी बोलियों के सह-सम्बन्धों के प्रश्न को तार्किक और वैज्ञानिक ढंग से प्रस्तुत किया गया है।

एक प्रकार से हिंदी भाषा के समाजशास्त्र पर यह पहली पुस्तक है। भाषा के समाजशास्त्र से सम्बद्ध प्रमुख सैद्धांतिक और वैचारिक बिंदु हिंदी भाषा के दृष्टांतों और उदाहरणों द्वारा इस पुस्तक के प्रत्येक आलेख में प्रकट हुए हैं। पुस्तक केवल

समाज-संदर्भित भाषा-अध्ययन के महत्त्व को ही उजागर नहीं करती, बल्कि इस धारणा को भी पुष्ट और प्रमाणित करती है कि हिंदी भाषा केवल भाषा-व्यवहार की वास्तविकता ही नहीं, भाषा प्रयोक्ता की अभिवृत्तिपरक यथार्थता भी है। पुस्तक का प्रत्येक आलेख प्रो. श्रीवास्तव की सुचिंतित अध्ययन-प्रणाली का स्वतः प्रमाण है। हिंदी जैसी व्यापक व्यवहार क्षेत्र की भाषा को उसके समाजशास्त्रीय परिप्रेक्ष्य में विवेचित कर पाना सहज नहीं है। विभिन्न व्यावहारिक समस्याओं से घिरी हुई एक वैविध्यपूर्ण भाषा का इतना सटीक सार्थक और वैज्ञानिक विवेचन कर पाना उनके जैसे मनीषी भाषाविद् के लिए ही सम्भव था।

यह पुस्तक हिंदी भाषा के समाजशास्त्र पर पाठकों को बहुत कुछ सोचने को देगी, ऐसा हमारा विश्वास है। हमारी कामना और आकांक्षा है कि यह पुस्तक हिंदी भाषा से जुड़े सजग अध्येताओं को उस पड़ाव से आगे जाने को प्रेरित करे, जिस पड़ाव पर प्रो. श्रीवास्तव हमें छोड़ गए हैं।

–दिलीप सिंह

अनुक्रम

खंड : क 15

1. भाषा और समाज का अंतस्सम्बन्ध : सैद्धांतिक विवेचन 17
2. भाषा-अध्ययन के तीन संकल्पनात्मक युग्म 32
    (क) भाषा-व्यवस्था एवं भाषा-व्यवहार 32
    (ख) भाषा और बोली 34
    (ग) एककालिक और कालक्रमिक अध्ययन 39
3. आधुनिक भाषाविज्ञान का सामाजिक संदर्भ : एक सर्वेक्षण 42
4. समाजभाषाविज्ञान : स्वरूप एवं प्रकृति 72

खंड : ख 85

5. हिंदी भाषा : परिभाषा के कुछ संदर्भ 87
6. सामाजिक अस्मिता का सवाल और हिंदी 102
7. सामाजिक अस्मिता और हिंदी-उर्दू का सवाल 106
8. भारत की सम्पर्क भाषा और हिंदी 118
9. हिंदी का जनपदीय, राष्ट्रीय और अंतर्राष्ट्रीय संदर्भ 131
10. भाषाई क्रांति और जनपदीय भाषाएँ 138
11. हिंदी भाषा और राष्ट्रीय एकीकरण 157

खंड : ग 171

12. नियोजन और भाषा-नियोजन 173
13. हिंदी और मानकीकरण के विविध संदर्भ 184
14. हिंदी और आधुनिकीकरण 192
15. भाषा-अनुरक्षण और भाषा-विस्थापन 215

खंड : घ 231

16. बहुभाषिकता और उसके विभिन्न आयाम 233
17. भारतीय बहुभाषिकता : विचार रूढ़ियाँ और वास्तविकता 239
18. बहुभाषिकता और हिंदी भाषायी समाज 265

परिशिष्ट 275

1. भारत का भाषायी खाका 277
2. हिंदी का अंतर्राष्ट्रीय संदर्भ 289
3. हिंदी का अंतर्राष्ट्रीय विश्वविद्यालय : विश्व हिंदी विद्यापीठ 294

खंड : क

1. भाषा और समाज का अंतस्सम्बन्ध : सैद्धांतिक विवेचन
2. भाषा-अध्ययन के तीन संकल्पनात्मक युग्म
    (क) भाषा-व्यवस्था एवं भाषा-व्यवहार
    (ख) भाषा और बोली
    (ग) एककालिक और कालक्रमिक अध्ययन
3. आधुनिक भाषाविज्ञान का सामाजिक संदर्भ : एक सर्वेक्षण
4. समाजभाषाविज्ञान : स्वरूप एवं प्रकृति

1

भाषा और समाज का अंतस्सम्बन्ध : सैद्धांतिक विवेचन

[1]

भाषा अध्ययन की आज दो स्पष्ट दृष्टियाँ उभरकर सामने आई हैं। एक दृष्टि भाषा का अध्ययन 'भाषा, भाषा के लिए' के आधार पर करती है। उसका लक्ष्य भाषा की अपनी आंतरिक व्यवस्था पर प्रकाश डालना है। वह अपने अध्ययन को केवल इस प्रश्न से जोड़ती है कि 'भाषा स्वयं में है क्या ?' दूसरी दृष्टि भाषा को सम्प्रेषण-व्यवस्था का एक अन्यतम साधन मानती है। अतः वह भाषा का अध्ययन केवल 'भाषा के लिए' के सिद्धांत के आधार पर नहीं करती, वह तो 'सम्प्रेषण के लिए' भाषा का अध्ययन करने के पक्ष में है। इस दूसरी दृष्टि के अनुसार भाषा, सम्प्रेषण-व्यवस्था का अन्यतम उदाहरण है। सम्प्रेषण मूलतः एक सामाजिक प्रक्रिया है। सामाजिक प्रक्रिया का परिणाम होने के कारण भाषा अपने व्यवहार में विषमरूपी (हैटेरोजीनियस) होने के लिए बाध्य है। मनुष्य केवल 'वाक्पशु' (स्पीच एनिमल) ही नहीं, वरन् सामाजिक पशु (सोशल एनिमल) भी है। वह समाज में रहने की नियति लेकर पैदा होता है। उसकी अपनी सत्ता हमेशा सामाजिक संदर्भों की माँग करती है। इसलिए भाषा को मानव-मन की आंतरिक प्रकृति और बाह्य सामाजिक संदर्भों की द्वंद्वात्मक प्रक्रिया का परिणाम माना जा सकता है।

भाषा और समाज के अंतस्सम्बन्धों को भी देखने की दो प्रमुख दृष्टियाँ हैं। एक दृष्टि का सम्बन्ध 'भाषा के समाजशास्त्र' से है और दूसरी दृष्टि का सम्बन्ध 'समाजोन्मुख भाषाविज्ञान' से है। भाषा का समाजशास्त्र, भाषा के उन प्रश्नों को अध्ययन का लक्ष्य बनाता है जिनका सम्बन्ध समाज एवं उसके संस्थान से रहता है। यह बात ध्यान देने की है कि भाषा केवल विचारों की अभिव्यक्ति का माध्यम ही नहीं होती, वह स्वयं में वह कथ्य भी है जो सामाजिक अस्मिता और द्वेष

का कारण बनता है, सामाजिक पद के सूचक के रूप में काम करता है और अन्य सामाजिक वर्गों के प्रति विभिन्न दृष्टिकोणों को व्यक्त करता है। भाषा का समाजशास्त्र इन सभी पक्षों का अध्ययन करता है। उदाहरण के लिए किस भाषा को राजभाषा बनाया जाए, किसे शिक्षा की माध्यम भाषा के रूप में स्वीकृत किया जाए आदि नीतिपरक प्रश्नों के साथ-साथ वह भाषा-नियोजन के अन्य पक्षों पर भी विचार करता है, यथा—मानकीकरण, आधुनिकीकरण आदि।

समाजोन्मुख भाषाविज्ञान भाषा को सामाजिक प्रतीक मानते हुए उसका विश्लेषण करता है। वह भाषा और समाज की संकल्पना को एक-दूसरे के घात-प्रतिघात के रूप में देखता है और यह मानता है कि भाषाभेद और भाषाविकल्पन का आधार सामाजिक प्रकार्य होता है। भाषा स्वयं में एक सामाजिक वस्तु है। अतः उसकी मूल प्रकृति में ही सामाजिक तत्त्व अंतर्भुक्त रहते हैं, यही तत्त्व भाषा को विषमरूपी और विकल्पवत् बनाते हैं। भाषा-व्यवहार में प्राप्त इन विकल्पनों का अध्ययन न केवल भाषा और समाज के अंतस्सम्बन्धों की ओर संकेत करता है, अपितु भाषा की वास्तविक प्रकृति का उद्घाटन भी करता है।

भाषा अपने व्यवहार में विषमरूपी है, क्योंकि उसमें भाषा प्रयोग के अनेक 'विकल्पन' (वैरिएशन) मिलते हैं। यह भी ध्यान देने की बात है कि ये विकल्पन, न तो यादृच्छिक होते हैं और न ही किसी त्रुटि के परिणाम। इसीलिए भाषावैविध्य के भीतर निश्चित व्यवस्था या पैटर्न देखा जा सकता है। भाषा-विकल्पन सामाजिक अर्थ का प्रकाशक भी है और भाषा-विकास का प्रभावकारी उपकरण भी। वह न तो भाषिक क्षमता को दूषित करता है और न ही खंडित। नियमसापेक्ष्य होने के कारण विकल्पन, भाषिक व्यवस्था के भीतर 'उपव्यवस्था' का निर्माण करता है। इस संदर्भ में यह कहा जा सकता है कि भाषा अपने अमूर्त और कल्पित रूप में ही 'एक' व्याकरण (अर्थात् समरूप भाषा-व्यवस्था) की धारणा सामने लाती है। क्योंकि जितने प्रकार के भाषाभेद दिखलाई पड़ते हैं, उन सभी से सम्बद्ध एक व्याकरण देखा जा सकता है। अतः किसी भाषाविशेष का व्याकरण मूलतः भाषाव्यवहार संदर्भित भाषाभेदों के 'व्याकरण का समूह' (शीफ़ ऑफ ग्रामर्स) होता है। 'एक' व्याकरण की संकल्पना या तो भ्रामक है अथवा वह इस 'व्याकरणिक समूह' पर आरोपित अधिरचना (सुपर-स्ट्रक्चर) है।

भाषा वैविध्य, भाषा-व्यवहार के कई स्तरों पर और कई संदर्भों में दिखाई देता है। भाषा-शिक्षण में विकल्पन के जिन संदर्भों की जानकारी की आवश्यकता पड़ती है, उन पर संक्षेप में यहाँ विचार कर लेना असमीचीन न होगा। वर्गीकरण के रूप में इनको आगे दिए गए खाके में देखा जा सकता है :

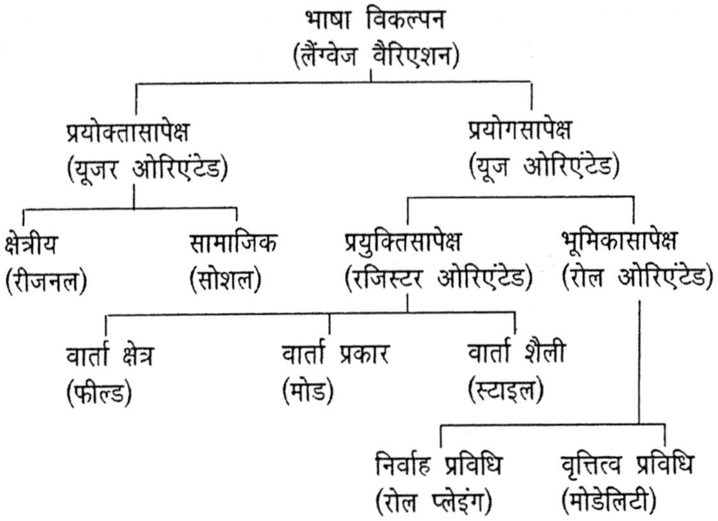

प्रयोक्ता सापेक्ष विकल्पन

जिस भाषाभेद का कारण 'वक्ता' होता है, उसे प्रयोक्तासापेक्ष विकल्पन कहा जा सकता है। जब यह भाषाभेद वक्ता के रहने के स्थान (भौगोलिक क्षेत्र) का परिणाम होता है तब उसको 'क्षेत्रीय शैली' (रीजनल स्टाइल) के अंतर्गत रखा जाता है। क्षेत्रीय शैली के हम हिंदी में कई उदाहरण देख सकते हैं। एक क्षेत्र में हम 'ऐ', 'औ' ध्वनियों को मूल स्वर के रूप में बोलते हैं तो दूसरे क्षेत्र में संध्यक्षर के रूप में (पैसा-पइसा, और-अउर), एक स्थान पर हम संख्यावाचक शब्दों में 'ई' का प्रयोग करते हैं तो दूसरे स्थान पर 'ए' का (इक्कीस-एक्कीस, इकसठ-एकसठ, इक्यासी-एक्कासी)। एक क्षेत्र में कुछ शब्दों में हम अनुस्वार का प्रयोग पाते हैं तो दूसरे क्षेत्र में अनुनासिक का (पाण्डे-पाँडे; साण्ड-साँड)। शब्दों के स्तर पर भी यह भेद देखा जा सकता है। एक क्षेत्र में हम जिसे 'जुराब' कहते हैं, दूसरे क्षेत्र में उसी को 'मोजा', एक भाग में 'घीया' और 'तोरी' कहते हैं तो दूसरे भाग में 'लौकी' और 'नेनुआ'। जब भाषाभेद का आधार वक्ता का सामाजिक (उच्च, मध्य, निम्न वर्ग) अथवा शैक्षिक-सांस्कृतिक (शिक्षित, अर्द्धशिक्षित, अशिक्षित) स्तरभेद होता है तब वह 'सामाजिक शैली' (सोशल स्टाइल) के अंतर्गत रखा जाता है। बोलते समय अंग्रेजी या संस्कृत के शब्दों या अभिव्यक्तियों के प्रयोग या आगत शब्दों के उच्चारण (जैसे गेंद के लिए 'बाल' या 'बॉल', महाविद्यालय के लिए 'कॉलेज' या 'कालिज' और स्टेशन के लिए 'इस्टेशन' या 'टेसन', 'टीसन', शहर के लिए 'शेहर, सहर') से आनेवाले शैलीभेद इसके कुछेक उदाहरण हैं।

प्रयोगसापेक्ष विकल्पन

अगर प्रयोक्तासापेक्ष भाषाभेद यह बताता है कि किसी भाषायी समाज के सदस्य के रूप में 'वक्ता' की सत्ता का क्षेत्रीय या सामाजिक आधार क्या और कैसा है, तब प्रयोगसापेक्ष विकल्पन यह बताता है कि हम किस विषय पर किस माध्यम से बात कर रहे हैं और हम बात करने में किस शैली या प्रविधि को अपना रहे हैं। इसको समझने की सुविधा के लिए दो भागों में विभाजित कर सकते हैं : (अ) प्रयुक्तिसापेक्ष, और (आ) भूमिकासापेक्ष।

प्रयुक्तिसापेक्ष विकल्पन

विभिन्न व्यावहारिक संदर्भों में भाषा भिन्न रूप ग्रहण करती है। इस प्रकार के भाषाभेद को पकड़ने के लिए भाषाविज्ञान में प्रयुक्ति (रजिस्टर) की संकल्पना लाई गई। भाषा अपनी प्रकृति में एक लचीली व्यवस्था है और 'प्रयुक्ति' की संकल्पना यह देखने का परिणाम है कि निर्दिष्ट परिस्थितियों में पड़कर उसके प्रयोक्ता, भाषा की इस लचीली सम्भावना के साथ 'करते क्या हैं'। परिस्थिति से बँधकर वे जिस भाषाभेद को जन्म देते हैं वस्तुतः वही 'प्रयुक्ति' का आधार बनता है। अतः यह कहा जा सकता है कि किसी निश्चित परिस्थिति में सामाजिक दायित्व के निर्वाह के निमित्त वक्ता द्वारा प्रयोग में लाई गई भाषा-शैली ही प्रयुक्ति है।

उदाहरण के लिए हम दफ्तरों में प्रयोग में आनेवाली कार्यालयी भाषा-शैली को ही देखें। हम वहाँ 'इत्तिला' नहीं करते, वरन 'सूचित' या 'प्रज्ञापित' करते हैं, कारण नहीं 'पूछते' बल्कि 'स्पष्टीकरण' माँगते हैं, किसी चीज को वहाँ 'बताते' नहीं अपितु उस पर 'प्रकाश डालते हैं', कागज/मिसिल की माँग नहीं करते वरन् उसे 'प्रस्तुत करवाते हैं' और 'चिट्ठी मिलने की सूचना' नहीं देते बल्कि 'पत्र-प्राप्ति की पावती' भिजवाते हैं। प्रोक्ति (डिस्कोर्स) के व्यवहारक्षेत्र पर पाए जानेवाले ऐसे विकल्पन को 'वार्ताक्षेत्र' के अंतर्गत रखा जाता है।

इसी प्रकार भाषा बोलने और उसे लिखित रूप देने में हम दो भिन्न शैलियों को अपनाते हैं। बोलते समय हम पूरा वाक्य नहीं बोलते, उसको व्यवस्थित नहीं करते और न उसे सुधारते ही हैं, भाषेतर माध्यमों (जैसे आँख नचाना, भौंहें चढ़ाना, हाथ भाँजना, पैर पटकना आदि) का प्रयोग करते हुए भी सूचना देते रहते हैं और वाणी में रंजकता (भरभराहट, फुसफुसाहट, बोली ऊँची-नीची करना आदि) लाकर भी अपने भाव व्यक्त करते हैं। सम्प्रेषण सरणि के इस आधार पर पाए जानेवाले विकल्पन को 'वार्ता प्रकार' के अंतर्गत रखा जाता है।

व्यक्ति (वक्ता) और व्यक्ति (श्रोता) के परस्पर सामाजिक सम्बन्ध भी भाषाभेद लाने के कारण बनते हैं, जिन्हें भाषाशैली की संज्ञा दी जा सकती है।

ऐसे सम्बन्धों के कारण ही किसी से हम कहते हैं : "कृपया ऊपर चलने का कष्ट करें" और किसी से बोलते हैं : "अबे, ऊपर जा।" वक्ता और श्रोता के सामाजिक सम्बन्धों के आधार पर भाषा में 'वार्ताशैली' के सामान्यतः पाँच भेद दिखाई पड़ते हैं :

1. रूढ़िगत (फ्रोजेन) : आपसे यह अनुरोध है कि अब आप ऊपर चलने की कृपा कीजिए।
2. औपचारिक (फार्मल) : आप ऊपर चलने की कृपा करें।
3. सामान्य (कंसल्टेटिव) : क्या आप ऊपर चलेंगे ?
4. अनौपचारिक (कैजुअल) : चलो, ऊपर चलें।
5. घनिष्ठ (इंटीमेट) : अरे यार, अब ऊपर चलो भी।

भूमिकासापेक्ष विकल्पन

भाषा-व्यवहार में प्रयोक्ता के वक्ता और श्रोता की अपनी भूमिका के आधार पर जो भेद मिलता है, उसके आधार पर भी भाषारूप में विकल्पन देखा जा सकता है। सामान्यतः भाषा, वक्ता (मैं) और श्रोता (तुम) के बीच की संवाद-स्थिति का परिणाम है जिसमें एक ही व्यक्ति कभी वक्ता और कभी श्रोता की भूमिका का निर्वाह करता है। अतः भाषा का मूलाधार संवाद (डायलॉग) माना जा सकता है। संवाद के मूल में 'मैं-वस्तु' के सम्बन्ध के स्थान पर 'मैं-तुम' की स्थिति हमेशा बनी रहती है जिसमें 'वस्तु/वह' तो संकेतार्थ का कारण बनता है और 'मैं-तुम' संवाद-निर्वाह का। पर यह सम्भव है कि 'तुम' की भूमिका को स्थिर कर संवाद को एकालाप (मोनोलॉग) में बदल दिया जाए। संवाद में वक्ता और श्रोता के भूमिका-परिवर्तन के कारण अंतर्विनिमयता का जो लक्षण दिखाई देता है वह एकालाप में कई रूपों में देखने को मिलता है; जैसे–उसमें श्रोता, स्थिर होकर संवाद का मात्र दर्शक रह जाता है (यथा–भाषण); एक ही व्यक्ति, एक समय में स्वयं वक्ता और श्रोता बन जाता है (यथा–चिंतन); कोई तीसरा व्यक्ति 'संवाद' को घटनारूप में वर्णित करता है (यथा–विवरण) आदि।

'निर्वाह-प्रविधि' का सम्बन्ध, संवाद में स्थित वक्ता और श्रोता की भूमिका से जुड़ने (अर्थात् संवाद/एकालाप) और उनके विभिन्न भाषायी संदर्भों में रूपांतरित प्रकृति (भाषण, चिंतन, विवरण आदि) से रहता है। इसके विपरीत वृत्तित्व प्रविधि का सम्बन्ध अभिव्यक्ति की विधा के साथ होता है। साहित्य के संदर्भ में पद्य-गद्य, कहानी-एकांकी, उपन्यास-महाकाव्य के भेद का जो आधार है, वह भेद सामान्य जीवन में भी कई संदर्भों में हमें देखने को मिलता है। हम किसी 'संदेश' को कभी पोस्टकार्ड और कभी तार द्वारा भेजते हैं, छात्रों के लिए कभी हम 'पाठ्यपुस्तक'

लिखते हैं और कभी 'संक्षिप्त टिप्पणियाँ'। वृत्ति से अनुप्राणित विधा के इस आधार पर पाए जानेवाले विकल्पन को 'वृत्तित्व प्रविधि' के अंतर्गत रखा जाता है।

निष्कर्षतः यह कहा जा सकता है कि समाजोन्मुख भाषा-विज्ञान अपने अध्ययन के लिए केवल भाषाओं के व्याकरण को ही अपना लक्ष्य नहीं बनाता, उसका उद्देश्य भाषा के सम्पूर्ण पक्षों का अध्ययन होता है। अतः 'भाषा क्या है ?' के प्रश्न के साथ-साथ 'भाषा किन-किन प्रयोजनों के लिए है ?' प्रश्न का भी वह उत्तर ढूँढ़ता है। उत्तर ढूँढ़ने की इस प्रक्रिया में 'रूप-प्रकार्य' युग्म में 'प्रकार्य' को प्रमुख मानता है और यह संकेत देता है कि भाषा के विभिन्न रूप सामाजिक बोध और सामाजिक प्रकार्य के साथ अभिन्न रूप में जुड़े होते हैं।

[2]

भाषा और समाज के अंतस्सम्बन्धों पर होनेवाले कार्यों पर दृष्टि डालने पर उनकी निम्नलिखित तीन प्रवृत्तियाँ और विचार-क्षेत्र दिखलाई पड़ते हैं :

(1) 'सार्वभौम व्याकरण' की प्रकृति के स्थान पर भाषा को **विकल्पनों की उपव्यवस्था** के रूप में देखने की प्रवृत्ति,

(2) भाषा की अमूर्त अभिव्यक्ति और उसके साधारणीकृत सार्वभौम नियमों की खोज के स्थान पर उन वास्तविक **सामाजिक संदर्भों** की खोज की प्रवृत्ति जिनके बीच नियमों का प्रयोग होता है, और

(3) भाषा को चिंतन एवं सम्प्रेषण का मात्र माध्यम मानने के स्थान पर उसे उस **'सम्प्रेष्य कथ्य'** के रूप में स्वीकार करने की प्रवृत्ति जो व्यक्ति की सामाजिक अस्मिता, उसकी भाषा सम्बन्धी अभिवृत्ति, भाषा-द्वंद्व आदि का सूचक होता है।

विकल्पन और उसकी उपव्यवस्था पर पहले चर्चा की जा चुकी है। जहाँ तक 'सामाजिक संदर्भों' का प्रश्न है, यह स्वीकार किया जाने लगा है कि किसी 'वाक्य' या 'उक्ति' के प्रयोग को समझने के लिए मात्र उस वाक्य या उक्ति की व्याकरणीय संरचना पर्याप्त नहीं होती। वाक्य के सम्प्रेष्य कथ्य को समझने के लिए उस सामाजिक संदर्भ को भी ध्यान में रखना होगा, जिसके बीच वह वाक्य बोला गया है। एक सामाजिक संदर्भ में जो 'आज्ञार्थक वाक्य' है, जैसे 'तुम बैठो', वहीं दूसरे संदर्भ में अपना रूप बदल कर 'अनुरोधपरक' बन जाता है, यथा–'आप बैठिए।' राबिन लैकाफ (1972) ने यह भी दिखलाया है कि एक ही संरचना दो भिन्न संदर्भों में दो भिन्न सामाजिक अर्थों को व्यंजित करती है। उदाहरण के लिए उन्होंने यह दिखाया कि किस प्रकार एक संरचना या वाक्य एक संदर्भ में शिष्टाचार की विनम्र अभिव्यक्ति के रूप में स्वीकार होती है और वही रचना, दूसरे संदर्भ में अशिष्ट बन जाती है। जब बच्चों को सम्बोधित करते हुए यह

कहा जाए, 'तुम मिठाई ले सकते हो', तब यह कथन, 'तुमको मिठाई लेनी है' की तुलना में विनम्र माना जाएगा। पर किसी पार्टी में किसी अतिथि से यह कहा जाए कि 'आप मिठाई ले सकते हैं' तो 'आपको मिठाई लेनी है' कथन की तुलना में वह विनम्र नहीं माना जा सकता, क्योंकि इस दूसरे कथन में जहाँ आग्रह का भाव व्यंजित होता है, वहाँ पहले में अनुरोधकर्ता के उच्च पद और उनकी तरफ से दी गई अनुमति का भाव ध्वनित होता है।

समाजभाषाविज्ञान ने भाषा-रूप और उसके प्रयोग-संदर्भों को घात-प्रतिघात के रूप में स्वीकार किया और यह दिखलाने का प्रयास किया कि किसी एक सामाजिक उद्देश्य की पूर्ति के लिए एक से अधिक भाषा-रूपों का प्रयोग सम्भव है। उसने 'व्याकरणिकता' के अतिरिक्त 'औचित्य' और 'स्वीकार्यता' के अभिलक्षणों की चर्चा करते हुए 'आनुपातिक क्रमिकता' (ग्रेडिएंस) की संकल्पना को प्रस्तुत किया। उदाहरण के लिए 'शिष्टाचार की विनम्र अभिव्यक्ति' के संदर्भ में निम्नलिखित वाक्य-रूपों पर ध्यान दें :

(1) बच्चों को इस तरह बिगाड़ा नहीं जाता। (कर्मवाच्य)
(2) बच्चों को इस तरह नहीं बिगाड़ते। (सामान्य वर्तमान)
(3) बच्चों को इस तरह नहीं बिगाड़ा करते। (क्रिया न करना)
(4) बच्चों को इस तरह नहीं बिगाड़ें। (इच्छार्थक)
(5) बच्चों को इस तरह नहीं बिगाड़िए। (आज्ञार्थक)

पंढारी पांडे (1979) के अनुसार विनम्र अभिव्यक्ति की 'आनुपातिक क्रमिकता' की प्रकृति निम्नलिखित है :

हिंदी	**अधिक विनम्र**
कर्मवाच्य	↑
सामान्य वर्तमान	
क्रिया+करना	
इच्छार्थक	
चाहिए	
आज्ञार्थक	↓
	कम विनम्र

श्रीवास्तव और पंडित (1984) ने इन वाक्य-रूपों को सामाजिक संदर्भों से जोड़कर यह दिखलाने का प्रयास किया कि शिष्टाचार की विनम्र अभिव्यक्तियों में पाई जानेवाली आनुपातिक क्रमिकता हमेशा एक-जैसी नहीं होती। विभिन्न सामाजिक संदर्भों में उसका क्रम बदलता है। उदाहरण के लिए उन संदर्भों में 'कर्मवाच्य' कम विनम्र होता है जिनमें 'वक्ता' श्रोता की आलोचना करता है अथवा किसी रीति-रिवाज को न जानने के कारण उसकी अवमानना करना चाहता है।

'चाय ऐसे नहीं पी जाती', 'दीवाली के त्यौहार पर शाम को रोया नहीं जाता', आदि वाक्य उसके समानार्थी आज्ञार्थक वाक्यों की तुलना में कम विनम्र होते हैं। इस संदर्भ में विनम्र अभिव्यक्ति की आनुपातिक क्रमिकता निम्नलिखित है :

अधिक विनम्र

आज्ञार्थक
इच्छार्थक
'चाहिए'
आज्ञार्थक

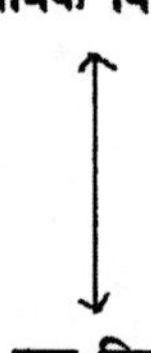

कम विनम्र

सामाजिक अर्थ की व्यंजकता वहाँ देखने को मिलती है 'जहाँ' सम्प्रेषण से सम्बद्ध नियमों को हम सामाजिक संदर्भों के उन व्यवस्थापक नियमों से टकराते पाते हैं जिनमें वाक्यों का प्रयोग होता है। जहाँ इन दो प्रकार के नियमों में टकराहट नहीं होती, वहाँ सामाजिक अर्थ की प्रकृति सामान्य होती है और जहाँ उनमें टकराहट होती है, वहाँ उस अर्थ की प्रकृति व्यंजक रहती है। उदाहरण के लिए हिंदी के संदर्भ में यह कहा जा सकता है कि औपचारिक संदर्भ में सर्वनाम 'आप' का प्रयोग आदरणीय व्यक्तियों के लिए किया जाता है, जबकि 'तू/तुम' का प्रयोग 'आत्मीय जनों' अथवा अपने से नीचे पद के लोगों के लिए प्रयुक्त होता है। सामान्यतः यह देखा गया है कि भारतीय पति घरेलू या आत्मीय क्षणों में अपनी पत्नी को 'तू/तुम' द्वारा सम्बोधित करते हैं जबकि अन्य व्यक्तियों की उपस्थिति में उनको 'आप' द्वारा सम्बोधित करते हैं। ये प्रयोग 'सर्वनाम' के सामान्य अर्थ की ओर संकेत करते हैं, क्योंकि यहाँ सम्प्रेषण सम्बन्धी नियम तथा सामाजिक संदर्भों की व्यवस्था में ताल-मेल है, पर आत्मीय संदर्भ में अगर वह पत्नी के लिए 'आप' का प्रयोग करता है, तो वह 'सम्मान' का सूचक न होकर उसके क्रोध या पत्नी से 'दूरी' के अर्थ को व्यक्त करता है। इसी प्रकार अगर पति, औपचारिक संदर्भ में अपनी पत्नी को 'तू/तुम' से सम्बोधित करता है तो वह उसके आत्मीय सम्बन्धों की ओर संकेत न कर पति के रोष और पत्नी की अवमानना के भाव को ही व्यंजित करता है।

समाजभाषाविज्ञान में मात्र सामान्य **वाक्यपरक अर्थ** को ही अध्ययन-विश्लेषण का विषय नहीं बनाया जाता। वाक्यपरक अर्थ का समन्वय उस कथ्य के साथ रहता है जिसे वक्ता भाषा की शाब्दिक व्यवस्था के रूप में व्यक्त एवं सम्प्रेषित करता है। उदाहरण के लिए 'कल आए' का शाब्दिक अर्थ 'कल' और 'आज' क्रिया के सम्भावनार्थक बहुवचन के संयोग से बने वाक्यार्थ तक सीमित माना जाएगा। इसके विपरीत वाक्य का **उक्तिपरक** (अटरेंस) अर्थ होता है जिसका सम्बन्ध वक्ता के उस अभिप्रेत से रहता है जिसे वह श्रोता तक सम्प्रेषित करना चाहता

है। कभी-कभी ऐसा भी होता है कि वाक्यपरक अर्थ की दृष्टि से असंदिग्ध होते हुए भी उक्तिपरक अर्थ के स्तर पर वाक्य अनेकार्थी हो। उदाहरण के लिए अगर यही वाक्य-प्रयोग लें–'कल आएँ' तो उक्तिपरक अर्थ की दृष्टि से इसके तीन अर्थ सम्भव हैं :

(1) (मेरा आपसे अनुरोध है कि आप) कल आएँ।

(2) (मेरी इच्छा है कि आप) कल आएँ!

(3) (क्या यह सम्भव है कि आप) कल आएँ ?

ध्यान दें कि बाहरी स्तर पर एक-सा दीखनेवाला यह वाक्य (कल आएँ) अभ्यंतर स्तर पर तीन विभिन्न प्रकार की संरचना की ओर संकेत करता है। वाक्य (1) तीन-स्थानीय विधेय की अपेक्षा रखता है–(क) अनुरोधकर्ता (ख) जिससे अनुरोध किया गया और (ग) प्रकथन (प्रोपोजीशन)। वाक्य (2) की प्रकृति इच्छार्थक होने के कारण दो-स्थानीय विधेय की अपेक्षा रखता है–(क) इच्छा करनेवाला और (ख) प्रकथन। इसके विपरीत वाक्य (3) मात्र सम्भावना व्यक्त करने के कारण प्रकथन सम्बन्धी एक-स्थानीय विधेय की अपेक्षा रखता है।

शाब्दिक अर्थ और उक्तिपरक अर्थ के अतिरिक्त वाक्य का अंतर्वैयक्तिक (इंटर-पर्सनल) अर्थ भी होना है, जिसका सम्बन्ध सामाजिक अर्थ के उस पक्ष से रहता है जिससे यह पता चलता है कि बोलनेवालों के बीच के सामाजिक सम्बन्ध की प्रवृत्ति क्या है। बोलनेवाले की दृष्टि, कथन के प्रति क्या है आदि। उदाहरण के लिए 'कल आएँ' के शाब्दिक अर्थ को समान-रूप से बनाए रखकर हम अंतर्वैयक्तिक अर्थ को निम्नलिखित ढंग से भिन्न बता सकते हैं :

(1) कल आइए।

(2) कल आओ।

(3) कल आ।

वाक्य (1) में श्रोता का सामाजिक पद वक्ता की तुलना में नीचे है जबकि वाक्य (3) में उससे ऊँचा। वाक्य (2) में वक्ता और श्रोता सामाजिक पद की दृष्टि से समान है। अंतर्वैयक्तिक सम्बन्धों की यह प्रकृति किस प्रकार 'सर्वनाम' (आप, तुम, तू-प्रयोग), सम्बोधन शब्दावली तथा भाषेतर व्यवहारों को नियंत्रित करती है–इस पर विस्तार से अन्यत्र विचार किया जा चुका है (श्रीवास्तव, 1977)।

[3]

इस ओर संकेत दिया जा चुका है कि भाषा, विचारों की अभिव्यक्ति का मात्र साधन अथवा सामाजिक अर्थ के सम्प्रेषण का मात्र उपकरण ही नहीं है। वह अंशतः स्वयं में सम्प्रेष्य 'कथ्य' भी होती है। सम्प्रेष्य कथ्य के रूप में वह अगर अपने प्रयोक्ताओं की सामाजिक अस्मिता की ओर संकेत दे सकती है तो एक दूसरे

सामाजिक वर्ग के लिए 'अलगाव' का भी कारण बन सकती है। भाषा को लेकर व्यक्ति जब 'लगाव' की वृत्ति से प्रेरित होता है तब भाषा-अनुरक्षण (लैंगुएज मैंटेनेंस) की प्रवृत्ति की ओर उन्मुख होता है। इसके विपरीत 'बिलगाव' या अन्य सामाजिक दबाव से प्रेरित होकर व्यक्ति भाषा-परिवृत्ति (लैंगुएज शिफ़्ट) की ओर अग्रसित होता है।

भारत एक बहुभाषा-भाषी देश है। हम एक ही स्थान पर विभिन्न भाषाओं के प्रयोक्ताओं को एक साथ रहते देख सकते हैं। उदाहरण के लिए 1971 की जनगणना के अनुसार दिल्ली में रहनेवाले विभिन्न मातृभाषा-भाषियों की संख्या निम्नलिखित है :

मातृभाषा	जनसंख्या	प्रतिशत
हिंदी	30,60,681	75.3
पंजाबी	5,48,088	13.4
उर्दू	2,31,127	5.7
बंगाली	40,866	1.1
अन्य	1,84,936	4.5

सम्पर्क की स्थिति में न केवल व्यक्ति अपनी मातृभाषा के व्यवहार पर दबाव महसूस करता है अपितु सम्पर्क में आनेवाली भाषाओं के प्रयोग के प्रति भी अपनी प्रतिक्रिया व्यक्त करता है। यह देखा जा सकता है कि अगर किसी व्यक्ति को एक भाषा अधिक मधुर और संगीतपूर्ण प्रतीत होती है तो दूसरी भाषा अधिक प्रयोजनपरक और सक्षम। इसी प्रकार हम देखते हैं कि कोई एक भाषा, अपने भीतर कई प्रकार की भाषिक शैलियों को समाहित किए रहती है, यथा—हिंदी की संस्कृतनिष्ठ शैली, बोलचाल की हिंदी, बोली मिश्रित हिंदी, अंग्रेजी-मिश्रित हिंदी। हिंदी के मातृभाषी इन विभिन्न शैलियों के प्रति भी अपना 'भावात्मक' (सब्जेक्टिव) दृष्टिकोण रखते हैं। मातृभाषियों का एक वर्ग अगर एक भाषा-शैली को अधिक 'सार्थक' समझता है तो उसका दूसरा सामाजिक वर्ग उसी भाषा-शैली को हेय दृष्टि से देखता है।

भाषा और समाज के अंतस्सम्बन्ध को **भावात्मक दृष्टिकोण विश्लेषण** द्वारा भी समझा जा सकता है। समाजभाषाविज्ञान में इस विश्लेषण के कम-से-कम निम्नलिखित तीन अध्ययन क्षेत्र दिखलाई पड़ते हैं :

(1) वह क्षेत्र जहाँ भावात्मक दृष्टिकोण का अध्ययन एक से अधिक भाषाओं से सम्बद्ध होता है।

(2) वह क्षेत्र जहाँ भावात्मक दृष्टिकोण का अध्ययन एक ही भाषा की दो या दो से अधिक शैलियों से सम्बद्ध होता है।

(3) वह क्षेत्र जहाँ भाषा-विशेष के किसी एक भाषिक अभिलक्षण के प्रति भावात्मक दृष्टिकोण का अध्ययन किया जाता है।

एक से अधिक भाषाओं से सम्बद्ध भावात्मक दृष्टिकोण का अध्ययन दिल्ली विश्वविद्यालय में किया गया। मुखर्जी (1980) ने दिल्ली में रहनेवाले हिंदी, पंजाबी, हिंदू और बंगाली भाषा-समुदाय में एक दूसरे की मातृभाषा के प्रति भावात्मक दृष्टिकोण का विश्लेषण किया है। सत्यनाथ (1982) ने दिल्ली में बसनेवाले कन्नड़ मातृभाषियों का हिंदी के प्रति और हिंदीभाषी व्यक्तियों का उनके प्रति भावात्मक दृष्टिकोण का विश्लेषण किया है। इसी प्रकार राकेश मोहन (1984) ने कश्मीरी भाषा समुदाय के संदर्भ में भाषा-प्रयोग और उनके भावात्मक दृष्टिकोण का अध्ययन किया है।

ऐसे अध्ययन में विद्वानों ने भावात्मक दृष्टिकोण के मापांकन के लिए जिस 'स्केल' को अपना आधार बनाया है, उसे पाँच बिंदुओं के आधार पर विभाजित किया है–(1) अत्यधिक अनुकूल, (2) सामान्यतः अनुकूल (3) तटस्थ (न अनुकूल और न ही प्रतिकूल), (4) सामान्यतः प्रतिकूल और (5) अत्यधिक प्रतिकूल। दृष्टिकोण-लक्षण के लिए उन्होंने निम्नलिखित आधार को अपने सामने रखा है: जिस भाषा के प्रति अपनी प्रतिक्रिया व्यक्त करनी है वह कितनी–(1) समृद्ध, (2) मधुर, (3) प्रतिष्ठित, (4) साहित्यिक, (5) तर्कसम्मत, (6) सरल, (7) प्रभुतापूर्ण, (8) परिष्कृत, (9) सामाजिक दृष्टि से उपयोगी और (10) व्यक्तिगत संदर्भों में उपयोगी है। मुखर्जी के अध्ययन का निष्कर्ष है कि बंगाली अपनी मातृभाषा और अंग्रेजी का बहुत ऊँचा मूल्यांकन करता है, इसके विपरीत पंजाबी हिंदू अपनी मातृभाषा का मूल्यांकन बहुत नीचा करता है। बंगाली का हिंदी के प्रति मूल्यांकन 'तटस्थ' बिंदु पर है, अगर कुछ ऊँचा है तो केवल सामाजिक दृष्टि से उपयोगी लक्षण के आधार पर। पंजाबी हिंदू, 'हिंदी' को सबसे ऊँचा स्थान देता है, अंग्रेजी को वह केवल सामाजिक दृष्टि से उपयोगी मानता है। बंगाली अपनी मातृभाषा की तुलना में हिंदी और पंजाबी भाषा को न तो 'समृद्ध', 'मधुर', 'साहित्यिक' और 'परिष्कृत' मानता है और न ही 'प्रतिष्ठित' एवं 'तर्कपूर्ण'। मूल्यांकन के स्तर पर वह पंजाबी भाषा के प्रति सामान्यतः प्रतिकूल मनोवृत्ति का परिचय देता है। इसके विपरीत पंजाबी हिंदू, अंग्रेजी और हिंदी की तुलना में अपनी मातृभाषा पंजाबी को हीन-दृष्टि से देखता है और 'बंगाली' भाषा को भी अपनी भाषा की तरह 'समृद्ध', 'मधुर', 'साहित्यिक' और 'परिष्कृत' नहीं समझता। उसकी दृष्टि में 'हिंदी', अंग्रेजी की तुलना में अधिक 'मधुर', 'तर्कपूर्ण' और 'सरल' है; हाँ, 'प्रतिष्ठित', 'सामाजिक' एवं 'वैयक्तिक' संदर्भों में वह हिंदी से कुछ ऊपर है। सम्भवतः दो भाषायी समाजों के अपनी मातृभाषा और अन्य भाषाओं के प्रति भावात्मक दृष्टिकोण का यह अंतर ही वह कारण है जो यह बताता है कि बंगालीभाषी समुदाय अपनी मातृभाषा के अनुरक्षण के प्रति क्यों सजग और सचेत है, जबकि दिल्ली में बसनेवाले पंजाबी हिंदू, अपनी मातृभाषा छोड़कर क्यों हिंदी अपनाने की ओर उन्मुख हैं।

जहाँ तक भाषा-शैलियों के प्रति भावात्मक दृष्टिकोण का प्रश्न है—इस दिशा में भी दिल्ली विश्वविद्यालय में कुछ शोध-कार्य हुए हैं [श्रीवास्तव (1978), अग्निहोत्री (1977), सक्सेना (1984)]। श्रीवास्तव और उनके सहयोगियों ने निम्नलिखित पाँच भाषा-शैलियों में एक ही विषय पर पाठ-निर्माण किया—(1) रोमन में, जिसे अंग्रेजी शब्दमिश्रित हिंदी, (2) उच्च साहित्यिक हिंदी, (3) देवनागरी में लिखे अंग्रेजी शब्दमिश्रित हिंदी, (4) गाँव में स्थापित सरल हिंदी, (5) बोलीमिश्रित हिंदी। चूँकि 'पाठ' का सम्बन्ध, सामुदायिक स्वास्थ्य केंद्र में प्रयोग में लाए जानेवाले 'मेनुअल' से सम्बद्ध था, अतः जिन व्यक्तियों के भावात्मक दृष्टिकोण का मूल्यांकन किया गया, वे तीन वर्गों में विभक्त किए गए थे—(1) अर्द्धशिक्षित ग्रामीण (2) प्रशिक्षित ग्रामीण और (3) प्रशिक्षक डॉक्टर। अपनी अनूकुलता की दृष्टि से इन व्यक्तियों को पाँच शैलियों में अपना चुनाव-क्रम देना था। आँकड़ों को उच्च (पहले दो क्रम), मध्यम (तीसरा क्रम) और निम्न (चौथा और पाँचवाँ क्रम) स्तर दृष्टि के अनुसार रखने पर जो चित्र उभरा, वह निम्नलिखित तालिका में दिया जा रहा है :

पाठ	ग्रामीण			प्रशिक्षित			प्रशिक्षक		
	उच्च	मध्य	निम्न	उच्च	मध्य	निम्न	उच्च	मध्य	निम्न
भाषा-शैली 1	00 00	8.23	91.66	11.11	00.00	88.88	20.00	00.00	80.00
भाषा-शैली 2	66.66	00.00	33.33	22.22	44.44	33.33	60.00	20.00	20.00
भाषा-शैली 3	33.33	16.66	50.00	22.22	33.33	44.44	00.00	60.00	40.00
भाषा-शैली 4	83.33	16.66	00.00	77.77	22.22	00.00	80.00	20.00	00.00
भाषा-शैली 5	16.66	58.33	25.00	66.66	00.00	33.33	40.00	00.00	60.00

पाँच भाषा-शैलियों के मूल्यांकन से प्राप्त प्रतिशत

ऊपर दी गई तालिका से शैली-सम्बन्धी दृष्टिकोण के विषय में निम्नलिखित तथ्य स्पष्ट हैं :

(1) तीनों वर्ग (ग्रामीण, प्रशिक्षित और प्रशिक्षक) सरल हिंदी को अनुकूलता की दृष्टि से सबसे ऊँचा स्थान देते हैं।

(2) तीनों वर्ग के व्यक्ति रोमन में लिखी अंग्रेजी शब्दमिश्रित हिंदी को अनुकूलता की दृष्टि से सबसे नीचे स्थान पर रखते हैं। इसी प्रकार अंग्रेजी कोड-मिश्रित हिंदी को लिखित भाषा के संदर्भ में नीचा ही स्थान देते हैं, भले ही अंग्रेजी शब्द देवनागरी में ही क्यों न लिखा हो।

(3) सरल हिंदी के बाद अनुकूलता की दृष्टि से दूसरा स्थान उच्च साहित्यिक हिंदी भाषा-शैली का है। ध्यान देने की बात है कि ग्रामीण अर्द्धशिक्षित व्यक्ति के लिए यह भाषा-शैली सहज और सुबोध नहीं है, फिर भी इस शैली के प्रति

उनका भावात्मक दृष्टिकोण सामान्यतः अनुकूल है।

इसी प्रकार मुकुल सक्सेना ने हिंदी की तीन शैलियों को अपने अध्ययन का क्षेत्र चुना–(1) बोलीमिश्रित हिंदी, (2) सरल हिंदी, और (3) उच्च साहित्यिक हिंदी। उन्होंने सूचकों को आयु (वर्ग$_1$ 20 से 30 वर्ष, वर्ग$_2$ 31-40 वर्ष, और वर्ग$_3$ 40 वर्ष से ऊपर), लिंग (पुरुष और स्त्री), शिक्षा (अशिक्षित, अर्द्धशिक्षित, शिक्षित आदि पाँच वर्ग) के उपवर्गों में विभाजित करते हुए हिंदी की तीन भाषा-शैलियों के प्रति भावात्मक दृष्टिकोण को तीन आधारों पर समझना चाहा :

(1) सरल / कठिन (मूल्यांकन श्रेणी : सरल, तटस्थ, कठिन)।

(2) मधुर / कठोर (मूल्यांकन श्रेणी : मधुर, तटस्थ, कठोर)।

(3) शिक्षित / अशिक्षित [मूल्यांकन श्रेणी (बोलनेवाला शैक्षिक दृष्टि से कैसा लगता है) शिक्षित, अर्द्धशिक्षित, अशिक्षित]।

वैसे तो तीन भाषा-शैलियों को लेकर विभिन्न वर्गों में पाए जानेवाले भाषात्मक दृष्टिकोण में कुछ न कुछ अंतर है, पर जो चित्र समग्र रूप में उभरता है, उसे निम्नलिखित आरेख द्वारा समझा जा सकता है :

भावात्मक दृष्टिकोण

(अनुकूल)

उच्च हिंदी (---)

सरल हिंदी (■ ■)

बोली मिश्रित हिंदी (—)

सरलता मधुरता शिक्षा

अग्निहोत्री (1977-78) ने दिल्ली विश्वविद्यालय के 50 अध्यापकों के हिंदी की भाषाशैली के प्रति भावात्मक दृष्टिकोण का अध्ययन किया। उन्होंने इन अध्यापकों के दो वर्ग बनाए–वर्ग-1 (हिंदी भाषा और साहित्य के अध्यापक) और वर्ग-2 (हिंदी भाषा और साहित्य के इतर विषयों के हिंदी मातृभाषी अध्यापक)। बोलचाल की 'हिंदुस्तानी' में बहुप्रयुक्त तद्भव शब्दों और उच्च साहित्यिक हिंदी में प्रयुक्त संस्कृतनिष्ठ शब्दों की आवृत्ति के संदर्भ में यह देखा गया कि दो वर्गों में इनका अनुपात भिन्न है :

	हिंदुस्तानी (तद्‌भव)	उच्च हिंदी (तत्सम)
वर्ग-1	68	107
वर्ग-2	118	57

हिंदी के अध्यापक अपने लेखन में तत्सम शब्दों का अधिक अनुपात में प्रयोग करने की ओर प्रवृत्त रहते हैं, जबकि अन्य विषयों के अध्यापक उनसे बचने की कोशिश करते हैं। यह तथ्य भी दिलचस्प है कि हिंदी के अध्यापक ($वर्ग_1$) प्रेमचंद की भाषा को अपनी भाषा के लिए 'मानक रूप' नहीं मानते, जबकि अन्य विषयों के अध्यापकों के लिए प्रेमचंद की भाषा-शैली 'आदर्श' रूप है।

ऊपर के विवेचन से यह स्पष्ट है कि भाषा और समाज के अंतस्सम्बन्धों के कई आयाम हैं, जिन पर शोध की आवश्यकता है। इससे भी स्पष्ट है कि समग्र दृष्टि से किसी भी भाषा की व्यवस्था एवं उपव्यवस्था को समझने के लिए अपने अध्ययन को मात्र भाषिक प्रतीकों के अध्ययन तक सीमित करना गलत दृष्टि का परिचायक है। भाषा की 'गत्यात्मकता' और 'जीवंतता' को पकड़ने के लिए अब यह आवश्यक हो गया है कि भाषा को हम 'सामाजिक प्रतीक' के रूप में पहले स्वीकार करें और इसके उपरांत भाषा और समाज के अंतस्सम्बन्धों की प्रकृति को समझते हुए भाषा के विश्लेषण की ओर अपना कदम बढ़ाएँ।

संदर्भ

1. Agnihotri, R.K., 1977. Choice of styles in Hindi. Papers in linguistic analysis. Delhi University. 42-52.
2. Lakoff, R., 1972. Language in context. Language 48. 907-27
3. Mohan, R., 1983. Language maintenance and Language shift: A Kashmiri case in Kashmir seltings, M. Phil dessert, University of Delhi.
4. Mukherjee, A., 1980. Language maintenance and Language shift among Punjabis and Bengalis in Delhi : A sociolinguistic perspective. Ph. D. dissert, University of Delhi.
5. Pandhari Pande, R., 1979. Passive as an optional rule in Hindi, Marathi and Nepali. In Kachru, B.B. (ed) South Asian Languages

Analysis. 88-106. Urbana : University of Illinois.

6. Saxena, M., 1984. A study in relationship between (ii) literacy parameters and linguistic factors. M. Phil. Dissert. University of Delhi.
7. Satya Nath, T.S., 1982. Kannadigas in Delhi. A sociolinguistic study. M. Phil. Dissert. Delhi University.
8. Srivastava, R.N., 1977. Linguistic perspective to the study of social meaning. Papers in linguistic analysis. Delhi University. 1-18.
9. –et al, 1978. Evaluating communicability in village selting, Delhi : UNICEF.
10. –and pandit, I, 1984. The pragmatic basis of syntactic structures and politeners hievarchy (to appear).

2
भाषा-अध्ययन के तीन संकल्पनात्मक युग्म

[क] भाषा-व्यवस्था और भाषा-व्यवहार

भाषा-अध्ययन के लिए पारिभाषिक शब्दावली के जो कुछ सार्थक युग्म आधुनिक भाषाविज्ञान के जनक सस्यूर ने प्रस्तावित किए हैं, उनमें यह सबसे अधिक चर्चित युग्म है। उन्होंने भाषा के जिस रूप की कल्पना की है, वह एक ओर सामाजिक वस्तु है और दूसरी ओर अपनी प्रकृति में सतत परिवर्तनशील है। सामाजिक होने के कारण उसका एक पक्ष संस्थागत है, जिसे सस्यूर ने **भाषा-व्यवस्था** (लांग) की संकल्पना द्वारा पकड़ना चाहा। सतत परिवर्तनशील होने के कारण भाषा का एक दूसरा पक्ष भी है, जिसे उन्होंने **भाषा-व्यवहार** (परोल) की अपनी संकल्पना द्वारा परिभाषित करना चाहा। उनकी धारणा के अनुसार 'भाषा-व्यवस्था' (लांग) और 'भाषा-व्यवहार' (परोल) मिलकर ही भाषा की सही संकल्पना का निरूपण करते हैं।

[**नोट :** हिंदी की कुछ पुस्तकों में 'लांग' के लिए 'भाषा' और 'परोल' के लिए 'वाक्' का प्रयोग मिलता है, जिसका आधार अंग्रेजी शब्द 'लैंगुएज' और 'स्पीच' है। मेरे मत में शब्द-प्रयोग सस्यूर की भाषा सम्बन्धी संकल्पना को सही रूप में व्यंजित नहीं करते। भ्रम की स्थिति तो तभी उत्पन्न हो जाती है, जबकि 'भाषा' की प्रकृति को सही संदर्भ में रखने के लिए प्रतिस्पर्धी संकल्पना के रूप में 'वाक्' के विरोध में 'भाषा' को सामने लाया जाता है। भाषा के ही दो आयाम—भाषा और वाक् ? वस्तुतः 'लांग' के लिए भाषा-व्यवस्था और 'परोल' के लिए भाषा-व्यवहार कहीं अधिक संगत पारिभाषिक शब्द हैं।]

भाषा-व्यवस्था संस्थागत होती है। वह वस्तुतः समूहगत अनुबंधन का परिणाम है। वह भाषिक प्रतीकों की उस संहिता (कोड) से सम्बद्ध होती है जो किसी भी प्रकार से वक्ता की निजी इच्छा या प्रतीकों के अपने माध्यम (उच्चारण या लेखन) से नियंत्रित नहीं होती। इसलिए सस्यूर के मत में भाषा-व्यवस्था सामाजिक संस्थान

की तरह एक सामाजिक व्यवस्था है, वह स्वयं में एक प्रतीकबद्ध सामाजिक वस्तु है, जो व्यक्ति से जुड़ी रहकर भी व्यक्ति की अपनी सीमा से मुक्त होती है। व्यक्तिभेद से मुक्त होने के कारण वह अपनी प्रकृति में समरूपी (homogeneous) होती है।

सस्यूर ने भाषा-व्यवस्था को मूल्यपरक व्यवस्था के रूप में समझाना चाहा है। मूल्यपरक होने के कारण ही उन्होंने भाषा-व्यवस्था को शुद्ध 'रूप' के संदर्भ में देखा है। उनका तर्क था कि भाषा के शुद्ध रूप में केवल 'मूल्य' होते हैं, जो भाषिक प्रतीकों के भौतिक उपादान या लक्षण द्वारा नियंत्रित नहीं किए जा सकते। इस तथ्य को उन्होंने शतरंज के खेल के उदाहरण द्वारा समझाने की कोशिश की। शतरंज के खेल में प्रयुक्त होनेवाले मोहरे एक 'मूल्य' के रूप में पहचाने जाते हैं। यह मूल्य खेल में उनके प्रकार्य को बताता है। 'प्यादा' एक घर चलता है और दूसरे मोहरों को तिरछे मारता है, 'हाथी' सीधे कई घर चलकर सीधे ही दूसरे मोहरे को मारता है, घोड़ा ढाई घर दूसरे मोहरों को फाँदकर चल सकता है, आदि। ये मोहरे अपने रूप-आकार में छोटे-बड़े हो सकते हैं, वे अपने उपादान में प्लास्टिक, कागज, लकड़ी, धातु आदि किसी भी वस्तु का प्रयोग कर सकते हैं। आवश्यकता केवल इस बात की होती है कि हम एक मोहरे 'प्यादा' को दूसरे मोहरों 'हाथी', 'घोड़ा' आदि से किसी भेदक लक्षण के आधार पर अलग कर सकें। सस्यूर का कहना है कि ये मोहरे अपने भौतिक उपादानों या बाह्य रूप-रंग के आधार पर खेल में भाग नहीं लेते, बल्कि उस मूल्य के रूप में शामिल होते हैं, जिसे शतरंज का खेल एक 'व्यवस्था' के रूप में उसे प्रदान करता है। यही कारण है कि अगर कोई मोहरा खो जाए तो हम उसे किसी भी अन्य 'वस्तु' द्वारा उसका 'मूल्य' देकर काम चला लेते हैं। जरूरी केवल यह होता है कि वह 'वस्तु' अन्य मोहरों से अलग दिखाई दे। शतरंज का खेल मोहरों के भौतिक लक्षणों के आधार पर नहीं खेला जाता, वरन् उसका खेल उस मूल्य के आधार पर खेला जाता है, जो विभिन्न मोहरों को खेल के विधान द्वारा मिला हुआ है। सस्यूर के मत में भाषा-व्यवस्था की प्रकृति को भी शतरंज के खेल के सादृश्य पर समझा जा सकता है। क्योंकि किसी भाषा की किसी ध्वनि (यथा–क, ख) अथवा उसके रंगनाम (यथा–नीला, लाल) की अपनी सार्थकता उसके भौतिक उपादानों में नहीं होती, वह तो उस मूल्य में होती है जिसे भाषा की अपनी व्यवस्था या विधान उसे प्रदान करता है।

भाषा-व्यवहार (परोल) वस्तुतः भाषा-व्यवस्था का व्यक्त रूप है। अपने व्यक्त रूप में वह मानव-सम्बन्धों की तरह बहुरूपी और व्यक्तिगत आवश्यकताओं की तरह वैविध्यपूर्ण और विषमरूपी (हेटरोजीनस) होता है। वैयक्तिक सम्बन्धों से जुड़े होने के कारण वह भाषा का व्यष्टि-रूप है। व्यक्ति की अपनी यथार्थता से जुड़े होने के कारण वह सम्प्रेषण की उस प्रक्रिया से सम्बद्ध होता है जो व्यक्ति के

अपने संदर्भ, वक्ता या श्रोता की भूमिका, देश और काल के परिस्थितिगत दबाव आदि द्वारा प्रभावित रहता है। यही कारण है कि **भाषा-व्यवस्था अपनी मूल प्रकृति में नवप्रवर्त्तनकारी (इनोवेटिव) होती है।**

भाषा-व्यवस्था और भाषा-व्यवहार के आधारभूत अंतर को निम्नलिखित तालिका द्वारा समझा जा सकता है :

भाषा-व्यवस्था	भाषा-व्यवहार
(1) समूहगत अनुबंधन होने के कारण सामाजिक यथार्थ।	व्यक्तिजन्य प्रयोग होने के कारण वैयक्तिक यथार्थ।
(2) प्रकृति में संस्थानगत होने के कारण समरूपी।	प्रकृति में नवप्रवर्त्तनकारी होने के कारण विषमरूपी।
(3) प्रकृति में मूल्यपरक होने के कारण अमूर्त एवं रूपपरक।	प्रकृति में स्थितिपरक होने के कारण मूर्तमान एवं अभिव्यक्तिपरक।
(4) व्यवस्थापरक होने के कारण प्रकृति में मानसिक एवं भाषिक क्षमता युक्त।	प्रयोगपरक होने के कारण प्रकृति में व्यवहारजन्य एवं भाषिक प्रतिफलन-युक्त।

भाषा-व्यवस्था और भाषा-व्यवहार की बात करते समय प्रायः यह बात भुला दी जाती है कि सस्यूर ने इन दोनों को भाषा के दो अभिन्न पक्षों के रूप में स्वीकार किया था। उनके अनुसार भाषा-व्यवस्था के रूप में 'लांग' और भाषा-व्यवहार के रूप में 'परोल' एक-दूसरे का संदर्भ लेकर ही परिभाषित किए जा सकते हैं। भाषा तभी जीवंत मानी जा सकती है जबकि ये दोनों पक्ष—संस्थागत और वैयक्तिक, द्वंद्वात्मक प्रवृत्ति की स्थिति में हों। भाषा-व्यवस्था को ही व्यक्ति विविध संदर्भों में भाषा-व्यवहार के द्वारा मूर्तमान बनाता है और भाषा-व्यवहार की विशिष्ट और मूर्तमान घटनाओं को ही समाज अपनी सामाजिक चेतना में निर्विशिष्ट रूप में ग्रहण करता है। इसीलिए **भाषा-व्यवस्था और भाषा-व्यवहार सापेक्ष संकल्पनाएँ हैं।**

[ख] भाषा और बोली

(अ) भाषा के संदर्भ में 'बोली' शब्द का प्रयोग दो अर्थों में मिलता है। अपने पहले अर्थ में वह भाषा का क्षेत्रीय अथवा सामाजिक वह प्रभेदक शैलीरूप है, जिसे एक निश्चित शब्दसमूह और व्याकरणिक संरचना द्वारा पहचाना जा सकता है। दूसरे शब्दों में यह कहा जा सकता है कि भाषा अपने व्यवहार में वैविध्यपूर्ण और विषमरूपी होती है। भाषा की यह विविधता न तो यादृच्छिक होती है और न

ही किसी त्रुटि का परिणाम। इसीलिए भाषा-वैविध्य के भीतर एक निश्चित व्यवस्था या पैटर्न देखा जा सकता है। भाषा की यह विविधता जब उनके प्रयोग करनेवालों के स्थान (भौगोलिक क्षेत्र) का परिणाम होती है तब उसको क्षेत्रीय बोली के अंतर्गत रखा जाता है। क्षेत्रीय शैली के हिंदी में हम कई उदाहरण देख सकते हैं। एक क्षेत्र में हम 'ऐ', 'औ' ध्वनियों को मूलस्वर के रूप में बोलते हैं तो दूसरे क्षेत्र में संध्यक्षर के रूप में। उदाहरण–(पैसा-पइसा, और-अउर)। एक स्थान पर हम संख्यावाचक शब्दों में 'इ' का प्रयोग करते हैं तो दूसरे स्थान पर 'ए' का। उदाहरण–(इक्कीस-एक्कीस, इकसठ-एकसठ)। शब्दों के स्तर पर भी यह भेद देखा जा सकता है। एक क्षेत्र में जिसे हम 'जुराब' कहते हैं उसी को दूसरे क्षेत्र में 'मोजा'। इसी प्रकार एक भौगोलिक क्षेत्र में जिसे हम 'घीया' और 'तोरी' कहते हैं, उसी को दूसरे क्षेत्र में 'लौकी' और 'नेनुआ' कहा जाता है।

जब भाषा वैविध्य का कारण वक्ता का सामाजिक स्तर-भेद (उच्च, मध्य एवं निम्नवर्ग) जातिभेद, लिंगभेद (पुरुष-स्त्री) आदि होता है तब उसे सामाजिक बोली के अंतर्गत रखा जाता है। हिंदी भाषा बोलते समय अंग्रेजी या संस्कृत के शब्दों या अभिव्यक्तियों के उच्चारण द्वारा अपनी सामाजिक बोली का परिचय, कई तरह से देते हैं, जैसे 'स्टेशन' के लिए 'इस्टेशन', 'टेसन' या 'टीसन' का प्रयोग। इसी प्रकार अगर उच्च शिक्षित वर्ग के व्यक्ति 'पीला' शब्द का प्रयोग करते हैं तब निम्न अशिक्षित वर्ग के व्यक्ति उसे 'पीअर' कहते हैं। सामाजिक बोली वस्तुतः समाज के स्तरीकृत होने का परिणाम होती है। समाज में जब विभिन्न स्तर अपनी अस्मिता या पहचान का भाषिक आधार ढूँढ़ने की ओर प्रवृत्त होते हैं, तब सामाजिक बोली पैदा हो जाती है। द्रविड़ कुल की कुछ भाषाओं में वर्ण के आधार पर भी बोलीभेद दिखलाई पड़ता है। वहाँ ब्राह्मण जाति के लोगों की बोली ब्राह्मणेतर जाति के लोगों की बोली से भिन्न होती है। अंग्रेजी में भी सामाजिक बोली के आधार पर भाषाभेद देखा जा सकता है। अगर एक व्यक्ति बोलता है–**He didn't got it**, और दूसरा व्यक्ति कहता है–**He hasn't got it**, तब सामाजिक बोलीभेद के आधार पर यह कहना सम्भव है कि पहला व्यक्ति, अपने सामाजिक पद में दूसरे व्यक्ति की तुलना में निम्न स्तर का है।

भौगोलिक और सामाजिक बोलीभेद के संदर्भ में यह देखा जा सकता है कि किसी क्षेत्रविशेष के किसी सामाजिक वर्ग की बोली कुछ कारणों से अपनी प्रतिष्ठा अर्जित कर 'मानक' रूप में स्वीकृत हो जाती है। एक बार 'मानक बोली' की मान्यता प्राप्त होने पर वह उच्च वर्ग के शिक्षित व्यक्तियों की बोली के रूप में स्वीकार्य हो जाती है। यह बात भी ध्यान देने योग्य है कि उच्च वर्ग के शिक्षित व्यक्तियों द्वारा प्रयुक्त होनेवाली इस 'मानक बोली' में अन्य बोलियों की

अपेक्षा भाषा-वैविध्य कम मिलता है। वस्तुतः बोली के मानक-रूप बनने की प्रक्रिया में ही भाषा में विकल्पन की प्रवृत्ति कम होने लगती है। अंततः क्षेत्र-विशेष के किसी विशेष वर्ग की बोली के आधार पर प्रतिष्ठा प्राप्त 'मानक बोली' ही भाषा का दर्जा पाती है। इस तथ्य को हम नीचे दिए गए चित्र द्वारा समझ सकते हैं :

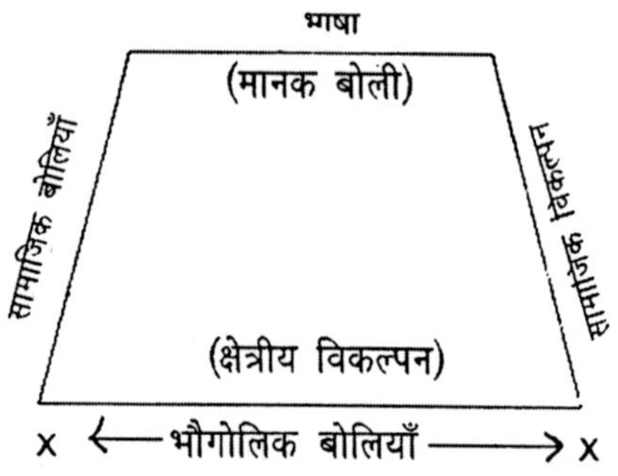

इस चित्र से कुछ तथ्य स्पष्ट हो जाते हैं : (1) भाषा-व्यवहार का शीर्षस्थ 'मानक बोली' है, जिसे भाषा-बोली भेद के संदर्भ में भाषा का पर्याय कहा जा सकता है। (2) भाषा भी एक प्रकार की बोली है। (3) भाषा की तुलना में बोली में भाषिक विकल्पन की मात्रा अधिक होती है।

(आ) अपने दूसरे अर्थ में 'बोली' किसी भाषा का कोई प्रभेदक शैलीरूप न होकर स्वयं भाषा होती है, जो अपने सामाजिक प्रकार्य में किसी अन्य भाषा पर आश्रित होती है। दूसरे शब्दों में यह कहा जा सकता है कि शुद्ध भाषावैज्ञानिक दृष्टि से इस संदर्भ में बोली और भाषा में भेद करना सम्भव नहीं। उदाहरण के लिए खड़ी बोली के रूप में मान्य जिसे हम हिंदी भाषा कहते हैं, उसमें तथा ब्रज, अवधी, भोजपुरी, मैथिली आदि उसकी बोलियों में शब्द, रूपरचना या व्याकरण के आधार पर भाषा-बोली का भेद करना सम्भव नहीं। शुद्ध भाषिक रचना की दृष्टि से जिस प्रकार खड़ी बोली एक 'भाषा' है, उसी प्रकार ये बोलियाँ भी 'भाषा' हैं, क्योंकि इनमें भी उसी प्रकार भाषिक प्रतीकों की संरचनात्मक व्यवस्था मिलती है, जिस प्रकार खड़ी बोली में।

इस दूसरे अर्थ में भाषा-बोली-भेद का आधार वह भाषिक चेतना है जिसकी प्रकृति संस्थागत है। इसीलिए इनमें भेद का कारण भाषावैज्ञानिक न होकर समाजभाषावैज्ञानिक होता है। प्रायः यह देखा गया है कि जातीय पुनर्गठन की सामाजिक प्रक्रिया के दौरान कोई 'बोली' व्यापार, राजनीति या संस्कृति के कारण अन्य जनपदीय बोलियों की तुलना में विशेष महत्त्व प्राप्त कर लेती है, फलस्वरूप अन्य बोलियों के बोलनेवालों के बीच सम्पर्क-साधन का भी काम करने लगती

है। बाद में चलकर अन्य बोलियों का प्रयोग करनेवाले व्यक्ति भी इस प्रतिष्ठित और सम्पर्क-साधन के रूप में प्रयुक्त बोली के साथ अपनी सामाजिक अस्मिता जोड़ने लगते हैं। भाषा-बोली-भेद के संदर्भ में यह कहा जा सकता है कि विभिन्न बोलियों के बीच सम्पर्क-साधन का कार्य करनेवाली प्रतिष्ठा प्राप्त बोली ही 'भाषा' कहलाती है, जबकि अन्य जनपदीय बोलियाँ, मात्र 'बोली'। आज की स्थिति में 'खड़ी बोली' के पर्याय के रूप में मान्य 'हिंदी' तो भाषा है पर ब्रज, अवधी, भोजपुरी आदि मात्र उसकी बोलियाँ।

सामाजिक प्रयोजन एवं प्रतिष्ठा के संदर्भ में भाषा-बोली भेद के सम्बन्ध में निम्नलिखित तथ्यों की ओर संकेत किया जा सकता है :

(1) अपने सामाजिक प्रकार्य में भाषा, स्वनिष्ठ एवं स्वायत्त होती है। अपनी प्रकृति में वह अध्यारोपित (सुपरआर्डिनेट) है। इसके विपरीत बोली, अपनी प्रकृति में पदावलंबी एवं आश्रित (सबार्डिनेट) होती है। इसीलिए हम कह सकते हैं कि (हिंदी) भाषा की निम्नलिखित बोलियाँ हैं, पर यह नहीं कह सकते कि इन बोलियों की भाषा हिंदी है।

(2) भाषा का व्यवहार-क्षेत्र व्यापक होता है, जबकि बोली का सीमित।

(3) भाषा-बोली-भेद के संदर्भ में यह कहा जा सकता है कि अपनी बोलियों की तुलना में भाषा सापेक्षतया अधिक विकसित एवं परिनिष्ठित होती है।

भाषा-बोली के सम्बन्धों पर विचार करते समय कुछ विद्वानों ने 'बोधगम्यता' के सिद्धांत को सामने रखकर यह संकेत दिया है कि भाषा और बोली में व्याकरणिक भेद तो होता है पर इतना नहीं कि उनके बोलनेवाले एक-दूसरे की बात समझ न सकें। इस दृष्टि से दो बोलियाँ जब परस्पर बोधगम्य न होंगी तब दो भाषाएँ कहलाएँगी। इसके विपरीत जब उनमें बोधगम्यता की स्थिति होगी, तब वे एक ही भाषा की दो बोलियाँ कही जाएँगी। भाषा-बोली-भेद की बोधगम्यता का यह आधार भ्रामक है। चीनी भाषा की मान्य कई बोलियाँ (मंडारिन, केंटोनीज, पेकिंगीज) आपस में बोधगम्य नहीं, क्योंकि उनके बोलनेवाले एक-दूसरे की बात नहीं समझ जाते, फिर भी वे एक भाषा की भिन्न बोलियाँ हैं। इसके विपरीत फ्रेंच और इतालवी अपनी-अपनी भाषा में बात करते हैं और वे एक-दूसरे की बात समझ लेते हैं फिर भी जातीय इतिहास, साहित्य, संस्कृति एवं राजनीतिक आधार उन्हें दो भिन्न भाषा-भाषी बना देते हैं। इसी प्रकार मगही और ब्रज, हिंदी भाषा की दो बोलियाँ हैं जबकि इनकी भाषिक संरचना एक-दूसरे से पर्याप्त भिन्न है, और उनके बोलनेवाले एक-दूसरे की बोली कठिनाई से ही समझ पाते हैं। इसके विपरीत हिंदी और पंजाबी दो भिन्न भाषाएँ हैं, जबकि इनकी भाषिक संरचना में पर्याप्त समानता है और उनके प्रयोक्ता काफी आसानी से एक-दूसरे की बात समझ लेते हैं। ऊपर के उदाहरण के आधार पर

यह निष्कर्ष निकाला जा सकता है कि भाषा-बोली-भेद का बोधगम्यता का आधार तर्कसंगत नहीं।

जैसा ऊपर संकेत दिया गया है, भाषा-बोली के अंतर का आधार भाषावैज्ञानिक न होकर समाजभाषावैज्ञानिक होता है। इस संदर्भ में यह भी कहा जा सकता है कि एक समय जो भाषा, 'बोली' के रूप में जानी जाती है, अपने इतिहास के दौरान सामाजिक प्रतिष्ठा प्राप्त कर दूसरे समय 'भाषा' का दर्जा प्राप्त कर सकती है। उदाहरण के लिए 'खड़ी बोली' पहले मात्र 'बोली' थी, जैसाकि उसके नाम से ध्वनित है। पर आज अपने प्रकार्य, प्रयोजन एवं सामाजिक पद में 'भाषा' का दर्जा पाकर न केवल हिंदीभाषी प्रांतों में बोली और समझी जाती है वरन् भारत संघ की 'राजभाषा' के रूप में भी स्वीकृत है। इसी प्रकार भाषाओं का इतिहास यह भी बताता है कि जो भाषा कभी 'भाषा' के रूप में मान्य थी वह ऐतिहासिक प्रक्रिया के कारण बाद में 'बोली' के पद पर अपदस्थ भी हो सकती है। 'ब्रजभाषा' इसका एक स्पष्ट उदाहरण है। मध्ययुग में यह प्रत्येक दृष्टि से 'भाषा' के रूप में समाज में व्यवहृत थी, जैसाकि उसके नाम से ही व्यंजित है। साहित्यिक वैभव, सांस्कृतिक सम्पदा, सामाजिक महत्त्व, मानक भाषा-प्रयोग आदि सभी दृष्टियों से वह एक 'स्वायत्त' और 'अध्यारोपित' भाषा थी, पर आज यह मात्र हिंदी भाषा की एक 'बोली' के रूप में मान्य है।

भाषा और बोली के आधारभूत अंतर को निम्नलिखित तालिका द्वारा समझा जा सकता है :

भाषा	बोली
1. सामाजिक प्रकार्य में भाषा अध्यारोपित (superordinate) होती है।	सामाजिक प्रकार्य में बोली 'भाषा' के अधीन (subordinate) होती है।
2. भाषा का क्षेत्रीय आधार अपेक्षाकृत अधिक विस्तृत होता है।	बोली का क्षेत्र, भाषा की तुलना में अपेक्षाकृत छोटा होता है।
3. भाषा का प्रयुक्ति-क्षेत्र अधिक बहुमुखी होता है, क्योंकि यह साहित्य, शिक्षा, प्रशासन आदि अनेक व्यवहार-क्षेत्रों में प्रयुक्त होती है।	बोली का प्रयुक्ति-क्षेत्र सीमित होता है।
4. भाषा समाज में 'प्रतिष्ठा' और 'प्रभुता' का द्योतक होती है।	'बोली' समाज में प्रतिष्ठा का कारण नहीं बनती। उसका प्रयोग 'आत्मीयता' का व्यंजक होता है।
5. भाषा का प्रयोग औपचारिक संदर्भों में होता है।	बोली का प्रयोग प्रायः अनौपचारिक संदर्भों में होता है।
6. भाषा, सापेक्षतया अधिक मानकीकृत होती है।	बोली में भाषा-विकल्पन सापेक्षतया अधिक होता है।
7. भाषा, अपनी विभिन्न बोलियों के प्रयोगकर्ता के बीच सम्पर्क भाषा का भी काम करती है।	बोली, प्रायः मातृभाषा के रूप में ही प्रयुक्त होती है।

[ग] एककालिक और कालक्रमिक अध्ययन

सस्यूर ने भाषा-अध्ययन के दो निश्चित संदर्भों की चर्चा की है– समय के किसी निश्चित बिंदु पर भाषिक-व्यवस्था के संरचनात्मक विश्लेषण के लिए अध्ययन का **एककालिक** संदर्भ और भाषा-विकास अथवा परिवर्तन के ऐतिहासिक विश्लेषण के लिए अध्ययन का **कालक्रमिक** संदर्भ। एककालिक संदर्भ किसी स्थिति विशेष में भाषा की संरचना का काल-तटस्थ विवरण प्रस्तुत करता है; इसके विपरीत कालक्रमिक संदर्भ भाषा के कालसापेक्ष विकास का चित्र खींचता है। इसी कारण कालक्रमिक संदर्भ में समय के दो निर्धारित युगों के बीच पाए जानेवाले भाषिक परिवर्तन का अध्ययन उस भाषा का कालक्रमिक अध्ययन कहलाता है।

अध्ययन के इन दो संदर्भों का महत्त्व इस बात से स्पष्ट हो जाता है कि अभी हाल तक विद्वानगण वेद या उपनिषद ग्रंथों और महाभारत या कालिदास के रचित साहित्य को एक ही भाषा का लिखित साहित्य मानते रहे, भले ही उनकी रचना दो भिन्न युगों में हुई हो। इसी प्रकार अंग्रेजी साहित्य में शेक्सपियर और डिकेंस की रचनाओं में प्रयुक्त भाषा को भी विद्वान एक ही भाषा मानते रहे। वर्षों पहले लिखी तोलकप्पियम की भाषा और आधुनिक तमिल साहित्य की भाषा को प्रायः एक ही मान लिया जाता है। अगर हम सस्यूर द्वारा प्रस्तावित एककालिक और कालक्रमिक अध्ययन के अंतर को सामने रखें तब यह कह सकते हैं कि दो विभिन्न युगों में रचित साहित्य (पाठ) वस्तुतः दो भिन्न भाषा-व्यवस्था पर आधारित होते हैं, और इन दोनों भाषिक व्यवस्थाओं का स्वतंत्र रूप से एककालिक अध्ययन सम्भव है। इन दोनों के एककालिक अध्ययन के बाद उसका कालक्रमिक अध्ययन भी किया जा सकता है, क्योंकि अध्ययनकर्ता यह दिखा सकता है कि कैसे पूर्ववर्ती भाषिक व्यवस्था परवर्ती व्यवस्था में परिवर्तित हुई।

ऊपर के विवेचन से यह भी स्पष्ट हो जाता है कि कालक्रमिक अध्ययन के लिए एककालिक अध्ययन आवश्यक है। यही कारण है कि सस्यूर ने भाषा-अध्ययन के दो निश्चित संदर्भों की बात तो उठाई, पर भाषा-अध्ययन के एककालिक संदर्भ पर उन्होंने अधिक बल दिया। उन्होंने यह बात स्वीकार की कि भाषा-परिवर्तन भाषा की नियति है। अपने प्रतीक-सिद्धांत को सामने रखते हुए उन्होंने यह भी कहा कि भाषिक प्रतीक का ऐसा कोई भी पक्ष या केंद्रीय अंश नहीं होता जो सिद्धांततः परिवर्तनशील न हो। परंतु भाषा के इस ऐतिहासिक संदर्भ की बात को स्वीकार करने के उपरांत भी उन्होंने भाषावैज्ञानिक अध्ययन के लिए उसके एककालिक संदर्भ को ही उचित ठहराया। उनका तर्क यह था कि भाषावैज्ञानिक अध्ययन का लक्ष्य भाषिक प्रतीकों के सम्बन्धों की व्यवस्था है और भाषिक परिवर्तन हमेशा इस व्यवस्था के बाहर की चीज होती है। उनके

मतानुसार भाषा-परिवर्तन न तो सहेतुक होता है और न ही व्यवस्था के प्रेरित। यह परिवर्तन अपने लक्ष्य में पूर्णतावादी भी नहीं होता, क्योंकि भाषा-परिवर्तन से न तो भाषिक व्यवस्था को कोई लाभ पहुँचता है और न ही उससे यह व्यवस्था अधिक सक्षम होती है।

एक दूसरे परिप्रेक्ष्य में भी सस्यूर ने भाषा-अध्ययन के एककालिक अध्ययन की महत्ता स्थापित की। उनके अनुसार किसी भाषा के कालक्रमिक अध्ययन का रास्ता भी एककालिक अध्ययन का रास्ता है। यह सवाल महत्त्वपूर्ण है कि किसी भाषिक परिवर्तन का हम पता किस प्रकार लगाते हैं ? पहले हम किसी भाषा-विकास के कालक्रम में चरण-1 में (पूर्ववर्ती समय बिंदु—क) पर भाषा-व्यवस्था का एककालिक अध्ययन करते हैं और उस अध्ययन के आधार पर उस भाषा का विवरण प्रस्तुत करते हैं, फिर हम चरण-2 (परवर्ती समय बिंदु—ख) पर भाषा-व्यवस्था का एककालिक अध्ययन कर उसका विवरण प्रस्तुत करते हैं। भाषा-परिवर्तन (अर्थात् भाषा का कालक्रमिक अध्ययन) तो पूर्ववर्ती काल 'क' और परवर्ती काल 'ख' के संदर्भ में प्राप्त दो चरणों के भाषा-विवरण के आधार पर ही देखा जा सकता है। अगर यह बात सही है तब सस्यूर का यह तर्क भी सही है कि कालक्रमिक अध्ययन का संदर्भ, भाषा-व्यवस्था की एककालिक अध्ययन की अपेक्षा रखता है।

इस शताब्दी के मोड़ पर प्रायः सभी विद्वान हर्मन पाल के इस विचार से सहमत थे कि भाषा के वैज्ञानिक-अध्ययन की मूल प्रकृति ऐतिहासिक-कालक्रमिक है। इसके कुछ ही वर्ष के अंतराल पर सस्यूर के प्रभाव से भाषाविज्ञान को मूलतः एककालिक स्वीकार किया जाने लगा। 'एककालिक' और 'कालक्रमिक' अध्ययन एक-दूसरे के प्रतिरोध में इस तरह विकसित हुआ कि येल्मस्लाव ने इन दोनों को भाषा-अध्ययन के दो नितांत अलग क्षेत्र के रूप में घोषित किया। उनके अनुसार भाषा का ऐतिहासिक अध्ययन भाषाविज्ञान के अपने क्षेत्र के बाहर की चीज है, अतः उसे या तो 'सामान्य सिद्धांत' अथवा 'समाजशास्त्र' के भीतर रखना अधिक उचित होगा पर सैद्धांतिक भाषाविज्ञान ने आज भाषा-अध्ययन के कालक्रमिक अध्ययन को दूर तक प्रभावित किया है और ऐतिहासिक भाषाविज्ञान, भाषाओं के एककालिक विवरण पर कई दृष्टियों से प्रकाश डाल रहा है, भाषा-अध्ययन के इस युग्म (एककालिक औ: कालक्रमिक) की विभाजक-रेखा को शंका की दृष्टि से देखा जाने लगा है। आज न तो विद्वानों का कोई ऐसा वर्ग है जो यह माने कि भाषाविज्ञान मूलतः भाषाओं का कालक्रमिक अध्ययन है और न ही सस्यूर की इस मान्यता से सहमत होनेवाला कोई ऐसा वर्ग दिखाई पड़ता है जो यह कहे कि भाषाविज्ञान का मूल स्वर 'एककालिक' है।

लेबाव और उनके समर्थक समाजभाषावैज्ञानिक यह स्वीकार करने लगे हैं

कि भाषाओं का एककालिक अध्ययन भी मूलतः कालक्रमिक है, क्योंकि भाषा जीवंत है, और जीवंत होने के कारण वह परिवर्तन के दबाव से स्पंदित रहती है। अपने 'विकल्पन' की संकल्पना के आधार पर उनका यह कहना है कि समाज में भाषा-प्रयोग 'समरूपी' नहीं होता और समय के किसी भी बिंदु पर भाषा के विकल्पवत प्रयोगों में टकराहट देखी जा सकती है। भाषा-व्यवहार में पाई जानेवाली यही टकराहट, भाषा में परिवर्तन लाती है। यही कारण है कि भाषाओं के एककालिक अध्ययन को वे 'स्थिर' नहीं मानते। उनके अनुसार इसकी प्रकृति 'गत्यात्मक' (डायनमिक) है। उनकी 'गत्यात्मक एककालिक' अध्ययन की संकल्पना भाषा-व्यवहार में पाए जानेवाले उन 'विकल्पनों' की संकल्पना पर आधारित है, जिनको हम किसी भाषा-समुदाय के व्यक्तियों के भाषिक व्यापार में किसी एक समय-बिंदु पर देखते हैं। कभी-कभी तो हम एक ही व्यक्ति के भाषिक आचरण में इस विकल्पन को एक उपव्यवस्था के रूप में काम करते देख सकते हैं।

3

आधुनिक भाषाविज्ञान का सामाजिक संदर्भ : एक सर्वेक्षण

गत कुछ वर्षों से भाषा और समाज के अंतस्सम्बन्धों पर काफी कुछ लिखा गया। इस दिशा में शोध के कई आयाम भी खुले, पर सैद्धांतिक मतवैभिन्न्य भी कम न रहा। यह ध्यान देने की बात है कि मतों की इस विभिन्नता के बीच में भाषा को मानव संदर्भित करने का प्रयास हमेशा बना रहा। भाषा और समाज के बीच की कड़ी के रूप में 'मानव' सत्ता की प्रतिष्ठा अव्याहत भाव से बनी रही। यह बात दूसरी है कि जब एक ओर एक सिद्धांत ने मानव-मन की सृजनात्मक शक्ति का हवाला देकर उसकी सहजात वृत्तियों के संदर्भ में भाषा के सार्वभौमिक लक्षण (universal features) को भाषाविज्ञान का उद्देश्य स्वीकार किया, तब दूसरे ने मानव-आचरण के व्यापक संदर्भ में भाषा को सामाजिक संस्था (social institution) के रूप में परिभाषित करने का प्रयत्न किया। एक ने मानव-मन की अपनी विशिष्टताओं के संदर्भ में भाषा की मूल प्रकृति को समझने का प्रयास किया, तब दूसरे ने सामाजिक सम्बन्धों के संदर्भ में मनुष्य-मनुष्य के बीच पाई जानेवाली सम्प्रेषण-व्यवस्था के रूप में भाषा की वास्तविकता को परखना चाहा। एक ने भाषा-अध्ययन को मनोविज्ञान के दायरे में खींचना चाहा तो दूसरे ने उसे समाज-विज्ञान की सीमा के भीतर घेरना चाहा। अपने मत के आग्रह में वे इस बात के लिए सदा तत्पर रहे कि भाषाविज्ञान के 'उद्देश्य' को सही ढंग से सामने उभारकर यह सिद्ध कर सकें कि भाषाविज्ञान वस्तुतः मनोभाषाविज्ञान है अथवा समाजभाषाविज्ञान।

मतवैभिन्न्य के इस वातावरण में आज यह देखना अनुचित न होगा कि आधुनिक भाषाविज्ञान के विकास की वे कौन-सी दिशाएँ थीं जिन्होंने उसे विचारों की इस आंतरिक प्रतिद्वंद्विता के वातावरण में ला खड़ा किया है ? ज्ञान का हर क्षेत्र अपने विकास के लिए प्रतिस्पर्धी विचारधारा और उपशाखाओं को जन्म देता है, पर उसे समझने के लिए यह जरूरी है कि हम उन ऐतिहासिक संदर्भों की

जानकारी भी रखें जिससे तथ्य और विचार, आँकड़े और सिद्धांत के बीच उत्पन्न होनेवाले अंतर्विरोध पर प्रकाश पड़ता है। एक मत अथवा सिद्धांत का पर्यवसान आगामी पर विकसित सिद्धांत में सार्थक ढंग से तभी हो पाता है जब आगामी सिद्धांत, विचारधारा के रूप में उन अंतर्विरोधी तथ्यों का निराकरण करने में सार्थक हो सके, जिनका समाधान निकालने में पूर्वमत असफल सिद्ध होने लगा था। आगामी विकासमान सिद्धांत ही 'शाश्वत' और 'अखंड' हो, यह कोई जरूरी नहीं, पर यह जरूरी है कि पूर्वमत की तुलना में वह सापेक्षतया अधिक व्यापक और सर्वव्यापी हो—कम-से-कम असंगतियों एवं अंतर्विरोधी तथ्यों के निराकरण में सम्प्रति वह अपने को अधिक समर्थ और प्रभावशाली सिद्ध कर सके। यहाँ इस ओर भी संकेत दे देना असमीचीन न होगा कि ऊपर से नया दीखनेवाला हर सिद्धांत नया सिद्धांत ही हो—यह आवश्यक नहीं। यह भी सम्भव है कि नया दीखनेवाले सिद्धांत के आधारतत्त्व पूर्ववत् बने रहें और उसको अभिव्यक्त या व्याख्यायित करनेवाले उपादानों में ही केवल अंतर हो। ऐसी स्थिति में उसे नए सिद्धांत की संज्ञा देना, ज्ञानक्षेत्र के विकास की ऐतिहासिकता को झुठलाना होगा। नए सिद्धांत के लिए यह जरूरी है कि वह नए संदर्भ को ही न केवल सामने उभारे, पर अपनी नई अभिव्यक्ति या व्याख्या की प्रेरक शक्ति के रूप में नए आधारभूत प्रकथन (axiom) को भी वह जन्म दे। नया सिद्धांत न केवल सम्प्रति पाई जानेवाली असंगतियों के निराकरण में समर्थ होता है वरन् ज्ञान के तत्कालीन पूरे आयाम (पैराडाइम) को ही बदल डालने की शक्ति रखता है। जब तक ज्ञान-क्षेत्र का यह आयाम नहीं बदलता, उसकी सत्ता अपने सत्त्व में प्रतिफलित भी नहीं होती। उदाहरण के लिए चॉम्स्की ने अपने आधारभूत प्रकथन द्वारा भाषा-चिंतन की पूरी धारा को एक नया आयाम देकर तत्कालीन 'पैराडाइम' को ही बदल डाला। पर उनके परवर्ती विद्वानों (लेकॉफ, मैकाले आदि) द्वारा उनके सिद्धांतों में किए गए परिवर्तन की जब उनसे चर्चा की थी, उन्होंने उस परिवर्तन को अभिव्यक्ति-भेद (notational variant) से अधिक महत्त्व नहीं दिया।

ज्ञान का इतिहास हमेशा विकास के एक सूक्ष्मतंतु के साथ जुड़ा होता है। विकास का हर चरण अपनी पूर्ववर्ती अवस्था के गर्भ में पल रहे बीज का ही परिणाम होता है। इतिहास की कड़ी तारतम्य की अटूट शृंखला होती है। किसी कड़ी का न होना उसके अभाव का सूचक न होकर इतिहासकार की धूमिल दृष्टि अथवा विगत घटनाओं की सही जानकारी का अभाव है। नई जीवन दृष्टि और नए 'पैराडाइम' की शक्ति, पूर्व अवस्था के गर्भ में पल रही असंगतियाँ होती हैं। पूर्व अवस्था में उसके समाधान के प्रयत्न न हुए हों—ऐसी बात नहीं। असंगतियों एवं अंतर्विरोध के निराकरण के लिए प्रयास नए सिद्धांत के जन्म के पहले भी होते रहते हैं, कुछेक सीमा तक उसमें सफलता भी मिलती है पर जब ये असंगतियाँ

बहुमुखी होकर विवेच्य वस्तु के कई धरातल पर दीखने लगती हैं तब केवल सुधारवादी दृष्टि से ही काम नहीं चल पाता। उस समय तो सैद्धांतिक संदर्भ के पूरे आयाम को बदलनेवाली क्रांतिकारी दृष्टि की जरूरत पड़ती है। उदाहरण के लिए, संरचनावादी भाषाविज्ञान के अभिरचना के द्वैत (duality of pattern) की बात उठाकर भाषा के स्वनिमिक और व्याकरणिक स्तरों के स्वायत्त होने की मान्यता की पुष्टि की और एक प्रकार से अपने सिद्धांत के आधारभूत प्रकथन के रूप में इसे स्वीकृति दी, तब उसी विचारधारा के अन्य विद्वान (पाइक) ने न केवल इस पर आगे चलकर आपत्ति उठाई वरन् उसका खंडन भी किया। उनके मत में ध्वनि का स्तर स्वायत्त नहीं और इसीलिए स्वनिमिक व्यवस्था को समझने के लिए व्याकरणिक संदर्भ अपेक्षित नहीं, बल्कि अनिवार्य भी हैं। इसी मत की आगे चलकर पुष्टि चॉम्स्की ने अपने नए सिद्धांत द्वारा की। पाइक द्वारा प्रस्तावित मत संरचनावादी भाषाविज्ञान की ही एक उपशाखा के रूप में मान्य हुआ पर चॉम्स्की की विचारधारा एक नए सिद्धांत के और एक नई दार्शनिक पीठिका के रूप में ग्रहीत हुई, क्योंकि वह पाइक की तरह किसी एक या दूसरे पक्ष के परिवर्तन की अपेक्षा भाषा सम्बन्धी पूरी चिंतन-पद्धति में परिवर्तन की आवश्यकता से प्रेरित थी।

जब 'पैराडाइम' बदलता है तब एक नए 'संसार' का जन्म होता है। नई चिंतनधारा से सम्बद्ध नई दृष्टि हर तथ्य को नए कोण से देखने की ओर प्रवृत्त होती है। तथ्य और आँकड़े वही रहते हैं पर नया संदर्भ और नई परिभाषा मिलने के कारण उनका संयोजन और विन्यास बदल जाता है। इसीलिए हर बदला हुआ सिद्धांत, इतिहास प्रदत्त 'इकाइयों' की संकल्पना को अपने रूप-रंग में ढालता है। 'नाम' वही पर 'अर्थ' में परिवर्तन, प्रतीक सिद्ध 'संज्ञाएँ' वही पर 'संकेतग्रह' और उसकी 'सार्थकता' भिन्न। उदाहरण के लिए, 'स्वनिम', 'रूपिम' आदि इकाइयाँ भाषाविज्ञान की संरचनावादी धारा में जिस संकेताग्रह और सार्थकता का प्रतिफलन हैं, रचनांतरण विचारधारा में उसी रूप में स्वीकृति नहीं हुई यद्यपि वे 'नाम' या 'संज्ञा' रूप में इस दूसरे सम्प्रदाय के सिद्धांत में भी सिद्ध हैं।

इस संदर्भ में यह आवश्यक हो जाता है कि 'भाषा' की सही प्रकृति को समझने के लिए हम उसे 'इकाई' मानकर आधुनिक भाषाविज्ञान की विभिन्न विचारधाराओं के सैद्धांतिक परिप्रेक्ष्य में देखें।

भाषिक संरचना : प्रतीक व्यवस्था

आधुनिक भाषाविज्ञान के पहले चरण में भाषा-अध्ययन को 'प्रतीकविज्ञान' के साथ जोड़ने का सायास प्रयत्न मिलता है। सस्यूर ने पहले प्रतीकविज्ञान (semiology) की सामान्य धारणाओं की स्थापना की और उसके बाद भाषाविज्ञान को उसके

एक उपांग के रूप में सामने रखा। उसने पहले भाषा को 'प्रतीकों की व्यवस्था' कहकर परिभाषित किया और फिर उस व्यवस्था (system) की संरचना (structure) के अध्ययन को भाषाविज्ञान के मूल उद्देश्य के रूप में स्वीकार किया। भाषिक प्रतीकों की व्यवस्था और उस व्यवस्था की संरचना/संघटना के अध्ययन को साधने के कारण ही आधुनिक भाषाविज्ञान संरचनावादी/संघटनावादी (structural) कहलाया।

भाषा-विज्ञान की संरचनावादीधारा ने भाषा-अध्ययन को एक नया आयाम और दिशा दी। इसकी एक प्रमुख विशेषता यह रही है कि भाषा सम्बन्धी अपने सिद्धांत और विश्लेषण-पद्धति के क्षेत्र में इसने कुछ ऐसी संकल्पनाओं को सामने रखा जिनकी प्रकृति द्विचर प्रतियोग (binary opposition) द्वारा ही समझना सम्भव था। यह उसी का परिणाम है कि भाषाविज्ञान के क्षेत्र में हमें पारिभाषिक शब्दावली के ऐसे सार्थक युग्म देखने को मिलते हैं :

(1) भाषा (language) और वाक् (parole)
(2) एककालिक (synchronic) और कालक्रमिक (diachronic)
(3) विन्यासक्रमी (syntagm) और सहचारक्रमी (paradigm)
(4) उपादान/वस्तु (substance) और आकृति/रूप (form)
(5) सम्प्रत्यय (concept) और अभिव्यक्ति (expression)
(6) मुख्यार्थ (denotatum) और संपृक्तार्थ (connotatum)

ज्ञान की किसी भी शाखा/उपशाखा की चिंतन-पद्धति अथवा किसी सम्प्रदाय विशेष की दार्शनिक प्रणाली को समझने के लिए जितनी आवश्यक शाखा सम्प्रदाय की सैद्धांतिक मान्यताएँ होती हैं, उतने ही महत्त्वपूर्ण ये पारिभाषिक शब्द होते हैं। शब्द पारिभाषिक तभी बनते हैं जब वे सिद्धांत द्वारा बाधित होकर एक विशेष चिंतन-प्रणाली की सार्थक इकाई के रूप में सिद्ध हो जाते हैं और सैद्धांतिक मान्यताएँ स्थिर तभी हो पाती हैं जब चिंतन दृष्टि, पारिभाषिक शब्दावली के सहारे प्रकथन में बँधकर बोधगम्य होने लगती है। संरचनावादी धारा ने भाषा-सम्बन्धी ऐसे ही दो पारिभाषिक शब्दों का प्रयोग किया जो उसकी भाषा-सम्बन्धी सम्पूर्ण अवधारणाओं के मूल में स्थित कहे जाएँ तो अत्युक्ति न होगी। ये हैं–'लांग' और 'पेरोल'। (इनके अंतर पर पुस्तक में पहले प्रकाश डाला जा चुका है।)

भाषाविज्ञान की संरचनावादी धारा ने यद्यपि 'लांग' को रूप (form) कहा और उपादान/वस्तु से मुक्त कर उसे निर्विशिष्ट संघटनाबद्ध माना, पर इसके साथ यह भी सच है कि उन्होंने उसके सामाजिक पक्ष की उपेक्षा न की। इस संदर्भ में उनकी निम्नलिखित धारणाएँ ध्यान देने योग्य हैं :

(1) अपनी माध्यम वस्तु से मुक्त होकर भी 'लांग' एक सामाजिक वस्तु (social object) है, अपनी प्रकृति में समरूपी (homogeneous) होने के बावजूद

भी वह समूहगत सामाजिक अनुबंधन (social contract) है, व्यक्ति की अपनी सीमाओं से परे होकर भी (supra-individual) वह व्यक्ति की उस क्षमता के साथ बँधा होता है जो सामाजिक संस्थान के एक सदस्य होने के नाते व्यक्ति को प्राप्त है और अपने अस्तित्व में स्वायत्त (autonomous) होने के उपरांत भी वह जीवंत और परिवर्तनशील है क्योंकि समाज के अन्य संस्थानों (institutions) के साथ सम्बद्ध होकर ही वह एक उच्चतर प्रतीक व्यवस्था का उपांग बनता है।

(2) मूल्यपरक व्यवस्था (system of values) होकर भी लांग प्राकृतिक विज्ञान के क्षेत्र की वस्तुओं की तरह समाज-निरपेक्ष और मानव-तटस्थ नहीं होता क्योंकि उसके लिए 'घटना' या 'वस्तु' का आभ्यंतर लक्षण/गुण का स्वयं में कोई महत्त्व नहीं होता। भाषा, समाज अनुबंधित-'वस्तु' है, अतः समाजविज्ञान के क्षेत्र की वस्तुओं की तरह इसमें पाए जानेवाले आभ्यंतर गुणों (प्रभेदक लक्षण) का मूल आधार हमेशा सामाजिक सार्थकता (social significance) होता है।

(3) 'भाषा-व्यवस्था' के रूप में 'लांग' और भाषा-व्यवहार के रूप में 'परोल' एक-दूसरे का संदर्भ लेकर ही परिभाषित किए जा सकते हैं। भाषा तभी जीवित मानी जा सकती है जब ये द्वंद्वात्मक प्रक्रिया (dialectical process) की स्थिति में हों। अमूर्त भाषा-व्यवस्था को ही व्यक्ति विविध रूपों में भाषा-व्यवहार के द्वारा मूर्तमान बनाता है और दूसरी ओर भाषा-व्यवहार की विशिष्ट और मूर्तमान घटनाओं को ही समाज अपनी सामूहिक चेतना में निर्विशिष्ट और साधारणीकृत भाषा-व्यवस्था के रूप में ग्रहण करता है। इसीलिए 'भाषा-व्यवस्था' और 'भाषा-व्यवहार' परस्पर सापेक्ष्य संकल्पनाएँ हैं। यह ठीक है कि भाषा-व्यवहार, बिना भाषा-व्यवस्था के सम्भव नहीं क्योंकि नियमों की पूर्व स्थिति के बिना उनका व्यक्ति के आचरण में प्रतिफलन भी सम्भव नहीं। लेकिन इसके साथ यह भी सच है कि व्यक्ति, भाषा-व्यवस्था को भाषा-व्यवहार की विविध घटनाओं के आधार पर ही आत्मसात करता है। किसी बच्चे को भाषा-व्यवस्था सिखाने के बाद भाषा-व्यवहार के लिए प्रेरित नहीं किया जाता। वह तो अपने चारों तरफ फैले भाषायी वातावरण के भीतर से 'भाषा' को स्वतः समझता और प्रयोग करता चलता है। इस दृष्टि से यह भी कहा जा सकता है कि भाषा-व्यवस्था एक साथ भाषा-व्यवहार के लिए अपेक्षित साधन (instrument) भी है और सामाजिक चेतना के धरातल पर भाषा-व्यवस्था के संचित कोश के रूप में उसका परिणाम (result) भी। एक साथ साधन और परिणाम होने के कारण 'भाषा-व्यवस्था' को समझने के लिए भाषा-व्यवहार का संदर्भ केवल अपेक्षित ही नहीं वरन् आवश्यक और अपरिहार्य भी हो जाता है।

भाषिक समरूपता : विश्लेषणात्मक पद्धति

यद्यपि सस्यूर ने 'भाषा-व्यवस्था और भाषा-व्यवहार' के बीच द्वंद्वात्मक प्रक्रिया की स्थिति मानी थी पर भाषाविज्ञान के लक्ष्य के रूप में अपने सामने उसने समरूपी 'भाषा-व्यवस्था' को ही विवेच्य सामग्री रखा था। भाषा-व्यवहार की वास्तविक और वैविध्यपूर्ण घटनाओं के बीच से 'भाषा-व्यवस्था' का पता लगाना ही संरचनावादी धारा का लक्ष्य रहा और इसीलिए बहुरूपी भाषा-व्यवहार की सार्थकता भी वहीं तक सीमित की गई जहाँ तक वह समरूपी भाषा-व्यवस्था को व्यंजित करती हो। बाद में चलकर–विशेषकर अमरीकी विद्वानों के हाथों–वास्तविक और विविध घटनापरक भाषा-व्यवहार के भीतर से अमूर्त और समरूपी भाषा-व्यवस्था का पता लगाने की यांत्रिक पद्धति का विकास हुआ। इस पद्धति ने भाषा-व्यवस्था और भाषा-व्यवहार के बीच द्वंद्वात्मक स्थिति को पहले नकारा, फिर भाषा-व्यवस्था को, भाषा-व्यवहार के संदर्भ से मुक्त करते हुए (अर्थात् समाज और व्यक्ति के जीवंत सम्बन्धों को तोड़कर) व्यक्ति बोली (idiolect) से जोड़ा और या तो भाषा-व्यवस्था को उसने 'व्यक्ति बोली का समूह' माना या तो फिर भाषा-व्यवहार की विविधता को सारहीन और भाषाविज्ञान के लिए अविवेच्य सामग्री घोषित किया।

यह बात नहीं कि भाषा-विकास के इस चरण के विद्वान भाषा-वैविध्य की प्रकृति से परिचित न हों अथवा भाषा की संस्थागत यथार्थता और उसके दबाव से अनभिज्ञ हों। ब्लूमफील्ड के शब्दों में :

> If we observed closely enough, we should find that no two persons--or rather, perhaps, no one person at different times--spoke exactly alike... . These differences play a very important part in the history of languages; the linguist is forced to consider them carefully even though in some of his work he is forced provisionally to ignore them. When he does this, he is merely employing the method of abstraction, a method essential for scientific investigation.

स्पष्ट है, ब्लूमफील्ड भाषाविविधता को भाषाविकास के लिए अनिवार्य मानते हैं, और जीवंत भाषा के लिए उसे अपरिहार्य भी स्वीकार करते हैं पर वैज्ञानिक अनुसंधान के संदर्भ में उसको सारहीन समझते हैं। उनके मत में वैज्ञानिक पद्धति की यह माँग है कि अमूर्तन प्रक्रिया के माध्यम से भाषाभेद को 'समरूपी' व्यवस्था में परिवर्तित कर दिया जाए। सपीर ने इस अमूर्तन प्रक्रिया को मानव-मन की बोधात्मक प्रकृति का आवश्यक पक्ष माना था और 'स्वनिम' जैसी निर्विशिष्ट इकाइयों की मानसिक यथार्थता पर बल देते हुए भाषिक संरचना की बोधात्मक (cognitive) प्रकृति पर प्रकाश डाला था। उसने यह सिद्ध किया था कि व्यक्ति

का स्वनिक (phonetic) विवरण-सामर्थ्य एक महत्त्वपूर्ण ढंग से उसकी मातृभाषा की स्वनिमिक (phonemic) व्यवस्था द्वारा प्रभावित होता है। पर विवरणात्मक भाषाविज्ञान की अमरीकी धारा ने वैज्ञानिकता के आवरण में भाषा-व्यवस्था की समरूपता की खोज समाज अथवा मानव-मन की बोधात्मक क्षमता के भीतर न कर भाषाविदों द्वारा प्रस्तावित कल्पित इकाइयों और उनके सम्बन्धों में करना श्रेयस्कर समझा। यही कारण है कि पहले ट्वाडेल यह मानते हैं कि ध्वनि के धरातल पर भाषा वैविध्यपूर्ण है, अत्यंत सीमित समय और स्थान के बीच भी एक व्यक्ति के भाषाव्यवहार में असंख्य भेद मिलते हैं। भाषावैज्ञानिक का काम इस भाषाभेद के बीच उसकी समरूपी प्रकृति का उद्‌घाटन करना है पर 'स्वनिम' की परिभाषा पर विचार करते हुए वे न तो उसे 'भौतिक इकाई' के रूप में स्वीकार करने के पक्ष में हैं और न ही 'मनोवैज्ञानिक' सत्य के रूप में ही मान्यता देने के लिए तैयार हैं। उनके लिए भाषा-व्यवस्था की ये इकाइयाँ 'कल्पित' (fictitious) है जिसे विभिन्न भाषाभेद के बीच से वैज्ञानिक अपने तकनीकी विश्लेषण के द्वारा प्रतिस्थापित करता है। उन्हीं के शब्दों में :

When we speak then, of a (macro-) phoneme, we are using an abstraction as a terminological convenience to describe the recurrence of similiar phonological differentiation among the elements of a language.

त्रुबेत्स्कोय ने सार्थक इकाइयाँ के भेदक लक्षणों (distinctive features) की सामाजिक अर्थवत्ता की बात की थी पर इस सम्प्रदाय ने 'भाषा' को 'सामाजिक वस्तु' (social object) न मानकर स्वायत्त प्राकृतिक इकाई (natural unit) माना। परिणामतः समरूपता को सामाजिक संस्थान की प्रकृति का न मानकर प्राकृतिक निर्जीव वस्तु की अमूर्त संकल्पना के रूप में स्वीकार किया गया। यह ठीक है कि सस्यूर ने भाषा-व्यवस्था और उसकी इकाइयों को माध्यम-मुक्त करने की बात की थी पर इकाइयों और उनके बीच के सम्बन्धों की सामाजिक अर्थवत्ता को उन्होंने कभी नकारा न था। अमरीकी इस धारा ने 'क्यों' और 'कैसे' के प्रश्न से अपने को तटस्थ कर भाषा को समाज-निरपेक्ष बना दिया। इस धारा के विद्वान रूलन वेल्स के शब्दों में :

If phonemes are characterized only by being different; it does not matter how they differ; pushed to its extreme this means that only the number of distinct phonemes matters.

यह माना गया कि सामाजिक बोधात्मक प्रतीति के रूप में भाषा-व्यवस्था व्यक्ति के अज्ञात मन के धरातल पर रहने के कारण सहजरूप में परीक्षण योग्य नहीं है, इसलिए भाषा-व्यवस्था सम्बन्धी सभी सूचनाएँ 'तथ्य-सामग्री' (data/ corpus) से ही प्राप्त की जाएँ। तथ्य-सामग्री को ही एकमात्र प्रामाणिक मानकर

उस 'तकनीक' के विकास और परिष्कार पर ध्यान दिया गया जो भाषा-व्यवस्था को भाषिक इकाइयों के सम्बन्धों को शृंखलाबद्ध आभ्यंतर संरचना के रूप में सामने ला सके और जिसके विश्लेषण के लिए तथ्य-सामग्री से बाहर जाने की कोई आवश्यकता न पड़े। प्रसिद्ध भाषाशास्त्री हैरिस के 'स्ट्रकचरल लिंग्विस्टिक्स' में इस विश्लेषणात्मक पद्धति के तकनीक की चरम परिणति देखने में मिलती है। यह पद्धति वितरण के आधार पर व्यतिरेकी युग्मों की स्थापना, संधान-पद्धति (discovery procedure) के द्वारा भाषिक इकाइयों की खोज और उनके वर्गीकरण तथा वितरण के माध्यम से सम्बन्धों के पता लगाने को ही वैज्ञानिकता की कसौटी मानता रहा। अपनी पुस्तक के चौथे संस्करण में यद्यपि हैरिस वाक्य-केंद्र (sentence centre), आधार (kernel) वाक्य और उसके रचनांतरण (transformation) तथा वाक्यबंध/ प्रोक्ति (discourse) के विश्लेषण की बात करते हैं पर उस समय भी वे अपनी पद्धति को इकाइयों की खोज और उनके पारस्परिक वितरण की रूपवादी और यांत्रिक प्रक्रिया से मुक्त करने के पक्ष में नहीं हैं :

The whole schedule of procedures...is designed to begin with the raw data of speech and end with a statement of grammatical structure, is essentially a twice-made application of two major steps : the setting up of elements, and the statement of the distribution of these elements relative to each other.

इस धारा की अंतःप्रमुख विशेषता रही—भाषा-व्यवस्था और भाषा-व्यवहार के अंतर को मान्यता न देना, भाषा को विश्लेषणगम्य बनाने के लिए उसे समाजनिरपेक्ष और मानवतटस्थ कर तथ्य-सामग्रीसापेक्ष (corpus oriented) बनाना; विश्लेषण के लिए आवश्यक सूचनाओं को तथ्य-सामग्री तक सीमित करने और वितरण के रूपवादी फ्रेम को स्वीकार करने के फलस्वरूप भाषिक अर्थ और सामाजिक अर्थवत्ता को नकारना; संघात-पद्धति को प्राथमिकता देने के कारण भाषावितरण को वर्गकारी (laxonomic classificatory) रूप में स्वीकार करना; सामाजिक संस्थान की अपेक्षा भाषा-तथ्य पर आग्रह रखने के कारण भाषाभेद और शैली परवर्ती की यथार्थता को वैज्ञानिक विश्लेषण के लिए अवांछनीय और सारहीन मानना।

इसके अतिरिक्त संरचनावादी भाषाविज्ञान की इस धारा ने भाषा-विज्ञान के क्षेत्र को 'स्वायत्त' (autonomous) तो माना ही, उसने यह भी स्वीकार किया कि प्रत्येक भाषा की अपनी विशिष्ट व्याकरणिक संरचना होती है और यह भाषावैज्ञानिकों का काम है कि वह प्रत्येक भाषा का विश्लेषण कर उसकी संरचना की विशिष्टता का पता लगाएँ। मानव-समाज के बीच व्यवहार में आनेवाली भाषाओं की रूप-प्रकृति की विभिन्नता को ध्यान में रखकर उसने यह भी माना

कि भाषा-भेद की सम्भावना अनंत और निस्सीम है। अपने दृष्टिकोण में व्यवहारवादी होने के कारण इस धारा ने न केवल भाषा को उद्दीपन (stimulus) और अनुक्रिया (response) के संदर्भ में रखकर उसको एक घटना के रूप में समझाना चाहा वरन् अपने युग के प्रसिद्ध व्यवहारवादिक मनोविज्ञानशास्त्री वाट्सन के सिद्धांत का अनुसरण करते हुए उन सभी तथ्यों और संकेतों को अपने सिद्धांत की सीमा के भीतर समेटने से इनकार किया जो प्रत्यक्ष रीति से उपलब्ध नहीं हो सकते थे या भौतिक आधार पर जिसको मापना कठिन था। इस धारणा का विसंगत परिणाम भाषाविज्ञान के क्षेत्र में 'अर्थ' की सार्थकता और 'अर्थविज्ञान' के अध्ययन की स्थिति के रूप में मिलता है।

उदाहरण के लिए, ब्लूमफील्ड ने स्वनिमविज्ञान या वाक्यविज्ञान के लिए अर्थ की अनिवार्यता हमेशा स्वीकार की है। उनके मत में इन दोनों क्षेत्रों की इकाइयों का पता लगाने के लिए यह जरूरी है कि हम देखें कि दो 'रूप' (form) इकाई के स्तर पर एक हैं या दो। और इसके लिए भाषावैज्ञानिकों को रूप की अर्थवत्ता का पता लगाना उनकी विश्लेषण-प्रक्रिया का अंग बन जाता है। अगर हमें यह सिद्ध करना है कि हिंदी में 'क' और 'ख' दो स्वनिम हैं, तब यह आवश्यक है कि हम 'कल'/ 'खल' या 'काल'/ 'खाल' ऐसे विषम शब्द-युग्म लें जो अर्थ की दृष्टि से दो भिन्न शाब्दिक इकाई के रूप में हिंदी में सिद्ध हैं। अर्थ की इस सार्थकता को स्वीकार करने के बावजूद जब विज्ञान के रूप में इसके विश्लेषण की बात उठती है तो ब्लूमफील्ड का व्यवहारवादी दृष्टिकोण बाधक बन बैठता है। व्यवहारवाद के अनुसार अर्थ को वह उन 'स्थितियों' के बीच परिभाषित करना चाहते हैं जो वक्ता के लिए 'उद्दीपन का हेतु' होते हैं अथवा श्रोता के लिए 'अनुक्रिया के कारण'। परिस्थितियों के बहुमुखी संदर्भ और मानव-व्यवहार की अगाध सम्भावनाओं को देखते हुए उद्दीपन/अनुक्रिया के हेतु को सीमित कर विलेषणगम्य बनाना चूँकि कठिन काम है, वे इस निष्कर्ष पर पहुँचते हैं कि अर्थ का क्षेत्र, भाषाविज्ञान का सबसे कमजोर पक्ष है, और यह स्थिति उनके अनुसार तब तक बनी रहेगी जब तक मनुष्य का सम्प्रति ज्ञान, आज के स्तर से बहुत ऊँचा नहीं उठ जाता। यह मानते हुए भी कि अर्थ का क्षेत्र भाषा-अध्ययन के लिए आवश्यक और अनिवार्य है, अपने दृष्टिकोण की सीमा और विश्लेषणात्मक उपकरण के अभाव में ब्लूमफील्ड अर्थविज्ञान को भाषा-विवरण का अंग मानने के पक्ष में नहीं और परिणामतः भाषायी रूप (form) को अर्थनिरपेक्ष सिद्ध करने के लिए वे उद्यत दीखते हैं।

भाषायी रूप को अर्थनिरपेक्ष सिद्ध करने की यह प्रवृत्ति चाहे जिस कारण से भी क्यों न आई हो, ब्लाक और हैरिस की भाषाविश्लेषण-प्रणाली में उसने अपनी पूर्ण प्रतिष्ठा प्राप्त की। इन परवर्ती विद्वानों ने भाषाविज्ञान के लिए जिसे

तथ्य-सामग्री बनाया, उसे भाषा-व्यवहार के सभी लक्षणों से मुक्त करने की माँग की। उन्होंने ब्लूमफील्ड के 'उद्दीपन/अनुक्रिया के हेतु' की संकल्पना को भी नकारा। भाषायी संरचना की अर्थवत्ता (significance) को अर्थ (meaning) से मुक्त करते हुए उन्होंने विश्लेषण के लिए भाषा के सभी धरातलों पर पाई जानेवाली भाषायी इकाइयों को मात्र 'तर्कपरक प्रतीक' (logical symbol) घोषित किया। रूप-सिद्धि के लिए अपनाई जानेवाली इस उपकरणात्मक प्रणाली ने भाषा-प्रतीक के सिद्धांत को तो स्वीकार किया, पर सम्प्रत्यय और अर्थ को भाषाविज्ञान के क्षेत्र से बाहर का अभिव्यक्ति माध्यम से आकृति/रूप की सिद्धि को ही अपना लक्ष्य घोषित किया। इस प्रणाली को निम्नलिखित चित्र के आधार पर समझा जा सकता है :

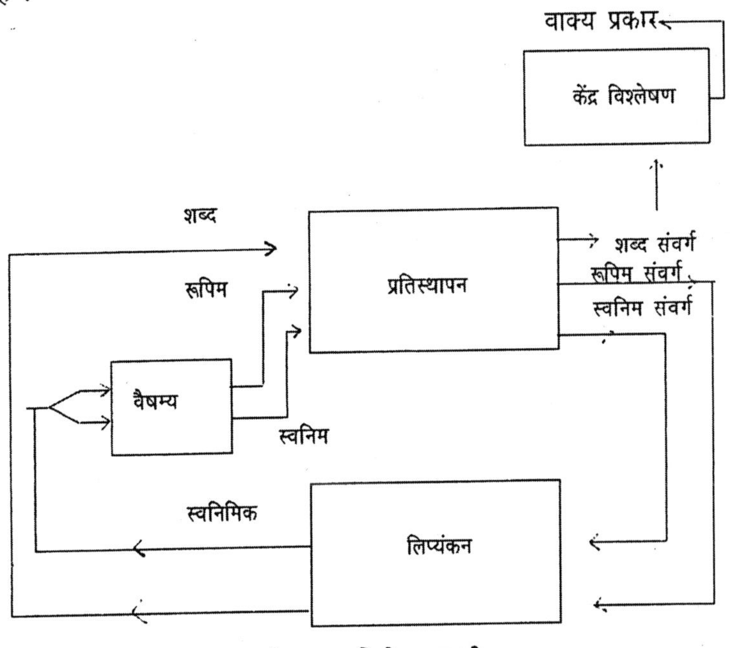

संरचनात्मक विश्लेषण प्रणाली

सिद्धांत-प्रणाली

संरचना/संघटनावाद (structuralism) के तीन-चार विभिन्न संदर्भ देखने को मिलते हैं। एक संदर्भ के अनुसार, इसके द्वारा ब्लूमफील्ड स्कूल के परवर्ती विद्वानों—ब्लाक, ट्रेगर, स्मिथ, हाकेट, जूस आदि के हाथों विकसित भाषाविश्लेषण की उस प्रणाली का बोध होता है जिसकी चरमतम परिणति हैरिस की कृतियों में देखने

को मिलती है। यह मूलतः भाषावैज्ञानिक विवरण के लिए विश्लेषणात्मक उपकरण के रूप में अपने सिद्धांतों का विकास करने की ओर प्रवृत्त थी, जिसके सहारे पिछड़ी जातियों (अमेरिकंन इंडियन) की सापेक्षतया कम ज्ञात भाषाओं की जानकारी दी जा सके।

संरचनावाद का दूसरा संदर्भ भाषावैज्ञानिक उन सैद्धांतिक धारणाओं से है, जिसका स्रोत सस्यूर और बादुएन द कुर्तने की रचनाएँ रही हैं और जो भिन्न देशों में भिन्न स्कूलों के रूप में मान्य हुईं। यह बात भी ध्यान देने योग्य है कि इन विभिन्न 'स्कूलों' या 'सम्प्रदायों' को संरचनावाद की उपधारा माना जाता है, क्योंकि इन्होंने सस्यूर या कुर्तने की मान्यताओं को अपने ढंग से विकसित करते हुए विश्लेषणात्मक प्रणाली को एक नया संदर्भ तो दिया, पर 'संरचना' या 'संघटना' के प्रति इनकी मान्यताएँ प्रायः एक-सी रहीं। इन सभी सम्प्रदायों ने यह स्वीकार किया कि भाषाविज्ञान का लक्ष्य भाषा विशेष के व्यष्टिपरक तथ्यों की जानकारी हासिल करना नहीं वरन् उसकी 'व्यवस्था की संरचना' का पता लगाना है। संरचना की संकल्पना, इकाइयों की ओर न ले जाकर उनके 'अन्योन्याश्रित सम्बन्धों' की ओर ले जाता है और 'वस्तु' के किसी एक या दूसरे पक्ष पर प्रकाश डालने की अपेक्षा उसे 'समग्रता' की दृष्टि से ग्रहण करने की ओर हमें उन्मुख करता है। इसी अर्थ में त्रुबेत्स्कोय ने इस शब्द का प्रयोग करते हुए 1933 में लिखा कि आज के वैज्ञानिक युग की प्रकृति खंडीय यथार्थ के स्थान पर संरचनावाद और व्यष्टिनिष्ठ तथ्यों के स्थान पर सार्वभौमिकता की स्थापना है :

The age in which we live is characterized by the tendency of all scientific disciplines to replace atomism with structuralism, and individualism with universalism.

इस दूसरे संदर्भ में जो स्कूल या सम्प्रदाय सापेक्षतया अधिक प्रसिद्ध हुए, उनमें से कुछ हैं–जनेवा स्कूल (बेली, सेशे, फ्रेइ, गोडल); कोपनहेगन स्कूल (येल्मस्लेव, उल्डाल, ब्रांडल); प्राग् स्कूल (रूसी : त्रुबेत्स्कोय, याकोव्सन (पहला चरण), कार्त्सेव्स्की; चेक : मथेसिउस, स्कलिब्का, त्र्न्कि्वेक, हेव्रनेक, ट्रंका); सोवियत स्कूल (उशाकोव, बोगोरोदित्स्की, पोक्रोव्स्की, पेश्कोव्स्की, विनोकुर, पोलिवानोव; मार, मेशानिनोव, शेर्बा); येल स्कूल (सपीर, ब्होर्फ); (ब्लूमफील्ड के सम्प्रदाय को भी येल स्कूल द्वारा ही जाना जाता है।)

तीसरे संदर्भ में संरचनावाद सिद्धांत के साथ-साथ प्रणाली का विकास कर सम्प्रदाय बना, अतः ये सम्प्रदाय; वस्तुतः अपने प्रारूप (मॉडल) के नाम से प्रसिद्ध है–उदाहरण स्वरूप टैग्मेमिक मॉडल (पाइक, लांगाकर), स्ट्रेटिफिकेशनल मॉडल (सिडनी लैंब), सिस्टम-स्ट्रक्चर मॉडल (फर्थ, हैलिडे)। दूसरे और तोसरे संदर्भ के बीच कोई निर्धारित सीमारेखा खींचना कठिन है, क्योंकि कोपनहेगन स्कूल को

ग्लासमेटिक मॉडल से भी जाना जा सकता है और प्राग् स्कूल को फंक्शनल मॉडल से, जिसका समर्थ प्रतिपादन मार्तिने की कृतियों में देखने को मिलता है।

चौथे संदर्भ में संरचनावाद, वस्तुओं के प्रति देखनेवाला एक विशेष दृष्टिकोण के रूप में परिभाषित हुआ। यह मानकर चला कि संरचना, मात्र अमूर्त रूप/आकृति (form) न होकर स्वयं में सम्प्रत्यय/कथ्य (content) है, जिसे 'तर्कसिद्ध जीवंत सम्बन्धों की पूर्ण इकाई के रूप में ग्रहण किया जा सकता है। इस धारा ने न केवल 'संरचना' को एक 'विशेष दृष्टिकोण' के रूप में स्वीकार किया, बल्कि 'प्रतीकविज्ञान' से उसका सम्बन्ध जोड़कर उसने भाषेतर क्षेत्रों में भी अपने सिद्धांत को प्रतिस्थापित किया। यथा–नृतत्वशास्त्र (लेवी स्ट्रास, मेरी डगलस), लौकिक संस्कृति (रोलन बार्थ), वैज्ञानिक दर्शन (माइकेल फके), साहित्यिक विश्लेषण (त्स्वेतन तुदोरोव)। भाषाविज्ञान के क्षेत्र में सम्प्रति अधिक प्रसिद्ध व्यक्तियों में रोलन बार्थ और ग्रीमा का नाम लिया जा सकता है।

इस उपधारा की यह विशेषता रही है कि संरचनावाद को 'एक विशेष दृष्टिकोण' के रूप में परिभाषित करते हुए अपने व्यावहारिक एवं संक्रियात्मक प्रणाली में वह हमेशा भाषाविज्ञान और प्रतीकविज्ञान की मुखापेक्षी रही। उदाहरण के लिए अगर ड्यूरहिम, रेडक्लिफ-ब्राउन आदि समाजशास्त्रियों ने समाज या अन्य सांस्कृतिक उपादानों को 'सावयव' सिद्धांत के आधार पर समझने की कोशिश की थी तो लेवी स्ट्रास ने यह मान्यता सामने रखी कि सामाजिक संस्थानों की प्रकृति मूलतः भाषिक व्यवस्था के समतुल्य है, अतः विश्लेषण के लिए जो उपकरण उस पर प्रभावी ढंग से लागू हो सकते हैं–वे हैं भाषाविज्ञान की प्रणाली के क्षेत्र में विकसित उपकरण। भाषाविज्ञान के प्रणालीगत विकास और उसकी बहुमुखी सार्थकता से ही प्रेरित होकर रोलन बार्थ ने यह विचार सामने रखा कि सस्यूर के सिद्धांत में भाषाविज्ञान, वृहत्तर प्रतीकविज्ञान के एक उपांग के रूप में सिद्ध है पर वास्तविकता में जीवन का कोई भी आयाम और ज्ञान का कोई भी पक्ष भाषातत्त्व से मुक्त नहीं, अतः प्रतीकविज्ञान, भाषाविज्ञान का एक उपांग है।

प्रजनन-प्रक्रिया : सर्जनात्मकता

यद्यपि हैरिस ने रचनांतरण प्रक्रिया की बात उठाई थी, पर उस प्रक्रिया को मानवकेंद्रित न कर अपने प्रारूप (model) के अनुसार उसे संक्रियात्मक (operational) ही रखा। चॉम्स्की ने भाषा और व्याकरण की नई संकल्पना के आधार पर संरचनावादी भाषाविज्ञान की प्रणाली पर न केवल आघात किया, वरन् उसकी आधारभूत मान्यताओं को ही झकझोर डाला। उनके सिद्धांत को मोटे तौर पर दो भागों में बाँटा जा सकता है–1957 संस्करण, जो उनकी पुस्तक 'Syntactic Structures' के साथ जुड़ा है और 1965 संस्करण, जिसका सम्बन्ध उनकी दूसरी

पुस्तक 'Aspects of the Theory of Syntax' से है। चॉम्स्की को भाषाविज्ञान की शिक्षा-दीक्षा हैरिस के सिद्धांत और संरचनात्मक विचारधारा के प्रणालीगत विज्ञान के संदर्भ में मिली थी, इसलिए उनके सिद्धांत के प्रारम्भिक चरण में उसकी स्पष्ट छाप मिलती है। 1957 संस्करण में न तो उनके सिद्धांतों की बुद्धिवादी (rational) परिणति मिलती है, जिसे आगे चलकर उन्होंने अनुभववाद के विरुद्ध अपने हथियार के रूप में अपनाया और न ही वहाँ संरचनावादी इस मान्यता का विरोध करते पाए जाते हैं कि रूप (form) और अर्थ (meaning) के धरातल स्वायत्त हैं। उन्होंने प्रारम्भ में इस बात पर अत्यधिक बल दिया कि भाषाविज्ञान जिस व्यवस्था का पता लगाता है वह अर्थ और प्रयोग से मुक्त सर्वथा रूपपरक (formal) व्यवस्था होती है।

चॉम्स्की के भाषासिद्धांत का 1957 संस्करण भाषाचिंतन की जिन नई मान्यताओं के लिए क्रांतिकारी समझा जाता है, उनमें से कुछ की ओर यहाँ ध्यान दे लेना आवश्यक है। चॉम्स्की ने इस तथ्य पर काफी बल दिया कि सभी भाषाओं के मूल में मानव-मन की सर्जनात्मक शक्ति निहित होती है। सभी मातृभाषी ऐसे वाक्यों को बोलने और समझने में सक्षम होते हैं, जिन्हें उन्होंने पहले कभी न तो पढ़ा होता है और न ही सुना। मानव-मन की इस सर्जनात्मक शक्ति का ही परिणाम है कि भाषा के दायरे में आनेवाले सम्भावित वाक्य निस्सीम (infinite) होते हैं। नए-नए वाक्यों की सम्भावना को सीमित इसीलिए करना असम्भव है, क्योंकि भाषा की प्रकृति मूलतः सृजनात्मकता की शक्ति से अनुप्राणित होती है। इस दृष्टिकोण के अनुसार भाषा अपनी सीमा पर बंद (close) न होकर मुक्त और खुली (open) होती है।

चॉम्स्की की दूसरी आधारभूत मान्यता यह थी कि भाषा, अर्थ का उपकरण है और सर्जनात्मक शक्ति के रूप में यह उपकरण एक ओर मानव-मन में स्थित होता है और दूसरी ओर ज्ञान के रूप में व्यवहार और प्रयोग की सीमाओं से सर्वथा मुक्त। भाषाविज्ञान की इस चिंतनधारा ने किसी भाषा विशेष के व्याकरणिक नियमों एवं संरचना का पता लगाने की अपेक्षा मानवजन्य सभी भाषाओं की मूल प्रकृति पर प्रकाश डालने को अपना लक्ष्य माना। इसीलिए उसने भाषिक तथ्य सामग्री (corpus) के विश्लेषण के स्थान पर उपकरण (भाषा अधिगम प्रणाली= Language Acquisition Device) के रहस्योद्घाटन को अपना लक्ष्य माना। उसने यह माना कि अवचेतन व्यापार के रूप में किसी भाषा का व्याकरण, भाषा अधिगम की स्वाभाविक प्रक्रिया का परिणाम होता है, जिसे व्यक्ति अज्ञात भाव से भाषिक नियमों के रूप में सिद्ध करता है और जिसका उपयोग वह सर्जनात्मक रीति से भाषा-व्यवहार में करता पाया जाता है :

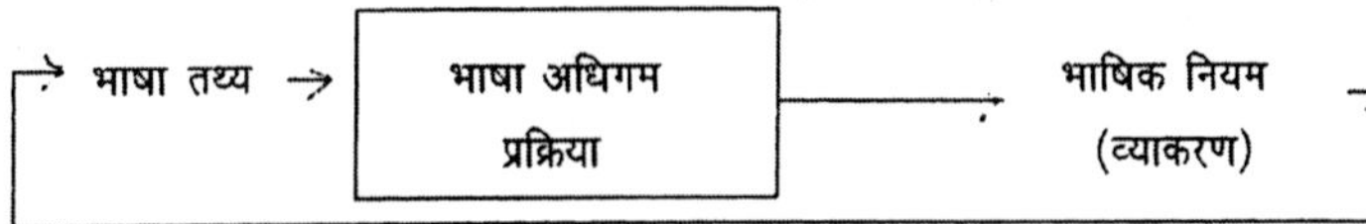

चॉम्सकी के अनुसार अगर भाषा, निस्सीम होती है तो भाषिक नियमों के रूप में व्याकरण अपनी प्रकृति में सीमित (finite) होता है। व्याकरण के सीमित नियमों के बावजूद मानव-मन विविध और असंख्य वाक्यों को बोलने और समझने में सक्षम है, क्योंकि व्याकरण वाक्यों का प्रजनन (generate) करता है। इस दृष्टिकोण से भाषा पर प्रकाश डालते हुए चॉम्स्की का यह कथन है कि भाषा उन सभी सम्भावित वाक्यों का संचय है जिसका व्याकरण प्रजनन कर सकता है और भाषा तथ्य (corpus) वस्तुतः उन सभी वाक्यों का समूह माना जा सकता है जिसका उस भाषा के मातृभाषियों ने उच्चारण किया हो। [आगे चलकर भाषा और भाषातथ्य के विभाजन के इसी आधार पर चॉम्स्की ने भाषिक क्षमता (Competence) और भाषिक व्यवहार (performance) की संकल्पना को उभारा।]

भाषाविज्ञान के लक्ष्य और स्वरूप की चर्चा के प्रसंग में चॉम्स्की ने व्याकरणों के मूल्यांकन की बात भी उठाई। उन्होंने इसके लिए पर्याप्तता (adequacy) के तीन स्तर बताए जिनके संदर्भ में व्याकरण की शक्ति और सामर्थ्य का मूल्यांकन सम्भव है, यथा–पर्यवेक्षणात्मक (explanatory)। विवरणात्मक (descriptige), और व्याख्यात्मक (explanatory)। पर्यवेक्षणात्मक पर्याप्तता व्याकरण की उस प्रजनक शक्ति से सम्बन्ध रखती है, जो अपने निर्धारित नियमों द्वारा केवल उन असंख्य वाक्यों को जन्म देने में समर्थ है जो व्याकरण-सम्मत हैं और जिसके द्वारा अ-वाक्यों (non-sentences) का प्रजनन सम्भव नहीं। इसे व्याकरण की प्रजनक शक्ति एवं सामर्थ्य का सीमित और निर्बल पक्ष (week generative capacity) कहा जा सकता है। चॉम्स्की की यह धारणा है कि परम्परा के आधार पर लिखे गए व्याकरण केवल प्रमुख वाक्य-प्रकारों को ही विश्लेषण और विवरण के लिए चुनते हैं और शेष को पाठकों के अपने 'इंट्यूशन' के आधार पर समझने के लिए छोड़ देते हैं। वैसे चॉम्स्की भी तथ्य-सामग्री के भीतर 'इंट्यूशन' को समेटते हैं और उसी के सहारे व्याकरणसम्मत वाक्यों और अ-वाक्यों में भेद भी करते हैं, पर इसके साथ ही व्याकरण की प्रजनक शक्ति और सामर्थ्य को वे निश्चित और तर्क-निर्धारित नियमों द्वारा पुष्ट करने की माँग भी करते हैं।

व्याकरणिक पर्याप्तता का दूसरा स्तर चॉम्स्की के अनुसार प्रजनक शक्ति और सामर्थ्य का सशक्त पक्ष (strong generative capacity) है, जिसे उन्होंने विवरणात्म्क पर्याप्तता कहा है। प्रजनक शक्ति का यह वह स्तर है, जो न केवल

सभी सम्भावित व्याकरणसम्मत वाक्यों का प्रजनन करने में समर्थ है, बल्कि वाक्यों के संरचनात्मक विवरण देने की भी क्षमता रखता है। संरचनात्मक विवरण से उनका सम्बन्ध उन इकाइयों और उनके विभिन्न रूपों (उद्देश्य/विधेय या संज्ञा/क्रिया) के सम्बन्धों की जानकारी से है, जिनके सहारे वाक्यों को विश्लेषणात्मक उपखंडों में विभाजित करना सम्भव है। यह भाषिक तर्क का वह पक्ष है जिसके सहारे व्याकरणसम्मत और अ-वाक्यों के कारणों पर प्रकाश डालना सम्भव है।

व्याकरणिक पर्याप्तता का तीसरा और सबसे अधिक महत्त्वपूर्ण स्तर है–व्याख्यात्मक। यह व्याकरण का वह पक्ष है जो भाषाविशेष के व्याकरण की सीमा का अतिक्रमण कर उसे सर्वभाषा (universal) व्याकरण के स्तर तक पहुँचाने की शक्ति एवं सामर्थ्य देता है। चॉम्स्की के अनुसार इस शक्ति का संकेत बालकों के भाषा अधिगम प्रणाली के बीच मिलता है। उनका यह मत है कि जन्म के समय बालक का मानस-पटल धुला-पुँछा नहीं होता। वह तो सहजात वृत्तियों से बाधित होकर एक विशिष्ट 'स्कीम' के अनुसार काम करता है। विवरणात्मक पर्याप्तता को पुष्ट करनेवाले एक से अधिक व्याकरण सम्भव है, पर जो व्याकरण बालकों के मन पर अंकित इस विशिष्ट 'स्कीम' के अनुरूप जिस अनुपात में होगा, उसी अनुपात में वह दूसरे व्याकरणों की तुलना में अधिक श्रेष्ठ और सशक्त माना जाएगा।

अपने सिद्धांत के 1957 संस्करण में चॉम्स्की ने व्याकरण को तीन प्रकार के नियमों के समूह के रूप में परिभाषित किया था–पद्बंध (फ्रेज) संरचना नियम,

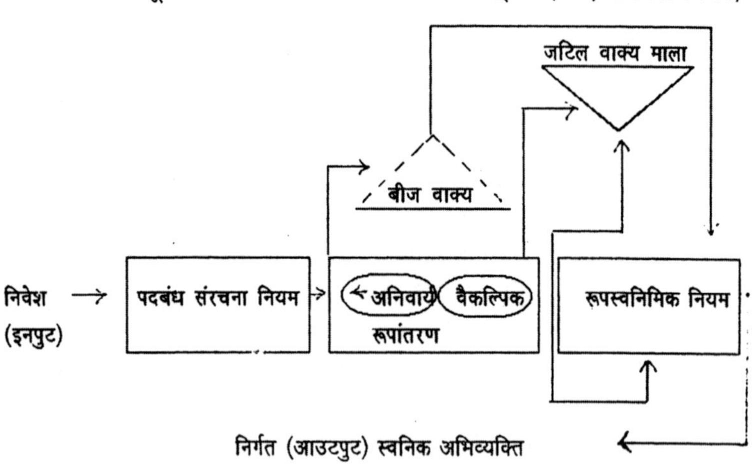

चॉम्स्की : व्याकरणिक प्रारूप (1957)

रचनांतरण (ट्रांसफार्मेशन) नियम और रूपस्वनिमिक (morphonemic) नियम। इनके बीच के सम्बन्धों को उपरोक्त चित्र द्वारा समझा जा सकता है।

व्याकरण के इस प्रारूप द्वारा चॉम्स्की ने न केवल प्रजनक नियमों की व्यवस्था की ओर संकेत कर व्याकरण को नियमों की शृंखलाबद्ध माला के रूप में उभारा, बल्कि अब तक भाषाविज्ञान के क्षेत्र में चले आ रहे पैटर्न-द्वैत (वाक्य-रचना और स्वनिमिक नियमों) की आलोचना कर व्याकरण के लिए एक समग्र दृष्टि का सूत्रपात भी किया। मानव-मन की सर्जनात्मक शक्ति के आधार पर उन्होंने उन सम्भावित वाक्यों के कोश के रूप में भाषा-क्षेत्र को विस्तार दिया जिसकी परिधि निस्सीम और अगाध है।

रचनांतरण प्रक्रिया : सार्वभौमिक व्याकरण

चॉम्स्की के पूर्व भाषाविज्ञान का सिद्धांत व्यवहारवाद की दार्शनिक मान्यता से अनुप्राणित था। व्यवहारवाद अपने विचारों में अनुभववादी (empirical) होता है और कार्यप्रणाली में आगमनात्मक (inductive)। भाषाविज्ञान के संरचनावादी दृष्टिकोण की यह आधारभूत मान्यता थी कि संकल्पना का निर्माण वस्तुओं और तथ्यों की अमूर्तीकरण और प्रतीकीकरण प्रक्रिया द्वारा बाधित होता है। उद्दीपन और अनुक्रिया के माध्यम से बालक भाषा सीखता और ग्रहण करता है। व्याकरण वस्तुतः किसी भाषा विशेष का होता है और भाषा विशेष एक विशिष्ट सांस्कृतिक यथार्थ की अभिव्यक्ति होती है। अतः उसकी प्रकृति विभिन्न संस्कृतियों के संदर्भ के कारण भिन्न होती है। व्याकरण की इस विभिन्नता के फलस्वरूप किसी ऐसे आधारभूत व्याकरण और सार्वभौमिक भाषिक रचना की खोज अथवा स्थापना नहीं की जा सकती जो सभी व्याकरणों पर समान रूप से लागू होती हो।

चॉम्स्की का यह मत है कि संरचनावादी भाषाविज्ञान की ये मान्यताएँ व्यवहारवादी दृष्टिकोण के परिणाम हैं। व्यवहारवादी धारा के सबसे अग्रणी विद्वान स्किनर की पुस्तक की समीक्षा करते हुए चॉम्स्की ने पहले यह संकेत दे दिया था कि मनुष्यों की भाषा को न तो यांत्रिक विधि से समझा जा सकता है और न ही मानवेतर जीवों के व्यवहार के सादृश्य पर उसकी आंतरिक व्यवस्था पर प्रकाश डाला जा सकता है। यह बात दूसरी है कि आज हम जिस युग में जी रहे हैं, वह मूलतः 'व्यवहारवाद' की चिंतनधारा का युग है और हम 'मन के विज्ञान' की अपनी सार्थकता भुला चुके हैं। मुख्य समस्या किसी भी भाषा की आंतरिक व्यवस्था के समझने की नहीं है, बल्कि मनुष्यों की भाषा की प्रकृति के उद्घाटन का है, जो मानवेतर जीवों से अपने मन की उच्चतर और विशिष्ट प्रकृति के आधार पर गुणात्मक ढंग से भिन्न है।

वैसे मानव और मानवेतर जीवों के बीच पाई जानेवाली भाषा में कुछ

आधारभूत समानताएँ हैं, यथा—दोनों ही लक्ष्यगामी (purposive) होती हैं अर्थात् भाषा-प्रयोग के माध्यम से दूसरे व्यक्ति के व्यवहार, विचार और दृष्टिकोण में परिवर्तन लाना सम्भव है; दोनों ही व्यवस्थापक (syntactic) होती हैं क्योंकि बाह्य अभिव्यक्ति के पीछे हर हालत में किसी आंतरिक व्यवस्था का नियमन चलता रहता है; और दोनों ही संदेशसूचक (propositional) होती हैं अर्थात् इसके माध्यम से नई सूचना या संदेश का संचार किया जाता है। पर मनुष्यों की भाषा एक विशिष्ट संदर्भ में मानवेतर भाषा से भिन्न होती है। यह विशिष्ट संदर्भ है— मानव मन की सर्जनात्मक शक्ति। इस सर्जनात्मक शक्ति को व्यवहारवाद की आवृत्तिपरक (repetition) आचरण के आधार पर नहीं समझाया जा सकता, भले ही यह आवृत्ति 'पैटर्न' की समानता पर ही आधारित क्यों न हो। चॉम्स्की के अनुसार यह सर्जनात्मक शक्ति केवल नवप्रवर्त्तनपरक (innovative) ही नहीं होती, अपितु अपनी प्रजनक शक्ति (generative power) की सम्भावना में निस्सीम और अगाध भी होती है और साथ ही, बाह्य या आंतरिक उद्दीपन (stimulus) प्रभाव से सर्वथा मुक्त और अप्रभावित रहती है।

चॉम्स्की की यह मान्यता है कि भाषा, 'मानव-मन का दर्पण' बन सकती है। उनके अनुसार मानव-मन सहजात वृत्तियों की एक विशिष्ट 'स्कीम' लेकर पैदा होता है। यह स्कीम ही उनके अनुसार 'सार्वभौमिक व्याकरण' (universal grammar) है, जो उन सभी भाषाओं में समान रूप से मिलता है जिसे मानव-समाज अपने स्वाभाविक रूप से विकसित करता है। इसीलिए प्रत्येक मानवसिद्ध भाषा के भीतर कुछ साधारणीकृत, सार्वभौमिक व्याकरण के वे तत्त्व होते हैं जो उसकी व्यवस्था का एक विशेष प्रकार से नियमन कर 'मनुष्यों की भाषा' की श्रेणी का उसे हकदार बनाते हैं। और साथ ही उसमें व्यवहार, प्रयोग और अभिव्यक्ति की स्थानीय विशिष्टताओं से युक्त व्यक्तिनिष्ठ तत्त्व होते हैं जो 'मनुष्यों की भाषा' के बीच भेद पैदा कर अमूर्त व्यवस्था को ठोस और वास्तविक आधार देते हैं।

चॉम्स्की के सिद्धांत का 1965 संस्करण, अपनी पूर्ववर्ती विचारधारा से कई दृष्टियों से भिन्न है। इस सिद्धांत में वे अपने को ब्लूमफील्ड और हैरिस के अनुभववादी और आगमनात्मक दर्शन से मुक्त करने का प्रयास करते पाए जाते हैं। अर्थ का जो क्षेत्र 1957 संस्करण में उपेक्षित रह गया था, उसे वे अपने नए सिद्धांत में समेटने की ओर अग्रसित होते हैं। साथ ही बीज (kernel) वाक्य की संकल्पना का संशोधन कर वाक्यों की आभ्यंतर संरचना (deep structure) और बाह्य संरचना (surface structure) के रूप को स्थापित करते हैं। इसी प्रकार सभी सम्भावित वाक्यों के संचय के रूप में परिभाषित भाषा और मातृभाषियों द्वारा सभी उच्चरित वाक्यों के संचय के रूप में ग्राह्य भाषा-तथ्य के अंतर को वे अधिक सुसंगत भाषिक क्षमता (linguistic competence) और भाषा-व्यवहार

(linguistic performance) के प्रतियोग के रूप में विकसित करते दीखते हैं। पदबंध व्याकरण की अपनी सीमाओं से परिचित होकर वे इस धारणा का भी विकास करते पाए जाते हैं कि निकटवर्ती घटक के रूप में जो वाक्य का विश्लेषण होता है, उसका सम्बन्ध प्रायः वाक्यों की बाह्य अभिव्यक्ति के साथ होता है। आभ्यंतर अभिव्यक्ति के धरातल पर भी पद्‌बंध संरचना देखने को मिलती है, पर यह संरचना, गुणात्मक दृष्टि से बाह्य अभिव्यक्ति के स्तर पर पाई जानेवाली संरचना से भिन्न होती है।

चॉम्स्की ने भाषा-अध्ययन के लक्ष्य के रूप में अर्थ और ध्वनि के सम्बन्धों को अपने सामने रखा, पर इसके साथ ही इस तथ्य पर भी बल दिया कि ये सम्बन्ध सीधा और सरल न होकर व्याकरणिक नियमों की जटिल प्रक्रिया द्वारा संचालित होता है। व्याकरण के तीन पक्षों की ओर संकेत देते हुए उन्होंने यह धारणा सामने रखी कि वाक्य-संरचना (syntex), अर्थ-संरचना और ध्वनि-संरचना के बीच वाक्य-संरचना का पक्ष ही भाषा के केंद्र में रहता है और वही अर्थ-संरचना तथा ध्वनि-संरचना के बीच सहसम्बन्ध स्थापित करने में समर्थ है। 1965 संस्करण के इस प्रारूप को निम्नलिखित चित्र द्वारा समझा जा सकता है :

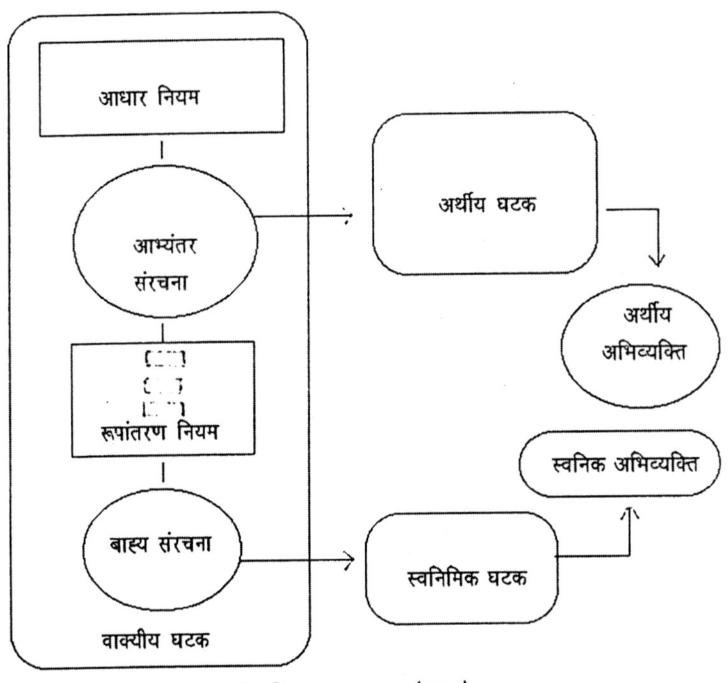

चॉम्स्की : मानक प्रारूप (1965)

1965 संस्करण की मान्यता को रचनांतरण व्याकरण का क्लासिक और मानक सिद्धांत कहा गया। इस सिद्धांत में आभ्यंतर संरचना की संकल्पना को बल मिला क्योंकि उसी को वाक्य के अर्थ की व्याख्या का मात्र उपकरण माना गया। इसकी अन्य विशेषताओं की ओर संकेत देते हुए चॉम्स्की का कहना है कि एक ओर यह आधार नियमों द्वारा परिभाषित और नियंत्रित बाध्यताओं को संतुष्ट करते हैं और दूसरी ओर व्याकरणिक रचनांतरण नियमों द्वारा बाह्य संरचना के रूप में प्रतिफलित होते हैं :

Thus the deep structures, in this theory, are held to meet several conditions. First, they determine semantic representation. Second, they are mapped into well-formed surface structures by grammatical transformations (without any subsequent insertion of lexical items). Third, they satisfy the set of formal conditions defined by base rulses...

आभ्यंतर और बाह्य संरचना के सम्बन्धों को लेकर बाद में कई प्रश्न उठाए गए। जैकेन्डाफ ने कई ऐसे वाक्य सामने रखे जिससे यह स्पष्ट होता था कि निषेधवाचक (negation) और परिमाणवाचक (quantifiers) भाषायी तत्त्वों को मात्र आभ्यंतर संरचना के द्वारा नहीं समझा जा सकता। उन्होंने अंग्रेजी के नीचे दिए गए दो वाक्यों को सामने रखा :

(i) not many arrows hit the target

(ii) many arrows didn't hit the target

और यह जानना चाहा कि क्या इन दो वाक्यों की आभ्यंतर संरचना समरूप है ? क्या इनको not (many arrows hit the target) की मात्र संरचना के आधार पर समझा जा सकता है ? उन्होंने अपने विश्लेषण द्वारा यह दिखलाया कि ऊपर दिए गए दोनों वाक्यों की आभ्यंतर संरचना की प्रकृति समरूप नहीं मानी जा सकती। इसी प्रकार पर्लमटर ने स्पेनिश भाषा के सर्वनामों का विश्लेषण कर यह दिखलाया कि जब तक बाह्य संरचना को रचनांतरण नियमों के भीतर नहीं समेटा जाता, सही वाक्यों को प्रजनित नहीं किया जा सकता। 'मानक' सिद्धांत तक चॉम्स्की की यह मान्यता थी कि रचनांतरण-प्रक्रिया से अर्थ में परिवर्तन नहीं आता और अर्थ-निर्धारण में बाह्य संरचना का कोई योगदान नहीं होता। बाद में चलकर उन्होंने यह स्वीकार किया कि बाह्य संरचना के तत्त्व भी अर्थ को नियंत्रित कर सकते हैं, पर उसके साथ उन्होंने यह भी जोड़ा कि ऐसे तत्त्वों को वाक्य के 'फोकस' (focus) और पूर्वानुमान (presupposition) द्वारा निर्धारित किया जाना सम्भव है।

चॉम्स्की के 'मानक सिद्धांत' में मान्य आभ्यंतर संरचना की प्रकृति, अर्थ-निर्धारण में बाह्य संरचना की भूमिका, रचनांतरण नियमों के साथ शब्द अंतर्निवेश (lexical insertion) के नियमों की संगति पर कई प्रश्न उठाए गए।

रचनांतरण-नियमों को अधिक सीमित और नियंत्रित करते हुए चॉम्स्की ने 'मानक सिद्धांत' में कुछ अपेक्षित संशोधन किया और यह स्वीकार किया कि अर्थ-निर्धारण में बाह्य संरचना की भी भूमिका होती है। इसको चॉम्स्की ने 'विस्तृत (extended) मानक सिद्धांत' की संज्ञा दी। चॉम्स्की के अनुसार सुधार अथवा अर्थ के कारणों के विस्तार से उनके मानक सिद्धांत की आधारभूत मान्यताएँ खंडित नहीं होतीं, क्योंकि उनके मत में वाक्य की बाह्य अभिव्यक्ति भी तो आभ्यंतर संरचना का ही रूपांतरण होता है। यह ध्यान देने की बात है कि और बाद में चलकर चॉम्स्की ने 'आभ्यंतर संरचना' की पूरी संकल्पना को ही छोड़ दिया। 1977 तक आते-आते आभ्यंतर संरचना के स्थान पर वाक्यों के उस तार्किक रूप (logical form) को स्वीकार करने की ओर प्रवृत्त हुए जिसका आधार, 'बाह्य संरचना' बनी। पर यह ध्यान देने की बात है कि उनकी 'बाह्य संरचना' की यह संकल्पना, मानक सिद्धांत में स्थापित बाह्य संरचना की संकल्पना से अधिक अमूर्त है।

वाक्य-विन्यास : अर्थ-विज्ञान

चॉम्स्की ने व्याकरण के केंद्रक में वाक्य-विन्यास (syntax) को रखा था। उनके अनुसार यही वह मूल तत्त्व है जो भाषा के अर्थ और ध्वनिपक्ष में सहसम्बन्ध स्थापित करता है। वाक्य-विन्यास, केंद्रक होने के कारण अपनी प्रकृति में स्वायत्त (autonomous) होता है। वाक्य के अर्थपक्ष की प्रकृति व्याख्यात्मक (interpectative) होती है और वह मूलतः वाक्य की आभ्यंतर संरचना से बाधित होती है। केवल कुछ स्थितियों में वाक्य का अर्थपक्ष वाक्य की बाह्य संरचना से भी नियंत्रित हो सकता है। चॉम्स्की द्वारा प्रस्तावित केंद्रक के रूप में वाक्य-विन्यास की धारणा को माननेवालों में लीज, क्लीमा, काट्ज़ फीडर, पोस्टल (पहला चरण) आदि का नाम लिया जा सकता है।

इस मत का विरोध इसी मॉडल के माननेवाले विद्वानों के एक ऐसे वर्ग ने किया जो पहले चॉम्स्की के सिद्धांतों का अनुयायी था। उनके मत में व्याकरण के केंद्रक के रूप में वाक्य-विन्यास (syntax) न होकर स्वयं अर्थविज्ञान (semantics) होता है। अतः वाक्यों के प्रजनक शक्ति का स्रोत वाक्य-विन्यास नहीं, वरन् अर्थ होता है। उनके मत में वाक्य-विन्यास और अर्थ-विज्ञान को एक दूसरे से अलग करना असम्भव है और इसीलिए आभ्यंतर संरचना का धरातल इस विचारधारा में अनिवार्य नहीं। इस दृष्टिकोण ने वाक्य-विन्यास की स्वायत्त प्रकृति की धारणा पर ही आघात किया। इस मत के अनुसार व्याकरण, प्रजनक शक्ति से युक्त तो होता है पर उसका शक्ति-स्रोत भाषा के अर्थपक्ष में है और रचनांतरण नियम का कार्य वाक्य के अर्थपक्ष का उसकी बाह्य अभिव्यक्ति से सम्बन्ध स्थापित करना होता है।

भाषा में जिस अर्थ की अभिव्यक्ति होती है और जो अर्थ, प्रजनक शक्ति के लिए स्रोत-शक्ति बनता है, उसे केवल भाषा संरचना सापेक्ष्य नहीं मानना चाहिए। भाषा के कोशगत (dictionary) अर्थ और भाषेतर (encyclopaedic) अर्थ के बीच अंतर दिखलाते हुए इस वर्ग के कुछ विद्वानों की यह धारणा रही है कि वाक्य की अर्थपरक अभिव्यक्ति (semantic representation) में भाषेतर अपने विवरण में उन सभी सूचनाओं को समेट लेना चाहिए जो उसके प्रयोग-औचित्य की ओर संकेत देते हैं और जिसे उन्होंने 'happiness condition' कहा है। इसी प्रकार लैंगेडिअन के अनुसार भाषिक क्षमता के भीतर वे सभी जानकारियाँ आ जानी चाहिए जिनका सम्बन्ध भाषा-व्यवहार के साथ होता है। लैकाफ के अनुसार अर्थपरक अभिव्यक्ति की परिभाषा निम्नलिखित रीति से दी जा सकती है– SR=(p1, PR, Top, F.,...); अर्थात् अर्थपरक अभिव्यक्ति (SR) में न केवल पदबंध अभिसूचक (P1) होते हैं, वरन् उसके साथ-साथ पूर्वानुमान ज्ञान (PR); 'टापिक' (Top) और फोकस (F) आदि तत्त्व भी निहित होते हैं।

वाक्य-विन्यास के स्थान पर अर्थ-विज्ञान को प्रजनक शक्ति से युक्त माननेवालों में फिलमोर, रास, जार्ज लेकाफ, मैकाले, राबिन लेकाफ पर्लमटर आदि अग्रणी हैं। इन सभी विद्वानों के सिद्धांत और भाषा-विश्लेषण के प्रारूप, एकरूप हों–ऐसी बात नहीं। वस्तुतः इनके बीच उपधारा के रूप में मतवैभिन्न्य भी कम नहीं, पर वे सभी इस धारणा के समर्थक हैं कि भाषा-विवरण और विश्लेषण का केंद्रक भाषा का अर्थपक्ष है न कि वाक्य-विन्यास। उनके सैद्धांतिक प्रारूप को निम्नलिखित चित्र द्वारा समझा जा सकता है :

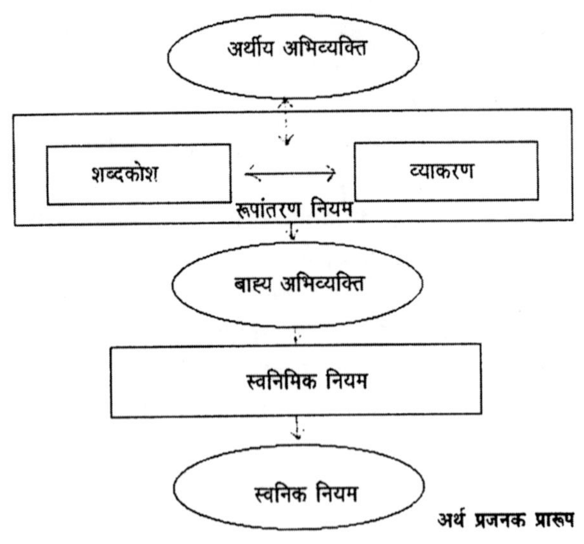

अर्थ प्रजनक प्रारूप

यह संकेत दिया जा चुका है कि 'मानक सिद्धांत' पर उठनेवाले आक्षेपों के प्रत्युत्तर में चॉम्स्की ने 'विस्तृत (extended) सिद्धांत' की संकल्पना सामने रखी जिसमें उन्होंने न केवल आभ्यंतर संरचना के स्तर पर क्रिया और संज्ञा के विषयगत सम्बन्धों को स्वीकार किया, बल्कि वाक्य की अर्थ-व्याख्या के लिए आभ्यंतर संरचना के अलावा बाह्य संरचना की भूमिका भी स्वीकार की। इसी दौर में उन्होंने अवशेष (trace) सिद्धांत को भी विकसित किया जिसके फलस्वरूप आभ्यंतर संरचना की भूमिका सीमित हो गई। चॉम्स्की ने बाद में चलकर 'आभ्यंतर संरचना' को छोड़कर 'सार' (core) और 'पूर्ण' (full) व्याकरण के रूप में सार्वभौम व्याकरण की संकल्पना प्रस्तुत की। 'सार व्याकरण' की प्रवृत्ति जैविक मानते हुए उन्होंने उसे मानव-मन की 'प्रारम्भिक' स्थिति माना, और यह संकेत दिया कि इसे 'सिद्धांतों की व्यवस्था' के रूप में स्वीकार किया जा सकता है। उनके अनुसार यह व्यवस्था एक तरफ ऊपरी प्रकृति में सार्वभौम है और दूसरी तरफ इसमें पैरामीटरपरक विकल्पन सम्भव है। अंग्रेजी, रूसी, हिंदी आदि भाषाविशेष पूर्ण व्याकरण इसी पैरामीटरपरक विकल्पन का एक दिशा में निर्धारण है। मानव-मन की प्रारम्भिक स्थिति को 'सार व्याकरण' का स्थिर स्थित 'पूर्ण व्याकरण' में रूपांतरण इसी प्रक्रिया का परिणाम है। 1981 में प्रस्तुत अपने 'नियमन एवं बाध्यता' (government and binding) सिद्धांत में उन्होंने न केवल आभ्यंतर संरचना की संकल्पना को छोड़कर बाह्य संरचना पर आधारित 'तार्किक रूप' (logical form) की बात को और भी स्पष्ट किया, बल्कि 'सार्वभौम व्याकरण' की पद्धति को और भी स्पष्ट करने के लिए उन मूलभूत सिद्धांतों और आधारों की खोज की ओर मुड़े जो कर्मवाच्य, सम्बन्धपरक रचना, प्रश्नसूचक वाक्य सम्बन्धी नियमों को अमूर्त स्तर पर न केवल समझा सके, बल्कि सहजात वृत्ति के रूप में स्थित सिद्धांतों की उपव्यवस्था के बीच होनेवाले घात-प्रतिघात की प्रक्रिया पर भी प्रकाश डाल सके।

1957 के रचनांतरण सिद्धांत से चलकर 1981 के 'सार व्याकरण' तक की चॉम्स्की की यात्रा में कई पड़ाव दिखाई पड़ते हैं। पर यह माना जा सकता है कि ये पड़ाव न केवल उनके सिद्धांतों में गुणात्मक परिवर्तन के सूचक-चिह्न हैं, बल्कि उनके सिद्धांतों पर उठाए जानेवाले प्रश्नों एवं आक्षेपों के उत्तर देने और अपने विचारों में उन्हें समाविष्ट करने के परिणाम भी हैं। अपनी इस यात्रा के दौरान चॉम्स्की ने भाषा-सिद्धांत को एक सुदृढ़ दार्शनिक आधार और पुष्ट तार्किक रूप दिया। पर इसके साथ यह भी सही है कि उनकी यह यात्रा मानव-मन की जैविक प्रकृति और परिबद्धता से शुरू होकर उसी पर जाकर खत्म भी होती है। उनके सैद्धांतिक परिदृश्य में 'जैविक' (biological) मानव को 'सामाजिक' मानव बनने की प्रक्रिया का समावेश न हो सका।

चॉम्स्की का रचनांतरण सिद्धांत जिस व्यापक सिद्धांत और सम्भावना को लेकर आया था, उसे भाषाविज्ञान के क्षेत्र में एक 'क्रांति' के रूप में देखा गया। अमेरिका में चॉम्स्की के सिद्धांतों की प्रतिक्रिया के रूप में प्रतिक्रांति (counter-revolution) की धारणा भी 1970 तक आते-आते जोर पकड़ने लगी। चॉम्स्की ने भाषाविज्ञान को मानव-मन की सर्जनात्मक शक्ति से जोड़कर उसे मानव-सापेक्ष तो बनाया था, पर इस मानव को बाह्य जीवन की वास्तविकता और उसके सामाजिक अस्तित्व की यथार्थता से काटकर सहजात वृत्तियों के आयाम में बँधे सार्वभौमिक व्याकरण के कठघरे में बंद कर रखा था। प्रतिक्रांति के रूप में आनेवाली विचारधारा ने भाषाविज्ञान को इस कठघरे से मुक्त करने की माँग की। यह धारा प्रमुखतः दो दिशाओं में फूटी—एक, चॉम्स्की द्वारा प्रस्तावित 'वाक्य-विन्यास की स्वायत्त सत्ता' के विरोध में अर्थ-विज्ञान के प्रतिस्थापन के रूप में और दूसरी, पहले से चले आ रहे भाषा के सामाजिक संदर्भों की खोजबीन से सम्बद्ध 'समाज भाषाविज्ञान' का भाषाविज्ञान' के पर्यवसान के रूप में (अर्थात् ब्राइट, फर्ग्यूसन, गम्पर्ज, हाइम्स, वाइनराइख़ आदि के शोध-कार्यों का लेबाव के भाषावैज्ञानिक सिद्धांत में अधिक पुष्ट और संगत रूप में प्रतिस्थापना)।

दूसरी धारा तो भाषा को समाज-सापेक्ष मानकर ही चली थी पर अर्थ को केंद्रक मानकर चलनेवाली पहली धारा ने भी भाषिक अर्थ को उन भाषायी संदर्भों के बीच रखा जिनके भीतर रहकर ही भाषा व्यवहारसिद्ध रूप में प्रतिफलित होती है। जार्ज लेकाफ ने भाषिक अर्थ को तो भाषेतर ज्ञान के संदर्भ में रखने की माँग की थी : राबिन लेकाफ ने इस संदर्भ को परम्परा से चली आ रही शोध दिशा से जोड़ने की बात भी उठाई। उन्होंने यह संकेत दिया कि भाषा का सामाजिक संदर्भ, वाक्यों की स्वीकार्यता (acceptability) और व्याख्या (interpretation) के लिए अनिवार्य घटक के रूप में मान्य रहा है जिसे यस्पर्सन, सपीर, मेलीनाव्स्की, फ़र्थ, नाइडा, पाइक, हाइम्स, फ़डरिख, टेलर और अन्य विद्वान् 'कौन, क्या है' की सूचना के परिप्रेक्ष्य में स्वीकार करते रहे हैं। अगर भाषा के तथ्य की ईमानदारी और सच्चाई के साथ समझना-समझाना है तब भाषा के हर अधिकारी विद्वान को अपने सिद्धांत के भीतर भाषेतर संदर्भों को उचित स्थान देना ही होगा। उनके अनुसार भाषा-अध्ययन के लिए यह आवश्यक है कि हम भाषेतर संदर्भों को भी अपने अध्ययन-क्षेत्र के भीतर समेटें। हमें भाषा-प्रयोग के उन सामाजिक संदर्भों को भी देखना होगा जो वक्ता और श्रोता के सामाजिक पद पर प्रकाश डालते हैं। इसके साथ वक्ता के उन विश्वासों और धारणाओं पर भी ध्यान देना होगा जिसको लेकर वह कोई वाक्य बोलता है। वार्तालाप और प्रोक्ति के अपने कुछ नियम होते हैं, उनसे तटस्थ रहकर वाक्यार्थ को सही रूप में समझना सम्भव नहीं, अतः उन्हें भी अध्ययन-क्षेत्र के दायरे में समेटना होगा। अतः विद्वानों के एक वर्ग

ने यह माँग की कि हमें सामाजिक अर्थ और वाक्य-प्रयोग के औचित्य से सम्बद्ध भाषा के सभी संदर्भों और स्तरों को अपने भाषा सिद्धांत में स्थान देना होगा। फिलमोर इस निष्कर्ष पर पहुँचे कि बिना सामाजिक अंतस्सम्बन्धों की जानकारी के अभाव में व्याकरणिकता, औचित्य आदि समस्याओं पर सही ढंग से प्रकाश डालना सम्भव नहीं।

There is no way of talking about grammatical or well-formedness without getting in many ways involved in the details of social interaction by means of language.

इसमें संदेह नहीं कि प्रजनक अर्थविज्ञान और समाजभाषाविज्ञान की दार्शनिक मान्यताओं और विश्लेषण-पद्धति में पर्याप्त अंतर है। पर इन दोनों धाराओं की विकास-दिशा इस दृष्टि से एक थी कि इन दोनों ने भाषा-व्यवहार के माध्यम से भाषा-व्यवस्था को समझना चाहा और अपने सिद्धांत और विश्लेषण के लिए 'भाषेतर संदर्भों' और 'सामाजिक अर्थ' को अनिवार्य तत्त्व के रूप में स्वीकार किया। साथ ही, दोनों ने भाषा को 'काल' और 'स्थान' के संदर्भ से युक्त करने की माँग की और दोनों ने ही 'विकल्पन' को एक भाषायी यथार्थ मानकर भाषावैज्ञानिक सिद्धांत की एक आधारभूत संकल्पना के रूप में अपनाया।

भाषिक समरूपता : भाषाभेद

चॉम्स्की ने भाषाभेद को भाषाविकार के रूप में देखा। पर गत दो-तीन दशकों में भाषाविज्ञान की एक धारा भाषा की प्रकृति को समरूपी (homogeneous) मानने की अपेक्षा विषमरूपी (heterogeneouS) मानने के पक्ष में रही। इस मत के अनुसार भाषा अपने अमूर्त और कल्पित रूप में ही एक व्याकरण (समरूपी भाषा-व्यवस्था) की धारणा को सामने लाती है। अन्यथा जितने प्रकार के भाषाभेद दिखलाई पड़ते हैं उन सभी से सम्बद्ध एक व्याकरण मिलता है। अतः किसी भाषा विशेष का व्याकरण मूलतः भाषा-प्रयोग संदर्भित भाषाभेदों के व्याकरणों का समूह (sheaf of grammers) होता है।

भाषाभेद के कई आयाम हो सकते हैं—व्यक्तियों के सामाजिक स्तरभेद (निम्न, मध्य और उच्चवर्ग), शैक्षिक स्तरभेद (अशिक्षित, अर्द्धशिक्षित, शिक्षित), माध्यमभेद (मौखिक, लिखित), व्यवहार क्षेत्रभेद (बाजार, घर, वाणिज्य, कानून, विज्ञान आदि)। इन सभी आयाम और संदर्भों में जिस प्रकार भाषा बदलती है, उसी प्रकार उसका व्याकरण भी। इन भाषाभेदों के आधार पर मानव सम्बन्धों/सामाजिक उपवर्गों की भाषिक सम्प्रेषण व्यवस्था को समझने के परिणामस्वरूप ही भाषाविज्ञान के संदर्भ में 'सामाजिक शैली', 'प्रयुक्ति/रजिस्टर', व्यवहार क्षेत्र (domain) आदि

संकल्पनाओं का प्रयोग किया गया और इन्हीं संकल्पनाओं के आधार पर भाषा-वैविध्य को व्यवस्थाबद्ध करने का प्रयत्न हुआ। इस विचारधारा के अनुसार भाषा-वैविध्य हर भाषा की नियति है और भाषाभेद की वास्तविकता मानकर ही भाषासिद्धांत का निर्माण करना उचित है। इसने संरचनावादी विचारधारा की इस धारणा का जोरदार खंडन किया कि केवल आंतरिक रूप से समरूपी भाषा-व्यवस्था का ही वैज्ञानिक और सुसंगत विवेचन सम्भव है।

भाषा की सम्प्रेषण-व्यवस्था के व्यापक प्रसंग में देखनेवाले विद्वानों ने न केवल किसी एक भाषा के भीतर पाए जानेवाले भेद और विकल्पन (variations) को अपनी अध्ययन-सामग्री के भीतर समेटा वरन् भाषा और भाषा में भेद करते हुए सम्प्रेषण-लक्ष्य और सम्प्रेक्षण-प्रकार के आधार पर पूरी भाषा की सामाजिक अर्थवत्ता पर भी प्रकाश डालने का प्रयत्न किया। स्टिवर्ट ने आंतरिक व्यवस्था और प्रकृति के आधार पर भाषा-प्रकार (language types) तथा भाषा-प्रयोजन और सामाजिक प्रयोग के आधार पर भाषा-प्रकार्य (language functions) के संदर्भ एवं भाषाभेदों का वर्गीकरण प्रस्तुत किया। जिन चार अभिलक्षणों के आधार पर उन्होंने भाषा-प्रकार के रूप में मानक (standard) भाषा, वरेण्य (classical) भाषा, अवभाषा (vernacular), क्रिओल (creole), पिजिन (pidgin), कृत्रिम (artificial) भाषा और सीमांत (marginal) भाषा, ऐसे सात वर्गों को परिभाषित किया, वे हैं :

(1) **ऐतिहासिकता :** भाषा वस्तुतः प्रयोग प्रक्रिया का सहज परिणाम है या नहीं,

(2) **मानकीकरण :** भाषा के लिए कोई व्याकरणिक और कोशगत ऐसी कोडबद्ध नियमावली है या नहीं जिसे उस भाषा के प्रयोगकर्ता औपचारिक स्तर पर स्वीकार करते और भाषा सीखने के समय व्यवहार में लाते हों।

(3) **जीवंतता :** भाषा को व्यवहार में लानेवाले मातृभाषा भाषियों का कोई भाषा-समाज है या नहीं, और

(4) **स्वायत्तता :** भाषिक व्यवस्था अपने प्रयोजन, प्रकार्य और व्यवहार में विशिष्ट और स्वतंत्र है या नहीं।

इन चार अभिलक्षणों के अनुपातिक सम्बन्धों के आधार पर भाषा-प्रकार की सात स्थितियों को समझा जा सकता है।

अभिलक्षण → भाषा प्रकार ↓	ऐतिहासिकता (historicity)	मानकीकरण (standardization)	जीवंतता (vitality)	स्वायत्तता (autonomy)
1. मानक भाषा	+	+	+	+
2. वरेण्य भाषा	+	+	−	+
3. अवभाषा	+	−	+	+
4. क्रिओल	+	−	+	+
5. पिजिन	+	−	−	−
6. कृत्रिम भाषा	−	+	−	−
7. सीमांत भाषा	−	−	+	−

इसी प्रकार भाषा-प्रकार्य के आधार पर भाषाओं के सात प्रयोजनसिद्ध रूप मिल सकते हैं–(1) राजभाषा (official), (2) वर्ग भाषा (group language) (3) सम्पर्क भाषा (wider communication), (4) शैक्षिक भाषा (educational), (5) साहित्यिक भाषा, (6) धार्मिक भाषा और (7) तकनीकी भाषा।

भाषाविज्ञान की इस धारा ने भाषा को समाज-सापेक्ष्य बनाया और भाषायी प्रयोगों के सामाजिक संदर्भों पर ध्यान देने के कारण भाषा-वैविध्य के भीतर एक निश्चित पैटर्न देखा। इस धारा के लिए भाषा विकल्पन/परिवर्त (variation) न केवल भाषा-विकास का प्रभावकारी उपकरण होता है अपितु वह सामाजिक अर्थ का प्रकाशक भी होता है, वह न तो भाषिक क्षमता को दूषित या स्खलित करता है और न ही भाषा-व्यवस्था को खंडित। इस विचारधारा के अनुसार तो विकल्पना प्रयोग (variable usage) सम्बन्धी तथ्य, भाषा-व्यवस्था को सम्पूर्णता में देखने के लिए ठोस आधार प्रदान करता है और साथ ही भाषा के ऐतिहासिक विकास के अब तक के कई अंतर्विरोधी वक्तव्यों का निराकरण करने में सहायता देता है। वाइनराइख, लेबाव और हर्जग का यह स्पष्ट विचार है :

We will, finally, suggest that a model of language which accommodates the facts of variable usage and its social and stylistic determinants not only leads to more adequate descriptions of language competence, but also naturally yields a theory of language change that bypassed the fruitless paradoxes with which historical linguistics has been struggling for over half a century.

इस विचारधारा की यह मान्यता रही है कि भाषा-व्यवस्था और भाषा-व्यवहार में सुनिश्चित विभाजक-रेखा खींचना सम्भव नहीं क्योंकि ये हमेशा द्वंद्वात्मक स्थिति में सक्रिय होते हैं। इसी प्रकार भाषा-व्यवस्था स्वायत्त रहकर भी सम्प्रेषण-व्यापार की अन्य व्यवस्थाओं के साथ सम्बद्ध होने के कारण सुनिर्दिष्ट

नहीं होती, कम-से-कम अपनी सीमा पर यह स्पष्ट न होकर धूमिल होती है। इसका एक कारण यह भी है कि सम्प्रेषण-व्यापार की विभिन्न व्यवस्थाएँ अपने पारस्परिक सम्बन्धों में सहस्थिति/सहगामिता (co-occurence) को ही पुष्टि करती हों–यह जरूरी नहीं। उनमें सहसंकल्पन (covariation) की वह स्थिति भी देखी जाती है जो अवलम्बित सम्बन्धों की माँग करती है अर्थात् अगर 'क' का प्रयोग हुआ तो सम्भावना 'ख' के प्रयोग की है न कि 'ग' की।

भाषासमाज : भाषा-व्यवस्था

चॉम्स्की ने भाषा-व्यवस्था की क्षमता को मानव-मन में अज्ञात भाव से चल रहे अधिगम की स्वाभाविक प्रक्रिया का परिणाम बताया था। पर न तो मानव-मन मात्र जैविक अभिलक्षणों से युक्त रहता है और न भाषा-व्यवस्था ही संदर्भच्युत होती है। भाषा, तथ्य और उसके प्रयोग को व्यक्ति सामाजिक संदर्भों के साथ मन पर झेलता है। इसलिए वह केवल भाषा को संरचनात्मक व्यवस्था सम्बन्धी नियमों की ही क्षमता नहीं विकसित करता वरन् उसके प्रयोग सम्बन्धी नियमों की दक्षता भी रखता है। 'तू/तुम/आप' में किसे विकल्प से चुनें, कहाँ अनुरोध और कहाँ आज्ञा का प्रयोग करें, आदि तथ्यों की जानकारी भी भाषा प्रयोगकर्ता के लिए आवश्यक है। इसलिए चॉम्स्की द्वारा प्रस्तावित भाषिक क्षमता की प्रक्रिया को निम्नलिखित ढंग से संशोधित किया गया :

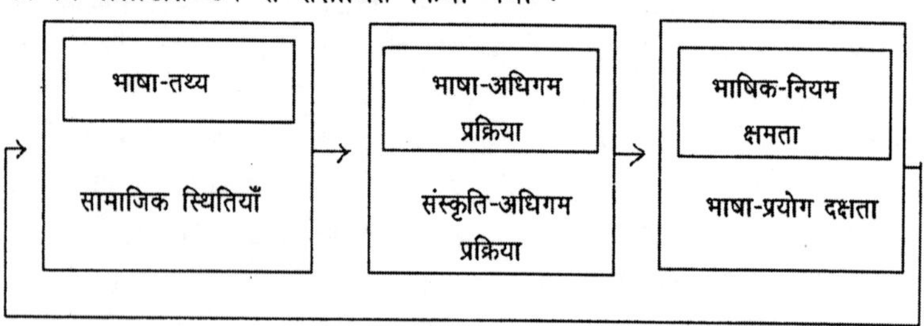

भाषा-प्रयोग दक्षता का सिद्धांत एक ओर मानव को मात्र 'जैविक' न मानकर 'सामाजिक' मानने का आग्रह रखता है और दूसरी तरफ भाषा-व्यवस्था को व्यापक सम्प्रेषण क्षमता के संदर्भ से जोड़ने के परिणामस्वरूप देश, काल, पात्र, विषय, वस्तु आदि तथ्यों की यथार्थता को स्वीकार करता है। इसलिए भाषा-व्यवस्था सम्बन्धी क्षमता को समरूपी न मानकर वह व्यावर्तक मानता है। यह व्यावर्तक क्षमता केवल व्याकरणिकता (grammaticality) की संकल्पना के आधार पर नहीं समझी जा सकती। इसके लिए भाषा-प्रयोग सम्बन्धी **स्वीकार्यता** (acceptability), **औचित्य** (appropriability) और **आवृत्ति/बारम्बारिता** (usability) की धारणा को

भी अपने सिद्धांत में स्थान देना आवश्यक है। सम्प्रेषण-कथ्य को सामान्य व्याकरणिक नियमों से बाँधने की शक्ति को भाषिक क्षमता कहा जा सकता है पर संदर्भों के औचित्य, श्रोता/समाज द्वारा वाक्य की स्वीकृति की सम्भावना और शैलीपरक विशिष्टता के आधार पर उसे भाषाबद्ध (कोडीकरण) करना भाषिक दक्षता कहा जाएगा। सही सम्प्रेषण और उचित बोधन के लिए यह जरूरी है कि भाषा-प्रयोग के जिस औचित्य से बाधित भाषिक नियमों का व्यवहार वक्ता करता है उसकी जानकारी श्रोता को भी हो; अन्यथा वह भाषाबद्ध कथ्य को सुनकर भी उसकी सार्थकता को पकड़ने में असमर्थ रह सकता है।

आज जिस समाजभाषाविज्ञान की चर्चा की जाती है उसकी मूल स्थापनाओं के उचित संदर्भ को जान लेना आवश्यक है। उसकी निम्नलिखित विशेषताएँ असंदिग्ध रूप से मान्य हैं :

(1) समाजभाषाविज्ञान समाजशास्त्र और भाषाविज्ञान के मात्र अवमिश्रण का परिणाम नहीं और न ही उसका उद्देश्य सामाजिक व्यवस्था और भाषिक व्यवस्था के बीच सहसंकल्पना की स्थिति पर प्रकाश डालना है। वह यह मानकर चलता है कि भाषा, समाज-सापेक्ष्य प्रतीक व्यवस्था है और उसकी प्रकृति में ही सामाजिक तत्त्व अंतर्भुक्त रहते हैं। प्रतीकीकरण की प्रक्रिया एक ओर मनुष्य और उसके बाह्य वातावरण और दूसरी तरफ मनुष्य और समाज के अंतस्सम्बन्धों की अनिवार्यता से संयुक्त रहती है इसीलिए लेबाव की यह मान्यता है कि समाजभाषाविज्ञान ऐसी कोई चीज नहीं क्योंकि समाज-भाषाविज्ञान ही तो 'भाषाविज्ञान' है।

(2) मनुष्य के अन्य बोधात्मक सामर्थ्य (cognitive capacity) से काटकर उसके भाषिक सामर्थ्य की चर्चा अधूरी दृष्टि का परिणाम है। निश्चित सामाजिक संदर्भों में उचित भाषाप्रयोग की क्षमता भी मनुष्य के सम्प्रेषण सामर्थ्य के केंद्र में उसी प्रकार होती है जिस प्रकार किसी वाक्य के व्याकरण सम्मत रूप के निर्माण की क्षमता। इसीलिए भाषासम्बन्धी क्षमता के दायरे का विस्तार भाषा-व्यवहार सम्बन्धी नियमों तक करना अनिवार्य है। भाषा-व्यवस्था सम्बन्धी क्षमता तो व्यापक सम्प्रेषण क्षमता का केवल एक अंश है।

(3) सम्प्रेषण-क्षमता की संकल्पना सामाजिक और समग्र (total) मानव की धारणा को सामने उभारती है। इसके लिए यह आवश्यक है कि सम्प्रेषण-क्षमता का विस्तार इस सीमा तक किया जाए कि उसके भीतर कोड और शैली परिवर्तन की भाषिक दक्षता भी समाहित हो जाए।

सस्यूर ने भाषा को प्रतीकों की व्यवस्था कहकर उसे एक स्वायत्त इकाई माना था। लेकिन एक तरफ तो सम्प्रेषण-व्यापार की अन्य व्यवस्थाओं से आंतरिक स्तर पर जुड़े होने के कारण इसके पूर्ण 'स्वायत्त' होने की स्थिति को शंकालु दृष्टि

से देखा जाने लगा है और दूसरी तरफ सम्प्रेषण-व्यवस्था को समाज-सापेक्ष्य मानने की अपेक्षा सामाजिक व्यापार की अनिवार्य आवश्यकता के रूप में देखने का आग्रह बढ़ा है। इस समय भाषा-समाज (speech community) को इकाई मानकर सम्पूर्ण सम्प्रेषण-व्यवस्था के संदर्भ में किसी भाषा को देखना अधिक सार्थक दृष्टि समझी जाती है।

प्रयोजन सिद्ध होने के कारण न केवल भाषा विभिन्न शैलियों के समूह के रूप में प्रतिफलित होती है वरन् भाषासमाज की एक व्यापक सम्प्रेषण-व्यवस्था का अंग होने के कारण उसका प्रयोग अन्य भाषाओं के प्रयोग के साथ जुड़ा भी हो सकता है। किसी भाषा-समाज के लिए इसीलिए यह कोई आवश्यक शर्त नहीं कि उसके सदस्य केवल एक ही भाषा का प्रयोग करते हों। जरूरी है तो केवल यह कि सम्प्रेषणपरक अनेक उपव्यवस्थाओं के बीच सम्पर्क स्थिति को साधनेवाली एक समान भाषा हो और उपव्यवस्थाओं के व्यावहारिक संचालन-सम्बन्धी उस समाज में एक समान दृष्टि हो। किसी भाषा-समाज की सम्प्रेषण-व्यवस्था को समग्रता में देखने के लिए ही इस धारा ने भाषायी कोश (verbal repertoir) और कोड मैट्रिक्स (code-matrix) आदि अवधारणाओं और कोड/शैली परिवर्तन (code style/switching) आदि प्रक्रियाओं को अपने सिद्धांत में स्थान दिया है। उदाहरण के लिए जिसे हम हिंदी भाषा-समाज कहते हैं उसका भाषायी कोश, दो या दो से अधिक बोलियों (पारिवारिक और क्षेत्रीय स्तर की भाषा), हिंदुस्तानी, हिंदी की दो आरोपित साहित्यिक शैलियों तथा उच्च वर्ग के शिक्षित समुदाय में अंग्रेजी भाषाओं से संक्रमित है। बोली, शैली और भाषा हिंदी भाषासमाज की सम्प्रेषण-व्यवस्था में इस प्रकार ग्रंथित है कि उनमें कोड/शैली परिवर्तन सहज प्रक्रिया के रूप सिद्ध दिखलाई पड़ता है।

(4) भाषाविज्ञान की इस धारा के पहले 'वाक्य' को भाषा की महत्तम इकाई माना जाता रहा है। 'वाक्य' से ऊपर किसी इकाई की अगर बात उठाई भी गई तो भी उसके मूल में वाक्य की सत्ता ही रखी गई। इस धारा के पूर्व इसीलिए 'वाक्यबंध' (discourse) की संकल्पना को वाक्य अनुबंधित संरचना कहा गया। पर इस विचारधारा की मान्यता है कि सम्प्रेषण-व्यापार की आधारभूत सार्थक इकाई 'शाब्दिक घटना' (speech event) है। व्याकरण के लिए जिस प्रकार 'वाक्य' एक आधारभूत सार्थक संरचनात्मक इकाई है उसी प्रकार सम्प्रेषण-व्यवस्था की संरचनात्मक इकाई यह 'शाब्दिक घटना' होती है। यह इकाई भाषिक रूटिन (routine) की उस संकल्पना को उभारती है जो वक्ता और श्रोता के बीच के उस प्रतीक व्यापार को क्रमिक शृंखला में बाँधती है जो वाक्य के स्तर से ऊपर का होता है और वाक्य जिसका मात्र एक घटक (constituent) होता है।

(5) भाषा अपनी प्रकृति में ही विषम रूपी होती है और इसीलिए विकल्पन

(variation) और भाषा-भेद (differentiation) उसके अनिवार्य अभिलक्षण हैं। ये स्थितियाँ भाषा की स्वाभाविक प्रकृति के परिणाम हैं। इसका तात्पर्य यह हुआ कि भाषा-व्यवस्था के भीतर ही कुछ निर्वैकल्पिक (invariable) और कुछ वैकल्पिक (variable) नियम होते हैं जो आपस में सम्बद्ध होकर स्तरीकृत समाज की सम्प्रेषण-व्यवस्था में इस प्रकार ग्रथित होते हैं कि एक के संदर्भ के अभाव में दूसरे को समझना सम्प्रेषण-व्यापार की समग्र दृष्टि को झुठलाने जैसा लगने लगता है। इन वैकल्पिक नियमों को पहले की विचारधारा ने स्वतंत्र विकल्पन (free variation) कहकर यादृच्छिक घोषित किया था पर इस चिंतनधारा ने उसे व्यक्तियों के सामाजिक आचरण और भाषा के शैली-भेद से जोड़कर न केवल उसे व्यवस्थापरक बताया वरन् भाषा के जीवंत इतिहास को समझने के लिए एक महत्त्वपूर्ण उपकरण के रूप में भी देखा।

4

समाजभाषाविज्ञान : स्वरूप एवं प्रकृति

समाजभाषाविज्ञान भाषावैज्ञानिक अध्ययन का वह क्षेत्र है जो भाषा और समाज के बीच पाए जानेवाले हर प्रकार के सम्बन्धों का अध्ययन-विश्लेषण करता है। वह भाषा की संरचना और प्रयोग के उन सभी पक्षों एवं संदर्भों का अध्ययन करता है, जिनका सम्बन्ध सामाजिक एवं सांस्कृतिक प्रकार्य के साथ होता है। अतः इसके अध्ययन-क्षेत्र के भीतर विभिन्न सामाजिक वर्गों की भाषिक अस्मिता, भाषा के प्रति सामाजिक दृष्टिकोण एवं अभिवृत्ति, भाषा की सामाजिक शैलियाँ, बहुभाषिकता का सामाजिक आधार, भाषा-नियोजन आदि भाषा-अध्ययन के वे सभी संदर्भ आ जाते हैं, जिनका सम्बन्ध सामाजिक संस्थान से रहता है (फिशमैन, 1971; गिगलिओली, 1972; हडसन, 1980; हाइम्स, 1974; प्राइड और होम्स, 1972; शुई, 1972; ट्रडगिल, 1974)।

आज जिस समाजभाषाविज्ञान की चर्चा की जाती है, वह समाजशास्त्र और भाषाविज्ञान के मात्र अवमिश्रण का न तो परिणाम है और न ही वह सामाजिक-व्यवस्था और भाषिक-व्यवस्था की कोई सहसंकल्पना है (गम्पर्ज, 1972)। वह यह मानकर चलता है कि भाषा, समाजसापेक्ष प्रतीक-व्यवस्था है और इस प्रतीक-व्यवस्था के मूल में ही सामाजिक तत्त्व निहित रहते हैं (लेबाव, 1972; हाइम्स, 1971)। हम किसी एक व्यक्ति के लिए कहते हैं–"आप इधर आइए", तो दूसरे व्यक्ति से बोलते हैं–"तू इधर आ।" प्रतिष्ठाप्राप्त डॉक्टर या प्रोफेसर से कहते हैं–"कृपया बताइए कि··· ", जबकि किसी धोबी या मोची से बात करते हुए बोलते हैं–"तू यह बता कि··· " इसी प्रकार अपने माता-पिता या दादा-नाना से बहुवचन का प्रयोग करते हुए बोलते हैं–"आप यहाँ बैठें", जबकि छोटे बेटे-बेटी या नाती-पोतों से बातचीत करते समय एकवचन का प्रयोग करते हुए कहते हैं–"तू यहाँ बैठ", या फिर "तुम यहाँ बैठो।" 'तू', 'तुम' या 'आप' में किसी एक के प्रयोग अथवा 'एकवचन' या 'बहुवचन' में एक के स्थान पर दूसरे के चयन के पीछे का निर्धारक तत्त्व भाषा-प्रयोग का सामाजिक बोध ही

होता है। समाजभाषाविज्ञान की यह मान्यता है कि भाषा को इस सामाजिक बोध अथवा उसके सामाजिक प्रयोजन से अलग कर देखना असंगत है (कैम्पवेल और वेल्स, 1970)। अतः वह भाषा को शुद्ध भाषिक प्रतीकों की व्यवस्था नहीं मानता, जैसाकि सैद्धांतिक भाषावैज्ञानिकों का एक वर्ग स्वीकार करता है। वह तो भाषा को सामाजिक प्रतीकों की एक उपव्यवस्था के रूप में परिभाषित करता है (बर्नस्टीन, 1971)।

शुद्ध भाषावैज्ञानिकों और समाजभाषावैज्ञानिकों के बीच का अंतर भाषा को भिन्न ढंग से देखने की दृष्टि का परिणाम कहा जा सकता है। अतः इस दृष्टिभेद पर संक्षेप में चर्चा कर लेनी चाहिए। इन दोनों के बीच पाए जानेवाले मुख्य अंतर निम्नलिखित हैं :

(1) शुद्ध भाषाविज्ञान, भाषा का अध्ययन 'भाषा, भाषा के लिए' के आधार पर करता है। उसका लक्ष्य भाषा की अपनी आंतरिक व्यवस्था पर प्रकाश डालना होता है। वह अपने अध्ययन को केवल इस प्रश्न से जोड़ता है कि "भाषा, स्वयं में है क्या ?" समाजभाषाविज्ञान, भाषा को सम्प्रेषण-व्यवस्था का एक अन्यतम साधन मानता है। अतः वह भाषा का अध्ययन 'भाषा के लिए' के सिद्धांत के आधार पर नहीं करता। वह तो 'सम्प्रेषण के लिए भाषा' का अध्ययन करता है। इस दृष्टिभेद का फल यह है कि शुद्ध भाषाविज्ञान के लिए भाषा ही उसकी सम्पूर्ण इकाई है और भाषा ही उसके अध्ययन का संदर्भ। इसके विपरीत समाजभाषाविज्ञान के लिए भाषा एक इकाई तो है पर उसके अध्ययन का संदर्भ सम्प्रेषण होने के कारण वह इकाई अपने में सम्पूर्ण नहीं, अपितु 'भाषायी समाज' (speech community) के अपने 'भाषायी कोश' (verbal repertoire) का वह मात्र एक अंग है (गम्पर्ज, 1968)। उदाहरण के लिए 'हिंदी' भाषा को समझने के लिए पहले वह 'हिंदी भाषायी समाज' की संकल्पना करता है, फिर इस समाज के व्यक्ति जिन-जिन भाषाओं, बोलियों और शैलियों का प्रयोग करते हैं, उनके समुच्चय (भाषायी कोश) का निर्धारण करता है (यथा—हिंदी-उर्दू, खड़ी बोली और अन्य क्षेत्रीय बोलियाँ—भोजपुरी, अवधी, ब्रज, आदि, संस्कृतनिष्ठ उच्च हिंदी और बोलचाल की हिंदुस्तानी आदि), फिर खड़ी बोली के आधार पर निर्मित मानक हिंदी की प्रकृति और प्रकार्य का अध्ययन करता है।

(2) शुद्ध भाषाविज्ञान में भाषा-विश्लेषण की महत्तम इकाई 'वाक्य' होता है, अतः वह भाषा को 'एकालाप' की तरह देखता है। समाजभाषाविज्ञान में विश्लेषण की महत्तम इकाई 'शाब्दिक घटना' (speech event) या प्रोक्ति (discourse) होती है, क्योंकि वह भाषा के मूल में 'वार्तालाप' की सत्ता स्वीकार करता है। वह यह मानता है कि मनुष्य, केवल 'बोलनेवाला' पशु न होकर 'बातचीत

करनेवाला' प्राणी है (शेगलाफ, 1968)। यह कहा जा सकता है कि जिस प्रकार वाक्य व्याकरण की सार्थक इकाई है, उसी प्रकार 'शाब्दिक घटना' सम्प्रेषण-व्यवस्था की एक सार्थक इकाई है (फिशमैन, 1965; हाइम्स, 1974)।

(3) शुद्ध भाषाविज्ञान केवल 'कथ्य' और 'अभिव्यक्ति' के सम्बन्धों का अध्ययन करता है, अतः उसकी सीमा व्याकरण है। वह व्याकरण के आधार पर यह पता लगाता है कि भाषा की प्रकृति क्या है। समाजभाषाविज्ञान, अपने अध्ययन के लिए केवल भाषाओं के व्याकरण को ही अपना लक्ष्य नहीं बनाता। उसका उद्देश्य भाषा के 'सम्पूर्ण' का अध्ययन होता है। अतः वह 'भाषा क्या है ?' प्रश्न के साथ-साथ 'भाषा किन-किन प्रयोजनों के लिए है ?' जैसे प्रश्न का भी उत्तर ढूँढ़ता है (हैलिडे, 1978; मिलराय, 1980)।

(4) शुद्ध भाषाविज्ञान की प्रकृति भाषिक नियमों की खोज पर आधारित है, वह मनुष्य के भाषिक व्यवहार को नियम-नियंत्रित मानता है। इसके लिए भाषा सम्बन्धी नियम बनाता है : वाक्य– संज्ञा-पदबंध+क्रिया-पदबंध। समाजभाषाविज्ञान, भूमिकाजन्य भाषा प्रयोगों के नियमों की खोज करता है। अगर नौकर अपने मालिक को 'आप' कहकर सम्बोधित करता है तब मालिक, नौकर को किस रूप में सम्बोधित करता है ? कब, कौन, किसे 'आज्ञात्मक वाक्य' कह सकता है और कब 'अनुरोधपरक वाक्य', वक्ता और श्रोता के आपसी सामाजिक सम्बन्ध किस प्रकार भाषा-प्रयोग में भिन्नता ला सकते हैं, आदि प्रश्नों पर विचार करते हुए वह भूमिकाजन्य भाषा-प्रयोगों के नियम बताता है।

(5) शुद्ध भाषाविज्ञान, रूप और प्रकार्य के सम्बन्धों के बीच 'रूप' को प्रमुख मानता है, अतः 'भाषिक रूपों' का अध्ययन उसका लक्ष्य होता है। उसके अध्ययन की सीमा इसीलिए 'भाषिक क्षमता' होती है। इसके विपरीत समाजभाषाविज्ञान 'रूप-प्रकार्य' युग्म में 'प्रकार्य' को प्रमुख मानता है, अतः 'भाषिक क्षमता' के स्थान पर वह 'सम्प्रेषण-क्षमता' (communicative competence) को अपना अध्ययन-क्षेत्र स्वीकार करता है (हाइम्स, 1971)।

शुद्ध भाषाविज्ञान और समाजभाषाविज्ञान के इस आधारभूत अंतर को निम्नलिखित तालिका द्वारा समझा जा सकता है :

शुद्ध भाषाविज्ञान	समाजभाषाविज्ञान
1. भाषिक प्रतीक के रूप में भाषा-अध्ययन।	सामाजिक प्रतीक के रूप में भाषा-अध्ययन।
2. भाषिक अध्ययन का संदर्भ स्वयं भाषा।	भाषिक अध्ययन का संदर्भ : सम्प्रेषण।
3. भाषा की महत्तम इकाई : वाक्य।	भाषा की महत्तम इकाई : शाब्दिक घटना।
4. भाषिक अध्ययन का लक्ष्य : व्याकरण।	भाषा-अध्ययन का लक्ष्य : सम्पूर्णभाषा।
5. भाषा का अभिविन्यास : एकालाप।	भाषा का अभिविन्यास : वार्तालाप।
6. भाषा-व्यवहार की प्रकृति : नियम-आधारित।	भाषा-व्यवहार की प्रकृति : भूमिका- आधारित।
7. रूप-प्रकार्य युग्म में 'रूप' प्राधान्य।	रूप-प्रकार्य युग्म में 'प्रकार्य' प्राधान्य।

शुद्ध भाषाविज्ञान 'रूप' को प्रधानता देता रहा है, इसलिए वह भाषा को समरूपी सिद्ध करने क्री कोशिश भी करता रहा है। उदाहरण के लिए आधुनिक भाषाविज्ञान के जनक सस्यूर ने भाषा-अध्ययन के दो आयामों की चर्चा की—भाषा-व्यवस्था (लांग) और भाषा-व्यवहार (परोल)। भाषा-व्यवस्था को अमूर्त एवं रूपपरक मानते हुए उसे उन्होंने प्रकृति में 'समरूपी' बताया, जबकि भाषा-व्यवहार को नवप्रवर्त्तनकारी (innovative) मानते हुए उसे 'विषमरूपी'। पर 'लांग' एवं 'परोल' के इस युग्म की सार्थकता स्वीकार करने के बाद भी भाषाविज्ञान के अध्ययन-क्षेत्र के लिए उन्होंने लक्ष्य-रूप में समरूपी भाषा-व्यवस्था (लांग) को ही स्वीकार किया। इसी प्रकार भाषाविज्ञान के क्षेत्र में नई क्रांति के साथ अपने सिद्धांतों को स्थापित करनेवाले चॉम्स्की ने भी 'लांग' और 'परोल' के समानांतर पारिभाषिक युग्म की संकल्पना की, जिसे आज 'भाषिक क्षमता' और 'भाषिक व्यवहार' के नाम से जाना जाता है। भाषिक क्षमता व्यक्ति के चेतन एवं अवचेतन में स्थित वह भाषा-ज्ञान है, जिसके सहारे वह भाषा को बोलता और समझता है, जबकि भाषिक व्यवहार भाषिक ज्ञान का किसी निश्चित स्थान और समय पर निश्चित प्रयोग होता है। एक ओर ये प्रयोग सामाजिक संदर्भों की माँग करते हैं जो समरूपी नहीं होते और दूसरी ओर वे व्यक्ति की अपनी व्यावहारिक सीमा से बँधे होते हैं, अतः ये प्रयोग भाषाज्ञान के आदर्श को साधने में असमर्थ होते हैं। इसलिए भाषिक व्यवहार के रूप में भाषा का जो रूप सामने आता है, वह अपनी प्रकृति में न केवल 'विषमरूपी' होता है बल्कि चॉम्स्की के अनुसार भाषा के शुद्ध रूप का दूषित एवं विकृत प्रतिफलन होता है। सस्यूर की तरह चॉम्स्की ने भी भाषा के समरूपी पक्ष अर्थात् 'भाषिक क्षमता' को ही अपने अध्ययन का लक्ष्य बनाया।

समाजभाषाविज्ञान, सस्यूर के 'भाषा-व्यवहार' (परोल) और चॉम्स्की के 'भाषिक व्यवहार' (पर्फार्मेंस) के क्षेत्र में प्राप्त तथ्य-सामग्री से अपना विश्लेषण प्रारम्भ करने का समर्थन करता है। भाषायी प्रयोग के सामाजिक संदर्भों पर ध्यान देने के कारण भाषावैविध्य के भीतर वह एक निश्चित व्यवस्था देखता है। इस क्षेत्र में काम करनेवालों के लिए भाषा का विकल्पन (variation) न केवल भाषा-विकास का प्रभावी उपकरण होता है, अपितु वह सामाजिक अर्थ का प्रकाशक भी होता है (लेबाव, 1972)। वह न तो भाषिक क्षमता को दूषित या स्खलित करता है और न ही भाषा-व्यवस्था को खंडित। इस विचारधारा के अनुसार भाषा-विकल्पन सम्बन्धी तथ्य, भाषा-व्यवस्था को सम्पूर्णता में देखने के लिए ठोस आधार प्रदान करता है और साथ ही भाषा के ऐतिहासिक विकास की प्रक्रिया को स्पष्ट करता है। अतः समाजभाषाविज्ञान जिस विश्लेषण-पद्धति को अपनाता

है, उसका आधार 'भाषिक विकल्पन' है (बेली, 1973; बेली और शुई, 1973; फ्रसोल्ड और शुई, 1975; सन्काफ़, 1968)।

विकल्पन का आधार परिवर्तन और विभेद होता है जिसे समाजभाषाविज्ञान चर (वैरिअबुल) की संकल्पना द्वारा समझाना चाहता है। उदाहरण के लिए हम देखते हैं कि हिंदी बोलनेवालों में कुछ लोग 'कण', 'रण' आदि शब्दों में प्रयुक्त 'ण' ध्वनि को प्रायः 'ण' की तरह बोलते हैं, कुछ लोग 'ण' के प्रयोग को मानक तो मानते हैं पर बोलने के समय प्रायः उसे 'न' के रूप में बोलते हैं और कुछ लोग ऐसे हैं जो कभी उसे 'ण' की तरह बोलते हैं और कभी 'न' की तरह। भाषा-व्यवहार के इस तथ्य को समझने के लिए 'चर' और उसके 'परिवर्ती' प्रयोग की संकल्पना को मान्यता मिली। इस उदाहरण में 'ण' चर है जिसे गोल कोष्ठक में देखा जाता है, यथा–(ण) और उसके दो परिवर्ती प्रयोगों को वर्गाकार कोष्ठक में रखा जाता है, यथा–[ण] और [न]। वैकल्पिक प्रयोग को दिखलाने के लिए ~ चिन्ह का प्रयोग किया जाता है। अतः [ण]~[न] लिखने का अर्थ है व्यक्ति इन दोनों ध्वनियों का प्रयोग विकल्पवत् करता है। अतः हिंदी में (ण) चर की तीन स्थितियाँ मिलती हैं :

स्थिति 1 (ण) : [ण]
स्थिति 2 (ण) : [न]
स्थिति 3 (ण) : [ण]~[न]

इसी प्रकार अंग्रेजी की एक दंत्य संघर्षी ध्वनि है–'थ़' ( ), जिसे हम अंग्रेजी के शब्द थ़िंग (thing), थ़िन (thin) आदि शब्दों में प्रयुक्त पाते हैं। प्रसिद्ध समाजशास्त्री लेबाव ने इस चर के तीन परिवर्ती प्रयोगों की ओर संकेत किया है। उनके अनुसार अपने मूल रूप में वह संघर्षी ध्वनि के रूप में बोला जाता है, यथा–[थ़]। पर कुछ लोग इसे स्पर्श-संघर्षी ध्वनि [त्थ़] के रूप में भी बोलते हैं और कुछ इसे शुद्ध महाप्राण स्पर्श [थ] के रूप में उच्चारण करते हैं। अतः (थ़) चर की अंग्रेजी में चार स्थितियाँ मिलती हैं :

स्थिति 1 (थ़) : [थ़]
स्थिति 2 (थ़) : [त्थ़]
स्थिति 3 (थ़) : [थ]
स्थिति 4 (थ़) : [थ] ~ [त्थ] ~ [थ]

समाजभाषाविज्ञान यह बताता है कि भाषा में पाए जानेवाले विकल्पवत् प्रयोग, मात्र वैकल्पिक या यादृच्छिक नहीं होते। उनमें एक व्यवस्था (system) होती है जिसे सामाजिक लक्षणों के आधार पर पकड़ा जा सकता है। उदाहरण के लिए न्यूयार्क शहर में रहनेवाले अमरीकी लोगों के भाषा-व्यवहार का अध्ययन कर लेबाव ने (थ़) चर के सम्बन्ध में कई नए तथ्यों की ओर संकेत

दिया (लेबाव, 1972)। उन्होंने विश्लेषण के लिए तीन आयामों पर अपना शोध आरम्भ किया :

आयाम-1 : **'चर' का आयाम**। इसमें उन्होंने 'थ़' ध्वनि को चर माना (थ़) और उसके तीन परिवर्ती प्रयोगों की ओर संकेत दिया, अतः उनके अनुसार चर का आयाम बताता है–(थ़) : [थ़]–[त्थ़]–[थ]।

आयाम-2 : **सामाजिक लक्षण का आयाम**। इस आयाम पर उन्होंने अंग्रेजी मातृभाषियों को चार सामाजिक वर्गों में विभाजित किया–निम्नवर्ग, श्रमिक वर्ग, निम्न मध्यवर्ग और उच्च-मध्यवर्ग।

आयाम-3 : **पाठ प्रयोग का आयाम**। इस आयाम पर उन्होंने भाषा-व्यवहार को चार ढंग से देखना चाहा, जिसे उन्होंने भाषा-व्यवहार की चार शैलियों की संज्ञा दी–सहज (कैजुअल) बोलचाल की शैली, सजग (केअरफुल) बोलचाल की शैली, पठन (रीडिंग) शैली अर्थात् किसी पाठ के शब्दों में प्रयुक्त चर का उच्चरित रूप, और शब्द पाठ (वर्ड लिस्ट) शैली अर्थात् लिखित रूप में दिए गए अलग से शब्दों के सजग उच्चारण की शैली।

इन तीन आयामों पर उन्होंने (थ़) चर की तथ्य-सामग्री का सांख्यकीय विश्लेषण प्रस्तुत किया। अपने विश्लेषण के आधार पर उन्होंने निम्नलिखित तथ्यों की ओर संकेत दिया :

(1) सभी सामाजिक वर्गों के व्यक्तियों में चर के रूप में स्थापित संघर्षी दंत्य ध्वनि (थ़) के तीन परिवर्ती प्रयोग कम या अधिक मात्रा में मिलते हैं। अतः भाषा-विकल्पन भाषा-व्यवहार की एक यथार्थता है।

(2) सामाजिक लक्षण का आयाम, भाषा-व्यवहार के संदर्भ में चर के आयाम को प्रभावित करता है। उदाहरण के लिए उन्होंने चारों सामाजिक वर्गों–निम्नवर्ग, श्रमिक वर्ग, निम्न-मध्यवर्ग और उच्च-मध्यवर्ग–के व्यक्तियों की सहज बोलचाल की शैली में बोले गए (थ़) के उच्चारण-रूपों का विश्लेषण किया और बतलाया कि जहाँ निम्नवर्ग के व्यक्ति इस शैली में स्पर्श ध्वनि [थ़] का प्रयोग अधिक संख्या में करते हैं, वहाँ उच्च मध्यवर्ग के व्यक्ति संघर्षी ध्वनि [थ़] का। उन्होंने 'चर' और सामाजिक वर्गों' के सम्बन्ध को श्रेणीबद्ध (scalar) बताया, जिसे निम्नलिखित आरेख द्वारा समझा जा सकता है :

[थ़] <-----> [त्थ़] <-----> [थ]

उच्च मध्यवर्ग <--निम्न मध्यवर्ग---श्रमिक वर्ग--> निम्नवर्ग

(3) पाठ-प्रयोग का आयाम भाषा-व्यवहार के संदर्भ में 'चर' के आयाम को प्रभावित करता है। उदाहरण के लिए उन्होंने विभिन्न वर्गों द्वारा विभिन्न पाठशैलियों में–सहज शैली, सजग शैली, पठन शैली और शब्दयुग्म शैली–उच्चारण रूपों का अध्ययन कर यह दिखलाया कि सभी वर्गों में विकल्पन तो मिलता है पर यह विकल्पन 'शब्दयुग्म शैली' में सबसे कम होता है और 'सहज शैली' में सबसे अधिक; अर्थात् निम्नवर्ग के व्यक्ति भी जब सजग होकर अलग से शब्द-रूप में इस चर का उच्चारण करते हैं तब वे संघर्षी ध्वनि अर्थात् [थ़] के उच्चारण की ओर ही प्रवृत्त होते हैं। ये ही व्यक्ति जब भाषा का प्रयोग सहज शैली में करते हैं तब बातचीत के दौरान वे उसका स्पर्शध्वनि [थ्] के उच्चारण की ओर प्रवृत्त हो जाते हैं। अतः औपचारिक लिखित शैली में विकल्पन सबसे कम देखा जाता है जबकि अनौपचारिक बोलचाल की शैली में सबसे अधिक।

इन तथ्यों के आधार पर समाजभाषाविज्ञान कुछ सैद्धांतिक प्रश्नों को भी उभारता है, जिनकी ओर ध्यान देना आवश्यक है :

(1) चर की संकल्पना भाषा की बहुरूपी और विषमरूपी प्रकृति की ओर इंगित करता है। पर यह तथ्य अपने में पर्याप्त नहीं है। भाषा-विकल्पन के साथ भाषा की व्यवस्थापन-प्रक्रिया को भी समझना आवश्यक है। इसे हम सामाजिक लक्षणों के आधार पर ही समझ सकते हैं। उदाहरण के लिए केवल यह कहना कि (थ) चर के तीन परिवर्ती रूप हैं, अपने में पर्याप्त नहीं। इसके साथ यह भी देखना आवश्यक है कि अंग्रेजी भाषा समाज का कौन-सा वर्ग किस परिवर्ती रूप के उच्चारण की ओर अधिक प्रवृत्त होता हैं। अतः समाजभाषाविज्ञान, भाषा-व्यवहार में पाए जानेवाले हर सार्थक चर को 'समाजभाषावैज्ञानिक चर' के रूप में परिभाषित करता है।

शुद्ध भाषावैज्ञानिक और समाजभाषावैज्ञानिक विकल्पन के भेद को भी यहाँ संक्षेप में समझ लेना चाहिए। शुद्ध भाषा-वैज्ञानिक दृष्टि से भी किसी सार्थक भाषिक इकाई के परिवर्ती प्रयोग देखे जा सकते हैं, पर उन प्रयोगों के वितरण को नियंत्रित करनेवाले तत्त्व भाषिक होते हैं। उदाहरण के लिए हिंदी में हम /ड/ स्वनिम के कम-से-कम दो परिवर्ती रूप पाते हैं, जिन्हें हम दो सहस्वनों के रूप में देख सकते हैं–[ड] और [ड़]। ये सहस्वन स्वनिम /ड/ के सोपाधिक (कंडिशंड) परिवर्ती रूप हैं और इनके वितरण के नियंत्रित करनेवाले तत्त्व शुद्ध भाषिक हैं। हम कह सकते हैं कि [ड़] का उच्चारण हम या तो दो स्वरों के बीच में

पाते हैं या शब्दांत की स्थिति में, जबकि [ड] का प्रयोग इन स्थितियों के अलावा अन्य वितरण-रूपों में। उदाहरण के लिए हम जब गाड़ी, घोड़ा (दो स्वरों के बीच) और पेड़, जड़ (शब्दांत में) [ड़] का प्रयोग पाते हैं वहाँ आरम्भिक वितरण, यथा–डर, डाल और व्यंजनगुच्छों, यथा–अड्डा, अंडा में [ड] ध्वनि का। इसी प्रकार अंग्रेजी में /क/ स्वनिम के तीन सोपाधिक रूप मिलते हैं–[क], [क़], [ख]। पर इनके वितरण का परिवेश शुद्ध भाषिक है। जब हम समाजभाषावैज्ञानिक चर की बात करते हैं तब वहाँ भी हम उसके सोपाधिक रूप पाते हैं पर जैसाकि पहले संकेत दिया गया है, उसको नियंत्रित करनेवाले तत्त्व अपनी प्रकृति में भाषिक न होकर सामाजिक होते हैं। अतः उनके वितरण का परिवेश बनता है–उच्च या निम्नवर्ग, शिक्षित या अशिक्षित वर्ग, औपचारिक या अनौपचारिक शैली-भेद, आदि।

(2) समाजभाषाविज्ञान, भाषा की मूल प्रकृति में भाषा-भेद को स्वीकार करता है। अतः वह एककालिक और कालक्रमिक के भेद को उस रूप में स्वीकार नहीं करता जिस रूप में सस्यूर ने दिखाने का प्रयास किया था। सस्यूर ने यह दिखाने का प्रयत्न किया था कि भाषिक परिवर्तन, भाषा-व्यवस्था के बाहर की चीज होती है। अतः एककालिक संदर्भ में जब भाषा का अध्ययन किया जाए तब भाषा परिवर्तन की बात न उठाई जाए। स्पष्ट है कि सस्यूर के अनुसार एककालिक और कालक्रमिक भाषा-अध्ययन के दो विरोधी संदर्भ हैं। समाजभाषाविज्ञान इस तथ्य को स्वीकार नहीं करता। उसके अनुसार भाषा-परिवर्तन, भाषा-व्यवस्था के भीतर की चीज है जिसे हम भाषा-विकल्पन के रूप में देखते हैं। इसी प्रकार वह एककालिक और कालक्रमिक संदर्भ को भाषा-अध्ययन के दो विरोधी संदर्भ नहीं मानता, बल्कि यह कहना चाहता है कि एककालिक अध्ययन भी कालक्रमिक संदर्भ के बिना अधूरा है, क्योंकि भाषा हर क्षण अपने ऐतिहासिक दबाव का अनुभव करती है। इस तथ्य को समाजभाषाविज्ञान अपनी 'गत्यात्मक एककालिकता' की संकल्पना द्वारा व्यक्त करता है।

(3) समाजभाषाविज्ञान यह संकेत देता है कि समाज भाषावैज्ञानिक चर न केवल भाषा-व्यवहार की वास्तविकता है बल्कि वह भाषा-प्रयोक्ता की अभिवृत्तिपरक (एटिच्यूड) यथार्थता भी है (शुई और फ़सोल्ड, 1973)। समाज एक ही भाषिक चर को विभिन्न ढंगों से देखता है और मान-प्रतिष्ठा के लिए उसका विभिन्न रूपों में मूल्यांकन करता है। उदाहरण के लिए अंग्रेजी भाषा में स्वर परवर्ती 'र' के प्रयोग पर ध्यान

दें। सभी अंग्रेजीभाषी शब्दों के आदि में आनेवाले 'र' का उच्चारण करते हैं जैसे rat, rich आदि में प्रयुक्त 'र' का उच्चारण। पर स्वर के बाद आनेवाले 'र' के उच्चारण में भेद है। उदाहरण के लिए अंग्रेजी शब्द cart, car में कुछ लोग 'र' का प्रयोग करते हैं, और कुछ नहीं। इंग्लैंड में जो लोग इन शब्दों का 'र' रहित प्रयोग करते हैं उनको शिक्षित और आभिजात्य माना जाता है जबकि 'र' सहित उच्चारण करनेवाले लोगों को अशिक्षित या निम्नवर्ग का घोषित कर दिया जाता है। ठीक इसके विपरीत हम अमरीका में पाते हैं। वहाँ 'र' सहित प्रयोग अधिक मानक माना जाता है। जो व्यक्ति 'र' के साथ इन शब्दों का उच्चारण करते हैं उनको शिक्षित और उच्चवर्ग का व्यक्ति समझा जाता है। इसके विपरीत स्वर परवर्ती 'र' का जो उच्चारण नहीं करते उन्हें अशिक्षित या निम्नवर्ग का व्यक्ति समझा जाता है। यह तथ्य इस ओर संकेत करता है कि विभिन्न भाषायी समाज एक ही भाषिक लक्षण या चर को विभिन्न दृष्टिकोण से देखता है और सामाजिक पद के लिए उसे विभिन्न रूप से सूचक-चिह्न के रूप में प्रयोग में लाता है।

अमरीकी संदर्भ में 'र' का यह मूल्यांकन अभी हाल की घटना है। समाजभाषाविज्ञान इस घटना को न केवल भाषिक प्रक्रिया के रूप में समझना चाहता है, बल्कि अपनी 'गत्यात्मक एककालिकता' के संदर्भ में आज के भाषा-व्यवहार का विवरण भी देना चाहता है। वह यह देखना चाहता है कि मूल्यांकन की इस प्रक्रिया की गति क्या है। इसके लिए वह स्वर परवर्ती 'र' के प्रयोग के बारे में व्यक्तियों की अभिवृत्ति का विश्लेषण का रास्ता अपनाता है। भाषा-व्यवहार के संदर्भ में इस ओर संकेत देता है कि हम किसी प्रयोग को मानक मान सकते हैं पर मानक मानते हुए भी हम उसका अमानक प्रयोग कर सकते हैं। उदाहरण के लिए हम हिंदीभाषी समुदाय के बीच यह पाते हैं कि शिक्षित वर्ग 'ण' के 'ण' प्रयोग को मानक मानते हैं पर उसमें से कई ऐसे हैं जो बोलने के समय उसका उच्चारण 'न' के रूप में करते हैं। इसी तथ्य को ध्यान में रखते हुए न्यूयार्क शहर के उच्च मध्यमवर्ग के अंग्रेजीभाषियों की स्वर परवर्ती 'र' के सम्बन्ध में अभिवृत्ति और उच्चारण-व्यवहार का विश्लेषण किया गया है। इसके लिए निम्नलिखित तीन आयाम लिए गए :

(1) **आयु का आयाम**—इस पर तीन श्रेणियाँ बनाई गईं—(क) 8 से 19 वर्ष के व्यक्ति; (ख) 20 से 39 वर्ष के व्यक्ति एवं (ग) 40 तथा

उससे ऊपर आयु के व्यक्ति।

(2) **अभिवृत्ति का आयाम**–इस पर सांख्यकीय दृष्टि से यह देखा गया कि स्तर परवर्ती 'र' को कितने लोग मानक (प्रतिष्ठासूचक) मानते हैं और कितने अमानक।

(3) **'र' उच्चारण का आयाम**–जिस पर यह देखा गया कि वस्तुतः कितने लोग किस अनुपात में 'र' का उच्चारण करते हैं।

इन तीनों आयामों पर पाए गए आँकड़ों को निम्नलिखित रूप में तालिकाबद्ध किया गया :

आयु	मानक रूप में अभिवृद्धि (प्रतिशत)	'र' के रूप में उच्चारण (प्रतिशत)
8-19	100	48
20-39	100	34
40-···	62	09

ऊपर की तालिका से निम्नलिखित तथ्य स्पष्ट हैं : (1) कम आयु के लोग अर्थात् 8 से 39 वर्ष के व्यक्ति 'र' प्रयोग को शत-प्रतिशत मानक मानते हैं और उसे प्रतिष्ठा का सूचक समझते हैं, जबकि 40 तथा उससे ऊपर वर्ष के व्यक्ति पूरी तरह से इस तथ्य को स्वीकार नहीं करते। यह इस बात की ओर संकेत देता है कि 'र' का मानक-प्रयोग अभी हाल की घटना है। (2) यद्यपि कम आयु के लोग 'र' प्रयोग को शत-प्रतिशत मानक मानते हैं पर उनके उच्चारण-व्यवहार में अभी भी 'र' का प्रयोग 50 प्रतिशत से कम ही मात्रा में दिखाई देता है। यह इस बात की ओर संकेत देता है कि व्यवहार में 'र' का उच्चारण पूरी तरह से मानकीकृत नहीं हुआ है। (3) विभिन्न आयु के व्यक्तियों में उच्चारण में 'र' प्रयोग के अनुपात को देखने से यह स्पष्ट हो जाता है कि युवा पीढ़ी क्रमशः 'र' प्रयोग को बढ़ावा दे रही है। (ट्रडगिल, 1974; लेबाव, 1972)।

ये सभी तथ्य आज की स्थिति पर प्रकाश डालते हैं। अतः वे भाषा-अध्ययन के एककालिक संदर्भ के तथ्य हैं पर उसमें ऐतिहासिक प्रक्रिया की गति भी दिखाई पड़ रही है। अतः उसे कालक्रमिक अध्ययन से अलग काटकर नहीं देखा जा सकता। एककालिक अध्ययन के इस संदर्भ को समाजभाषाविज्ञान 'गत्यात्मक एककालिकता' की संकल्पना द्वारा दिखाने के पक्ष में है।

समाजभाषाविज्ञान के तीन अभिविन्यास (orientation)

समाजभाषाविज्ञान के क्षेत्र में शोधकार्य करनेवाले विद्वानों में उसके लक्ष्य को लेकर

मतभेद हैं। आज उसके तीन निश्चित दृष्टिकोण दिखलाई देते हैं, जिन्हें निम्नलिखित तीन वर्गों में विभाजित करना सम्भव है :

(1) भाषा का समाजशास्त्र

(2) समाजोन्मुख भाषाविज्ञान

(3) (समाज) भाषाविज्ञान

भाषा का समाजशास्त्र भाषा के उन प्रश्नों को अध्ययन का लक्ष्य बनाता है जिसका सम्बन्ध समाज एवं उसके संस्थान से रहता है। भाषा केवल विचारों की अभिव्यक्ति का माध्यम ही नहीं होती। वह स्वयं में वह कथ्य है जो सामाजिक अस्मिता और द्वेष का कारण बनता है, सामाजिक पद के सूचक के रूप में काम करता है और अन्य सामाजिक वर्गों के प्रति विभिन्न दृष्टिकोण को व्यक्त करता है। भाषा का समाजशास्त्र इन सभी पक्षों का अध्ययन करता है। इसी प्रकार समाज में किस भाषा को राजभाषा बनाया जाए, किसे शिक्षा के माध्यम-भाषा के रूप में स्वीकृत किया जाए, आदि नीतिपरक प्रश्नों के साथ-साथ वह भाषा-नियोजन के अन्य पक्षों पर विचार करता है, यथा—मानकीकरण, आधुनिकीकरण आदि (रूविन और ज्र्नड, 1971)। इस क्षेत्र में काम करनेवालों में 'फिशमैन' (1972) का नाम प्रमुख है।

समाजोन्मुख भाषाविज्ञान अभिविन्यास के साथ काम करनेवाला विद्वान-वर्ग यह मानता है कि भाषा-भेद का आधार सामाजिक प्रकार्य होता है। वह भाषा को सामाजिक प्रतीक मानते हुए उसका विश्लेषण करता है। इस मत के माननेवाले भाषा और समाज की संकल्पनाओं को एक-दूसरे के घात-प्रतिघात के रूप में देखते हैं, अतः इनके दृष्टिकोण को घात-प्रतिघातवादी (interactionalist) भी कहा जाता है। इस मत के माननेवालों में गम्पर्ज (1973) और फर्ग्यूसन (1959) का नाम विशेष उल्लेखनीय है।

(समाज) भाषाविज्ञान की धारणा को आगे बढ़ानेवालों में 'लेबाव' का नाम सबसे प्रमुख है। यह वर्ग मानता है कि भाषा और समाज के सम्बन्धों को भाषाविज्ञान के अपने संदर्भ से अलग नहीं किया जा सकता। भाषा स्वयं में एक सामाजिक वस्तु है, अतः उसकी मूल प्रकृति में ही सामाजिक तत्त्व अंतर्भुक्त होते हैं। ये ही तत्त्व भाषा को विषमरूपी और विकल्पनयुक्त बनाते हैं। भाषा-व्यवहार में प्राप्त इन विकल्पनों का अध्ययन भाषा की वास्तविक प्रकृति का उद्घाटन करता है। लेबाव (1972) का यह कथन है कि समाजभाषाविज्ञान ऐसी कोई अलग विधा नहीं मानी जा सकती, क्योंकि समाजभाषाविज्ञान ही तो वास्तविक भाषाविज्ञान है।

संदर्भ

1. Bailey, C-J.N., 1973. Variation and linguistic theory. Arlington : Centre for Applied Linguistics.
2. Bailey, C-J.N. and Shuy, R.W. (eds.), 1973. New ways of analysing variation in English. Washington : Georgetown University Press.
3. Bernstein, B., 1971. Class, codes and control (vol I) : Theoretical Studies towards a sociology of language. London : Routledge and Kegan Paul.
4. Campbell, R. and Wales, R., 1970. The study of language acquisition. In Lyons, I. (ed.) New horizons in linguistics, penguin, 242-60.
5. Dittmar, N., 1976. Sociolinguistics : a critical survey of theory and application. London : Arnold.
6. Fasold, R.W. and Shuy, R.H. (eds.), 1975. Analysing variation in language. Washington, Georgetown University Press.
7. Ferguson, C., 1959. Diglossia. Word 15. 325-40.
8. Fishman, I.A., 1965. Who speaks what language to whom and when? La Linguistique 2. 67-88.
9. Fishman, I.A., 1971. Sociolinguistics : a brief introduction. Rowley : Newbury House.
10. Fishman, I.A., 1972. The sociology of language. Rowley : Newbury House.
11. Giglioli, P. (ed.), 1972. Language and social context. Penguin.
12. Gumperz. I.I., 1968. The speech community. In International Encyclopaedia of the Social Sciences. London : Macmillan, 318-6.
13. Gumperz. I.I., 1972. Directions in Sociolinguistics : The ethnography of communication. New York : Holt, Rinehart and Winston.
14. Hudson, R.A., 1980. Sociolinguistics. Cambridge : Cambridge University Press.
15. Halliday, M.A.K., 1978. Language as Social Semiotic. London : Arnold.
16. Hymes, D.H., 1971. Competence and performance in linguistic theory. In R. Huxley and E. Ingram (eds.) Language

accuisition : Models and methods London : Academic Press. 3-28.

17. Hymes, D.H., 1974. Foundations of Sociolinguistics : an ethnographic approach. Philadelphia : University of Pennsylvania Press.
18. Labov, W. 1972 a. Sociolinguistic patterns. Philadelphia : University of Pennsylvania Press.
19. Labov, W., 1972 b. Language in the inner city. Philadelphia : University of Pennsylvania Press.
20. Milroy, L. 1980. Language and social networks : Oxford : Blackwell.
21. Pride, J.B. and holmes, I. (eds.), 1972. Sociolinguistics Penguin. Rubin, I, and Jernudd, B, (eds.), 1971. Can languages be planned ? Honoluhi. East-West Centre Press.
22. Sankoff, D., 1978. Linguistic Variation : models and methods. New York : Academic Press.
23. Schegloff, E.A., 1968. Sequencing in conversational openings. American Authropologist 70. 1075-95.
24. Shuy, R.W. (ed), 1972. Sociolinguistics : current trends and prospects. Washington : Georgetown University Press.
25. Shuy, R.W. and Fasold, W. (eds.), 1973. Language attitudes Current trends and prospects. Washington : Georgetown University Press.
26. Trudgill, P., 1974. Sociolinguistics : an introduction Penguin books.

खंड : ख

5. हिंदी भाषा : परिभाषा के कुछ संदर्भ
6. सामाजिक अस्मिता का सवाल और हिंदी
7. सामाजिक अस्मिता और हिंदी-उर्दू का सवाल
8. भारत की सम्पर्क भाषा और हिंदी
9. हिंदी का जनपदीय, राष्ट्रीय और अंतर्राष्ट्रीय संदर्भ
10. भाषायी क्रांति और जनपदीय भाषाएँ
11. हिंदी भाषा और राष्ट्रीय एकीकरण

5

हिंदी भाषा : परिभाषा के कुछ संदर्भ

आज भाषा के प्रति हम विशेष रूप से जागरूक हो गए हैं। प्रत्येक भाषायी क्षेत्र अपनी भाषा और बोली के प्रति विशेष रूप से सजग होता जा रहा है। बदले हुए इस परिवेश में एक बार पुनः आवश्यक हो गया है कि हम हिंदी, उर्दू और हिंदुस्तानी के वास्तविक अर्थ का विश्लेषण करें। सर्वप्रथम इस तथ्य पर विचार करना होगा कि हिंदी भाषा से हमारा तात्पर्य क्या है ? भाषा के संदर्भ में जब हिंदी का नाम लिया जाता है तो उससे तात्पर्य क्या होता है ? इधर 'हिंदी' शब्द पर बहुत विचार-विनिमय हुआ है लेकिन सम्भवतः भ्रामक दृष्टिकोण एवं अवैज्ञानिक प्रणाली के कारण उसका अर्थ और भी उलझ गया है। भाषावैज्ञानिक इसे एक अर्थ में प्रयोग में लाते हैं, साहित्यकार दूसरे अर्थ में तथा राजनीतिक नेता इसे भिन्न अर्थ प्रदान करते देखे जाते हैं। व्यवहार की दृष्टि से कभी यह अपनी विभिन्न बोलियों द्वारा संक्रमित हो जाता है और कभी उर्दू और हिंदुस्तानी शब्दों द्वारा आक्रांत ! इसके साथ ही इतिहास-क्रम में मान्य इसके विभिन्न अर्थ भी इसके सम्प्रति अर्थबोध को उलझा देते हैं।

हिंदी, उर्दू, हिंदुस्तानी : ऐतिहासिक संदर्भ

'हिंदी' शब्द पर विचार करते समय यहाँ नीचे दिए गए कुछ ऐतिहासिक तथ्यों पर दृष्टि डाल लेना अनुचित न होगा, जिसे प्रायः अनदेखा कर दिया जाता है:

(1) आधुनिक आर्य भाषाओं की उत्पत्ति के कुछ समय बाद ही भारत पर विदेशी आक्रमण हुए। इन विदेशी आक्रमणकर्ताओं की अपनी सभ्यता, संस्कृति और भाषा थी। उन्होंने न केवल अपनी सभ्यता और भाषा छोड़कर सामान्यतः भारतीय सभ्यता और भाषा को अपनाया वरन् यहाँ की भाषाओं को एक सीमा तक प्रभावित भी किया।

(2) मुसलमानों का शासन स्थापित हो जाने पर एक बार फिर कुछ समय के लिए भारतीय राजनीति दिल्ली में केंद्रित हो गई और उत्तर भारत एक राज्यतंत्र

की व्यवस्था के भीतर आया। इस तरह उत्तर भारत में नहरों एवं राजपथों के निर्माण के साथ व्यापार का भी प्रसार हुआ तथा व्यापार के साथ अंतर्प्रादेशिक बोलियों के बोलनेवालों में न केवल एक सम्बन्ध स्थापित हुआ, वरन् व्यापारियों को अपनी भाषा के प्रसार का भी अवसर मिला।

(3) मुसलमानों की सभ्यता मूलतः सामंतवादी थी। सामंती ढाँचे में सामाजिक स्तर-भेद के अनुरूप भाषा-प्रयोग के विभिन्न स्तर देखे जा सकते हैं।

(4) 18वीं एवं 19वीं शताब्दी में अंग्रेजों ने भारत को पराधीन करके अपनी प्रभुता स्थापित कर दी। अपनी शासन-व्यवस्था के हित के लिए उन्होंने भारतीय भाषा, संस्कृति और कला को अपने अनुरूप मोड़ने का प्रयास भी किया। सभ्यता और संस्कृति की सम्वाहक भाषा होती है और भाषा को भी अपना अस्त्र बनाने में अंग्रेजों ने संकोच नहीं किया। इसलिए परिभाषा-व्याख्या की नई प्रणाली तक ही सीमित न रहकर उन्होंने भाषा-सम्बन्धी कुछ नए प्रयोगों की घोषणा भी की।

(5) साम्प्रदायिक भिन्नता के आधार पर कुछ भारतीय नेताओं ने भाषा के रूप-निर्माण का भी प्रयास किया। महात्मा गाँधी ने साम्प्रदायिक भेद को मिटाने के लिए भाषा की विभिन्न प्रवृत्तियों को एक करने की कोशिश भी की।

(6) स्वतंत्रता-प्राप्ति के बाद शब्द-निर्माण (पारिभाषिक) की आवश्यकता ने हिंदी को संस्कृत की ओर मुड़ने को बाध्य किया और दूसरी ओर राष्ट्रीय प्रयोजनों के स्तर पर उसे परिनिष्ठित करने की आवश्यकता उत्पन्न हुई।

उपरोक्त सामाजिक-ऐतिहासिक तथ्यों के परिप्रेक्ष्य के अभाव में 'हिंदी' शब्द की व्याख्या या निरुक्ति सम्भव नहीं है। इसके संदर्भ में ही हिंदी शब्द के अर्थ-विकास को देखना अभीप्सित होगा।

हिंदी के अर्थ-बोध के संदर्भ में हमें कई परिभाषाएँ देखने को मिलती हैं। उन पर यहाँ विचार कर लेना अनुचित न होगा :

(1) "यह आधुनिक भारतीय भाषाओं के पश्चिमी (परिनिष्ठित) हिंदी और पूर्वी (बोलचाल की) हिंदी का समुच्चयबोधक नाम है।"–'डिक्शनरी ऑफ लिंग्विस्टिक्स'।

(2) कुछ विद्वानों ने इसके भौगोलिक विस्तार का आधार लेकर यह समझाने का प्रयास किया है कि हिंदी कहाँ-कहाँ बोली जाती है तथा किन-किन भागों में इसका प्रसार है :

(अ) "व्यवहार में हिंदी उस बड़े भूमिभाग की भाषा मानी जाती है, जिसकी सीमा पश्चिम में जैसलमेर, उत्तर-पश्चिम में अम्बाला, उत्तर में शिमला से लेकर नेपाल के पूर्वी छोर तथा पहाड़ी प्रदेश, पूरब में भागलपुर, दक्षिण-पूरब में रायपुर तथा दक्षिण-पश्चिम में खांडवा तक पहुँचती है।"–बाबू श्यामसुंदर दास।

(ब) "यह बिहार, संयुक्त प्रांत, हिंदी मध्य प्रांत, मध्यभारत, हिमालय के पहाड़ी प्रांत तथा पंजाब की साहित्यिक भाषा है।" – बाबूराम सक्सेना।

(3) कुछ अन्य विद्वान हिंदी को और विस्तृत संदर्भ में देखते हैं :

"शब्दार्थ की दृष्टि से 'हिंदी' शब्द का प्रयोग हिंद या भारत में बोली जानेवाली किसी भी आर्य, द्रविड़ या अन्य कुल की भाषा के लिए हो सकता है, किंतु आजकल वास्तव में इसका व्यवहार उत्तर भारत के मध्यप्रदेश के हिंदुओं की वर्तमान साहित्यिक भाषा के अर्थ में मुख्यतया तथा साथ ही इसी भूमिभाग की बोलियों और उनसे सम्बन्ध रखनेवाले प्राचीन साहित्यिक रूपों के अर्थ में साधारणतया होता है।"– डॉ. धीरेंद्र वर्मा।

(4) डॉ. ग्रियर्सन के अनुसार "हिंदी, हिंदुस्तानी भाषा का वह रूप है, जिसमें संस्कृत शब्दों की बहुलता होती है, और जो देवनागरी लिपि में लिखी जा सकती है।" पाश्चात्य विद्वानों ने प्रायः इसी मत को अपनाया है। अकादमिक बरान्निकोव तथा कुछ अन्य विद्वानों ने इसी परिभाषा को कुछ बदलकर प्रयोग किया है।

हिंदी की उपरोक्त परिभाषाओं को देखने से यह स्पष्ट हो जाता है कि अधिकांश विद्वानों ने हिंदीभाषी क्षेत्र का या तो निर्देश देकर ही संतोष कर लिया है अथवा उसके अर्थ का ऐसा व्यापक प्रसार किया है जो साहित्यिक दृष्टि से भले ही मान्य हो, पर भाषावैज्ञानिक दृष्टि से ग्राह्य नहीं हो सकता। कुछ विद्वानों ने ऐतिहासिक स्रोत के आधार पर यह भी कहा है कि हिंदी का अर्थ केवल पश्चिमी हिंदी से ही है, पूर्वी हिंदी से नहीं, क्योंकि पश्चिमी हिंदी शौरसेनी की वंशज है और पूर्वी हिंदी अर्द्धमागधी की। –(बाबू श्यामसुंदर दास)।

ग्रियर्सन और सुनीतिकुमार चैटर्जी का भी यही मत है। ऐतिहासिक दृष्टि से यह मत मान्य हो सकता है, लेकिन भाषा वैज्ञानिक दृष्टि से नहीं। भाषा मूलतः कोई निश्चित बोली ही होती है, जो भिन्न कारणों के फलस्वरूप कालांतर में भाषा के पद पर प्रतिष्ठित हो जाती है। कभी ब्रज और अवधी भाषा थीं और आज बोली के रूप में स्वीकृत हैं। उस समय खड़ी बोली मात्र बोली थी, जो उसके नाम से ही ध्वनित है। पश्चिमी हिंदी के अंतर्गत खड़ी बोली, बाँगरू, कन्नौजी, बुंदेली और ब्रज का नाम लिया जाता है। अगर पश्चिमी हिंदी ही ऐतिहासिक दृष्टि से हिंदी है तो इनमें से कोई एक बोली ही हिंदी भाषा के रूप में विकसित होगी–सभी नहीं। और अगर बोली विशेष पर आधारित भाषा-विशेष 'हिंदी' नाम से पुकारी जाती है और उसके अंतर्गत बाँगरू, ब्रज, कन्नौजी, बुंदेली को उसकी बोलियाँ मानकर उसी भाषा के अंतर्गत स्वीकर किया जा सकता है तो क्या पूर्वी हिंदी (अवधी, बघेली, छत्तीसगढ़ी) को उसकी बोलियाँ इस कारण नहीं कहा जा सकता है कि ऐतिहासिक दृष्टि से वे शौरसेनी की वंशज न होकर अर्द्धमागधी अपभ्रंश से विकसित हुई है ? क्या केवल ऐतिहासिक विकास मात्र से बोलियों

को स्वीकृति मिलती है ?

अगर डॉ. ग्रियर्सन और अका. बरान्निकोव की मान्यता को स्वीकार किया जाए कि हिंदी, हिंदुस्तानी का ही एक विकसित साहित्यिक रूप है तो यहाँ यह देखना अनुचित न होगा कि हिंदुस्तानी का मूल रूप क्या है ? हिंदुस्तानी से हमारा तात्पर्य क्या है, और ऐतिहासिक क्रम में वह तथाकथित हिंदी को किस प्रकार जन्म देने में सफल हुई ?

'हिंदुस्तानी' के तात्पर्य-बोध के लिए अगर स्वयं डॉ. ग्रियर्सन के कथन को साक्ष्य माना जाए तो उनके अनुसार 'हिंदुस्तानी' ऊपरी गंगा के दोआब की भाषा है जो भारत की लिंगुआ-फ्रांका भी है तथा फारसी और देवनागरी लिपि में लिखी जा सकती है। लेकिन यह तो एक तथ्यपरक निर्देश मात्र है, जहाँ तक 'हिंदुस्तानी' शब्द का सम्बन्ध है–उनका कथन है कि–"वह यूरोपियन प्रभाव के कारण प्रचलित शब्द है और हिंदुस्तान की भाषा के अर्थ में प्रयुक्त होता है।" लेकिन उनकी यह धारणा भी भ्रामक ही है, यद्यपि आज भी कुछ विद्वान इस मत को मानते हैं। ध्यान देने पर यह स्पष्ट होता है कि यूरोपीयों के आगमन के पूर्व ही यह शब्द भारत में प्रचलित था। स्वयं बाबर ने अपने आत्म-चरित में इसका प्रयोग किया है। हाब्सन-जाब्सन ने टामस कैरियट की घटना का उद्धरण दिया है–"कैरियट हिंदुस्तानी इस प्रकार बोलता था कि 1616 ई. में जब उसकी धोबिन ने उसे गालियाँ दीं तो उसी भाषा में गाली देकर उसने उसे चुप कर दिया।" चंद्रबली पांडे के अनुसार 'हिंदुस्तानी' शब्द अंग्रेजों के आगमन की बात छोड़िए, मुसलमानों के भी पूर्व का है और इसके प्रचारक, उनके अनुसार, 'शक' थे।

उपरोक्त तथ्यों से यह स्पष्ट है कि ग्रियर्सन की यह मान्यता कि 'हिंदुस्तानी' शब्द अंग्रेजों की देन है, उचित नहीं। ग्रियर्सन ने हिंदी को हिंदुस्तानी की एक शैली अवश्य माना, लेकिन उन्होंने न तो हिंदी शब्द की निरुक्ति ही दी और न हमारी भाषा के इस नाम की प्राचीनता के सम्बन्ध में ही विचार किया।–(डॉ. उदयनारायण तिवारी)।

हाब्सन-जाब्सन के अनुसार हिंदुस्तानी उत्तर भारत में रहनेवाले मुसलमानों की भाषा है, जिसे उर्दू भी कहा जा सकता है। इस 'मूर' उर्दू को कुछ ऐंग्लोइंडियन 'मूर्स' भी कहते हैं। इस 'मूर' भाषा को स्पष्ट करते हुए उन्होंने कहा–"मूर भाषा से कथित भाषा की लिपि संस्कृत और बंगाली से भिन्न है। इसे नागरी कहते हैं, जिसका अर्थ है–लिखावट–(यहाँ नागरी लिपि पर ध्यान दें)।" इससे यह तथ्य स्पष्ट हो जाता है कि वस्तुतः हिंदुस्तानी अगर उर्दू है तो यह उर्दू, हिंदी के अतिरिक्त कोई दूसरी भाषा नहीं है। जार्ज हैडले ने स्पष्ट शब्दों में मूर भाषा को 'हिंदवी' कहा है।

इस तथ्य के स्पष्टीकरण के लिए यह आवश्यक है कि उर्दू के शब्दबोध

और उसकी उत्पत्ति पर भी विचार करें। उर्दू के विषय में हाब्सन-जाब्सन ने लिखा कि "ताशकंद और खोकंद में 'उर्दू' शब्द 'किला' के अर्थ में प्रयुक्त होता है। 'शाही-पड़ाव' के अर्थ में 'उर्दू' शब्द सम्भवतः बाबर के साथ आया। 'शाही पड़ाव' के परिणाम से जिस मिश्रित भाषा का जन्म दरबार और पड़ाव में हुआ, वह 'ज़बाने-उर्दू' कहलाई।"

ध्यान देने की बात है कि उर्दू का अर्थ है–'किला' और हाब्सन-जाब्सन के अनुसार "दिल्ली के दरबार अथवा 'कैंप' में हिंदू और मुसलमान जातियों के मिलने से जिस मिश्रित भाषा का जन्म हुआ, वही 'ज़बाने-उर्दू' कहलाई।" इस मत को स्वीकार करनेवाले कई विदेशी और हिंदुस्तानी विद्वान हैं। परंतु आचार्य चंद्रबली पांडे ने अपनी पुस्तकों ('उर्दू का रहस्य', 'उर्दू की जुबान', 'उर्दू का उद्‌गम' तथा 'राष्ट्रभाषा पर विचार') तथा डॉ. रामविलास शर्मा ने अपनी पुस्तक ('भाषा और समाज') द्वारा यह सिद्ध कर दिया है कि ऐसी धारणा भ्रामक है। विचारणीय है कि 18वीं शताब्दी के अंत तक 'उर्दू' शब्द का प्रयोग भाषा के अर्थ में प्रयुक्त नहीं मिलता। डॉ. बैली के अनुसार, उर्दू का प्राचीनतम प्रयोग 18वीं शताब्दी के अंत में मसहफ़ी की रचना में मिलता है। यहाँ प्रश्न उठ सकता है कि मुसलमानों को आए हुए तो अब तक पाँच-छह सौ वर्ष हो चुके थे। क्या इतनी लम्बी अवधि मिश्रित भाषा को उत्पन्न करने के लिए पर्याप्त न थी ? जो लेखक उर्दू को मिश्रित भाषा के रूप में देखते हैं और इसको जन-साधारण की बोली के रूप में स्वीकार करते हैं, उनके लिए पाँच सौ वर्ष के अंतराल में उर्दू शब्द को न देखना आश्चर्य का कारण बन जाता है। इसलिए वे प्रश्न उठाते हैं कि इसके बावजूद हमारे समक्ष यह खुला प्रश्न है कि क्यों जिस भाषा के उदाहरण हमें 15वीं शताब्दी में मिलते हैं, उसका नामकरण 18वीं शताब्दी में हुआ ? ऐसे लेखक उर्दू के वास्तविक स्वरूप और विकास-क्रम को ठीक से समझ नहीं पाते।

ध्यान देने की बात है कि आक्रामक के रूप में जो मुसलमान भारत में आए थे, वे प्रायः तुर्की थे। अगर दैनिक व्यवहार के मेल-जोल से भाषा बनने का सवाल है तो उर्दू में सबसे अधिक शब्द तुर्की के होने चाहिए। किंतु वस्तुस्थिति इसके विरुद्ध है। "मुसलमानी भाषाओं में सबसे कम तुर्की शब्द हिंदी आदि भाषाओं में आए हैं। इसके बाद अरबी और सबसे अधिक फ़ारसी शब्द...," –(पं. अम्बिकाप्रसाद वाजपेयी), "क्योंकि शासकों की राजभाषा स्वयं तुर्की न होकर फारसी थी। वे स्वयं जातीय एवं सांस्कृतिक पराधीनता से संत्रस्त थे।"–(सैयद एहतिशाम हुसैन)। डॉ. रामविलास शर्मा ने मुसलमान बादशाहों, सूफी संतों और उर्दू के पुराने कवियों के अनेक उद्धरण एवं प्रमाण देते हुए यह स्पष्ट किया है कि "फारसी न मुसलमानों की बोलचाल की भाषा थी, न हिंदुओं की। उसे हिंदू भी सीखते थे और मुसलमान भी, किंतु इस बात में संदेह की जरा भी गुंजाइश

नहीं है कि दिल्ली के आम मुसलमानों की भाषा हिंदी थी।" अमीर खुसरो तुर्क थे, उनकी सांस्कृतिक भाषा फारसी थी, पर हिंदुस्तानी होने का उन्हें गर्व था और हिंदी से उन्हें असीम अनुराग था। उनका कहना है–"मैं हिंदुस्तानी तुर्क हूँ और हिंदी में जवाब दे सकता हूँ। मेरे पास मिस्र की शकर नहीं है कि अरब की बात करूँ।" मसूद ह-सद सलमान ने "दो दीवान फ़ारसी में और एक दीवान हिंदवी में लिखा था।"–(डॉ. बाबूराम सक्सेना)। 'फरिश्ता' के अनुसार महमू. ग़ज़नवी के समय में भी हिंदी कविता रची जाती थी। खुसरो के अलावा उस समय जिन और लेखकों ने फ़ारसी में ग्रंथ लिखे हैं, उन्होंने भी हिंदी शब्दों का प्रयोग किया है। यह स्वाभाविक था क्योंकि जो गैर-ईरानी मुसलमान फ़ारसी सीखते थे, वे उसे भारतीय भाषाओं के माध्यम से ही सीखते थे। यदि आम मुसलमानों में आपस के व्यवहार के लिए फ़ारसी भाषा का प्रयोग होता, तो उसे सीखने के लिए किसी भारतीय भाषा के सहारे की जरूरत न थी।–(डॉ. रामविलास शर्मा)।

इसमें संदेह नहीं कि हिंदी के आधार के रूप में बोलचाल की खड़ीबोली मुसलमानों के आने के बहुत पहले से ही विद्यमान थी। यही हिंदी (खड़ी बोली) उर्दू की भी मूलाधार बनी। 'वर्जे-इस्तला' (परिभाषा-निर्माण) में प्रो. मौलवी वहीदुद्दीन साहब 'सलीम' ने लिखा है–"··· हिंदी को हम अपनी ज़बान के लिए उमुल्लिसान (भाषा की जननी) और हमूलाए-अव्वल (मूलतत्त्व) कह सकते हैं। इसके बगैर हमारी ज़बान की कोई हस्ती नहीं है।"–(अम्बिकाप्रसाद वाजपेयी)। क्या इस हिंदी में फ़ारसी के कुछ या अधिक शब्दों के अंतर्भुक्त हो जाने मात्र से ही नई भाषा का आविर्भाव हो जाता है ? बंगाल में भी तो फ़ारसी कुछ समय के लिए राजभाषा बनी। बंगाली भाषा में फ़ारसी के कई शब्द शामिल हुए पर इससे क्या बंगाली का कोई दूसरा रूप भी निर्मित हुआ ? सिंधी, पंजाबी, कश्मीरी और बंगला साहित्य में मुसलमानों के योगदान से यह बात बिल्कुल स्पष्ट हो जाती है कि भारत के हर जातीय प्रदेश में मुसलमानों ने वहाँ की भाषा को अपनाया।–(डॉ. रामविलास शर्मा)। यही नहीं, हिंदी में अंग्रेजी और पुर्तगाली के अनेक शब्द आए पर उससे कोई नई भाषा का आविर्भाव नहीं हुआ। स्वयं अंग्रेजी, फ़ारसी और रूसी भाषा में कई शब्द आए पर उनका कोई दूसरा नाम नहीं रखा गया। हिंदी के संदर्भ में बहुत पहले जार्ज हैडले ने इस ओर स्पष्ट संकेत किया है। 18वीं शताब्दी तक हम मुसलमानों की इस बोली को 'हिंदी', 'हिंदवी', 'हिंदुई' नाम से बोधित होता हुआ पाते हैं। अमीर खुसरो से लेकर मीर तक इस भाषा को हिंदी कहते हैं।

इतिहास पर ध्यान देने से एक तथ्य और सामने आता है। मुहम्मद तुगलक ने 1327 ई. में दौलताबाद को राजधानी बनाया, जो फ़ीरोज तुगलक के समय पूरी तरह स्वतंत्र हो गया। 1347 ई. में बहमनी राज्य की स्थापना हुई और अगर 'तारीखे-फरिश्ता' की बात ठीक मानी जाए तो बहमनी बादशाह के राज्य-कार्यालय

में हिसाब-किताब हिंदी में होता था–(सैयद एहतिशाम हुसैन)। जब मुहम्मद तुगलक के निश्चय के कारण दिल्ली के स्थान पर राजधानी देवगिरि स्वीकृत हुई, तो फिर से दिल्ली को राजधानी के रूप में ग्रहण करने के बावजूद दक्षिण की भाषा वही स्वीकृत हुई, जिसे दिल्लीवाले साथ ले गए थे। दिल्लीवाले कौन-सी भाषा अपने साथ ले गए थे, यह दक्खिनी साहित्य को देखने पर स्पष्ट हो जाता है। वस्तुतः हिंदी, हिंदवी या दक्खिनी–एक ही भाषा के भिन्न-भिन्न नाम हैं। बाबूराम सक्सेना के शब्द इसके प्रमाण हैं–"जिस बोलचाल की भाषा में अमीर खुसरो और शेख फ़रीदुद्दीन शकरकंजी आदि प्रारम्भ काल के कलाकारों ने रचना की और जिसका साहित्य उत्तर भारत में लुप्त होकर दक्खिन में 15वीं, 16वीं और 17वीं सदी में फूट निकला, उसका नाम हिंदवी और हिंदी था और उसी को दक्खिनी साहित्यकार दक्खिनी कहते थे।" 'उर्दू' नाम दक्खिन के किसी भी कलाकार के ग्रंथ में नहीं आया।

ऊपर के विवेचन से यह स्पष्ट है कि हिंदू-मुसलमानों के मेल-जोल से जो भाषा बनी, वह उर्दू न थी, वरन् हिंदी ही थी। जिस प्रकार अंग्रेजी, फ़ारसी, रूसी एवं अन्य जीवंत भाषाओं ने विदेशी शब्दों को आत्मसात किया और उसके बाद भी वह वही भाषा बनी रही, उसी प्रकार हिंदी में फ़ारसी-अरबी के शब्द आने के बावजूद वह वही भाषा बनी रही। "··· मुसलमानों के आगमन के पहले यहाँ एक मिली-जुली भाषा प्रचलित थी। उस समय तक उसका रूप बहुत परिष्कृत नहीं था। मुसलमानों के आने के बाद इस भाषा ने सांस्कृतिक एवं साहित्यिक रूप ग्रहण किया।"–(अम्बिकाप्रसाद वाजपेयी)। पर अभी यह प्रश्न अपने स्थान पर ही है कि 'उर्दू' नाम से पुकारी जानेवाली भाषा कौन थी ? 'उर्दू' नाम उसके लिए क्यों पड़ा ? और आज हिंदी-उर्दू में इतना गहरा अंतर क्यों है ?

'दरिया-ए-लताफ़त' से इंशा अल्ला का उद्धरण देते हुए चंद्रबली पांडे ने लिखा है–"सैयद इंशा साफ-साफ कहते हैं कि लाहौर, मुलतान, आगरा, इलाहाबाद की वह प्रतिष्ठा नहीं है जो शाहजहाँनाबाद व दिल्ली की है। इसी शाहजहाँनाबाद में 'उर्दू' का जन्म हुआ–कुछ मुलतान, लाहौर या आगरा में नहीं।" फरहंगे असफ़िया का हवाला देते हुए उन्होंने लिखा–"··· उर्दू की टकसाल में जो ज़ुबान पैदा की गई वह शाही लोगों की जुबान थी–कुछ आम लोगों की नहीं।" इसी स्थल से दूसरा उद्धरण देते हुए उन्होंने लिखा–"जो लोग उर्दू को हिंदू-मुसलमान मेल की निशानी समझते हैं, उन्हें 'नव-मुसलिम भाइयों' और जो लोग उर्दू को 'लश्कर' की चीज समझते हैं, उनको इस 'छावनियों के सतबेझड़े बाशिंदों' पर विशेष ध्यान देना चाहिए और यह सदा के लिए टाँक लेना चाहिए कि वस्तुतः उर्दू 'उर्दू' की जुबान है, कुछ 'पुड़दू' याने लश्कर और बाजार की सतबेझड़ी बोली नहीं।" –(चंद्रबली पांडे)। सैयद मौलवी अहमद देहलवी का यह 'पुड़दू' और कुछ नहीं, हिंदी ही है।

सच तो यह है कि उर्दू और हिंदी का यह भेद दिल्ली में न था। दिल्ली में बोली जानेवाली मुसलमानों की भाषा और दक्खिनी रूपवाली खड़ी बोली में जो शब्द-भंडार हैं, उनमें हिंदी में प्रायः प्रचलित शब्दों का प्रयोग है (बाबूराम सक्सेना), पर बाद में जो हिंदी के प्रचलित शब्द थे, उन्हें बाकायदे सिद्धांत के आधार पर हटाकर, उनके स्थान पर फ़ारसी के शब्दों के प्रयोग की प्रवृत्ति चली और यह प्रयोग लखनऊ में हुआ, जब दिल्ली से अपने को श्रेष्ठ सिद्ध करने के लिए वहाँ मतरुकात (अलगाव) का सिद्धांत अपनाया गया।

मौलाना अब्दुल हक़ का उद्धरण देते हुए पं. पद्मसिंह शर्मा ने लिखा–"प्रचलित ठेठ हिंदी शब्दों का बहिष्कार और उसकी जगह अप्रचलित अरबी-फ़ारसी या संस्कृत शब्दों की भरमार भाषा-भेद का एक प्रधान कारण है। यह प्रवृत्ति पहले न थी। उर्दू के पुराने कवि और लेखकों ने अपनी रचनाओं में ठेठ हिंदी के शब्दों का प्रयोग बड़ी अधिकता से किया है। उर्दू में कठोर फ़ारसी-अरबी शब्दों के प्रयोग का प्रचार लखनऊ स्कूल है, दिल्ली के कवि और लेखक भाषा के विषय में बड़े उदार थे।" उर्दू के अधिकांश शायर अवध के दरबार से सम्बन्धित थे और उनकी कविता का आधार मूल रूप से सामंती था। सैयद एहतिशाम हुसैन ने इस सम्बन्ध में बहुत रोचक तथ्य दिए हैं–"फुँगा ने सबसे पहले दिल्ली छोड़ी। 'सौदा' पहले फैजाबाद और बाद में लखनऊ आए। इंशा और मुसहफी लखनऊ में रहते ही थे। जौक और गालिब बादशाहों के मान्य शायर थे और उन्हें शायरी की शिक्षा देते थे। दाग भी रामपुर के दरबार से सम्बद्ध थे।" इस तरह हम देखते हैं कि हिंदी-उर्दू के अलगाव का प्रमुख कारण उर्दू काव्य का यह सामंतवादी आधार है और है मतरुकात का सिद्धांत, जो जनभाषा की अपनी प्रकृति की जगह पर फ़ारसी के शब्द ही नहीं, बल्कि 'कबाअते-मंजबत' को अपनाने का आग्रही है।"–(श्रीवास्तव)।

उर्दू के संदर्भ में इस संक्षिप्त विवेचन से यह स्पष्ट हो जाता है कि क्यों 18वीं शताब्दी तक 'उर्दू' शब्द हमें भाषा के लिए प्रयुक्त नहीं मिलता। ध्यान देने की बात है कि मुसलमानों का आगमन और उसके साथ फ़ारसी का राजपद पर आसीन होने का इतिहास लगभग 6-7 सौ वर्ष पुराना है, पर उर्दू भाषा का जन्म केवल दो सौ वर्ष पहले हुआ। और इस भाषा को मान्यता मिली मुगल सल्तनत के पतन-काल में। इसके पहले के जन-सामान्य (हिंदू-मुसलमान) की बोली को चाहे हम 'पुड़दू' कहें या हिंदवी, हिंदुई अथवा हिंदुस्तानी, वह वस्तुतः 'हिंदी' (दिल्ली-आगरे के पास बोली जानेवाली बोली) ही थी। उर्दू का मूलाधार वह हिंदी है, जिसमें मतरुकात के सिद्धांत पर फ़ारसी शब्दों, मुहावरों और यहाँ तक कि कभी-कभी क्रियापदों का भी जान-बूझकर प्रयोग किया गया है। इसका ढाँचा और वातावरण–दोनों ह्रासोन्मुख सामंती व्यवस्था का ऋणी है और व्यवहार के रूप

में वह बादशाहों, शाहजादों तथा दरबारी शायरों की रचनाओं में संकुचित है। आम जनता से इसका कोई सम्बन्ध न था। मौलवी मुहम्मद अज़ीज मिर्जा के रोचक संस्मरण तथा प्रेमचंद के व्यापक अनुभव के पश्चात किसी को संदेह करने की गुंजाइश नहीं रह जाती कि मुसलमान जहाँ कहीं भी गए, वहाँ की भाषा को उन्होंने अपनाया। और जैसा डॉ. शर्मा के उद्धरणों से स्पष्ट हो जाता है कि "उन्होंने कविता की तो यहीं की भाषा में।" तो क्या हिंदी के क्षेत्र में ही वहाँ की बोलियों के साथ उनकी शत्रुता थी ? वस्तुतः बोलचाल की हिंदी और बोलचाल की उर्दू–दोनों में न कोई मौलिक भेद है और न व्यावहारिक कठिनाई।–(प्रेमचंद)। 1917 में भड़ौंच में हुई गुजरात शिक्षा परिषद की सभा में सभापति-पद से भाषण देते हुए गाँधीजी ने भी यही कहा कि "हिंदी और उर्दू दो भाषाएँ नहीं, भेद है तो लिपि का।" स्पष्ट है कि "हिंदी और उर्दू दोनों एक ही भाषा है, उर्दू कोई स्वतंत्र भाषा नहीं। वह केवल फ़ारसी लिपि में लिखी जानेवाली खड़ी बोली हिंदी का ही एक रूप है, जिसने अरबी, फ़ारसी शब्दावली और काव्य-रूढ़ियों को किसी खास ऐतिहासिक परिस्थिति में विशेष रूप से अपनाया। हिंदी और उर्दू एक ज़बान है, उनके बोलनेवालों की जमीन एक है–इस बात को गाँधीजी जैसे नेता ने भी कहा है, प्रेमचंद ऐसे साहित्यकार ने भी बताया है और केलकर जैसे भाषाविद् ने भी समझाया है।"–(श्रीवास्तव)।

उर्दू के विषय में उपरोक्त विचार करने के बाद यह आवश्यक हो जाता है कि 'हिंदुस्तानी' पर भी विचार किया जाए। प्रारम्भ से ही यह शब्द विवाद का विषय रहा है और आज की बदली हुई परिस्थिति में भी यह समस्या सुलझ नहीं रही है। अंग्रेजी के विरोध में उठनेवाले राष्ट्रीय आंदोलनों में हिंदुस्तानी भाषा की एक विशेष भूमिका रही है। कांग्रेस भारत की राष्ट्रीय संस्था रही है और 'हिंदुस्तानी' शब्द का सम्बन्ध इस संस्था से गहरे जुड़ा हुआ है। वस्तुतः राष्ट्रपिता महात्मा गाँधी के सक्रिय आग्रह और सबल मोह के कारण यह शब्द आज काफी प्रचलित हो गया है। इतिहास के आइने में देखने पर यह स्पष्ट होता है कि सर्वप्रथम 1926 ई. में श्री पुरुषोत्तम दास टंडन ने कानपुर में कांग्रेस अधिवेशन में अंग्रेजी के स्थान पर हिंदुस्तानी के व्यवहार की माँग की। इसके बाद 1935 ई. में इंदौर हिंदी साहित्य सम्मेलन में महात्मा गाँधी ने हिंदी-हिंदुस्तानी को व्यापक प्रतिष्ठा दी। पर भाषा के रूप में डॉ. गिलक्राइस्ट ने सर्वप्रथम इसका भ्रामक प्रचार किया।

अंग्रेजी शासन के प्रारम्भिक काल में भाषा-नीति-निर्धारण में फोर्ट विलियम कॉलेज और डॉ. गिलक्राइस्ट का विशेष हाथ रहा है। इस बात को लल्लू लाल और सदल मिश्र ने अपनी रचनाओं की भूमिका में स्पष्ट रूप से स्वीकार किया है। गिलक्राइस्ट ने 'हिंदुस्तानी' को मूल मानकर यह निर्देश दिया है कि उसकी तीन श्रेणियाँ हैं–(1) हाईकोर्ट की अर्थात् फ़ारसी शैली, (2) बीच की अर्थात् मान्य

हिंदुस्तानी शैली और (3) गँवारी हिंदवी। फ़ारसी शैली के उद्धरण सौदा, वली, मीर, दर्द आदि की रचनाओं में मिलते हैं। हिंदवी नीचे स्तर के नौकरों और हिंदुओं की भाषा है। इनके बीच की शैली (हिंदुस्तानी) मुंशियों की बोलचाल की भाषा है। इसी मुंशियों की शैली के समर्थक गिलक्राइस्ट थे।

यहाँ यह तथ्य ध्यान में रखने योग्य है कि मुंशी लोग दरबारों से सम्बद्ध थे अतः पहले उनकी भाषा का रूप सामान्य बोलचाल का ही क्यों न रहा हो, पर उनके लिए यह आवश्यक हो गया होगा कि वे अपने मालिकों की शैली अर्थात् दरबार की फ़ारसी शैली का अनुकरण करें। फल यह हुआ कि जिस मध्यम श्रेणी की चर्चा गिलक्राइस्ट महोदय ने की और जिसके प्रति उनका आग्रह अंत तक बना रहा, वह धीरे-धीरे फारसी-मिश्रित हिंदुस्तानी (उर्दू) में बदल गई और हिंदुस्तानी शब्द बाद में चलकर उर्दू का पर्याय बन गया। यह बात इन तथ्यों में और भी स्पष्ट हो जाती है कि डाउसन ने जिस व्याकरण का निर्माण किया, उसमें हिंदुस्तानी को उर्दू का पर्याय माना है, यह उस पुस्तक के नाम से ही स्पष्ट है–'ए ग्रामर ऑफ उर्दू और हिंदुस्तानीं लैंग्वेज।' सर रिचर्ड ने 19वीं शताब्दी की हिंदुस्तानी को उर्दू के रूप में स्वीकार किया। मुंशियों की हिंदुस्तानी बोली फ़ारसी की ओर आकर्षित होकर धीरे-धीरे जन-सामान्य की भाषा से कैसे दूर हो गई, इस विषय में मद्रास के गवर्नर (1852-60) का यह कथन द्रष्टव्य है–"फोर्ट विलियम कॉलेज के तत्त्वावधान में पनपी हिंदुस्तानी, हिंदुस्तान के किसी भी भाग में नहीं बोली जाती।"

डॉ. गिलक्राइस्ट ने हिंदुस्तानी के चाहे जिस किसी रूप को भी स्वीकार किया हो, लेकिन यह निश्चित है कि उसका मूलाधार उन्होंने 'हिंदवी' को ही माना है। यह 'हिंदवी' मुसलमानों के आक्रमण के पहले बोली जानेवाली हिंदुओं की भाषा का ही नाम है। पहले यह जन-साधारण की बोली थी और बाद में अरबी-फारसी शब्दों से समृद्ध हुई। उन्होंने स्वयं लिखा है–"हिंदुस्तानी का यह रूप कुछ ही समय पहले अरबी-फारसी से निर्मित ऊपर की इमारत है। जिस प्रकार अंग्रेजी के लिए फ्रांसीसी और लैटिन भाषा है (अर्थात् अंग्रेजी ने उनसे शब्द लिए हैं), उसी प्रकार हिंदुस्तानी के लिए फ़ारसी और अरबी को माना जा सकता है। अंग्रेजी का मूलाधार अगर सैक्सन है तो हिंदुस्तानी का मूलाधार है हिंदवी। क्या यहाँ यह प्रश्न नहीं उठाया जा सकता कि जब फ्रांसीसी और लैटिन शब्दों के आ जाने से अंग्रेजी का नाम नहीं बदला तो जान गिलक्राइस्ट महोदय ने हिंदवी में अरबी-फारसी के समावेश होने मात्र से उसे हिंदुस्तानी नाम देने की आवश्यकता को क्यों अनुभव किया ? सुविधा के लिए चाहे जो नाम दिया जाए, परंतु भाषावैज्ञानिक दृष्टि से यह भ्रामक है। आश्चर्य की बात है कि यह भ्रामक दृष्टिकोण न केवल विदेशी विद्वानों का है वरन् कुछ भारतीय विद्वान भी इससे मुक्त नहीं हैं। हिंदी-उर्दू भाषा

को साम्प्रदायिकता से जोड़कर इसे मजहबी भाषा बनाने का जो प्रयास हुआ, उसका दुष्परिणाम हमारे सामने है। इस विरोध को मिटाने के लिए गाँधीजी जैसे राजनीतिक नेता और प्रेमचंद जैसे साहित्यकार ने सराहनीय प्रयास किया।

उपरोक्त विवेचन से यह स्पष्ट हो जाता है कि 'हिंदुस्तानी' कोई स्वतंत्र भाषा नहीं है, वरन् यह हिंदी का ही एक सरल बोलचालवाला रूप है।

हिंदी, उर्दू, हिंदुस्तानी : सम्प्रति मान्यताएँ

हिंदी

अपने **व्यापक अर्थ** में हिंदी, **अक्षेत्रीय भाषा** है, जिसे दो निश्चित संदर्भों में परिभाषित किया जा सकता है :

(क) **भारतवर्ष की प्रमुख राजभाषा के रूप में** : भारतीय संविधान के अनुच्छेद 343, खंड 1 के अनुसार "संघ की राजभाषा हिंदी और लिपि देवनागरी होगी।"

संविधान के अनुच्छेद 351 के अनुसार इस हिंदी की प्रकृति इस प्रकार निर्मित है–"हिंदी भाषा की प्रसार-वृद्धि करना, उसका विकास करना ताकि वह भारत की सामाजिक संस्कृति के सब तत्त्वों की अभिव्यक्ति का माध्यम हो सके, तथा उसकी आत्मीयता में हस्तक्षेप किए बिना हिंदुस्तानी और अष्टम अनुसूची में उल्लिखित अन्य भारतीय भाषाओं के रूप, शैली और पदावली को आत्मसात् करते हुए तथा जहाँ आवश्यक या वांछनीय हो वहाँ उसके शब्द-भंडार के लिए मुख्यतः संस्कृत से तथा गौणतः अन्य भाषाओं से शब्द ग्रहण करते हुए उसकी समृद्धि सुनिश्चित करना संघ का कर्तव्य होगा।"

राजभाषा के रूप में हिंदी भारत के विभिन्न भाषिक समाज के बीच सम्पर्क-सूत्र के रूप में सिद्ध है।

(ख) **अधीनस्थ बोलियों के वर्नाक्यूलर के रूप में** : इस दृष्टि से यह अपनी बोलियों, यथा–ब्रज, बुंदेली, अवधी, भोजपुरी, मैथिली, मगही आदि के बीच सम्पर्क-सूत्र के रूप में स्थित वह भाषा है जिसे विभिन्न बोली समुदाय के व्यक्ति अपनी सामाजिक अस्मिता के लिए सहज रूप में स्वीकार करते और सीखते हैं।

अपने **सीमित अर्थ** में हिंदी खड़ी बोली का वह संस्कारिक रूप है, जिसके भीतर विभिन्न सामाजिक एवं साहित्यिक शैलियाँ–अरबी-फ़ारसी-मिश्रित उर्दू, संस्कृत-मिश्रित उच्च हिंदी, सामान्य हिंदुस्तानी आदि समाहित हैं।

भाषा-प्रयोक्ता की दृष्टि से विभिन्न शैलियों पर अधिकार रखनेवालों को श्रीवास्तव (1969) ने चार निम्नलिखित वर्गों में विभाजित किया है (देखिए आगे दिया गया चित्र) :

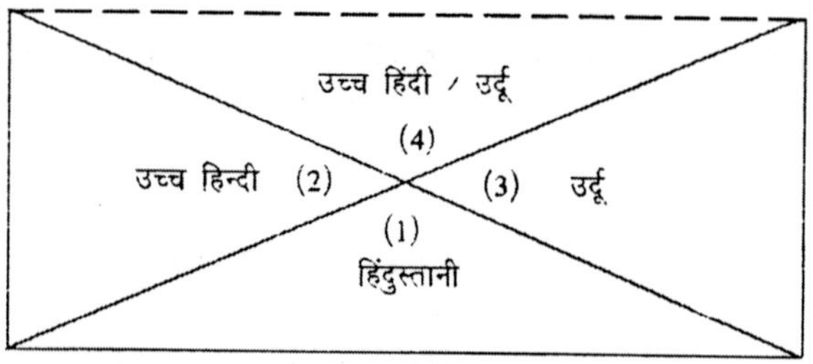

(i) मात्र हिंदुस्तानी सक्षम प्रयोक्ता।

(ii) हिंदुस्तानी के साथ उच्च हिंदी शैली पर अधिकार प्राप्त प्रयोक्ता।

(iii) हिंदुस्तानी के साथ उर्दू शैली पर अधिकार प्राप्त प्रयोक्ता।

(iv) उच्च हिंदी और उच्च उर्दू दोनों ही शैलियों पर अधिकार प्राप्त प्रयोक्ता।

अपने सीमित अर्थ में 'हिंदी' से तात्पर्य इन चारों शैलियों के साथ रहता है। इस नाते उर्दू और उच्च साहित्यिक हिंदी दोनों ही हिंदी की मात्र शैलियाँ हैं। इस दृष्टि को अपनाने के कारण केलकर ने हिंदी के लिए एक समुच्चयबोधक शब्द 'हिर्दू' का प्रयोग किया है।

अपने **संकुचित अर्थ** में हिंदी न केवल खड़ी बोली का पर्याय है, वरन् भाषा-प्रयोक्ता के संदर्भ में वह ऊपर दिए गए चित्र के खंड (2) तक सीमित है, अर्थात् इसके भीतर मात्र हिंदुस्तानी के साथ उच्च हिंदी शैली पर अधिकार प्राप्त प्रयोक्ता आते हैं। इस संदर्भ में उर्दू हिंदी की शैली न होकर एक अलग भाषा के रूप में स्वीकृति पाती है।

उर्दू

उर्दू को एक स्तर पर हिंदी का शैली माना जा सकता है और दूसरे स्तर पर एक विशिष्ट साहित्यिक भाषा।

(क) हिंदी का शैली-रूप : हिंदी के मूल में अगर हिंदुस्तानी को माना जाए तब उर्दू भी उसी प्रकार हिंदी की एक साहित्यिक शैली है, जिस प्रकार संस्कृत परिनिष्ठित उच्च साहित्यिक हिंदी। भिन्नता इस आधार पर है कि उर्दू में अरबी-फ़ारसी मिश्रित शब्दावली और शब्दनिर्माण का आधिक्य रहता है और उसके प्रयोक्ता सामान्यतः अरबी-फ़ारसी लिपि का प्रयोग करते हैं, जबकि उच्च साहित्यिक हिंदी भाषा के प्रयोक्ता का आग्रह संस्कृत पर रहता है और वे देवनागरी लिपि का प्रयोग करते हैं। इस दृष्टि से असाहित्यिक (सामान्य व्यवहार) शैली-रूप में साहित्यिक हिंदी और साहित्यिक उर्दू समरूपी हो जाते हैं। उदाहरण के लिए सामान्य व्यवहार की क्रियाएँ, यथा–रोना-हँसना, खाना-पीना; समयसूचक शब्द–सुबह-शाम, दोपहर-रात, सर्दी-गर्मी; सामाजिक आर्थिक संकल्पनाएँ, यथा–पैसा-रुपया, सस्ता-महँगा,

दुख-दर्द आदि शब्द ही नहीं, वरन् व्याकरणिक संरचनाएँ भी दोनों में एक जैसी मिलती हैं।

(ख) **विशिष्ट साहित्यिक रूप** : साहित्यिक एवं सांस्कृतिक संस्कार के रूप में उर्दू की अपनी विशिष्ट प्रकृति है। उर्दू ने एक विशिष्ट साहित्यिक एवं सांस्कृतिक परम्परा का निर्माण किया है, जिसे हिंदी-परम्परा के समानांतर रखा जा सकता है। इस परम्परा के दबाव को महसूस करनेवाले शब्द-निर्माण में संस्कृत को स्रोतवश नहीं स्वीकार करते और पारिभाषिक शब्दावली को एक भिन्न स्तर पर सिद्ध करते देखे जा सकते हैं। यह दबाव एक विशिष्ट सामाजिक अस्मिता को भी जन्म देता है, जिसके फलस्वरूप उर्दू को भारतीय संवैधानिक मान्यता भी मिली है।

हिंदुस्तानी

पारिभाषिक शब्द के रूप में हिंदुस्तानी के दो संदर्भ देखने को मिलते हैं :

(1) **सामाजिक-सांस्कृतिक संदर्भ** : हिंदी और उर्दू के प्रश्न को हिंदू-मुसलमानों की धार्मिक भाषा के संदर्भ में रखनेवालों के विरोध में सामने लाई जानेवाली भाषा की संकल्पना के रूप में 'हिंदुस्तानी' को देखा जा सकता है। महात्मा गाँधी ने साम्प्रदायिक भावना के विरोध के रूप में ही हिंदुस्तानी को स्वीकार किया। इस दृष्टि से, 'हिंदुस्तानी' हिंदी की सामान्य बोलचाल की वह सामान्य भाषा-शैली है, जिसे उर्दू का भी पर्यायवाची माना जा सकता है और हिंदी का भी। इस दृष्टि से, 'हिंदुस्तानी' हिंदी की वह सामान्य भाषा-शैली है जिसको उत्तर में हिंदू व मुसलमान बोलते हैं और जो नागरी अथवा फ़ारसी लिपि में लिखी जाती है। साहित्यिक हिंदी और साहित्यिक उर्दू पंडितों और मुल्लाओं की शिक्षित और परिनिष्ठित 'हिंदुस्तानी' के दो प्रतिफलित रूप हैं।

(2) **भाषा वैज्ञानिक संदर्भ** : (क) भाषा वैज्ञानिक दृष्टि से 'हिंदुस्तानी' एक अमूर्त, पर यथार्थपरक संकल्पना है। यह हिंदी और उर्दू भाषा-रूपों का संकल्पित मूलाधार है। पीछे दिए गए चित्र में खंड (2) और खंड (3) के भाषा-प्रयोक्ताओं–हिंदुस्तानी के साथ उच्च हिंदी पर अधिकार प्राप्त प्रयोक्ता और हिंदुस्तानी के साथ उर्दू पर अधिकार प्राप्त प्रयोक्ता–की क्षमता तो यथार्थवत् सिद्ध है और उसे व्यक्ति की भाषायी क्षमता के रूप में देखा जा सकता है, पर इस दृष्टि से मात्र हिंदुस्तानी बोलनेवालों की सत्ता सिद्ध नहीं होती। वह तो दोनों ही खंडों के भाषा-प्रयोक्ताओं के समान पक्षों की अवधारणा के रूप में देखी जा सकती है। (ख) अपने व्यावहारिक रूप में 'हिंदुस्तानी' हिंदी और उर्दू के मूल में प्रवाहित होनेवाली वह धारा है, जिसका सम्बन्ध भाषा की तद्भव प्रकृति से जुड़ा है। यह तद्भव प्रकृति हिंदी भाषा की अपनी सहज और स्वाभाविक शैली से सम्बद्ध रहती है न कि आरोपित और शिष्ट

शैली से। इस हिंदुस्तानी को सीखनेवाला सहज रूप में भाषा को अनौपचारिक रूप से सीखता और बोलता है, जबकि साहित्यिक हिंदी और उर्दू की शिक्षा के लिए कक्षा तथा अन्य औपचारिक संदर्भों की आवश्यकता पड़ती है।

संदर्भ

1. अम्बिकाप्रसाद वाजपेयी : हिंदी पर फ़ारसी का प्रभाव; (प्रयाग, सं. 2006)
2. उदयनारायण तिवारी : हिंदी भाषा का उद्‌गम और विकास; (प्रयाग, सं. 2018)।
3. कामताप्रसाद गुरु : हिंदी व्याकरण; (काशी, सं. 2009)
4. चंद्रबली पांडे : राष्ट्रभाषा पर विचार; (काशी, सं. 2004)
5. धीरेंद्र वर्मा : हिंदी भाषा का इतिहास; (प्रयाग, 1953)
6. बाबूराम सक्सेना : सामान्य भाषाविज्ञान; (प्रयाग, सं. 2010)
7. बाबूराम सक्सेना : दक्खिनी हिंदी; (इलाहाबाद, 1952)
8. भोलानाथ तिवारी : हिंदी भाषा
9. प्रेमचंद : कुछ विचार; (बनारस, 1939)
10. मीर अहमद देहलवी : 'बाग़-ओ-बहार'; (इलाहाबाद, 1933)
11. मोहनदास कर्मचंद गाँधी : राष्ट्रभाषा हिंदी; (अहमदाबाद, 1956)
12. रामविलास शर्मा : भाषा और समाज; (दिल्ली, 1961)
13. श्यामसुंदर दास : हिंदी भाषा; (प्रयाग, 1957)
14. श्यामसुंदर दास : भाषाविज्ञान; (प्रयाग, सं. 2010)
15. सर सैयद अहमद खाँ : उद्धृत, पद्‌मसिंह शर्मा–हिंदी-उर्दू-हिंदुस्तानी; (इलाहाबाद, 1933)
16. सैयद एहतिशाम हुसैन : उर्दू साहित्य का इतिहास; (अलीगढ़, 1954)
17. रवींद्रनाथ श्रीवास्तव : सामाजिक अस्मिता और भाषायी सवाल; (पृ. 53-62, नया प्रतीक, जनवरी, 1974)
18. G.A. Grierson : Report on the Linguistic; Survey of India : Vol. IX, part I, (Presented to the 15th Congress of Orientalists; I.R.S.A., 1908)
19. G.A. Grierson : Linguistic Survey of India; (Vol. 1-VIII)
20. George Hadlley : English and Murism; (London, 1809)
21. Henry Yule and A.C. Burhall : Hobson-Jobson(1903), Second edition, edited by William Crooke, (1968) Munshilal Manoharlal, Delhi.

22. J. Gilchrist : The Oriental Linguistics; An easy and familiary introduction to the popular Language of Hindustan; (Calcutta, 1798).
23. J. Dowson : A Grammer of the Urdu of Hindustani Language; (London, 1872)
24. L. Bloomfield : Language; (London, 1961)
25. M. Pei & F. Gaynor : Dictionary of Linguistics; (New york, 1954)
26. S.K. Chatterji : A Roman Alphabet for India; (Calcutta, 1935)
27. S.K. Chatterji : Indo Aryan and Hindi; (Calcutta; 1960)
28. T.G. Bailey : A History of Urdu literature; (London, 1934)
29. T.G. Bailey : Urdu: the name and the Language; (J.R.A.S., 1930)
30. T.G. Bailey : The use and meaning of the term 'Khari Boli' ; (J.R.A.S., 1926)
31. T.G. Bailey : Does Khari Boli mean nothing more than Rustic speech; (B.S.O.S., VIII, 2, 3)
32. T.G. Bailey : The date of old Urdu Composition; a caveat; (J.R.A.S., 1930)
33. Ashok R. Kelkar : A study of Hindi-Urdu; Introduction, and word phonopogy; (Deccan College, poona, 1968)
34. R.N. Srivastava : Review of Kelkar, (1968); Language 45; (1970)

6
सामाजिक अस्मिता का सवाल और हिंदी

भाषा एक सामाजिक यथार्थ है–इस तथ्य से इनकार नहीं किया जा सकता। भाषाविद् उसकी परिभाषा देते हुए यह कहते हैं कि भाषा, शाब्दिक प्रतीकों की व्यवस्था है और शिक्षाविद् यह बताते हैं कि वह हमारे विचारों की अभिव्यक्ति एवं सम्प्रेषण का सशक्त माध्यम है। ऐसी परिभाषाएँ भाषा-सम्बन्धी यथार्थ के अधूरे पक्ष पर ही प्रकाश डालती हैं। भाषा को व्याकरणिक व्यवस्था अथवा अभिव्यक्ति का माध्यम बताकर, वस्तुतः हम न केवल उचित संदर्भ से काटकर उसे देखना-परखना चाहते हैं, बल्कि भाषा की उस सामाजिक शक्ति से भी आँख बंद कर लेना चाहते हैं, जो किसी एक समुदाय के सभी व्यक्तियों को भावना, चिंतन और जीवन-दृष्टि के धरातल पर एक-दूसरे के नजदीक लाती है।

इस सामाजिक अस्मिता के सवाल के संदर्भ में जब हम हिंदी पर विचार करते हैं, तब उसके कई पहलू स्वयमेव उभर आते हैं। हम इन समस्याओं के कुछ ऐसे संदर्भों पर यहाँ बात करना चाहेंगे जो हमारी भाषा-नीति पर आज प्रश्नचिह्न बने हुए हैं।

हिंदी की अपनी कई क्षेत्रीय बोलियाँ हैं, यथा–ब्रज, अवधी, भोजपुरी, मैथिली आदि। शुद्ध भाषिक रचना की दृष्टि से जिस प्रकार खड़ी बोली के संस्कारित रूप में मान्य हिंदी, एक 'भाषा' है और उसका एक विशिष्ट व्याकरण है, उसी प्रकार ये बोलियाँ भी 'भाषा' है, क्योंकि इनकी भी अपनी विशिष्ट रचना या व्यवस्था है, इनका भी अपना एक व्याकरण है। पर भारत-जैसे बहुभाषिक देश में, भाषा-बोली-भेद का आधार मात्र व्याकरणिक व्यवस्था नहीं होती। यहाँ भाषा-बोली-भेद का आधार वह भाषायी चेतना है जिसकी प्रकृति संस्थागत है। प्रायः यह देखा गया है कि जातीय पुनर्गठन की सामाजिक प्रक्रिया के दौरान कोई 'बोली' व्यापार, राजनीति या संस्कृति के कारण अन्य जनपदीय बोलियों की तुलना में विशेष महत्त्व पा लेती है, जिसके परिणामस्वरूप अन्य बोलियों के बोलनेवालों के बीच सम्पर्क-साधन का भी काम करने लगती है। बाद में अन्य बोलियों का

प्रयोग करनेवाले व्यक्ति भी इस प्रतिष्ठित और सम्पर्क-साधन के रूप में प्रयुक्त बोली के साथ अपनी सामाजिक अस्मिता जोड़ने लगते हैं। भाषा-बोली-भेद के संदर्भ में यह कहा जा सकता है कि विभिन्न बोलियों के बीच सम्पर्क-साधन का काम करनेवाली प्रतिष्ठाप्राप्त बोली ही 'भाषा' कहलाती है, जबकि अन्य जनपदीय बोलियाँ मात्र 'बोली'। आज की स्थिति में 'खड़ी बोली' के पर्याय के रूप में मान्य 'हिंदी' तो भाषा है, पर 'ब्रज', 'अवधी', 'भोजपुरी' आदि मात्र उसकी बोलियाँ।

भाषा-बोली के सम्बन्धों पर विचार करते समय कुछ विद्वानों ने बोधगम्यता के सिद्धांत को सामने रखकर, यह संकेत देना चाहा है कि भाषा और बोली में व्याकरणिक भेद तो होता है, पर इतना नहीं कि उनके बोलनेवाले एक-दूसरे की बात समझ न सकें। इस दृष्टि से दो बोलियाँ जब परस्पर बोधगम्य न होंगी, तब दो भाषाएँ कहलाएँगी। इसके विपरीत जब उनमें बोधगम्य की स्थिति होगी, तब वे एक ही भाषा की दो बोलियाँ कहलाएँगी। भाषा-बोली के व्याकरणिक एवं बोधगम्यता के इन्हीं आधारों पर प्रसिद्ध भाषाशास्त्री सुनीतिकुमार चाटुर्ज्या ने 'मैथिली' को हिंदी से अलग करना चाहा पर भाषा-बोली-भेद के ये आधार नितांत भ्रामक हैं। चीनी भाषा की मान्य कई बोलियाँ (मंडारिन, कैंटोनीज, पेकेगीज़) आपस में बोधगम्य नहीं, जर्मन भाषा की कई ऐसी क्षेत्रीय बोलियाँ हैं, जिनकी व्याकरणिक संरचना एक-दूसरे से नितांत भिन्न है, फिर भी वे एक ही भाषा की भिन्न बोलियाँ कही जाती हैं। इसके विपरीत फ्रेंच और इतालवी अपनी-अपनी भाषा में बात करते हैं और वे एक-दूसरे की बात समझ लेते हैं, फिर भी जातीय इतिहास, साहित्य, संस्कृति एवं राजनीतिक आधार, उन्हें दो भिन्न भाषा-भाषी बना देते हैं।

इन उदाहरणों के आधार पर यह निष्कर्ष निकाला जा सकता है कि भाषा-बोली का व्याकरणिक या बोधगम्यता का आधार तर्कसंगत नहीं।

हिंदी मात्र व्याकरण नहीं और न ही वह केवल विशिष्ट भाषिक संरचना है। भाषा के रूप में वह एक सामाजिक संस्था भी है, संस्कृति के रूप में भाषायी प्रतीक भी है और साहित्य के रूप में वह एक जातीय परम्परा भी है।

सामाजिक संस्था के रूप में सिद्ध हिंदी ही उसकी विभिन्न बोली बोलनेवालों को 'हिंदीभाषी' मानने की ओर प्रवृत्त करती है। मेरे कई ऐसे भाषाविज्ञान के पंडित मित्र हैं, जो मुझसे यह कहलाना चाहते हैं कि मेरी मातृभाषा 'भोजपुरी' है, 'हिंदी' नहीं। ऐसे ही विद्वान 'मातृभाषा' का हवाला देकर हिंदी की जनपदीय चेतना को खंडित कर उसकी संस्थागत सामाजिक अस्मिता को तोड़ना चाहते हैं। ऐसे कुछ राजनेता भी हैं, जो क्षेत्रीयता के नाम पर एक ओर मैथिली, नेपाली आदि हिंदी की बोलियों को स्वायत्त-भाषा का दर्जा दिलाने के पक्ष में हैं और दूसरी तरफ भोजपुर, विशाल हरियाणा, बुंदेलखंड आदि के निर्माण सम्बन्धी राजनीतिक आंदोलन के लिए भाषायी आधार ढूँढ़ने में संलग्न हैं। उनका तर्क है कि भोजपुर, बुंदेलखंड

आदि एक भाषायी क्षेत्र हैं, जिनके बोलनेवालों की मातृभाषा 'भोजपुरी' और 'बुंदेली' है, न कि हिंदी।

मातृभाषा का यह तर्क वस्तुतः राजनीतिक कुचक्र का परिणाम है, जिसके पीछे जाने-अनजाने रूप में भाषा के उन पंडितों का भी हाथ माना जा सकता है, जो हिंदी की भाषायी अस्मिता की सामाजिक प्रकृति को उसके उचित संदर्भ में देख नहीं पाते। पेरिस में यूनेस्को द्वारा आयोजित (सन् 1977) भाषाविदों की एक गोष्ठी में मातृभाषा की संकल्पना के संदर्भ में मैंने यह स्पष्ट करने का प्रयत्न किया था कि मातृभाषा के दो प्रयोजनात्मक अर्थ माने जा सकते हैं। पहले अर्थ में वह एक ऐसी भाषा है, जिसमें उसके बोलनेवाले सबसे पहले अपने भाषायी बोध का निर्माण करते हैं। इस संदर्भ में मातृभाषा, बचपन में सीखी जानेवाली पहली भाषा होती है। इसे हम 'झूले और पालने' की भाषा भी कह सकते हैं। अपने दूसरे अर्थ में मातृभाषा सामाजिक अस्मिता की भाषा होती है जिससे व्यक्ति भाव, विचार, संस्कार और अपने जातीय इतिहास एवं परम्परा से जुड़ता है। समाजीकरण की प्रक्रिया से गुजरकर ही व्यक्ति मातृभाषा के इस दूसरे संदर्भ को आत्मसात् करता है। इसे हम 'संस्थागत अस्मिता' की भी भाषा कह सकते हैं।

भाषा-बोली-भेद का एक दूसरा भ्रमात्मक आयाम है–बिहारी, राजस्थानी आदि भाषाओं की संकल्पना। हम सन् 1961 की जनगणना में पाते हैं कि बिहार प्रदेश में अगर हिंदी को वहाँ की कुल आबादी के 44.30 प्रतिशत की मातृभाषा बताया गया है, तो बिहारी को 35.39 प्रतिशत की। इस प्रकार राजस्थान में हिंदी को मातृभाषा के रूप में अपनानेवालों की संख्या 33.32 प्रतिशत है, तो राजस्थानी की 56.49 प्रतिशत। जब इन आँकड़ों की हिंदी जनपद के कुछ अन्य प्रदेशों से तुलना करते हैं, तब एक विचित्र स्थिति सामने उभरती है। उदाहरण के लिए उत्तरप्रदेश या मध्यप्रदेश में हिंदी मातृभाषा-भाषियों की संख्या वहाँ की कुल आबादी का क्रमशः 85.39 और 78.07 प्रतिशत है। इन आँकड़ों के आधार पर क्या हम यह कहें कि उत्तरप्रदेश और मध्यप्रदेश में हिंदी वहाँ के बहुसंख्यकों की भाषा है और बिहार एवं राजस्थान में अल्पसंख्यकों की ?

वास्तविकता तो यह है कि जनगणना में हिंदी का एक गलत खाका खींचा गया है। अगर ब्रजभाषा और अवधी बोलनेवालों को हिंदीवर्ग में रखा गया है, तब कोई कारण नहीं है कि तथाकथित बिहारी या राजस्थानी बोलनेवालों को हिंदी से अलग कर दिखाया जाए। इस संदर्भ में एक-दो बातों पर ध्यान दिया जा सकता है। सबसे पहले इस बात को साफ कर लेना जरूरी है कि 'बिहारी' या 'राजस्थानी' जैसी कोई भाषा भारत में नहीं है। ये नाम कुछ बोलियों के समुच्चय के रूप में ग्रहीत हैं, यथा–भोजपुरी, मैथिली और मगही के समुच्चय के रूप में 'बिहारी' और मारवाड़ी, मेवाती, मालवी आदि बोलियों के समुच्चय के रूप में 'राजस्थानी'। इन नामों के सर्वप्रथम प्रयोक्ता जार्ज ग्रियर्सन हैं, जिन्होंने भाषाओं के वर्गीकरण

के लिए उनके इतिहास को अपना आधार बनाकर यह दिखलाना चाहा कि ब्रज, बुंदेली, कन्नौजी, खड़ी बोली, तो शौरसेनी अपभ्रंश से निकली बोलियाँ हैं, पर 'राजस्थानी' के अंतर्गत आनेवाली बोलियों के पीछे नागर अपभ्रंश है और 'बिहारी' का उद्भव-स्रोत मागध अपभ्रंश है।

ऐतिहासिक आधार पर 'राजस्थानी' और 'बिहारी' को हिंदी से अलग स्वायत्त सत्ता दिलानेवाले ग्रियर्सन यह भूल गए कि भाषा-बोली का आधार 'भाषाओं' का शुद्ध भाषावैज्ञानिक इतिहास नहीं होता। उसका आधार तो उन भाषाओं के बोलनेवालों का सामाजिक इतिहास होता है, क्योंकि सामाजिक प्रक्रिया के दौरान जनसमुदाय का जातीय पुनर्गठन होता है।

'बिहारी' के प्रति ग्रियर्सन का अतिरिक्त उत्साह वस्तुतः दुराग्रह की सीमा तक दिखाई पड़ता है। उन्होंने अपने प्रशासनिक जीवन का एक बहुमूल्य समय बिहार प्रदेश में रहकर बिताया था। वहाँ की सात बोलियों का उन्होंने न केवल व्याकरण लिखा था, बल्कि बिहार के कृषक-जीवन पर एक प्रामाणिक पुस्तक की रचना भी की थी। बिहार की धरती से जुड़कर अंतरंग भाव से वहाँ के लोगों से सम्बन्ध बनाया था। 'कलकत्ता रिव्यू' में सन् 1880 के एक अंक में प्रकाशित अपने लेख में उन्होंने यह जोरदार अपील की कि बिहार के न्यायालयों की भाषा वहाँ की जनभाषा (मैथिली, मगही, भोजपुरी आदि) न होकर 'हिंदी' है। कैथीलिपि पर सन् 1881 में प्रकाशित अपनी पुस्तक में उन्होंने अपने विचार को और भी खोलकर रखा। उनके अनुसार बिहार में हिंदी एक 'विदेशी भाषा' है, फिर भी सरकार ने उसे न्यायालयों एवं प्रशासनिक प्रयोजनों की भाषा बना रखी है। उनके मत में हिंदी बिहार में कभी भी जनभाषा का दर्जा नहीं पा सकती।

आज समय ने यह साबित कर दिया है कि ग्रियर्सन द्वारा हिंदी की खींची हुई तस्वीर कितनी गलत और भ्रामक है।

भारत एक बहुभाषाभाषी और बहुसांस्कृतिक देश है, इस तथ्य को हम सभी स्वीकार करते हैं। पर भाषा-व्यवहार और सांस्कृतिक मूल्य के धरातल पर हम किस प्रकार एक-दूसरे से जुड़े हैं और जुड़कर किस प्रकार हमने 'राष्ट्रीय चेतना' का निर्माण किया है, इस पर हमने गहराई से नहीं सोचा। हमें यह नहीं भूलना चाहिए कि सम्प्रेषण तंत्र में अगर स्थानीय बोलियों का योग है तो लिंगुआ-फ्रेंका के रूप में जनपदीय भाषाओं हिंदी और अंग्रेजी का भी। और अगर भाषाएँ, सामाजिक अस्मिता के निर्माण के साधन और उसके बनने के सूचक के रूप में काम करती हैं, तो हमारी भाषा सम्बन्धी सामाजिक अस्मिता भी स्तरीकृत होगी। इस संदर्भ में हम यह कह सकते हैं कि हिंदीभाषी एक स्तर पर अपनी बोलियों से जुड़ा है और दूसरे स्तर पर अपनी भाषा हिंदी से भी। इसी प्रकार अहिंदी भाषी एक स्तर पर अपनी जनपदीय भाषा से भी जुड़ा है, और अखिल भारतीय संदर्भ में हिंदी और अंग्रेजी से भी।

7

सामाजिक अस्मिता और हिंदी-उर्दू का सवाल

सामाजिक अस्मिता के सवाल के संदर्भ में हिंदी-उर्दू की समस्या को देखें–तो मन में कई-एक सवाल एक साथ उभरते हैं। पहला सवाल तो यही है कि हिंदी और उर्दू को जो अलग-अलग भाषाएँ मानते हैं, वे लोग हिंदी और उर्दू बोलनेवालों को किस सामाजिक आधार पर बाँटना चाहते हैं, उसे किन वर्गों एवं जातियों के बीच विभक्त करना चाहते हैं ? इसमें तो किसी को भी संदेह नहीं हो सकता कि जिस प्रकार इस समय अंग्रेजी या संस्कृत भाषा कोई इलाकाई भाषा नहीं, उसी प्रकार न तो हिंदी इलाकाई भाषा है और न ही उर्दू। इसके साथ यह भी सच है कि हिंदी और उर्दू का न तो कोई साम्प्रदायिक आधार है और न जातीय। जो लोग उर्दू को मुसलमानों की भाषा के रंग में देखना चाहते हैं उन्हें यह महसूस करने की जरूरत है कि बंगाल का मुसलमान बांग्ला बोलता है और उर्दू को राजभाषा माननेवाले पाकिस्तान से बांग्ला देश को अलग करने के लिए अपनी इज्जत-आबरू, अपना खून और जिंदगी भी दे सकता है। ऐसे ही गुजरात का मुसलमान गुजराती, पंजाब का पंजाबी, कर्नाटक का कन्नड़ और मद्रास का तमिल बोलता है।

इसके साथ यह बात भी गौर करने की है कि भाषा के रूप में 'उर्दू' शब्द का प्रयोग हमें अठारहवीं शती तक नहीं मिलता, जबकि मुसलमानों का आगमन और साथ ही फ़ारसी का राजभाषा के पद पर आसीन होने का इतिहास लगभग छह-सात सौ साल पुराना है। उर्दू का जन्म कब हुआ, यह सैयद इंशा की 'दरियाए-लताफ़त' (1808 ई.) और मुहम्मद बाकर 'आगाह' (1743-1805 ई.) की कलम से बहुत कुछ साफ़ हो जाता है, जो यह मानते हैं कि उर्दू 'भाषा' का आविष्कार मुहम्मदशाह रंगीले के शासन-काल में हुआ। बोली के अनुसार 'उर्दू' शब्द का प्राचीनतम प्रयोग मसहफी की रचना में मिलता है, जिनका जीवन-काल 18वीं शती का उत्तरार्द्ध माना जाता है। इतिहास बताता है कि 1347 में बहमनी राज्य की स्थापना हुई; और अगर 'तारीखे-फरिश्ता' की बात ठीक मानें तो बहमनी बादशाह के राज्य में हिसाब-किताब हिंदी में ही होता था। हिंदी के ऊपर उर्दू

का तबका लगाकर जो उसे मुसलमान जाति से जोड़ते हैं, उन्हें बाबूराम सक्सेना के इस प्रमाण-वाक्य को ध्यान से पढ़ने की जरूरत है : "जिस बोलचाल की भाषा में अमीर खुसरो और शेख फ़रीदुद्दीन शकरकंजी आदि प्रारम्भ काल के कलाकारों ने रचना की और जिसका साहित्य उत्तर भारत में लुप्त होकर दक्खिन में 15वीं, 16वीं, और 17वीं सदी में फूट निकला, उसका नाम हिंदवी और हिंदी था और उसी को दक्खिनी साहित्यकार दक्खिनी कहते थे।" 'उर्दू' नाम दक्खिनी के किसी भी कलाकार के ग्रंथ में नहीं आया। चाहे दक्खिन हो या उत्तर, 18वीं शती के पहले तक हम 'उर्दू' नाम का पता नहीं पाते। अमीर खुसरो से लेकर 'मीर' तक इस जबान को 'हिंदी' नाम से ही हम लिखा पाते हैं। अमीर खुसरो का कहना है--"मैं हिंदुस्तानी तुर्क हूँ, और हिंदी में जवाब दे सकता हूँ। मेरे पास मिस्र की शकर नहीं है कि अरब की बात करूँ।" और 'मीर' सरूरेकल्ब का पता इसलिए नहीं जानते, क्योंकि वह "आया नहीं है लफ्ज ये हिंदी जबाँ के बीच।"

हिंदी-उर्दू एक ही भाषा है, "जिसे पहले उर्दू कहा गया वह वास्तव में हिंदी ही है और हिंदी में लिखनेवाले तुर्क और मुसलमान दोनों ही हैं, तथा 'उर्दू' को जबान और साहित्य के रूप में माननेवाले गैर-मुसलिम लोग भी हैं–आदि के आधार पर यह अंतिम निर्णय दे देना कि आज हिंदी और उर्दू की चेतना एक ही है और यह चेतना समाज के हर स्तर पर महसूस की जाती है, सच्चाई के एक हिस्से को ही हमारे सामने लाता है। इसका एक दूसरा पहलू भी है।

'खयालाते-अजीज' में मौलवी मुहम्मद अजीज मिर्जा का एक रोचक संस्मरण है जिसे चंद्रबली पांडे ने अपनी पुस्तक 'राष्ट्रभाषा पर विचार' में प्रस्तुत किया है। "घटना हैदराबाद की है। कई वर्ष पहले स्वर्गीय डिप्टी-कमिश्नर मौलवी मुहम्मद अजीज मिर्जा ने एक मुसलमान से बातचीत की। लेकिन वह उर्दू नहीं जानता था। उन लोगों ने फिर मरहठी में बातें कीं। जब मिर्जा साहब ने उनसे पूछा, 'क्या तुम घर में भी मरहठी ही बोलते हो ?' तो वह कहने लगा–'साहब, मैं मरहठी क्यों बोलने लगा ? क्या मैं मुसलमान नहीं ?' " मिर्जा साहब ने स्वयं लिखा है–"ऐसी ही हालत ब्रह्मा में भी देखी कि जो मुसलमानों की मादरी जबान ब्रह्मी है लेकिन वह उर्दू को ही अपनी कौमी और मजहबी जबान समझते हैं।" 'कौमी' या 'मजहबी' जबान न भी कहें, पर सामाजिक अस्मिता का कोई कारण तो है ही जो इन मुसलमानों को उर्दू को एक 'तबका' और 'तमगा' दोनों ही रूप में अपनाने के लिए खींचता है और जिसका गैर-मुसलिम लेखक जोरदार विरोध करना चाहते हैं। अगर यह न होता तो आज भी 'गैर-मुसलिम उर्दू लेखक सम्मेलन' के मुख्य संयोजक रामलाल ने 'दिनमान' को लिखे अपने खत में यह डर न जाहिर किया होता कि "हमारे लोक-सभा तथा प्रांतीय विधान-सभाओं के गैर-मुसलिम सदस्य जो आम सभाओं में अपने वोटरों के सामने उर्दू का जिक्र करते हुए घबराते हैं,

उन्हें यह बल प्रदान किया जाए कि गैर-मुसलिम वर्ग उर्दू की इस हद तक की तरक्की का इतना मुखालिफ़ नहीं, जिस कदर वह उसे समझता है। एक मुसलिम सदस्य तो अपनी चुनाव-सभाओं में बड़े धड़ल्ले से उर्दू का जिक्र करके गैर-मुसलिम वर्ग के भी वोट प्राप्त कर लेता है जबकि गैर-मुसलिम सदस्य डर के मारे लोकसभा या विधानसभा में उर्दू के किसी भी प्रस्ताव की हिमायत करने की भी जरूरत नहीं दिखा पाता।" और इस सामाजिक अस्मिता के सवाल को हिंदी-उर्दू तक ही क्यों सीमित रखें ? पूरे हिंदुस्तान के संदर्भ में क्यों न देखें ? क्या पंजाबी-हिंदी की समस्या इससे दीगर है, या बांग्ला-उड़िया का सवाल इससे भिन्न है ?

वे सिक्ख जो हिंदी को मादरी जबान की तरह अपनाए हुए हैं, मर्दुमशुमारी के समय क्या उन्होंने अपनी मातृभाषा पंजाबी नहीं लिखाई ? पंजाब के वे हिंदू जो हिंदी भाषा नहीं जानते, उन्होंने क्या हिंदी को अपनी मातृभाषा नहीं बताया ? यह सामाजिक अस्मिता का 'यथार्थ' है, भारतीय समाज की 'सचाई' है; भले ही जिस भी आधार पर वह टिकी है, वह अवैज्ञानिक हो, उसकी स्थिति अंधविश्वास और अज्ञान की नींव पर बनी हो। पर पूरा-का-पूरा भाषायी माहौल हमारी व्यक्तिगत स्वार्थपरता, खोखली अर्थ-व्यवस्था और विक्षिप्त राजनीतिक चिंतन का परिणाम है, जिससे हमारे यहाँ के बुद्धिवादी और संवेदनशील 'लेखक' भी मुक्त नहीं। वे लेखक जो जिंदगी-भर हिंदी के नाम पर अविस्मरणीय कृतियों का सृजन करते रहे, जिनकी साहित्यिक चेतना ने आँख ही हिंदी के क्रोड़ में खेलते हुए खोली, वे ही अपने को 'गैर-हिंदी' लेखक कहकर हिंदी की पुस्तकों पर पुरस्कार पाने के लिए लालायित रहते हैं ! इससे मुक्त कौन है–यशपाल या 'अश्क', मोहन राकेश या रवींद्र कालिया ?

सच तो यह है कि हिंदी और उर्दू की लड़ाई भाषा की लड़ाई कम, भाषायी अस्मिता की लड़ाई अधिक है। और अगर ऐसा है तो यह देखना अनुचित न होगा कि सामाजिक यथार्थ के धरातल पर कौन 'लोग', 'किसके खिलाफ' और 'किस चीज के लिए' यह लड़ाई लड़ रहे हैं।

हिंदी और उर्दू एक भाषा है; उर्दू कोई स्वतंत्र भाषा नहीं। वह केवल फ़ारसी लिपि में लिखी जानेवाली खड़ी बोली हिंदी का ही एक रूप है, जिसने अरबी-फ़ारसी शब्दावली और काव्य-रूढ़ियों को किसी खास ऐतिहासिक परिस्थिति में विशेष रूप से अपनाया। हिंदी और उर्दू एक ज़बान है, उनके बोलनेवालों की जमीन एक है–इस बात को गाँधीजी जैसे नेता ने भी कहा है, प्रेमचंद ऐसे साहित्यकार ने भी बताया है और केलकर ऐसे भाषाविद् ने भी समझाया है। एक ने उसकी आधारभूत एकता को 'हिंदुस्तानी' नाम से पकड़ना चाहा और दूसरे ने 'हिंदू' शब्द गढ़कर। पर सवाल तो यही है कि जब हिंदी और उर्दू एक हैं तब सामाजिक नेता, चिंतक, साहित्यकार और तटस्थ भाषा-वैज्ञानिक, ये सभी हिंदी-उर्दू को एक

साबित करने की जबरदस्त जरूरत क्यों महसूस करते हैं ? इसी के साथ एक सवाल यह भी है कि जब 18वीं शती तक हम 'उर्दू' शब्द का प्रयोग नहीं पाते और 'गालिब' को अपना दीवान 'हिंदी का' और 'मीर' को अपनी जबान 'हिंदी' घोषित करते पाते हैं—तो बाद में ऐसी क्या बात हो गई कि हम उसी हिंदी की एक शैली को 'उर्दू' के नाम से जानने-समझने लगे ? और यही नहीं, जब हम ब्रज और अवधी में (जो आज बोलियों के रूप में मान्य हैं) रचे साहित्य को भी रिक्थ रूप में हिंदी का ही साहित्य समझते हैं, तब उर्दू को 'हिंदी की एक शैली' के रूप में स्वीकार करने के बावजूद उसके साहित्य को हिंदी के इतिहास से क्यों नहीं जोड़ सके ? यह भी सवाल कम अहमियत का नहीं है कि पाकिस्तानी रेडियो और हिंदुस्तानी रेडियो पर बोली जानेवाली उर्दू भाषा ('शैली' ?) में क्यों आज एक दरार-सी पड़ने लगी है और यह महसूस किया जाने लगा है कि उनके बीच की खाई दिन-पर-दिन बढ़ती ही जाएगी ?

गौर कीजिए कि जो 'उर्दू' हिंदी का एक भिन्न साहित्यिक रूप धारण कर निकली, उसे हम यह कहकर संतोष कर लेते हैं कि वह और कुछ नहीं, बल्कि हिंदी ही है जिसे फ़ारसी और अरबी की कुछ काव्य-रूढ़ियों का जामा पहना दिया गया है। अपने 'वजै इस्तलाहात' (परिभाषा निर्माण) में मौलवी वहीउद्दीन 'सलीम' ने भी लिखा है : "····हिंदी को हम अपनी जबान के लिए उमिल्लिसान और हमूलाए-अव्वल कह सकते हैं। इसके बगैर हमारी जबान की कोई हस्ती नहीं।"—क्योंकि हिंदी उर्दू के लिए भाषायी साँचा देती है, व्याकरण और रचना का आधार देती है। इसी हिंदी में फ़ारसी के कुछ शब्द और मुहावरे डालकर उर्दू बना ली गई। पर किसी भाषा की आधारभूत संरचना को बनाए रखकर केवल शब्द-समूह के मिश्रण से क्या कभी कोई नयी भाषा जन्म ले पाई है ? बंगाल में भी तो फ़ारसी कुछ समय के लिए राजभाषा रही, बांग्ला भाषा में भी तो फ़ारसी के कई शब्द शामिल हुए; पर उससे क्या बांग्ला का कोई एक दूसरा भाषायी रूप पैदा हुआ ? यही नहीं, हिंदी में अंग्रेजी और पुर्तगाली के कई शब्द अपनाए गए; पर उससे क्या कोई नई भाषा बन गई ? नार्मन विजय के बाद खुद अंग्रेजों ने फ्रेंच भाषा के इतने शब्द और मुहावरे लिए कि उसका पूरा का पूरा चेहरा ही बदल गया; पर क्या अंग्रेजी, अंग्रेजी न रही ? अरबी की इब्रानी भाषा ने फारसी पर अपना कम असर नहीं डाला, पर फ़ारसी की जात क्या सेमेटिक बन गई ? इस तर्क के आधार पर यह साफ जाहिर है कि फारसी के चंद अल्फाज़ हिंदी को 'उर्दू' नहीं बना सकते। इस आधार पर यही कहा जा सकता है कि या तो 'उर्दू' ऐसी कोई जबान नहीं और यह नाम केवल धोखे की टट्टी है, या उर्दू किसी एक स्तर पर हिंदी से किसी दूसरी ही वजह से अलग है, और एक होकर भी वह जिन वजहों से एक नहीं है, वह केवल शब्द या शब्द-समूह का अलगाव नहीं।

सच तो यह है कि जिस भाषा-शैली को उर्दू नाम से पुकारा गया, वह आम जनता की जबान नहीं थी। वह शाही जबान थी जो राजघरानों में तालीम के द्वारा हासिल की जाती रही है और जिसे अपना कहकर शाही टुकड़ों के मोहताज शायरों ने गुलदस्ते की तरह सजाया। अपनी तौसीफ में वह सूरदास की 'लौकिक' ब्रज के कम और केशवदास की परिनिष्ठित ब्रज के अधिक नजदीक थी। मेहनतकश मजदूरों का जौ-बाजरा बनने की बजाय उसने बादशाहों के बगीचे में उगाए जानेवाले गुलाब का फूल बनना ज्यादा पसंद किया। अन्य लोगों की फ़ारसी-मिश्रित हिंदी को ये 'उर्दू' नहीं, बल्कि 'पुड़दू' कहा करते थे। सैयद अहमद देहलवी की तरह उन लोगों का दिल इन बातों को कभी कबूल नहीं कर सका कि "सरतासर टकसाल बाहर जबान हो और यह बंदा उसकी तौसीफ़ में हमातन रतबुल्लिसान हो। कोई लफ्ज कबाअते मंजबत से बाहर हो और हमारे दोस्त उसे सराहें।"

कहने का मतलब यही है कि जिन्होंने अपनी भाषा-शैली को उर्दू जुबाँ कहा, उन्होंने उसमें बाकायदा सिद्धांत के आधार पर हिंदी के चलते शब्द की जगह पर न केवल फ़ारसी के लफ्ज का इस्तेमाल किया–बल्कि जान-बूझकर लफ्ज के 'कबाअते-मंजबत' को भी फ़ारसी ज़बान की अपनी तौसीफ़ की तरह अपनाया। जो विद्वान हिंदी को उर्दू ज़बान के लिए उमिल्लिसान मानते हैं–वे 'उमिल्लिसान' लफ्ज पर खुद गौर करें। 'उम' तो चाचा को कह सकते हैं और 'लिसान' भाषा को; पर इनके बीच का 'उल्' क्या है ? यह अरबी का 'कबाअते-मंजबत' ही तो है जो दो लफ्जों को जोड़ने के लिए अपनाया जाता है।

भाषा की संरचना के संदर्भ में हम कह सकते हैं कि हिंदी के लिए जिस तरह फ़ारसी एक विदेशी भाषा है, उसी प्रकार अंग्रेजी भी और एक दृष्टि विशेष से संस्कृत भी। हिंदी ने इन सभी स्रोतों से अपने शब्द-भंडार को समृद्ध बनाया है, एक जीवित भाषा होने के नाते अपने सम्पर्क में आनेवाले इन सभी भाषाओं के बोलनेवालों के शब्द-अनुभव से अपनी शब्द-सम्पदा को बढ़ाया है। पर इन सभी शब्दों को उसने अपनी भाषा के नियमों से बाँधकर रखा और इसीलिए वह हिंदी बनी रही। रामविलास शर्मा के शब्दों में, "हिंदी में 'राजा' शब्द संस्कृत से लिया गया है परंतु 'राज्ञः' नहीं बोला जाता; 'राजा का' कहते हैं। 'जंगल' संस्कृत से आया है परंतु उसका बहुवचन 'जंगलानि' न होकर 'जंगलों' होता है। अंग्रेजी से आए 'स्टेशन' का बहुवचन 'स्टेशंस' न होकर 'स्टेशनों' बनता है। सर्वत्र यही नियम है। परंतु उर्दू में अरबी-फ़ारसी के बहुत-से शब्द व्याकरण को नहीं अपनाते। सुलतान का बहुवचन 'सलातीन', मुल्क का 'ममालिक', जिला का 'अजला' बनता है।"

उर्दू में दोनों शब्द-रूप चलते हैं–सुलतानों, मुल्कों, जिलों, मामलों, कागजों और सलातीन, ममालिक, अज़ला, मामलात, कागजात। वहाँ संस्कृत के शब्द 'जंगल'

का जंगलों भी चलता है और जंगलात भी। पर एक हिंदी की अपनी प्रकृति और अपनी व्याकरणिक संरचना का आधार लेकर चलता है तो दूसरा फ़ारसी का; एक जबकि आम लोगों की बोली में आम तौर से बोला जाता है तो दूसरा तालीम के जरिए सीखी गई उस ज़बान में, जिसे शायराना अंदाज सँवारता है।

इस इल्मी शायराना अंदाज को बढ़ावा मिला लखनऊ में, जहाँ 'मतरुकात' के सिद्धांत के अनुसार बाकायदा फ़ारसी के शब्दानुशासन को अपनाने का आग्रह रखा गया। जब तक लखनवी मतरुकात का सिद्धांत नहीं अपनाया गया, उर्दू (हिंदी) के लेखकों ने अपनी भाषा में ठेठ हिंदी के शब्दों को न केवल स्वीकार किया बल्कि उसकी महक और खुशबू को भी महसूस किया। पर जब से उर्दू के शायरों ने अवध के दरबार से अपना रिश्ता जोड़ा, हिंदुस्तानी रूह और हिंदी भाषा की बजाय फ़ारसी के रंग और उसकी ज़बान की 'तौसीफ़ इमातन रतबुल्लिसान' हो गए। उर्दू के अधिकांश शायर अवध के दरबार से जुड़े थे और इनकी शायरी का आधार दरबारी तहजीब, इल्म और जिंदगी है। इस सम्बन्ध में सैयद एहतिशााम हुसैन ने कुछ बहुत ही रोचक तथ्य दिए हैं। 'फुगाँ' ने सबसे पहले दिल्ली छोड़ी। 'सौदा' पहले फैजाबाद और बाद में लखनऊ आए। 'मीर' ने आगरा और दिल्ली छोड़ी। 'इंशा' और 'मुसहफी' लखनऊ में रहते ही थे। 'जौक' और 'गालिब' बादशाहों के मान्य शायर थे और उन्हें शायरी की शिक्षा देते थे। 'दाग' भी रामपुर के दरबार से सम्बद्ध थे। इस तरह हम देखते हैं कि हिंदी और उर्दू के अलगाव का प्रमुख कारण उर्दू काव्य का यह सामंतवादी आधार है और है मतरुकात का सिद्धांत, जो जनभाषा की अपनी प्रकृति की जगह पर फ़ारसी के शब्द ही नहीं, बल्कि 'कबाअते-मंजबत' को अपनाने का आग्रही है।

अलगाव की इस भाषा-नीति को दूसरा आयाम दिया अंग्रेजों–विदेशियों ने। भाषा-नीति निर्धारण में फोर्ट विलियम कॉलेज की गहरी साजिश रही है। गिलक्राइस्ट ने 'हिंदुस्तानी' के नाम पर 'उर्दू' की तीन शैलियाँ बताईं–(1) हाईकोर्ट की, अर्थात् फ़ारसी शैली, (2) बीच की, अर्थात् मुंशियों की शैली और (3) गँवारू, अर्थात् जन-समाज की हिंदवी। मुंशी लोगों की जिस बीच की हिंदुस्तानी को बढ़ावा देने की बात कही गई, उसके लिए यह कहा जा सकता है कि मुंशी लोग दरबार या हाईकोर्ट से सम्बद्ध थे अतः उनके दैनिक जीवन की भाषा भले ही बोल-चाल की शैली को अपनाने की ओर झुकी हो, पर उनकी सामाजिक अस्मिता का आधार दरबार या हाईकोर्ट की शैली थी। नकल करें, अपनाएँ और वैसा ही दीखने के लिए जन-समाज की बोली बोलनेवालों से अपने को अधिक विशिष्ट सिद्ध करें। इसलिए हिंदुस्तानी, फ़ारसी-मिश्रित 'उर्दू' में ढलती गई। अतः डाउसन ने 1872 में जब हिंदुस्तानी भाषा का व्याकरण लिखा, उसे उर्दू का पर्याय माना, रिचर्ड टेम्पल ने हिंदुस्तानी और उर्दू में कोई फर्क नहीं देखा और जैसा मद्रास के गवर्नर

विलियम्स ने 1869 में लिखा, फोर्ट विलियम की देख-रेख में जो हिंदुस्तानी पनपी, जिसे मुंशियों ने अपनाया और मुसलमानी मदरसे में वहाँ के लड़कों ने सीखा, वह हिंदुस्तान के किसी भाग में नहीं बोली जाती थी।

हिंदी के बिना उर्दू की कोई हस्ती नहीं; पर जिस हस्ती को उर्दू ने अपना आदर्श माना वह था शासक वर्ग, समाज के चंद लोग, जो आम जनता की भाषा में बोलने के कायल न थे, जो अपनी शिक्षा-दीक्षा के पद-प्रतीक के लिए 'फ़ारसी' ज़बान के शब्द ही नहीं बल्कि उसके शब्द-निर्माण के इस्तेमाल के हिमायती थे। इस शासक वर्ग का परिवेश चाहे सामंती और दरबारी रहा, या अंग्रेजी काल में राजतंत्र–इससे कोई फर्क नहीं पड़ता। यही उर्दू जब देश की आजादी से जुड़ी, समाज की आम जनता के दुःख-दर्द से बँधी, हिंदी के नजदीक आती गई, इसमें धरती के रंग में घुली बोलियों की गमक आती गई और आज जब यह उर्दू अपने सही घराने में शामिल हो गई तब वह "आलमशाह खान द्वारा राजस्थान की बोलियों, 'राही' के द्वारा अवधी, मेहरुन्निसा परवेज और 'शानी' द्वारा बस्तर की बोलियों और जहीर नियाज़ी द्वारा भोजपुरी, असगर वजाहत द्वारा ब्रज और कन्नौजी तथा हबीब तनवीर द्वारा छत्तीसगढ़ी आदि से अपनी साहित्यिक शक्ति और शब्दावली लेने लगी।" इस लोकोन्मुख धारा की तुलना जरा उस मनोवृत्ति से तो करें जिसकी पहल सैयद अहमद देहलवी ने 'फरहंगे असफ़िया' (जिल्द अव्वल) में की है : "हम अपनी ज़बान को मरहठीबाजों, लावनीबाजों की ज़बान, धोबियों के खंड, जाहिल ख्यालबंदों के ख्याल, टेसू के राग याने बेसरतोपा अल्फ़ाज का मजमूआ बनाना कभी नहीं चाहते और न उस आजदाना उर्दू को ही पसंद करते हैं जो हिंदुस्तान के ईसाइयों, नव-मुसलिम भाइयों, ताजा विलायती साहब लोगों, खानसामाओं, खिदमतगारों, पूरब के मनहियों, कैंप बॉयों और छावनियों के सतबेझड़े बाशिंदों ने इख्तियार कर रखी है।"

आजादी की लड़ाई के दौरान उर्दू साहित्य राजघराने से उतरकर जनता के बीच जब आया तब एक बार फिर उर्दू और हिंदी के बीच की दरार पटने लगी। उनके बीच की खाई पर जनोन्मुख स्वर का पुल बनने लगा। पर तब हिंदी ने अपना रंग दिखाया। रीतिकाल के सामंती आधार पर पनप रहे साहित्य की भाषा ब्रज और अवधी को छोड़कर आधुनिक काल में हिंदी ने खड़ी बोली के रूप में फैलनेवाली जनवादी भाषा को जब अपने साहित्य का माध्यम चुना, तब उसके कुछ ही समय बाद इसको सांस्कृतिक पुनर्जागरण-काल से गुजरना पड़ा। इसी सांस्कृतिक पुनर्जागरण के साथ राष्ट्रीय जागरण तथा पुनरुत्थान की भावना जुड़ी है; इसी के साथ स्वच्छंदतावाद और हिंदी साहित्य की छायावादी मनोवृत्ति बँधी है। और इतिहास बताता है कि स्वच्छंदतावाद और पुनर्जागरण के आंदोलन के समय भाषाओं का पुनर्गठन होता है। यह आंदोलन अपनी शक्ति के संचय के

लिए अतीत की ओर मुड़ता है, परम्परा को तोड़ने के लिए पारम्परिक स्रोत के पुनरीक्षण के लिए प्रवृत्त होता है और भाषा के पुनर्निर्माण के लिए प्राचीन साहित्य और संस्कृति के उपादान लेने के लिए उद्यत होता है। इस जागरण के समय स्पेन और दक्षिणी फ्रांस में गेलिकन, कैटलन, प्रोवेन्सल और बास्क जैसी प्राचीन भाषाएँ उभरीं, नार्वे ने तो दो सांस्कृतिक भाषाओं को जन्म दे दिया और आयरलैंड में केल्टिक भाषा ने अपना सांस्कृतिक दबाव डाला।

राष्ट्रीयता और सांस्कृतिक पुनर्जागरण काल में सांस्कृतिक चेतना से आबद्ध प्राचीन भाषाओं से शक्ति-संचय की प्रवृत्ति तो उभरती ही है, भाषाओं के 'शुद्धीकरण' की प्रवृत्ति भी सक्रिय हो उठती है। छायावाद 'परिष्कृत' भाषा, 'शुद्ध' प्रयोग, सांस्कृतिक सम्वेदनाओं, संस्कृतनिष्ठ शब्दावली और राष्ट्रीय चेतना से पूरित हिंदी की साहित्यिक धारा है क्योंकि छायावाद सांस्कृतिक पुनर्जागरण काल की मनोवृत्ति से प्रेरित साहित्य है।

तारीख के एक दौर में उर्दू ने भी अपनी ज़बान को 'साफ' और 'पाक' करना चाहा और इतिहास के एक विकास-चरण में हिंदी ने भी अपनी भाषा को 'शुद्ध' और 'परिनिष्ठित' करने का प्रयास किया। पर इतिहास के ये दो दौर दो भिन्न मनोवृत्तियों से परिचालित थे। उनके संदर्भ अलग हैं, उनके कारण भिन्न हैं—इससे भी इनकार नहीं किया जा सकता। हिंदी और उर्दू के बीच का दुराव भाषा के स्तर पर इससे खत्म नहीं हुआ। इसे खत्म करने का काम भी जनोन्मुख साहित्य ने किया; आम बोल-चाल की भाषा को बढ़ावा देनेवाली रचनाओं ने किया, उन फिल्मों ने किया जिनकी पूरी सत्ता ही आम जनता के बल पर खड़ी है। यह काम फिल्मों और साहित्यिक कृतियों के उन नायक-नायिकाओं ने किया जो न 'दरबारी' या 'सामंती' थे और न 'अतिमानव' या 'महामानव', जो न 'बुद्धि' के देवता थे और न देवी-देवताओं के 'पुत्र'। हिंदी और उर्दू की दूरी मिटाने की अनजान कोशिश उन लोगों के दबाव के कारण हुई जिनके लिए यह दूरी असलियत में कभी थी ही नहीं, जो संस्कृत के शब्द 'भस्म' को भी 'भसम' की तरह बोलते हैं और फ़ारसीनुमा उर्दू के 'किस्म' को भी 'किसम' या 'किसिम' कहते हैं।

पर बात यहीं खत्म नहीं हो जाती। एक अहम सवाल मन में उभरता है कि जब हिंदी और उर्दू गलबहियाँ डालने के लिए एक-दूसरे की तरफ बढ़ने लगीं और इस वातावरण में आज जब 'राही' ऐसे लेखक कृश्नचंदर से बेहतर सेठ गोविंददास की हिंदी जानने लगे हैं और परसाई जैसे व्यंग्यकार सेठ गोविंददास से बेहतर कृश्नचंदर की उर्दू जानने लगे हैं, तब गैर-मुसलिम उर्दू सम्मेलन करने की जरूरत क्यों महसूस की गई ? 'उर्दू' को उसकी 'मौत' से उबारने के सायास प्रयत्न क्यों होने लगे ? हिंदी-भाषी राज्यों में उसे दूसरी भाषा का स्तर प्रदान करने और शिक्षा में इसके अध्ययन को अनिवार्य करने की इच्छा क्यों उठने

लगी ? क्यों यह माँग की जाने लगी कि राजकीय आदेशों को उर्दू ज़बान में भी लिखा और छपाया जाए ?

गौर करने की बात है कि जिन क्षेत्रों में उर्दू को बढ़ावा देने की बात उठाई जाती है–उनसे आम जनता का सम्बन्ध नहीं है। शिक्षा ? पर हमने आम जनता को पढ़ने का मौका ही कब दिया ? शासन ? पर शासनतंत्र तो शासन करनेवालों के लिए है–उनके लिए है जो शोषण करते हैं, शोषितों का उससे क्या वास्ता ? साहित्य ? साहित्य तो शिक्षितों के लिए लिखा जाता है और हमारे देश की जनता का कितना अंश शिक्षित या साक्षर ही है ? इसके साथ यह भी ध्यान दें कि जिन क्षेत्रों में उर्दू के प्रयोग की बात की जा रही है–वहाँ अब तक अंग्रेजी का प्रयोग था।

अंग्रेजी के मसले से न तो हिंदी मुक्त है और न ही उर्दू। अंग्रेजी उस उच्चवर्ग या उसके सहयोगी मध्यवर्ग की प्रमुख या सहयोगी (एसोसिएट) भाषा रही है जिसका सम्बन्ध राज-तंत्र, राजनीति-तंत्र, शिक्षा-तंत्र, न्याय-तंत्र, व्यापार-तंत्र आदि विभिन्न शोषक तंत्रों के साथ रहा है। प्रकारांतर से वह सुधार-तंत्र, विकास-तंत्र, उत्थान-तंत्र से भी सम्बद्ध रहा है। पर इसका समाज के उस अंश से सम्बन्ध नहीं रहा जिसके लिए सुधार किया जाता है, जिसका विकास या उत्थान किया जाता है। और जब यह अनुभव किया जाने लगा कि अंग्रेजी विलायती भाषा है और अपने देश की समस्या को अपने देश की ही भाषा के माध्यम से सुलझाना है; साथ में शिक्षा के द्वार को आम जनता के लिए खोले बगैर देश की तरक्की और सुधार की बात 'हवाई किला' बनाने के अलावा और कुछ नहीं है, तब अंग्रेजी के स्थान पर भारतीय भाषाओं की बात की जाने लगी। उस समय समाज या सरकार को इस समस्या का सामना करना ही पड़ा–किस तरह भाषा-व्यवहार के उन क्षेत्रों में भारतीय भाषाओं का प्रयोग किया जाए, जिनमें अभी तक अंग्रेजी का राज था।

भाषा-व्यवहार का कोई क्षेत्र जिसकी जरूरत को सामाजिक आवश्यकताओं ने खुद पैदा किया हो, 'हवा' या 'वेकुअम' में देर तक नहीं रह सकता। नतीजा यह हुआ कि जब अंग्रेजी को हटाने की जरूरत महसूस की गई, उसी समय यह तीव्रता के साथ अनुभव किया जाने लगा कि उन सभी क्षेत्रों में, जिनमें अंग्रेजी का अब तक प्रयोग होता रहा है, भारतीय भाषाओं को पुष्ट किया जाए, उनके प्रयोग के लिए बढ़ावा दिया जाए।

पर यह समस्या इतनी आसान न थी जितना कि ऊपर से समझ लिया जाता है। अंग्रेजी का प्रयोग जिन जीवन-व्यवहारों और ज्ञान-क्षेत्रों में होता था, उनके आयाम 'विशिष्ट' थे–वे केवल सामाजिक शब्द नहीं वरन् पारिभाषिक शब्द की अपेक्षा रखते थे, वे सामान्य जीवन की सामान्य भाषा नहीं वरन् विशिष्ट सामाजिक तंत्र के लिए 'विशिष्ट वाक्य-रचना' की आवश्यकता से बाधित थे। हिंदी अपने

पारिभाषिक शब्द के लिए संस्कृत भाषा की ऋणी रही है; न केवल अपने सांस्कृतिक दबाव में वरन् भाषा-प्रवाह की दिशा में वह संस्कृत भाषा की शब्द-निर्माण प्रक्रिया का आग्रह रखती रही है। पारिभाषिक शब्द-निर्माण का काम जिन्हें सौंपा गया उनकी दृष्टि रही कि जिस प्रकार अंग्रेजी में 'ला', 'लीगल', 'लायर', 'लेजिस्लेटिव', 'लेजिस्लेशन' आदि शब्द आर्थी स्तर पर किसी-न-किसी रीति से अभ्यास में जुड़े हैं और उसको शब्द-निर्माण रूपात्मक (फ़ार्मल) सम्बद्धता से पकड़े हुए हैं, उसी प्रकार की शब्द-निर्माण-प्रक्रिया को हिंदी में भी अपनाया जाए। पर इस लक्ष्य को साधने के बाद उन्हें यह भी पता लगा कि हिंदी या उर्दू विश्लेषणात्मक भाषाएँ हैं, संश्लेषणात्मक नहीं और भाषा अगर संश्लेषणात्मक हो तो सुविधापूर्वक इस लक्ष्य की पूर्ति की जा सकती है।

परिणाम स्वाभाविक था। संश्लेषणात्मक भाषा के रूप में हिंदी को संस्कृत और उर्दू को फ़ारसी भाषा मिली, जिनका उन दोनों ने आश्रय लिया। हिंदी ने राजनीति या विधि के संदर्भ में शब्द रचे—विधि, वैधानिक, विधिज्ञ, विधान, संविधान, संवैधानिक, प्राविधान और उर्दू ने सियासत के लफ्ज अपनाए—कानून, कानूनी, कानूनदाँ, कानूनसाज, कानूनन। भाषाविज्ञान का शब्द आया—स्वन, सहस्वन, स्वनिम, स्वनिकी; और लसानियत के लफ्ज थे—सोत, सोतियात, ज़ैली सोत, ज़ैली असवात आदि। भाषा में पहले से चले आए शब्दों के भेद—इतिहास-तारीख, जनतंत्र-जम्हूरियत, राजनीति-सियासत, साहित्य-अदब के साथ मिलकर इन्होंने हिंदी और उर्दू के बीच एक गहरी खाई खोद दी।

इस खाई को महसूस न करना ही असलियत से आँखें मूँदना था। आज नहीं तो कल इस उठती दीवार का हमें पता चलता। अंग्रेजी या रूसी ने या इस संदर्भ में अन्य किसी भी जीवित भाषा ने जब कभी इतिहास के दबाव के कारण अपने शब्द-भंडार को भरा है तो उसने शब्द तो दूसरी भाषाओं से लिए पर शब्द-रूपों का निर्माण अपनी भाषा की प्रकृति के अनुसार किया, उन्हें अपना बनाकर अपने जीवन का अंग बनाया। पर हिंदी या उर्दू के साथ हुआ यह कि उसने शब्द भी संस्कृत-फ़ारसी से लिए और शब्द-निर्माण भी। यहाँ तक कि एक ही साथ हमें संस्कृत-निर्मित शब्दों के दो रूप मिलने लगे—पृथकता-पार्थक्य, विविधता-वैविध्य, विदेशिक या विदेशीय-वैदेशिक, सिद्धांतवादी-सैद्धांतिक, —राष्ट्रीयकरण-राष्ट्रीकरण; अंतर्राष्ट्रीय-अंताराष्ट्रीय आदि। कहने की आवश्यकता नहीं कि इन शब्द-युग्मों में दूसरा, हिंदी भाषा की प्रवृत्ति के पूरी तरह प्रतिकूल है, यद्यपि वे संस्कृत के नियमों के शुद्ध प्रतिफलन के परिणाम कहे जा सकते हैं।

इसका विरोध होना था और हुआ भी। हिंदी और उर्दू की बढ़ती दूरी का अनुभव लोगों को करना ही था—और लोगों ने किया भी। पर अफ़सोस तो इस बात का है कि यह विरोध उस खेमे से आया जो इसी मनोवृत्ति का शिकार है,

जो वजै इस्तलाहात के काम में आकंठ डूबा है, और जो अपनी ज़बान में अरबी-फ़ारसी के 'लुगत' से उधारखाते में लिए गए लफ्ज के साथ कबाअते-मंजबत करना चाहता है। न तो संस्कृत भाषा को आधार बनाकर शब्द-निर्माण करनेवालों की सामाजिक अस्मिता जन-साधारण से जुड़ी रही और न ही फ़ारसी-अरबी को शब्द-निर्माण के लिए मूल स्रोत माननेवाले उर्दू-प्रेमियों की। आम जनता के लिए ये दोनों भाषा-प्रयोग–'बोझिल' हैं, ये दोनों 'तंत्र' के और उनके बीच की खाई को और भी गहरी करने के उपकरण हैं।

ऐतिहासिक विकासक्रम के संदर्भ में यह हमारी सामाजिक विवशता है कि अंग्रेजी के शब्दों के स्थान पर हमें अपने पारिभाषिक शब्द बनाने हैं और भाषा के उस प्रयोजनमूलक प्रयोग का विकास करना है जिसका दायित्व अभी तक हमारी भाषा ने अनुभव नहीं किया था। इसका रूप आम जनता के आम भाषा-प्रयोग से भिन्न होगा ही–यह भी भाषायी सत्य है। इसीलिए अब सवाल उठता है कि जब इन भाषा-प्रयोगों से हमारी मुक्ति नहीं और साथ ही ये प्रयोग सामान्य जनता में स्तर-भेद लाने और आपसी सम्बन्धों के बीच दुराव और रुकावट भी डालने के साधन बन सकते हैं–तो किया क्या जाए ? इसी सवाल के साथ दूसरा एक महत्त्वपूर्ण प्रश्न यह भी है कि इन शब्द-प्रयोगों के संदर्भ में हिंदी और उर्दू दोनों अपने ढंग से विकसित होने के लिए लाचार हैं, तब क्या उनके बीच की खाई को हम और गहरी होते देखते रहें ? क्या उनकी नियति एक होने की नहीं ?

इन सभी सवालों का एक ही उत्तर है, एक ही समाधान है। हम अपनी सामाजिक अस्मिता को पहचानें, और इस संदर्भ में भाषायी अस्मिता के सवाल पर एक बार फिर गौर करें। अगर हिंदी-उर्दू भाषा आम जनता के लिए एक हैं तो इसी कारण कि वह शैक्षणिक स्तर पर बनाए गए कृत्रिम विभाजन को स्वीकार नहीं करतीं। वह हिंदी और उर्दू की अपनी मूल संरचना, प्रकृति और नियमों के आधार पर भाषा का प्रयोग करती हैं। और इस दृष्टि से हिंदी और उर्दू एक भाषा, एक ज़बान ठहरती हैं। इस एक ज़बान को बोलनेवालों में न कोई भेद-भाव है और न सामाजिक अस्मिता के धरातल पर कोई दुराव।

अगर हिंदी-उर्दू दोनों इस धरातल पर एक हैं तो उसी भाषा की अन्य प्रयोजनमूलक शैलियाँ भी एक होंगी तो इसी धरातल पर। जरूरत है तो इन भाषा-प्रयोगों और प्रयोजनमूलक शैलियों के उन आधारों को जनता-संदर्भित करने की, जिन पर ये अलग होती हैं, विशिष्ट बनती हैं। जब तक हम अपनी पूरी बौद्धिक चेतना, शिक्षा सम्बन्धी पूरे कार्य, राज्य और व्यापार-सम्बन्धी क्रियाकलाप को आम जनता के लिए सुलभ नहीं बनाते, ऐसी विभाजन-रेखाएँ उभरती रहेंगी, लोगों के बीच की खाई बढ़ती रहेगी, भाषा-व्यवहार में व्यतिक्रम और गतिरोध आता रहेगा। इसको दूर करने का एक ही रास्ता है–भाषायी अस्मिता को सामाजिक

अस्मिता के संदर्भ में बाँधने का रास्ता।

सामाजिक अस्मिता उन सामाजिक सम्बन्धों पर बनती है जो इस सवाल से बँधा है—कौन, किससे और किस विषय पर बोल रहा है। जब तक हम खून में पसीना मिलाकर रोटी-रोजी का इंतज़ाम करनेवालों को स्कूली कमरा न देंगे और कमरे में बंद रहनेवालों को खेत की खुली हवा में जीने के लिए बाध्य नहीं करेंगे—एक जाति के आपसी भाषायी भेद खत्म न होंगे।

8

भारत की सम्पर्क भाषा : हिंदी

भारत एक बहुभाषी देश है। सन् 1961 की जनगणना के अनुसार इस देश में मातृभाषा के रूप में 1652 भाषाएँ बोली जाती हैं। ये भाषाएँ किसी एक परिवार की न होकर विभिन्न परिवारों से सम्बन्धित हैं। मुख्य रूप से ये चार भिन्न परिवारों के सदस्य के रूप में भारत में बोली जाती हैं, जिनका विवरण नीचे दी गई तालिका-1 में दिया गया है।

तालिका-1

परिवार	बोलनेवालों की संख्या	प्रतिशत
आर्य कुल	32,17,20,700	73.30
द्रविड़ कुल	10,74,10,820	24.47
आस्ट्रिक कुल	61,92,495	1.05
भोट-बर्मी कुल	31,83,801	0.73
अन्य	4,29,102	0.45

जनगणना के आधार पर यह कहा जा सकता है कि :

(क) भारत की विभिन्न जनभाषाएँ प्रमुखतः चार भाषायी-कुल के अंतर्गत हैं—आर्य कुल, द्रविड़ कुल, आस्ट्रिक कुल और भोट-बर्मी कुल, जिनके बोलनेवालों की संख्या अपने योग में 99.55 प्रतिशत है।

(ख) चार भाषायी कुलों में दो परिवार (आर्य और द्रविड़) अपनी आबादी में कुल जनसंख्या का 97.7 प्रतिशत हैं।

(ग) अष्टम सूची में मान्य पंद्रह भाषाओं (हिंदी, तेलुगु, मराठी, बंगाली, तमिल, उर्दू, गुजराती, कन्नड़, मलयालम, उड़िया, पंजाबी, असमी, कश्मीरी, सिंधी और संस्कृत) के बोलनेवालों की संख्या भारत की आबादी का 88 प्रतिशत है।

(घ) ऐसी केवल 204 बोलियाँ (12 प्रतिशत) ही हैं जिनके मातृभाषी दस

हजार या उससे ऊपर की संख्या में हैं। एक हजार से कम बोली जानेवाली बोलियों की संख्या 1428 (75 प्रतिशत) है। इससे यह निष्कर्ष भी निकाला जा सकता है कि भारत में ऐसी अनेक बोलियाँ हैं जिनके बोलनेवाले कबीलों के रूप में अपनी निश्चित अस्मिता बनाए हुए हैं और अभी भी भारत की मुख्य सम्प्रेषण-व्यवस्था के साथ जुड़ नहीं पाए हैं।

इतनी संख्या में बोली और समझी जानेवाली मातृभाषाओं के बावजूद सम्प्रेषण-व्यवस्था के न टूटने का एक प्रमुख कारण यही है कि भारत में सम्पर्क भाषा के रूप में सिद्ध भाषाओं की एक अटूट शृंखला है, जो एक ओर अंतर-क्षेत्रीय स्तर पर भी प्रयोजनसिद्ध भाषाएँ कही जा सकती हैं और किसी एक भाषायी समाज के स्तरीकृत सामाजिक संस्थानों में सम्बन्ध-स्थापन के लिए कार्य-सिद्ध भाषाएँ भी मानी जा सकती हैं। उदाहरण के लिए आंध्रप्रदेश की राजभाषा के रूप में स्वीकृत तेलुगु भाषा की स्थिति को ही देखें जो जनसंख्या अनुपात में हिंदी

तालिका - 2

राज्यों के अनुसार तेलुगु बोलनेवालों का विवरण

राज्य	कुल बोलनेवाले	तेलुगु बोलनेवाले
समूह : (अ)		
1. आंध्रप्रदेश	3,59,83,447	3,09,34,898
2. मद्रास	3,36,86,953	33,53,834
3. मैसूर	2,35,86,772	10,47,379
4. महाराष्ट्र	3,95,53,718	6,40,893
5. उड़ीसा	1,75,48,846	3,93,443
समूह : (ब)		
6. पं. बंगाल	3,49,26,279	80,930
7. मध्यप्रदेश	3,23,72,408	58,838
8. केरल	1,69,03,715	44,838
9. बिहार	4,64,55,610	36,222
10. आसाम	1,18,72,772	19,786
11. गुजरात	2,07,33,350	10,602
समूह : (स)		
12. उत्तरप्रदेश	7,37,46,401	4,530
13. पंजाब	2,03,06,812	2,410
14. राजस्थान	2,01,55,602	1,181
15. जम्मू और काश्मीर	35,60,976	172

के बाद, भारत की दूसरी सबसे बड़ी भाषा है। भाषा के रूप में तेलुगु अपने भाषायी-समाज को एकसूत्रता में बाँधने का काम करती है, पर इसके साथ यह भी देखा जा सकता है कि तेलुगु भाषी आंध्रप्रदेश के निकटवर्ती राज्यों में भी काफी फैले हुए हैं। उदाहरण के लिए सीमावर्ती राज्यों–तमिलनाडु, मैसूर, महाराष्ट्र और उड़ीसा में जिस अनुपात में ये बिखरे-फैले हैं, उसको तालिका-2 में देखा जा सकता है।

उक्त तालिका से स्पष्ट है कि तेलुगुभाषियों की संख्या लाखों में है। तालिका-3 से यह भी स्पष्ट है कि जिस अनुपात में तेलुगु-भाषी समीपवर्ती राज्यों में जाकर बसे हैं, उसी अनुपात में उन समीपवर्ती राज्यों के प्रमुख भाषाओं के बोलनेवाले भी आंध्रप्रदेश में रहते हैं।

तालिका-3

आंध्रप्रदेश की मुख्य भाषाएँ (संख्या हजार में)					
समूह : 'अ'			**समूह : 'स'**		
तेलुगु	:	30,935	पंजाबी	:	11
हिंदी	:	139	बंगाली	:	3
उर्दू	:	2,554			
			समूह : 'द'		
			येर्कुला	:	73
गुजराती	:	25	लंबादी	:	56
मलयालम	:	23	सवारा	:	48
समूह : 'ब'			खोंड	:	23
राजस्थानी	:	584	कोलामी	:	12
तमिल	:	512	सिंधी	:	6
कन्नड़	:	382	कोंकणी	:	15
उड़िया	:	102	मीत	:	1
मराठी	:	287			
कोया	:	108			
गोंडा	:	76			

यहाँ यह संकेत दे देना आवश्यक है कि हिंदी को संघ की और तेलुगु को आंध्रप्रदेश की राजभाषा स्वीकार किया गया है। पर इसके साथ ही साथ संविधान के अनुच्छेद-29 में सभी भाषाओं की उन्नति और विकास को मूल अधिकार के रूप में भी मान्यता दी है। इसी प्रकार शिक्षा-संस्थाओं की स्थापना और प्रशासन

करने के अल्पसंख्यकों के अधिकार का निर्देश अनुच्छेद-30 में दिया गया है। इसके अतिरिक्त प्राथमिक स्तर पर मातृभाषा के माध्यम से शिक्षा देने का निर्देश भी अनुच्छेद-330 (क) में है। भारतीय समाज की यह आंतरिक प्रकृति रही है कि उसने अल्पसंख्यक धर्म या प्रजाति की सत्ता को उचित महत्त्व और मान्यता तो दी है, उसे वृहत्तर सामाजिक संदर्भ से भी जोड़ा है। भारतीय समाज की बहुभाषी व्यवस्था ने अल्पसंख्यक भाषायी समाज के अस्तित्व को न केवल स्वीकार किया है, अपितु उसको वृहत्तर सम्प्रेषण-व्यवस्था के साथ जोड़ने के लिए सम्पर्क भाषा की अवस्था को व्यावहारिक रूप भी दिया है।

बहुभाषी देश अपनी स्थानीय आवश्यकताओं के लिए अगर एक भाषा का प्रयोग करता है तो इन आवश्यकताओं से ऊपर क्षेत्रीय स्तर की जरूरतों के लिए एक दूसरी ही भाषा का। उदाहरण के लिए बिहार में बसा मुंडा-भाषायी समाज अगर पारिवारिक आवश्यकताओं के संदर्भ में अपनी मातृभाषा का प्रयोग करता है तो स्थानीय गाँव के स्तर पर वह नगपुरिया बोली का उपयोग करता है। अगर इस भाषायी समाज को प्रदेश या राष्ट्र के स्तर पर सम्प्रेषण-व्यवस्था से जुड़ना है तो वह हिंदी भाषा को माध्यम बनाता है। इस पूरी स्तरीकृत व्यवस्था में नगपुरिया बोली एक माध्यमिक स्तर की सम्पर्क बोली का काम करती है जिसके सहारे मुंडा समाज, प्रदेश या राष्ट्र के स्तर की हिंदी भाषा की व्यापक सम्प्रेषण-व्यवस्था से जुड़ता है।

आंध्रप्रदेश में तेलुगु भाषा के अतिरिक्त उर्दू, कन्नड़, तमिल, उड़िया, मराठी, गुजराती ऐसी भाषाएँ भी हैं जो कई अल्पसंख्यक भाषायी समाजों के लिए एक माध्यमिक स्तर की सम्पर्क भाषा के उत्तरदायित्व का निर्वाह करती है। इस माध्यमिक स्तर की सम्पर्क भाषा को तेलुगु भाषा से जाकर जुड़ना अनिवार्य है, क्योंकि राजभाषा के रूप में आंध्रप्रदेश में तेलुगु ही मान्य है। कहने का तात्पर्य यह है कि अगर अल्पसंख्यकों के भाषायी समाज के व्यक्ति को राज्य स्तर पर कार्य करना है तब उसके लिए यह जरूरी है कि वह राज्य-स्तर की सम्प्रेषण-व्यवस्था की माध्यम भाषा, अर्थात् तेलुगु को व्यवहार में लाए। इसी प्रवृत्ति का यह कारण है कि जब आंध्रप्रदेश की अल्पसंख्यक जातियों में द्विभाषिकता का अनुपात लगभग 40 प्रतिशत है, स्वयं तेलुगुभाषी समाज में उसका अनुपात केवल 6 प्रतिशत है।

एक बार जब व्यक्ति राज्य-स्तर की सम्प्रेषण-व्यवस्था से जुड़ता है तब उसका कार्यक्षेत्र राज्य-सीमा तक ही जाकर बँध नहीं जाता। यह भी संकेत दिया जा चुका है कि राजनीतिक और प्रशासनिक सुविधा की दृष्टि से भले ही राज्य की सीमा निर्धारित कर दी गई है पर सम्प्रेषण-व्यवस्था की गतिशीलता उसका हमेशा अतिक्रमण करती रही है। उदाहरण के लिए तेलुगु भाषा आंध्रप्रदेश की राजभाषा तो है पर उसके बोलने-समझनेवाले निकटवर्ती प्रदेशों में भी कम नहीं।

इनसे सम्बन्ध-स्थापन के लिए भी यह भाषा साधन बनती है।

यह भी ध्यान देने की बात है कि जिस प्रकार सभी राज्यों को भारत संघ के एक सदस्य के रूप में जुड़कर ही स्वायत्त बनने का अधिकार है, उसी प्रकार भाषायी सम्प्रेषण-व्यवस्था के संदर्भ में भाषायी समाज को अखिल भारतीय स्तर पर जुड़कर ही अपनी क्षेत्रीय सत्ता सिद्ध करनी होगी। इस स्तर पर सिद्ध भाषा के रूप में सम्प्रति हिंदी और अंग्रेजी का नाम लिया जा सकता है। पर यहाँ इस ओर भी संकेत देना जरूरी है कि केवल संघ की सम्प्रेषण-व्यवस्था के धरातल पर सिद्ध होने के कारण ही हिंदी और अंग्रेजी अधिक समर्थ सम्पर्क भाषाएँ नहीं हैं। यह कहना ज्यादा ठीक है कि जिस स्तर पर भारत की अन्य प्रादेशिक भाषाएँ, सम्पर्क भाषा के रूप में सिद्ध हैं उस स्तर पर भी हिंदी उनकी तुलना में अधिक प्रयोजनसिद्ध भाषा है।

यहाँ मैं केवल दो तथ्यों की ओर ध्यान आकर्षित करना चाहूँगा। जब कोई भाषा 'लिंगुआ-फ्रेंका' के रूप में उभरती है तब राष्ट्रीयता या राष्ट्रता से प्रेरित होकर वह प्रभुतासम्पन्न भाषा बन जाती है। यह तो जरूरी नहीं कि मातृभाषा के रूप में इसके बोलनेवालों की संख्या अधिक हो पर द्वितीय भाषा के रूप में इसके बोलनेवाले बहुसंख्यक होते हैं। सबसे बड़ी विशेषता इसकी यह है कि इसके मातृभाषी, अन्य किसी भाषा के सीखने की ओर प्रेरित नहीं होते। यह कहा जा सकता है कि भारत के आधुनिक युग में कदम रखने के पहले यहाँ बहुभाषिता थी, प्रमुख (राष्ट्रीय) भाषाएँ भी विकसित हुईं पर उनमें कोई भी इस संदर्भ में प्रभुतासम्पन्न भाषा के रूप में नहीं उभरी। यहाँ तक कि मुगलकाल में भी फारसी को यह दर्जा प्राप्त नहीं हुआ। अंग्रेजों के शासन सँभालने के बाद स्थिति बदलने लगी और अंग्रेजी भाषा ने भारत की संतुलित बहुभाषिकता में पहली बार दरार डालकर अपना प्रभुत्व जमाया। इसने एक ऐसा बुद्धिजीवी वर्ग भी पैदा किया जो यह समझता है कि उनके सामाजिक एवं बुद्धिपरक प्रयोजनों की पूरी सिद्धि केवल एक अंग्रेजी भाषा से हो सकती है।

यह ठीक है कि हर प्रमुख भाषा या बोली अपने स्तर पर सम्पर्क भाषा/बोली है पर अखिल भारतीय स्तर पर हिंदी-उर्दू या अंग्रेजी सापेक्षतया अधिक सिद्ध भाषाएँ हैं। भारत के द्विभाषी समाज के 52.5 प्रतिशत व्यक्तियों की ये दूसरी भाषाएँ हैं (हिंदी-उर्दू 26.8 प्रतिशत और अंग्रेजी 25.7 प्रतिशत) और जैसाकि तालिका-3 से स्पष्ट है कि सम्पर्क भाषायी समुदाय के प्रति एक हजार व्यक्तिवर्ग पर 35 (30+5) हिंदी-उर्दू और 25 अंग्रेजी जाननेवाले व्यक्ति हैं। किसी भी अन्य भाषा जाननेवाले व्यक्तियों का अनुपात 10 या 10 से अधिक नहीं है। इससे यह भी स्पष्ट हो जाता है कि प्रायः सभी प्रमुख भाषाएँ अपने क्षेत्र से बाहर व्यवहार में आती हैं पर जैसा ऊपर संकेत दिया गया, व्यावहारिकता, प्रयोजनसिद्धि और प्रसार

की दृष्टि से हिंदी-उर्दू और अंग्रेजी की स्थिति उनसे भिन्न है। इसमें भी मातृभाषा के स्तर पर, जबकि हिंदी-उर्दू बोलनेवालों की संख्या करोड़ों में है; अंग्रेजी की संख्या दो लाख के आसपास है, और जिस प्रकार मातृभाषा के रूप में संस्कृत भाषा बोलनेवालों की संख्या संदेह के साथ देखी जाती है, उसी प्रकार अंग्रेजी की इस संख्या पर भी संदेह किया जा सकता है।

यहाँ यह ध्यान देना आवश्यक है कि भारतीय द्विभाषिकता की जड़ें दूर तक भारतीय समाज-व्यवस्था में फैली हैं और वह अपनी प्रवृत्ति और प्रयोजन दोनों ही स्तर पर स्तरीकृत भाषायी समाज के बीच एक अटूट शृंखला के रूप में सिद्ध हैं। द्विभाषिकता भारतीय समाज की अपनी सम्प्रेषण आवश्यकता का परिणाम है और प्रयोजनसिद्धि के रूप में वह भारतीय समाज को एकताबद्ध करने का एक समर्थ भाषायी उपकरण भी है। इस तथ्य पर ध्यान देने की जरूरत है कि भारतवर्ष की समुदायपरक बहुभाषिकता न तो अलगाव-सिद्धांत (प्रिंसिपल ऑफ सेग्रिगेशन) पर आधारित है और न ही समीकरण (प्रिंसिपल ऑफ इंटीग्रेशन) के सिद्धांत पर।

अलगाव-सिद्धांत हर भाषायी समाज की जातीय प्रामाणिकता और सांस्कृतिक रूढ़ियों को उजागर कर एक ऐसी स्वतंत्र इयत्ता प्रदान करने की ओर उसके सदस्यों को प्रेरित करता है, जो वृहत्तर संदर्भ में एकीकरण के सिद्धांत को नकारने के लिए उद्धत हो उठती है। हर भाषा न केवल इस दृष्टि के अनुसार स्वतंत्र और स्वनिष्ठ है वरन् हर दूसरी भाषा से अधिक समृद्ध और सुसंस्कृत है, इसलिए हर भाषायी समाज अपने को दूसरे भाषायी समाज के सम्पर्क में इसलिए नहीं लाना चाहता कि उसकी संस्कृति दूषित हो जाएगी। और अगर सम्पर्क में आता भी है तो दूसरे समाज के मूल्यों और सांस्कृतिक उपलब्धियों को हेय दृष्टि से देखता है। यह कहने की जरूरत नहीं कि भारतीय समाज की दृष्टि न केवल व्यापक और उदार रही है, वरन् उसकी प्रकृति गत्यात्मक और सम्पर्कपरक भी रही है। यह उसी का परिणाम है कि हम सिंध से आसाम तक भारत की सम्प्रेषण-व्यवस्था को कहीं टूटते नहीं पाते और हिमालय से कन्याकुमारी तक भाषायी परिवारों के बीच अंतस्सम्बन्धों की एक ऐसी कड़ी पाते हैं जो न केवल अटूट है, बल्कि भाषायी रंगों की विविधता से भरी-पूरी भी है।

समीकरण-सिद्धांत हर अल्पसंख्यक और गौण भाषा के सदस्यों को इस बात के लिए विवश करने के लिए प्रेरित करता है कि वे अपने भूखंड में स्वीकृत बहुसंख्यक प्रभुतासम्पन्न भाषायी समाज के विश्वास, सांस्कृतिक मूल्य और जीवन की आचारशैली को अपनाएँ और व्यवहार में उतारें। प्रभुतासम्पन्न भाषायी समाज का दबाव ही समीकरण-प्रक्रिया का वह कारण बनता है जिसके चक्र में पिसकर अल्पसंख्यक भाषासमाज अपनी मातृभाषा को छोड़ने पर विवश हो जाता है।

भारतीय समाज की यह विशेषता रही है कि वह अपने पारिवारिक जीवन-मूल्यों को व्यक्त करने के लिए अपनी मातृभाषा का प्रयोग करता है पर व्यापक सामाजिक संदर्भों के लिए अगर आवश्यकता पड़ी तो दूसरी भाषा को भी अपनाने में संकोच नहीं करता। गम्पर्ज और विल्सन के अनुसार स्थानीय मूल्य और सामाजिक आचरण के क्षेत्र में घरेलू (मातृभाषा) और बाहरी (प्रादेशिक) भाषा के बीच का यह विभाजन ही भारतीय बहुभाषिकता का मूलाधार है। भारत कभी भी समीकरण के सिद्धांत का समर्थक नहीं रहा है और इसीलिए भारतीय संविधान में न केवल सभी भाषाओं की उन्नति और विकास को मूल अधिकार के रूप में माना गया है, बल्कि अल्पसंख्यकों के अपने अधिकार का भी उसमें स्पष्ट उल्लेख मिलता है। यही नहीं, अपितु प्राथमिक स्तर पर मातृभाषा में ही शिक्षा का उसमें प्रावधान भी है।

यह एक दिलचस्प सवाल है कि भारत की बहुभाषिक स्थिति में कब और क्यों कोई अल्पसंख्यक भाषायी समुदाय अपनी भाषा छोड़ने के लिए बाध्य हो जाता है। यह बात तो सही है कि जब तक पारिवारिक मूल्य और प्रजाति-संरक्षण की भावना मजबूती से किसी भाषायी समुदाय में बनी रहेगी, वह इस कारण से द्विभाषिक बना रहेगा कि परिवार के संदर्भ में अपनी मातृभाषा का प्रयोग करने के लिए वह प्रेरित होगा और परिवार से बाहर निकलकर सामाजिक जीवन-यापन के लिए उस क्षेत्र की प्रमुख और मान्यताप्राप्त भाषा का सहारा लेने के लिए भी बाध्य रहेगा। पर अगर किन्हीं कारणों से पारिवारिक स्वनिष्ठता टूटती है या किन्हीं विशेष परिस्थितियों में पड़कर अल्पसंख्यक वर्ग के किसी व्यक्ति को आर्थिक विकास या सामाजिक पद-प्रतिष्ठा पाने के निमित्त परिवार के संकुचित दायरे से बाहर निकलकर विस्थापित जिंदगी जीनी पड़ती है, तब यह सम्भव है कि वह अपने पारिवारिक सम्बन्धों को भुलाकर या उससे अपना सम्बन्ध तोड़कर दूसरे सामाजिक वर्ग की सदस्यता स्वीकार कर ले।

इस दिशा में सुब्रमण्यम का शोध महत्त्वपूर्ण तथ्यों को सामने लाता है। उन्होंने त्रिवेंद्रम शहर से लगे गाँवों में बसे दो अल्पसंख्यक भाषायी समाजों की भाषायी व्यवस्था का अध्ययन इस संदर्भ में किया कि किन परिस्थितियों में वे अपनी मातृभाषा के परित्याग के लिए प्रवृत्त होते हैं तथा वे कौन-सी परिस्थितियाँ हैं जो मातृभाषा के संरक्षण के लिए जिम्मेदार हैं। पहला वर्ग आर्यभाषा की भाषा–कोंकणी बोलनेवालों का समुदाय है जो 'कुदंबी' प्रजाति के नाम से जाना जाता है और शहर से दस किलोमीटर दूर गाँव में बसा है। दूसरा वर्ग तेलुगु चेट्टियों का है जो शहर के पूरब में बसे हैं और 'करमन' प्रजाति के नाम से जाने जाते हैं। कुदंबी प्रजाति ट्रावनकोर के महाराज के निमंत्रण पर तीन सौ साल पहले इस गाँव में आकर इस काम के लिए बसी कि वे मंदिरों और राजभवन के लिए कूटकर चावल तैयार करें। तेलुगु चेट्टी भी ट्रावनकोर के महाराज के संकेत पर लगभग

उसी समय इसलिए आए कि वे सामंती परिवार के लिए राजसी पालकी तैयार कर सकें। आज की स्थिति में इन दोनों कामों का अब कोई आर्थिक मूल्य नहीं रह गया, इसलिए वे और काम-धंधों की ओर मुड़ गए हैं।

दोनों प्रजातियों की भाषायी व्यवस्था का समान पैटर्न रहा है कि वे अपने परिवार में अपनी मातृभाषा–कोंकणी या तेलुगु आधारित अवमिश्रित बोली का प्रयोग करते हैं पर बाह्य सामाजिक जीवन में मलयाली का सीमित प्रयोग करते रहे हैं। कुछ विशेष संदर्भों में इन दोनों वर्गों में कुछेक पूरी तरह से एक-भाषी ही हैं जो अपना काम केवल मातृभाषा के माध्यम से चलाते हैं पर अब धीरे-धीरे कुछ लोग अपनी भाषा छोड़कर क्षेत्रीय मान्यता-प्राप्त भाषा की ओर मुड़कर द्वि-भाषी भी बनते जा रहे हैं। सर्वेक्षण करने पर जो तथ्य सामने आए, उनके आधार पर यह कहा जा सकता है कि ऐसे आठ अभिलक्षण हैं, जिनके धनात्मक (+) और ऋणात्मक (–) मूल्य या तो मातृभाषा के संरक्षण के पक्ष में हैं या विपक्ष अर्थात् मातृभाषा के परित्याग में सहायक। इसको निम्नलिखित तालिका-4 द्वारा समझा जा सकता है:

तालिका-4

	मातृभाषा-संरक्षण	मातृभाषा-परित्याग
1. नौकरी के लिए सम्पर्क वृत्ति	–	+
2. शिक्षा के लिए स्कूली सम्पर्क वृत्ति	–	+
3. विवाद के लिए सम्पर्क वृत्ति	–	+
4. स्वसमुदाय आबद्ध जीवन	+	–
5. प्रवास वृत्ति	–	+
6. आर्थिक स्पर्द्धा वृत्ति	–	+
7. व्यापार-रहस्य संरक्षण वृत्ति	+	–
8. वर्ग अस्मिता वृत्ति	+	–

यह कहा जा चुका है कि भारतीय द्विभाषिकता न तो अलगाव-सिद्धांत पर आधारित है और न ही समीकरण-सिद्धांत पर। उसकी आधारशिला वस्तुतः समाकलन (इंटिग्रेशन) सिद्धांत है। इस सिद्धांत के आधार पर विभिन्न प्रजातियों एवं भाषायी समाजों को यह तो स्वतंत्रता दी जाती है कि अपने एक निश्चित स्तर पर वे जातीय और सांस्कृतिक अस्मिता को स्वायत्त बनाएँ पर इसके साथ यह भी कोशिश रहती है कि विभिन्न प्रजातियों एवं भाषायी समुदाय अपने से ऊपर के स्तर पर उठकर एकीकरण की भावना से प्रेरित हों। समाकलन का यह सिद्धांत अनेकता में एकता की मान्यता को पुष्ट करता है जो भारतीय सामाजिक

जीवन की वर्षों से चली आ रही मान्य धारणा है। इस दृष्टि से अखिल भारतीय राष्ट्रीय चेतना 'सुपर आर्डिनेट' भाषा की तरह सिद्ध रहती है, जबकि प्रजातियों की संस्कृत उन बोलियों की तरह जो स्वनिष्ठ और स्वायत्त होती है और जो अपनी आत्यंतिक अस्मिता को हमेशा भाषा के संदर्भ में ही स्वीकार करती है। प्रादेशिक स्तर की स्थानिक संस्कृति की प्रकृति बोलियों के समान सिद्ध रहती है अर्थात् जिस प्रकार किसी एक भाषा की विभिन्न बोलियाँ अपनी सत्ता के माध्यम से भाषायी समाज की एकनिष्ठता की भावना खंडित नहीं करतीं, उसी प्रकार स्थानिक संस्कृति भी राष्ट्रीय चेतना को संपुष्ट ही करती है।

समाकलन के इस सिद्धांत को शृंखलाबद्ध रूप में हम त्रिभाषा-सूत्र की संकल्पना के पीछे देख सकते हैं। शिक्षा के संदर्भ में त्रिभाषा-सूत्र की अपनी कई सीमाएँ हो सकती हैं पर जहाँ तक उसके पीछे की चिंतन-पद्धति का सवाल है, वह भारतवर्ष के समाकलन सिद्धांत पर आधारित बहुभाषिकता को ही पुष्ट करती है। विभिन्न राज्यों के मुख्यमंत्रियों और केंद्र के मंत्रियों की 1961 में हुई बैठक के बाद जो विज्ञप्ति (भारत सरकार : 1973) प्रकाशित की गई, उसमें निम्नलिखित तथ्यों की ओर संकेत दिया गया :

(1) प्राथमिक (प्राइमरी) शिक्षा के संदर्भ में यह कहा गया कि सभी भाषायी अल्पसंख्यक समाज के अधिकार को सुरक्षित रखते हुए इस स्तर की शिक्षा उनकी मातृभाषा में ही दी जाए।

(2) माध्यमिक (सेकंडरी) शिक्षा के स्तर पर तीन भाषाएँ पढ़ाई जाएँ :

(क) प्रादेशिक भाषा और (उस स्थिति में जब मातृभाषा ही प्रादेशिक भाषा न हो) मातृभाषा। (ख) हिंदी अथवा (हिंदी प्रदेशों में) अन्य भारतीय भाषा। (ग) अंग्रेजी या अन्य आधुनिक यूरोपीय भाषा।

यह संकेत दिया गया कि माध्यमिक स्तर की शिक्षा के लिए केवल मातृभाषा का ही ज्ञान पर्याप्त नहीं। इस स्तर पर छात्रों को उच्चतर शिक्षा दी जाती है ताकि छात्र स्कूल छोड़ने पर पर्याप्त प्रशिक्षण-दक्षता प्राप्त कर किसी रोजगार में लग सके अथवा विश्वविद्यालय की उच्च शिक्षा के लिए पर्याप्त आधार बना सके। इसके लिए यह जरूरी है कि वे अष्टम अनुसूची में स्वीकृत आधुनिक भारतीय भाषाओं में से किसी एक भाषा के साथ ही साथ अंग्रेजी का भी ज्ञान रखें।

यह भी स्वीकार किया गया कि भारतीय प्रादेशिक भाषाओं के विकास और शिक्षा-तंत्र में उत्तरोत्तर प्रसार के कारण यह आवश्यक हो जाता है कि अंतर-प्रादेशिक सम्प्रेषण-व्यवस्था के लिए किसी एक अखिल भारतीय भाषा के प्रयोग को उन सामाजिक क्षेत्रों में बढ़ावा दिया जाए जिनमें अब तक अंग्रेजी का प्रयोग होता रहा है। "यद्यपि भविष्य में

कुछ समय तक माध्यम-भाषा के रूप में अंग्रेजी-प्रयोग चलता रहेगा। यह स्पष्ट है कि इस लक्ष्य की प्राप्ति के लिए तत्काल कुछ ऐसे कदम उठाने की अब सख्त जरूरत है जिससे हिंदी का प्रयोग उन क्षेत्रों में उत्तरोत्तर बढ़े जिनमें इस समय अंग्रेजी का व्यवहार है। अन्यथा विभिन्न प्रदेशों के बीच सम्पर्क-सूत्र स्थापित करनेवाली कड़ी के रूप में उभरनेवाली भाषा के टूट जाने की पूरी आशंका है।" हिंदी की शिक्षा के साथ अंग्रेजी की भी उपेक्षा दो कारणों से की गई। पहला कारण अंतर्राष्ट्रीय स्तर पर सम्प्रेषण-व्यवस्था की आवश्यकता को लेकर है और दूसरा कारण आधुनिक ज्ञान के विकास को लेकर (विशेषकर भारतीय विज्ञान, उद्योग और तकनीकी क्षेत्र के लिए)।

(3) विश्वविद्यालय स्तर की शिक्षा की माध्यम-भाषा पर विस्तार से विचार-विमर्श करने के बाद यह संकेत दिया गया कि विभिन्न प्रदेशों में स्थित विश्वविद्यालयों में माध्यम-भाषा के रूप में प्रादेशिक भाषाओं की ओर झुकाव की प्रवृत्ति कई दृष्टियों से वांछनीय है लेकिन इसके परिणामस्वरूप ये विश्वविद्यालय भारतवर्ष के अन्य क्षेत्रों से टूटकर उस हालत में अलग-अलग हो जाएँगे, जब तक कि वे किसी अखिल भारतीय सम्पर्क भाषा माध्यम से आपस में जुड़ नहीं जाते। ऐसी हालत में एक विश्वविद्यालय से दूसरे विश्वविद्यालय में न तो छात्र ही आ-जा सकते हैं और न ही अध्यापकों को यह सुविधा मिल सकती है। बैठक में भाग लेनेवाले सभी सदस्यों की यह राय थी कि अंग्रेजी और हिंदी ही सम्पर्क सूत्र की आवश्यक कड़ी बन सकती हैं और इनमें भी अंततोगत्वा हिंदी को ही इस दायित्व-भार को सँभालना है। इसके लिए यह जरूरी है कि इस दिशा में हिंदी को सक्षम और समर्थ बनाने का हर उपाय किया जाए।

इसमें संदेह नहीं कि त्रिभाषा की धारणा राजनीतिक और सामाजिक दृष्टि पर आधारित थी और जैसा शिक्षा-आयोग की रिपोर्ट (1964-66) में संकेत दिया गया है, शिक्षा के कई संदर्भों की उपेक्षा करने के परिणामस्वरूप यह असफल ही रही। भाषा का प्रयोग व्यक्ति या समाज किसी निश्चित आवश्यकता से प्रेरित होकर ही करता है। दूसरी भाषा को सीखने के पीछे समूहगत सम्प्रेषण-व्यवस्था की अनिवार्यता बनी रहती है। शिक्षा-आयोग की यह आलोचना सही है कि त्रिभाषा-सूत्र, विभिन्न भाषाओं के विभिन्न प्रयोजनों के अंतर को ठीक से उभार नहीं सका। यही कारण है कि जब अहिंदी प्रदेशों के लिए तीसरी भाषा के रूप में हिंदी पढ़ने की योजना रखी गई, वहीं हिंदी प्रदेशों के लिए भी किसी अन्य भारतीय प्रादेशिक भाषा को सीखने का विधान किया गया। यह योजना प्रजातंत्र

की हर प्रजाति और भाषायी समाज को समतुल्य समझने की धारणा को भले ही पुष्ट करती हो, भाषा-अधिगम-प्रक्रिया और भाषा-नियोजन की आधारभूत मान्यता के विपरीत है। भाषा-अधिगम-प्रक्रिया के संदर्भ में ये दोनों एक नहीं कहे जा सकते, क्योंकि जब अहिंदी प्रदेशों में हिंदी-अध्ययन, सम्पर्क भाषा की प्रयोजन-सिद्धि का आवश्यक साधन है, वहीं हिंदी प्रदेशों के लिए अन्य किसी भारतीय भाषा का अध्ययन एक दूसरे ही प्रश्न के प्रयोजन को साधता है। सबसे महत्त्वपूर्ण प्रयोजन है--भारत की सामाजिक संस्कृति में योगदान। यहाँ भी यह ध्यान देने की बात है कि भाषा-शिक्षण में अन्य भाषा के रूप में द्वितीय भाषा-शिक्षण और विदेशी भाषा-शिक्षण में अंतर किया जाता है। जहाँ तक शिक्षण-विधि का सवाल है, सम्पर्क भाषा के प्रयोजन को सिद्ध करनेवाली अहिंदी प्रदेशों के लिए हिंदी, देश की भाषायी सम्प्रेषण-व्यवस्था में मातृभाषा की परिपूरक (कांप्लिमेंटरी), बनकर आती है। अतः उसकी शिक्षा, द्वितीय भाषा का योगदान या तो मातृभाषा के लिए सहायक (आक्जिलरी) रूप में रहता है अथवा सम्पूरक (सप्लीमेंटरी), और इसीलिए उसका अध्ययन अन्य भाषा के रूप में उसी प्रकार सिद्ध नहीं रह सकता, जिस प्रकार हिंदी-शिक्षण अहिंदी भाषियों के लिए सिद्ध है।

त्रिभाषा-सूत्र में अंग्रेजी और अन्य आधुनिक यूरोपीय भाषा के शिक्षण को भी समान स्तर पर रखा गया है, जो इस बात का प्रमाण है कि इस फार्मूले को बढ़ावा देनेवालों ने भारत की भाषायी सम्प्रेषण-व्यवस्था में प्रयुक्त होनेवाली विभिन्न भाषाओं के सामाजिक प्रयोजनों को किंचित् भी ध्यान में नहीं रखा है। अंग्रेजी के भारतीय भाषायी व्यवस्था में बहुत कुछ परिपूरक होने का मतलब ही है कि वह भाषा (न कि कोई भी दूसरी भाषा), भाषायी समाज के सीमित, पर सापेक्षतया निर्दिष्ट संदर्भों में स्वभावतः व्यवहार में लाई जाती है। उदाहरण के लिए सर्वोच्च न्यायालय की माध्यम भाषा का सवाल हो या विज्ञान, तकनीकी ज्ञान आदि क्षेत्रों में सर्वोच्च शिक्षा-संस्थाओं में प्रयुक्त होनेवाले शिक्षा-माध्यम की भाषा का, हम पाते हैं कि वहाँ अब भी अंग्रेजी ही प्रयुक्त होती है। इसलिए भारतीय सामाजिक व्यवस्था के संदर्भ में रूसी, फ्रेंच, जर्मन आदि की तुलना अंग्रेजी के साथ करना भाषा के सामाजिक प्रयोजनों की ओर से आँखें मूँदना ही कहा जाएगा।

शिक्षा आयोग द्वारा संशोधित त्रिभाषा-सूत्र भाषाओं को निम्नलिखित क्रम से रखा गया है :

1. मातृभाषा अथवा प्रादेशिक भाषा,
2. संघ की राजभाषा अथवा (जब तक स्थिति बनी है) संघ की सहयोगी राजभाषा, और
3. आधुनिक भारतीय अथवा विदेशी वह भाषा जो (1) और (2) के अंतर्गत न आती हो और शिक्षा-माध्यम के लिए प्रयुक्त न होती हो।

इस संशोधित फार्मूले में एक ओर राजनीतिक दृष्टि से समतुल्यता के सिद्धांत पर अधिक आग्रह न रखकर भाषा की प्रयोजन-सिद्धि पर बल दिया गया अर्थात्–मातृभाषा, परिपूरक रूप में सिद्ध द्वितीय भाषा और सम्पूरक अथवा सहायक रूप में सिद्ध अन्य भाषा। यहाँ यह तथ्य ध्यान देने योग्य है कि मातृभाषा और अन्य भाषा के रूप में किसी भाषा का व्यवहार-क्षेत्र निश्चित करना अधिक सहज है पर द्वितीय भाषा को उस संदर्भ में प्रयोजन-निर्दिष्ट करना सापेक्षतया कठिन है। उसके कई स्तर सम्भव हैं, यथा–स्थानिक क्षेत्र (जो जिला या जिला समूह हो सकता है), प्रदेश या राज्य, राष्ट्र और अंतर्राष्ट्रीय व्यवहार-क्षेत्र। इसी आधार पर लिंगुआ-फ्रेंका के रूप में द्वितीय भाषाओं की प्रयोजन-सिद्धि का भी क्रमिक स्तर निश्चित करना सम्भव है अर्थात् क्षेत्रीय भाषा, प्रदेश की राजभाषा, संघ की राजभाषा और अंतर्राष्ट्रीय सम्बन्धों के निर्वाह की भाषा। भारत की सम्प्रेषण-व्यवस्था के संदर्भ में कहा जा सकता है कि भारत की हर प्रमुख भाषा सम्पर्क भाषा है और अंतर-क्षेत्रीय स्तर पर हिंदी और अंग्रेजी अधिक प्रयोजन-सिद्ध भाषाएँ हैं।

सामाजिक अस्मिता के संदर्भ में हिंदी बनाम अंग्रेजी के प्रश्न पर विचार करते समय विद्वानों का एक वर्ग यह कहता पाया जाता है कि अंग्रेजी सामाजिक नियंत्रण का हमें अधिक अवसर प्रदान करती है। प्रभुतासम्पन्न व्यक्तियों के आचरण का माध्यम होने के कारण आज मध्यवर्ग का हर व्यक्ति अपने बच्चों को अंग्रेजी पढ़ाने के लिए बेहिसाब खर्च करने में संकोच नहीं करता। यही कारण है कि अंग्रेजी शिक्षित वर्ग की सामाजिक अस्मिता की भाषा बनती जा रही है। यही वर्ग अपनी यह दलील भी पेश करता है कि हिंदी या अन्य प्रादेशिक भाषाओं की तुलना में अंग्रेजी भाषा अधिक सक्षम और विकसित है, वैज्ञानिक चिंतन और सूक्ष्म विश्लेषण के लिए अधिक समर्थ है और अंतर्राष्ट्रीय व्यवहार की अधिक प्रयोजन-सिद्ध भाषा है। शिक्षा-माध्यम के रूप में भी अंग्रेजी अधिक समर्थ भाषा है क्योंकि विज्ञान और तकनीक के क्षेत्र में वह अपना रूप जिस स्तर पर निखार चुकी है, उसकी छाया भी हमारे देश की प्रादेशिक भाषाएँ पकड़ने में असमर्थ हैं।

ऊपर के ये सभी तर्क भ्रांतिपूर्ण धारणाओं पर आधारित हैं। सम्पर्क भाषा के रूप में जब भी किसी भाषा को देश की राष्ट्रभाषा अथवा राजभाषा के पद पर आसीन किया जाता है तब उस भाषा से कुछ अपेक्षाएँ भी रखी जाती हैं। महात्मा गाँधी के अनुसार किसी देश की राष्ट्रभाषा वही हो सकती है जो सरकारी कर्मचारियों के लिए सहज और सुगम हो; जो धार्मिक, आर्थिक एवं राजनीतिक क्षेत्र में माध्यम-भाषा बनने की शक्ति रखती हो; जिसको बोलनेवाले बहुसंख्यक हों और जो पूरे देश के लिए सहज रूप से उपलब्ध हो। उनके अनुसार भारत जैसे बहुभाषी देश में हिंदी ही राष्ट्रभाषा के निर्धारित अभिलक्षणों से युक्त है।

जहाँ तक हिंदी भाषा की व्यापकता का प्रश्न है, उसके बारे में कुछ तथ्य

देखे जा सकते हैं। भारत में अंग्रेजी को मातृभाषा के रूप में ग्रहण करनेवालों की संख्या लगभग शून्य है। 1971 की जनगणना भी इस बात को प्रभावित करती है कि भारत की पूरी आबादी 54,81,95,652 है। इसमें से अंग्रेजी को मातृभाषा स्वीकार करनेवालों की संख्या मात्र 1,91,595 है, जबकि हिंदी को मातृभाषा के रूप में ग्रहण करनेवालों की संख्या 20,85,14,005 है। इसके साथ ही हिंदी कम-से-कम 6 राज्यों तथा 2 संघीय क्षेत्रों की प्रमुख भाषा के रूप में भी मान्य है। राजस्थान में 91.73 प्रतिशत, हरियाणा में 89.42 प्रतिशत, उत्तरप्रदेश में 88.54 प्रतिशत, हिमाचलप्रदेश में 86.87 प्रतिशत, मध्यप्रदेश में 85.3 प्रतिशत, बिहार में 70.77 प्रतिशत, दिल्ली में 75.97 प्रतिशत और चंडीगढ़ में 55.96 प्रतिशत हिंदी-भाषी हैं। एक तथ्य और भी है जो हिंदी के व्यापक स्वरूप को उभारता है तथा उसके अखिल भारतीय स्वरूप को भी स्पष्ट करता है। पंजाब (20.01 प्रतिशत), पश्चिमी बंगाल (6.13 प्रतिशत), अंडमान-निकोबार (16.07 प्रतिशत), आसाम (5.34 प्रतिशत), महाराष्ट्र (5.02 प्रतिशत), आंध्रप्रदेश (2.28 प्रतिशत) तथा त्रिपुरा (1.48 प्रतिशत) में हिंदी तीसरे स्थान पर प्रतिष्ठित है। यह ठीक है कि अंग्रेजी द्वितीय भाषा के रूप में भारत में प्रयुक्त होती है और भारत का 25.7 प्रतिशत द्विभाषिक समुदाय इसका प्रयोग भी करता है, लेकिन इस दृष्टि से ही हिंदी पिछड़ी भाषा नहीं सिद्ध होती, क्योंकि उसे द्वितीय भाषा के रूप में अपनानेवालों की संख्या 26.8 प्रतिशत है जो अंग्रेजी की तुलना में अधिक है। इस संदर्भ में यह भी कहा जा सकता है कि राजभाषा के रूप में हिंदी, अंग्रेजी की तरह न केवल प्रशासनिक प्रयोजनों की भाषा है, बल्कि उसकी भूमिका राष्ट्रभाषा के रूप में भी है। वह हमारी सामाजिक-सांस्कृतिक अस्मिता की भाषा है।

9

हिंदी का जनपदीय, राष्ट्रीय एवं अंतर्राष्ट्रीय संदर्भ

भाषा-अध्ययन की आधुनिक दृष्टि हमें इस तथ्य की ओर ध्यान दिलाती है कि भाषा की पहचान का आधार उसके प्रयोग एवं व्यवहार के विविध संदर्भ होते हैं न कि उसकी संरचना अथवा व्याकरण। इसीलिए अब 'भाषा' की बात को 'भाषायी समुदाय' के संदर्भ में उठाया जाता है। भाषायी समुदाय के रूप में हिंदी उन व्यक्तियों का समूह है जो सम्प्रेषण-व्यापार के रूप में हिंदी के 'लिंगुआ-फ्रेंका' रूप को स्वीकार करते हैं और जिनके लिए हिंदी, सामाजिक अस्मिता का साधन बनती है। विभिन्न बोलियों और सामाजिक शैलियों के बावजूद इस समुदाय के व्यक्ति, हिंदी के सहारे एक-दूसरे से अपनी बात कहने में सक्षम हैं। साथ में, अन्य भाषायी समुदायों (जैसे बंगाली, गुजराती, तमिल, तेलुगु आदि) के प्रति 'हम-वे' की प्रवृत्ति का वे परिचय देते हैं। वस्तुतः भाषा-व्यवहार की दृष्टि से यह हिंदी का जनपदीय संदर्भ है।

हिंदी का जनपदीय संदर्भ

अपने जनपदीय संदर्भ में हिंदी भाषा छह प्रादेशिक राज्यों—उत्तरप्रदेश, बिहार, मध्यप्रदेश, राजस्थान, हिमाचलप्रदेश और हरियाणा तथा दो संघ राज्यों—दिल्ली और चंडीगढ़ की राजभाषा के रूप में स्वीकृत है। इन क्षेत्रों में मातृभाषा के रूप में हिंदी को स्वीकार करनेवालों की संख्या अन्य भाषाओं की तुलना में अधिक है, यथा—राजस्थान (91.73 प्रतिशत), हरियाणा (89.42 प्रतिशत), उत्तरप्रदेश (88.54 प्रतिशत), हिमाचलप्रदेश (86.87 प्रतिशत), मध्यप्रदेश (85.03 प्रतिशत), बिहार (70.77 प्रतिशत), दिल्ली (75.97 प्रतिशत) और चंडीगढ़ (55.96 प्रतिशत)। अपने जनपदीय संदर्भ में ही हिंदी अपनी बोलियों, यथा—ब्रज, बुंदेली, अवधी, भोजपुरी, मैथिली आदि के बीच सम्पर्क भाषा के रूप में काम करती है। हिंदी जनपद में रहनेवालों के लिए अगर ये क्षेत्रीय बोलियाँ उनकी 'प्रथम मातृभाषा' हैं, तब हिंदी

उनके लिए 'सहयोजित मातृभाषा' है।

प्रयोजन की दृष्टि से मातृभाषा के दो पक्ष माने जा सकते हैं। अपने पहले पक्ष के संदर्भ में मातृभाषा, व्यक्ति के 'झूले-पालने' की भाषा होती है। यह वह भाषा है जिसके सहारे व्यक्ति सबसे पहले अपनी चेतना की आँख खोलता है, अपने भीतर के भाव-जगत और अपने से बाहर के संसार के बीच जिस पहली भाषा को वह मध्यस्थ बनाता है, उसे 'मातृभाषा' का दर्जा दिया जाता है। हिंदी जनपद में रहनेवालों के लिए ब्रज, अवधी, भोजपुरी, मैथिली आदि क्षेत्रीय बोलियाँ ही इस दृष्टि से उनकी प्रथम मातृभाषा ठहरती हैं। इन्हीं बोलियों के माध्यम से व्यक्ति सबसे पहले अपने अनुभव-संसार का निर्माण करता है, अपने से बाहर के संसार को पहचानता है और अपने व्यावहारिक जीवन के ताने-बाने को बुनता है।

लेकिन मातृभाषा का एक दूसरा पक्ष भी है। इसका सम्बन्ध व्यक्ति के सामाजिक संस्कार और सांस्कृतिक चेतना से जुड़ा होता है। व्यक्ति अपने निजी राग-द्वेष और वैयक्तिक आवश्यकताओं से ऊपर उठकर जब अपने समुदाय से जुड़ता है तब जीवन और जगत को देखने का उसे एक दूसरा आयाम मिलता है। इस आयाम का निर्माण उस समुदाय का जातीय इतिहास, उसकी सांस्कृतिक चेतना और उसका साहित्यिक संस्कार करते हैं। इस दृष्टि से हिंदी जनपद में रहनेवाले व्यक्ति अपने क्षेत्रीय कठघरे से ऊपर उठकर हिंदी को एक जातीय संपदा के रूप में देखते हैं, क्योंकि हिंदी का अपना एक जनपदीय इतिहास और सांस्कृतिक चेतना है, उसकी अपनी एक साहित्यिक धारा है जो ब्रज, अवधी, मैथिली आदि बोलियों के भीतर एक अंतःसलिला की भाँति प्रवाहित है, और जो हिंदी जनपद को एक निश्चित इकाई के रूप में बाँधती है। चाहे मैथिली के विद्यापति हों अथवा राजस्थानी की मीरा बाई, चाहे ब्रज के गीत गायक सूरदास हों या अवधी के प्रबंधकार तुलसीदास, सभी ने अपने को 'भाखा' का कवि कहा है, न कि क्षेत्रीय बोलियों का। विद्यापति ने लिखा है–'बालचंद विज्जावह भाषा', कबीर ने कहा–'भाखा बहता नीर' और तुलसीदास ने अपनी भाषा के लिए कहा–'भाषा भनति मोर मति थोरी'। 'भाखा' की यह चेतना समस्त हिंदी जनपद के इतिहास, संस्कृति और साहित्य को एक समान भावभूमि देती है। यह वही 'भावभूमि' है, जिस पर खड़े होकर हिंदी जनपद के विभिन्न क्षेत्रों में रहनेवाले और विभिन्न क्षेत्रीय बोलियों को अपनी प्रथम मातृभाषा के रूप में स्वीकार करनेवाले हिंदी को एक सामाजिक संस्था और एक जातीय सम्पदा के रूप में स्वीकार करते हैं। सामाजिक अस्मिता मातृभाषा का दूसरा पक्ष है और इस संदर्भ में 'हिंदी' इस जनपद में रहनेवालों के लिए 'सहयोजित मातृभाषा' के रूप में कार्य करती है। यह बात कम महत्त्वपूर्ण नहीं कि इस जनपद में रहनेवाले सभी साक्षरता के लिए इसी

भाषा-पक्ष को स्वीकार करते हैं और हिंदी विभाग में हिंदी भाषा और साहित्य के अंतर्गत खड़ी बोली में रचित साहित्य के साथ-साथ ब्रज, अवधी, मैथिली आदि बोलियों में रची कृतियों का भी अध्ययन-अध्यापन होता है। 'मातृभाषा' का यह पक्ष विभिन्न बोली-क्षेत्रों में रहनेवालों को उनके 'मैं' से उठाकर 'हम' की भूमि पर ले आता है, जिसके आधार पर वे अन्य भाषायी समुदायों (यथा–बंगाली, गुजराती, तमिल, तेलुगु आदि) से 'हम-वे' के आधार पर अपने को अलग करते हैं। जनगणना के अवसर पर वे इसी आधार पर अपनी मातृभाषा को 'हिंदी' घोषित करते हैं।

हिंदी का राष्ट्रीय संदर्भ

अपने व्यापक अर्थ में हिंदी एक क्षेत्रीय भाषा है। क्षेत्रीय भाषा के रूप में ही उसका **राष्ट्रीय संदर्भ** सामने उभरता है। यह ध्यान देने की बात है कि हमारी आजादी की लड़ाई में राष्ट्रीय स्तर के नेताओं ने जन-सम्पर्क की इस भाषा को नया अर्थ और नया संस्कार प्रदान किया था। गुजरात शिक्षा सम्मेलन के सभापति-पद से बोलते हुए राष्ट्रपिता महात्मा गाँधी ने सन् 1917 में यह कहा था कि किसी देश की राष्ट्रभाषा वही भाषा हो सकती है जो सरकारी कर्मचारियों के लिए सहज और सुगम हो; जो सांस्कृतिक, आर्थिक और राजनीतिक क्षेत्र में माध्यम भाषा बनने की शक्ति रखती हो, जिसके बोलनेवाले बहुसंख्यक हों और जो पूरे देश के लिए सहज रूप में उपलब्ध हो। उनके अनुसार बहुभाषा-भाषी भारत में हिंदी ही वह भाषा है जो राष्ट्रभाषा के लिए निर्धारित आवश्यकताओं को पूरा करती है।

जहाँ तक हिंदी भाषा की व्यापकता और व्यवहार-क्षमता का प्रश्न है, उसके लिए यही कहा जा सकता है कि न केवल मातृभाषा के रूप में इसके बोलनेवालों की संख्या सबसे अधिक है, बल्कि अन्य भाषा के रूप में इसे व्यवहार में लानेवालों का अनुपात भी सर्वाधिक है। 1971 की ज़नगणना के अनुसार भारत की पूरी आबादी 54,81,95,652 है और मातृभाषा के रूप में हिंदी को स्वीकार करनेवालों की संख्या 20,85,14,005 है। इसके अतिरिक्त संख्या की दृष्टि से अहिंदी प्रदेशों में हिंदी पंजाब, पश्चिमी बंगाल, अंडमान-निकोबार में दूसरी प्रमुख भाषा और कम-से-कम पाँच प्रदेशों–जम्मू-कश्मीर, आसाम, महाराष्ट्र, आंध्रप्रदेश एवं त्रिपुरा–में तीसरे स्थान पर है। स्पष्ट है कि भारत की समूची जनसंख्या का एक-तिहाई अंश हिंदी भाषी है और भारत की सम्पूर्ण द्विभाषी जनसंख्या के चौथाई अंश की यह सम्पर्क भाषा है।

इस बात पर बल देने की आवश्यकता है कि हिंदी के जनपदीय संदर्भ के आधार पर केवल उसकी विभिन्न बोलियों के प्रयोक्ता ही अपनी सामाजिक एवं

सांस्कृतिक एकता का अनुभव नहीं करते, वरन् विभिन्न क्षेत्रीय भाषा-भाषियों को भी इसमें सामासिक संस्कृति और सर्वसामान्य आचार-विचार का संस्कार प्राप्त होता है। इस प्रकार हिंदी राष्ट्रीय दृष्टि से अनेकता में एकता की विचारधारा की संवाहिका है। भारत की अन्य भाषाओं के साथ निरंतर पारस्परिक सम्बन्ध रखने के कारण यह भाषा तीव्र गति से न केवल भारतीय संस्कृति और सभ्यता का प्रबल आधार बनती जा रही है, बल्कि अपने आंतरभारती स्वरूप को भी निखारती जा रही है। हिंदी के इस आंतरभारती स्वरूप की विकास-दिशा क्या हो, इस सम्बन्ध में हमारी संवैधानिक दृष्टि स्पष्ट है। संविधान के अनुच्छेद-351 के अनुसार "हिंदी भाषा की प्रसार-वृद्धि करना, उसका विकास करना ताकि वह भारत की सामासिक संस्कृति के सब तत्त्वों की अभिव्यक्ति का माध्यम बन सके, तथा उसकी आत्मीयता में हस्तक्षेप किए बिना हिंदुस्तानी और अष्टम् अनुसूची में उल्लिखित अन्य भारतीय भाषाओं के रूप, शैली और पदावली को आत्मसात करते हुए तथा जहाँ आवश्यक या वांछनीय हो, वहाँ उसके शब्द-भंडार के लिए मुख्यतः संस्कृत और गौणतः अन्य भाषाओं से शब्द ग्रहण करते हुए उसकी समृद्धि सुनिश्चित करना संघ का कर्तव्य होगा।"

राष्ट्रीय संदर्भों में प्रयुक्त होनेवाली हिंदी के दो निश्चित भाषारूप उभरकर हमारे सामने आए हैं। **जनभाषा**-रूप में हिंदी अहिंदी क्षेत्रों में रेलवे प्लेटफार्म, अंतर्राज्यीय बस अड्डे, सांस्कृतिक स्थल—जैसे प्रमुख मंदिर या ऐतिहासिक दर्शनीय स्थानों में प्रयुक्त होती देखी जा सकती है। इधर हिंदी फिल्मों ने भी अहिंदीभाषियों के इस जनभाषा-रूप को निखारा और सँवारा है। वस्तुतः भाषा-प्रयोग के इस जनभाषा-रूप का मूल भारतीय समाज की आधारभूत द्विभाषिकता है। इस प्रकार की द्विभाषिकता, सम्प्रेषण-व्यवस्था के उस स्तर से सम्बन्ध रखती है जो सर्वसाधारण की निजी और दैनिक आवश्यकताओं को पूरा करने का साधन है। राष्ट्रभाषा का एक दूसरा पक्ष भी है जिसे हम हिंदी के **राजभाषा**-रूप में देखते हैं। हिंदी भारतवर्ष की प्रमुख राजभाषा है। भारतीय संविधान के अनुच्छेद 343 के अनुसार "संघ की राजभाषा हिंदी और लिपि देवनागरी होगी।" राष्ट्र को राजनीतिक एवं आर्थिक दृष्टि से एकता के सूत्र में बाँधनेवाली प्रशासनिक प्रयोजनों की भाषा को राजभाषा की मान्यता मिलती है। इसका आधार संभ्रांत द्विभाषिकता है, और यही कारण है कि इसके भाषारूप में या तो सांस्कृतिक पदरचना का बाहुल्य है अथवा अंग्रेजी-अनूदित भाषा-संस्कार की गहरी छाया।

सम्प्रति स्थिति यह है कि राष्ट्रीय संदर्भों में प्रयुक्त होनेवाली अक्षेत्रीय हिंदी के दो भाषारूपों—जनभाषा एवं राजभाषा—के बीच एक गहरी खाई आती जा रही है। इन दो भाषारूपों के संस्कार में वही भेद दिखाई पड़ता है जो संभ्रांत, पर प्रभुतासम्पन्न और सामान्य या शोषित सामाजिक वर्गों के बीच देखा जाता है।

सम्प्रेषणीयता एवं बोधगम्यता के संदर्भ में हिंदी की इन दो भाषा-शैलियों में कभी-कभी उतना ही अंतर मिलता है, जितना कि किसी विदेशी भाषा और स्वभाषा में। इसलिए यह आवश्यक हो गया है कि राष्ट्रभाषा हिंदी के जनभाषा एवं राजभाषा-रूपों के बीच की दूरी को भाषानियोजन के सुविचारित माध्यम से दूर करें, उनके बीच की खाई को भाषायी संस्कार के सहारे कम करने की कोशिश करें और उच्च (राजभाषा) एवं निम्न (जनभाषा) भाषा-शैली की अवधारणा से अपने को मुक्त करते हुए हिंदी को सर्वसामान्य के लिए अधिक से अधिक बोधगम्य बनाने के लिए प्रयत्न करें।

हिंदी का अंतर्राष्ट्रीय संदर्भ

जनपदीय और राष्ट्रीय संदर्भ के अतिरिक्त हिंदी-व्यवहार का एक तीसरा संदर्भ भी है, जिसे हम उसका **अंतर्राष्ट्रीय संदर्भ** कह सकते हैं। अंतर्राष्ट्रीय भाषा के रूप में हिंदी के कई रंग और कई पक्ष हैं। मारिशस, फीजी, त्रिनिदाद, गुयाना, सूरीनाम आदि देशों में हिंदी का व्यापक प्रयोग होता है। इन देशों के हिंदी प्रेमी इस भाषा को केवल भाषा के रूप में व्यवहार में नहीं लाते, अपितु उसे वे अपनी संस्कृति का एक अंग भी समझते हैं। हिंदी को वे अपने ऐतिहासिक सम्बन्धों की सांस्कृतिक कड़ी और अपनी भावात्मक एकता का मूल आधार मानते हैं। अंतर्राष्ट्रीय संदर्भ में हिंदी 'विश्वभाषा' का अपना रूप ग्रहण करती है, पर विश्वभाषा के प्रयोजन एवं रूप के परिप्रेक्ष्य में एक-दो बातों पर ध्यान देना आवश्यक है।

विश्व के दृश्य-फलक पर हम अंग्रेजी, फ्रेंच, स्पेनिश, पुर्तगाली आदि भाषाओं को भी विश्वभाषा के रूप में व्यवहृत पाते हैं। पर विश्वभाषा बनने की इनकी प्रक्रिया विश्वभाषा हिंदी से भिन्न है। ये भाषाएँ साम्राज्यवाद की उस नींव के आधार पर फैलीं जो प्रभुता और शक्ति की रक्तरंजित प्रवृत्ति से सींचा गया था। इसके विरीत विश्वभाषा हिंदी का आधार रहा है उसके प्रति श्रमजीवियों की श्रद्धा और आत्मीयता। और जैसाकि मारिशस की हिंदी प्रचारिणी सभा के अध्यक्ष श्री जयनारायण राम का कहना है—हिंदी, उपनिषद्, रामायण, गीता की बेटी बनकर आई। यह उनके धर्म एवं संस्कृति का अंग बनकर अभी भी जीवित है।

दूसरा तथ्य इस ओर संकेत करता है कि भारतीय प्रवासियों के साथ मारिशस, फीजी, त्रिनिदाद जैसे देशों में हिंदी एक ओर सामाजिक-सांस्कृतिक, प्रतीक-चिह्न बनकर गई तो दूसरी तरफ उनके आपसी व्यवहार का सम्पर्क-साधन बनकर भी उभरी। यह कम महत्त्वपूर्ण तथ्य नहीं है कि इन विभिन्न देशों में जनसमुदाय की लगभग आधी संख्या प्रवासी भारतीयों की है, यथा—मारिशस (64 प्रतिशत), गुयाना (55 प्रतिशत), फीजी (50 प्रतिशत), सूरीनाम (40 प्रतिशत), त्रिनिदाद (36 प्रतिशत)। यद्यपि लोकगीतों और अनौपचारिक संदर्भों में हिंदी की बोली 'भोजपुरी' का प्रयोग

होता है, पर जनसम्पर्क तथा सामाजिक-सांस्कृतिक अनुष्ठानों की भाषा मानक हिंदी ही है, इस मानक हिंदी में ही इन विभिन्न देशों में समाचार-पत्रों का प्रकाशन भी हुआ। मारिशस में सबसे पहले मार्च, 1909 में 'हिंदुस्तानी' और 'मारिशस आर्य पत्रिका' का प्रकाशन प्रारंभ हुआ। इन साप्ताहिक समाचार-पत्रों के अतिरिक्त कई और भी पत्र निकलने प्रारम्भ हुए जिनमें 'आभा', 'दर्पण', 'रणभेरी' आदि साहित्यिक पत्र-पत्रिकाओं का विशेष स्थान है। फीजी में सन् 1923 में 'फीजी समाचार' जैसा साप्ताहिक पत्र प्रकाशित हुआ। 'भारत पुत्र', 'बुद्धि', 'बुद्धिवाणी', 'जागृति', 'जय फीजी', 'सनातन संदेश' आदि पत्रिकाओं का हिंदी के प्रचार-प्रसार में विशेष स्थान रहा है। इसी प्रकार सूरीनाम में 'आर्य दिवाकर', 'सरस्वती', 'धर्मप्रकाश', 'वैदिक संदेश', 'प्रेम संदेश'; गुयाना में 'आर्य ज्योति', 'ज्ञानदा' और त्रिनिदाद-टुबेगो में 'कोहेनूर', 'ज्योति' आदि पत्र-पत्रिकाओं का वहाँ हिंदी के विकास में विशेष योगदान रहा है। पर इस संदर्भ में जो बात हम भारतीय प्रायः भुला दिया करते हैं, वह यह है कि भारतीय प्रवासी भाइयों की हमसे भिन्न अपनी राष्ट्रीयता है, उनका अपना सम्प्रेषण-तंत्र है, जिसके बीच 'हिंदी' को जीना और विकसित होना है। हमें पता होना चाहिए कि जन-व्यवहार के लिए हिंदी से भिन्न इनकी अपनी एक दूसरी स्थानीय भाषा (क्रिओल) है और दूसरी तरफ कार्यालयी प्रयोजनों के लिए इससे भिन्न राजभाषा। उदाहरण के लिए मारिशस में फ्रेंच आधारित क्रिओल (जनभाषा) और फ्रेंच तथा अंग्रेजी (राजभाषा) का व्यवहार होता है, सूरीनाम में डच आधारित क्रिओल (जनभाषा) और डच (राजभाषा) और गुयाना एवं त्रिनिदाद में अंग्रेजी आधारित क्रिओल (जनभाषा) और अंग्रेजी (राजभाषा) का। सम्प्रेषण-तंत्र की एक कड़ी के रूप में हिंदी को इस जनभाषा और राजभाषा के दुहरे प्रभाव के साथ अपना निर्वाह करना है, अतः इसकी अपनी एक सीमित, लेकिन विशिष्ट भूमिका है।

तीसरा तथ्य इस ओर संकेत करता है कि हिंदी के रंजक एवं सर्जनात्मक साहित्य का एक नया आयाम उसके अंतर्राष्ट्रीय पक्ष के साथ जुड़ता जा रहा है। इन देशों में हिंदी के माध्यम से कविता, उपन्यास-कहानी, आलोचनात्मक ग्रंथ, ज्ञानात्मक साहित्य का सर्जन काफी संख्या में हो रहा है। इस विपुल साहित्य में हम पाते हैं—इन देशों की माटी की गंध, वहाँ की अपनी लोकोक्तियों का निखार, वहाँ की जिंदगी का रस। भाषा की व्याकरणिक संरचना की प्रकृति उसी हिंदी की है, जिसे भारतवर्ष में उसके प्रयोक्ता व्यवहार में लाते हैं, पर उसकी बुनावट (टेक्स्चर) में है इन विभिन्न देशों की सामाजिक एवं सांस्कृतिक चेतना की छाप। यह बात दूसरी है कि हिंदी साहित्य के इतिहास-लेखन एवं समीक्षात्मक आकलन में हमने इस साहित्य के बारे में अभी तक न तो चर्चा की है और न उनके वैशिष्ट्य का आकलन। पर आज हम इस बात की अवमानना नहीं कर सकते कि विश्वभाषा

के रूप में हिंदी को अब अपनी सीमा में उस विपुल बहुरंगी साहित्य को भी समेटना चाहिए जो इन देशों में समर्थ साहित्यकारों द्वारा रचा जा रहा है।

अंतर्राष्ट्रीय संदर्भ में हिंदी के दो और प्रयोजनपरक पक्ष हैं। बंगलादेश, श्रीलंका, ब्रह्मदेश, इंडोनेशिया, मलेशिया, कम्बोदिया आदि देशों के लिए हिंदी सामाजिक-सांस्कृतिक प्रेरणा प्रदान करती है। इसके अतिरिक्त अमेरिका, इंग्लैंड, सोवियत संघ, फ्रांस, जापान, चेकोस्लोवाकिया आदि देशों में 'विदेशी' भाषा के रूप में इस भाषा के अध्ययन-अध्यापन का कार्य हो रहा है। हिंदी व्याकरण, हिंदी शिक्षण-सामग्री आदि क्षेत्रों में विदेशी भाषा के रूप में हिंदी को इन देशों के विद्वान बहुत पहले से समृद्ध करते आए हैं। गत कुछ वर्षों में जर्मन-हिंदी, रूसी-हिंदी, हिंदी-चैक, नेपाली-हिंदी, हिंदी-नेपाली, हिंदी-डच, डच-हिंदी आदि शब्दकोशों का प्रकाशन भी हुआ है। अब तो कुछ देशों में विदेशियों द्वारा हिंदी की त्रैमासिक एवं मासिक पत्रिकाएँ भी प्रकाशित होनी शुरू हो गई हैं।

अगर हम हिंदी-व्यवहार के जनपदीय, राष्ट्रीय और अंतर्राष्ट्रीय संदर्भों पर ध्यान दें और इन तीनों व्यवहार-क्षेत्रों की पृष्ठभूमि में हिंदी प्रयोक्ताओं के भाषायी कोश पर अपनी दृष्टि डालें, तब यह कहने में हमें संकोच नहीं होना चाहिए कि उसका भाषायी रूप अपनी प्रकृति में बहुभाषिकता के रूप-रंग, बहुबोलीपरकता के स्पर्श-गंध और बहुशैलीपरकता के ध्वनि-रस से सिक्त है। आवश्यकता है तो उसके इस बहुआयामी रूप-रंग, स्पर्श-गंध एवं ध्वनि-रस की पहचान और अनुभव की। हिंदी विद्वानों के लिए आज इसकी पहचान के लक्ष्यों का पता लगाना एक चुनौती है, जिसे भाषायी वास्तविकता के रूप में उन्हें आज नहीं तो कल स्वीकार करना ही है।

10

भाषायी क्रांति और जनपदीय भाषाएँ

[1]

'साहित्य और भाषायी क्रांति' विषय से सम्बद्ध अपने कई प्रकाशित शोध-लेखों द्वारा जार्ज स्टेइनर ने मनुष्य और उसके साहित्यिक-सांस्कृतिक बोध पर नए ढंग से रोशनी डालने की कोशिश की है। उनके अनुसार हमारे युग का चिंतन 'भाषायी क्रांति' की धुरी पर खड़ा है। दर्शनशास्त्र, तर्कशास्त्र, समाजविज्ञान, मनोविज्ञान और यहाँ तक कि जीवविज्ञान के क्षेत्र में यह स्वीकार किया जा चुका है कि 'मनुष्य' और 'भाषा' सहन्यस्त संकल्पनाएँ हैं और अपनी परिभाषा और पहचान दोनों के लिए वे एक-दूसरे पर आश्रित हैं। भाषिक क्रांति के अक्ष पर स्थित होकर 'मनुष्य' जीववैज्ञानिकों की विकासवादी मान्यता (=मनुष्य बंदर की संतान है) या समाजशास्त्रियों की धारणा (=मनुष्य सामाजिक पशु है) से थोड़ा हटकर एक ऐसे वाक्-पशु के रूप में देखा जाने लगा जो आपस में बातचीत कर अपना 'भाषायी समुदाय' बनाता है, वर्तमान से उबरकर भाषा के सहारे 'भूत' और 'भविष्य' के बोध से जुड़ता है तथा जैविक और भौतिक दुनिया के समानांतर (और उससे कहीं अधिक विशिष्ट) संज्ञानात्मक/बोधात्मक संसार का निर्माण करता है। मानवेतर जीव-जंतु न तो अपना 'भाषायी समुदाय' बनाते हैं, न ही वे 'भूत' और 'भविष्य' के कालबोध से अपने को जोड़ते हैं और न ही भौतिक दुनिया के समानांतर बोधात्मक संसार की सृष्टि करने की क्षमता रखते हैं। मनुष्य इन तीनों लक्षणों से युक्त प्राणी होने के कारण अन्य जीव-जंतुओं से विशिष्ट है। उसकी विशिष्टता की बीज-शक्ति है भाषा, क्योंकि भाषा ही उसके तीनों लक्षणों का निर्धारक तत्त्व है।

भाषायी क्रांति ने 'मानव-भाषा' की अवधारणा को भी बदल डाला। उसने मानव-भाषा की उस आभ्यंतर प्रकृति को जानने का प्रयत्न किया जो जाति-विशिष्ट के रूप में केवल मानज़ाति की धरोहर हो और जिसके आधार पर मानव-भाषा को मानवेतर भाषा से अलग किया जा सके। इस संदर्भ में 'भाषा' के दो अर्थ

की ओर संकेत किया गया। पहले अर्थ का सम्बन्ध भाषा के **अभ्यासजन्य संकेत प्रयोग** से है। जैसा एक बोलता है वैसा ही दूसरा प्राणी उसे दुहराता है। उदाहरण के लिए तोते को 'राम-राम' या 'चोर-चोर' सिखा दिया जाए तो दुहराते हुए उसका उच्चारण कर वह अर्थ-संकेत दे देता है। भाषा के धरातल पर ऐसे अभ्यासजन्य संकेत-प्रयोग के लिए बाह्य परिस्थितियाँ उद्दीपन (स्टिमुलस) का काम करती हैं और भाषिक प्रतीक अनुक्रिया (रिस्पांस) का। प्रसिद्ध रूसी मनोशास्त्री पावलोव ने ज्ञान के आधार को उद्दीपन-अनुक्रिया के व्यवहारवादी आचरण में स्थित माना। वे सभी प्रकार के ज्ञान को उस प्रतिबंधन (कंडिशनिंग) प्रक्रिया का परिणाम मानते हैं जो साहचर्य (एसोसिएशन) के सिद्धांत पर आधारित है। उद्दीपन के दो भेद देखे जा सकते हैं—सहज और असहज। सहज उद्दीपन में कारण-कार्य के बीच भौतिक और जैविक आधार का प्राकृतिक सम्बन्ध होता है। भौतिक रूप में 'भोजन' उद्दीपन (कारण) का कार्य करता है, जबकि मुँह में लार का उत्पन्न होना सहज अनुक्रिया (कार्य) का परिणाम माना जा सकता है। कुत्ते पर किए गए अपने प्रयोग में पावलोव ने यह दिखलाया कि अगर भोजन देने के कुछ क्षण पहले घंटी बजाई जाए, और घंटी बजाने की क्रिया भोजन देने के साथ बार-बार की जाए, तब साहचर्य सिद्धांत के आधार पर कुत्ते का व्यवहार घंटी की आवाज के साथ भी प्रतिबंधित हो जाता है। इस प्रतिबंधन के फलस्वरूप अगर बिना भोजन के भी घंटी बजाई जाए तब भी कुत्ते के मुँह में लार उत्पन्न हो जाती है। इस स्थिति में घंटी को असहज उद्दीपन कहा जा सकता है। पावलोव ने अपने प्रयोग द्वारा यह दिखलाया कि किस प्रकार असहज उद्दीपन (घंटी) साहचर्य के सिद्धांत के आधार पर सहज उद्दीपन (भोजन) का स्थान ले लेते हैं और किस प्रकार प्रतिबंधित व्यवहार के कारण एक संकेत (घंटी) अपने प्रयोजन और प्रकार्य में दूसरे संकेत (भोजन) का समानधर्मी बन जाता है।

भाषा के संदर्भ में संकेतविज्ञान का सहारा लेते हुए यह कहा जा सकता है कि उसके शब्द घंटी की तरह असहज उद्दीपन का काम करते हैं और दैनिक आचरण में बाह्य वस्तुओं (सहज उद्दीपन) के सान्निध्य में बार-बार प्रयुक्त होने के कारण प्रतिबंधित अनुक्रिया को जन्म देने में सक्षम होते हैं। पावलोव के इस साहचर्यवादी दृष्टिकोण का विकास आधुनिक मनोविज्ञान के क्षेत्र में ऑसगुड और स्टेइनर के भाषा-सम्बन्धी चिंतन में देखा जा सकता है। साहचर्यवादी दृष्टिकोण के ये सभी समर्थक न केवल अपनी दार्शनिक मान्यता में 'अनुभववादी' हैं, बल्कि भाषाविकास के अविच्छिन्न (कंटिनूअस) सिद्धांत के समर्थक भी हैं। इस सिद्धांत की यह मान्यता है कि पशु-पक्षियों की आदिम सम्प्रेषण-व्यवस्था के क्रमिक एवं सतत विकास के फलस्वरूप ही मानव-भाषा का जन्म और विकास हुआ।

भाषा के दूसरे अर्थ का सम्बन्ध मन की उस **सर्जनात्मक ऊर्जा** से है जो

जाति-विशिष्ट रूप में केवल मानवजाति की अपनी धरोहर है। यह सर्जनात्मकता ही मानव-भाषा का वह अभिलक्षण है जो अन्य जीव-जंतुओं की सम्प्रेषण-व्यवस्था से उसे अलग कर देता है। मानव-भाषा के निर्धारक तत्त्व के रूप में इस सर्जनात्मकता को माननेवाले चॉम्स्की, लेनेबर्ग आदि जैसे विद्वान भाषा-विकास के विच्छिन्नतावादी (डिसकंटिनूअस) सिद्धांत के समर्थक हैं। उनके अनुसार मानव-भाषा अपनी मूल प्रकृति में पशु-पक्षियों की भाषा से गुणात्मक (न कि परिमाणात्मक) स्तर पर भिन्न है, क्योंकि भाषा के सर्जनात्मक प्रयोग की क्षमता केवल मानवजाति में है।

भाषा के संदर्भ में सर्जनात्मकता के एक से अधिक संदर्भ हैं। पहला संदर्भ है, पहले से न बोले गए वाक्यों को बोलना और उन्हें समझ लेना। दूसरा संदर्भ है, उत्तेजन-मुक्त (स्टिमुलस-फ्री) भाषा-प्रयोग। जिस प्रकार वातावरण में खतरा देख या सूँघकर मानवेतर जीव-जंतु तरह-तरह की आवाज निकालकर अपने संगी-साथियों को उसकी सूचना दे देते हैं, उसी प्रकार बाह्य परिस्थिति से प्रेरित (उत्तेजनाबद्ध) होकर मनुष्य भाषा का व्यवहार नहीं करता। बाह्य परिस्थितियों और भाषायी व्यवहार के बीच अन्य पशु-पक्षियों की तरह कोई यांत्रिक सम्बन्ध नहीं ढूँढ़ा जा सकता। अगर वह कोई सुंदर फूल देखता है, तो वह कुछ भी कह सकता है–'अहा ! कैसा सुंदर फूल है !', 'यह फूल मुझे पसंद है।' या थोड़ी देर मौन भाव से निहारते हुए फुसफुसा सकता है–'एक फूल की कीमत हजारों सिसकियों ने चुकाई है !', 'पुष्पों के चित्रित दीप जले !' अनुमेय रहित उसका यह भाषा-प्रयोग सर्जनात्मकता का ही परिणाम कहा जा सकता है।

प्रत्येक प्राणिजगत की अपनी स्ववृत्ति हुआ करती है। सम्प्रेषण का क्षेत्र भी इस स्ववृत्ति से मुक्त नहीं। कुत्ता अपने स्वभाव के साथ भौंकता है, घोड़ा हिनहिनाता है और मनुष्य बोलता है। बोलना मनुष्य के स्वभाव में उसी प्रकार है, जैसे उसका पाँवों पर चलना। मानव-भाषा, मनुष्यजाति की स्ववृत्ति का परिणाम है। वह भाषा की स्ववृत्ति (डिस्पोजिशन) लेकर पैदा होता है, इसीलिए उसके मस्तिष्क में उसका जैविक आधार भी मिलता है। मानवेतर प्राणियों में मानव-भाषा के अनुकूल न तो उसका जैविक आधार मिलता है और न ही उसकी स्ववृत्ति। इसीलिए मनुष्यजाति के लिए भाषा-अर्जन एक स्वाभाविक प्रक्रिया है। बच्चे को मातृभाषा सिखाई नहीं जाती, वह समाज के खुले वातावरण में उसे स्वयं सीख लेता है। भाषा-अर्जन की इस प्रक्रिया को भाषा-अधिगम (लर्निंग) से अलग कर देखना चाहिए, जिसे विदेशी भाषा के रूप में व्यक्ति सायास सीखता है। बालकों में भाषा-अर्जन (एक्वीजिशन) की प्रक्रिया उसी प्रकार निहित होती है जैसे कि उसका पाँवों पर चलना। मातृभाषा इसी भाषा-अर्जन का परिणाम है। इसके विपरीत भाषा-अधिगम को उस प्रकार की प्रक्रिया के रूप में देखा जा सकता है, जैसे

'तैरने का कौशल'। तैरना मनुष्य की स्ववृत्तिजन्य गुण नहीं है, इसीलिए उसे प्रशिक्षण के सहारे सीखना पड़ता है। अगर चिंपाजी या अन्य पशु-पक्षियों को मानव-भाषा जैसी किसी भाषा के प्रयोग को सिखाया जाता है, और उसे वह एक सीमित अंदाज में सीख भी लेता है, तब उससे यह निष्कर्ष नहीं निकाला जाना चाहिए कि मानव-भाषा के ये गुण उसमें स्ववृत्ति के फलस्वरूप आए हैं। मानव-भाषा के कुछेक गुणों को वह ठीक उसी प्रकार सीखता है जैसे कुत्ता दो पाँव पर खड़े होकर मनुष्य की भाँति चलना सीख लेता है। ऐसे सीखे हुए गुणों के लिए प्रशिक्षण की जरूरत पड़ती है, क्योंकि वे उसके जाति-विशेष की स्ववृत्ति के सहज परिणाम नहीं होते।

भाषा की सर्जनात्मक ऊर्जा से जोड़कर देखनेवाले चिंतक अनुभववादियों की तरह मन को धुले-पुँछे रिक्त स्लेट की तरह नहीं मानते। उनके अनुसार भाषा का सम्भावित रूप मन में उसी प्रकार अंकित रहता है जिस प्रकार किसी वृक्ष के बीज में उसके प्राकृतिक गुण। बीज में पूरे वृक्ष की सम्भावना निहित रहती है। बाह्य वातावरण इस सम्भावना को प्रतिमूर्तित करने में सहयोग देता है पर उसके गुण को बदलने की क्षमता नहीं रखता। आम के बीज (गुठली) से आम का ही वृक्ष पैदा हो सकता है, बरगद या नीम का नहीं। यह बात दूसरी है कि उचित परिवेश न मिलने के कारण कोई पौधा अपना रूप ग्रहण करने के पहले ही मुरझा जाए। बालक के मस्तिष्क में भाषा-सम्बन्धी स्ववृत्तियों अंतर्जात (इन्नेट) रूप में अंकित रहती है। उचित परिवेश में ही वे अपने को पूरी तरह विकसित करने और प्रतिमूर्तित होने में सक्षम हैं। जिस भाषा को भी उसका उचित वातावरण नहीं मिलता, विकसित होने के लिए उसका सही परिवेश नहीं मिलता, वह भाषा भी समय के साथ मुरझा जाती है या फिर उसके विकास की दिशा अवरुद्ध हो जाती है।

भाषायी क्रांति के साथ जो सिद्धांत उभरकर सामने आया, उसने पहले सभी भाषाओं को न केवल समान, सम्भाव्य और सार्वभौम (यूनिवर्सल) व्यवस्था (व्याकरण) के साथ जोड़ा, बल्कि उन्हें मानव-मन की एक ही सर्जनात्मक ऊर्जा के विभिन्न प्रतिफलित रूप के संदर्भ में देखा। सम्भावना के धरातल पर सभी भाषाएँ समान हैं–चाहे अंतर्राष्ट्रीय प्रयोजनों की भाषा अंग्रेजी हो, राष्ट्रीय संदर्भों की राजभाषा खड़ी बोली हिंदी हो, जनपदीय सीमा से बँधी ब्रज, अवधी, भोजपुरी, मैथिली हो, या फिर जनजातियों के बीच में व्यवहारजन्य संथाली, मुंडारी, कुरूख आदि भाषाएँ हों। भाषा की अपनी आंतरिक संरचना के भीतर ऐसा कुछ भी नहीं होता जो किसी एक भाषा को 'अंतर्राष्ट्रीय' दर्जा दिला दे और दूसरे को जनजातियों की व्यवहार-सीमा तक संकुचित कर दे। अगर ऐसा होता तो इंडोनेशिया में एक लघुजाति की भाषा को राष्ट्रीय प्रयोजनों की

भाषा के रूप में विकसित करना सम्भव न होता, और न ही एक समय 'बोली' का दर्जा प्राप्त 'खड़ी बोली' को भारत की राजभाषा के रूप में आज मान्यता मिली होती।

[2]

भाषायी क्रांति ने चिंतन के पूरे 'पैराडाइम' को ही बदल डाला। और जैसा थामस कून का कहना है, जब 'पैराडाइम' बदलता है तो देखने का पूरा अंदाज बदल जाता है, सोचने का तौर-तरीका बदल जाता है, और बदल जाती है ज्ञान की वह दृष्टि जो हमारे मन को वस्तुओं के साथ कभी जोड़ती और कभी तोड़ती है और संवेगात्मक अनुभूतियों को कभी पैनापन देती है और कभी उन्हें भोथरा बनाती है। भौतिक संसार तो वही रहता है, पर ज्ञान-चक्षु चिंतन क्षितिज का एक ऐसा गवाक्ष खोलता है जिसके भीतर से झाँकने पर वह संसार एक और ही रूप ले लेता है।

जब पैराडाइम बदलता है, तब हमारी पूरी जीवन-दृष्टि बदलती है। उसकी शुरुआत भले ही किसी एक क्षेत्र से हो पर उसका प्रभाव ज्ञान-विज्ञान के सभी क्षेत्रों पर पड़ता है। भाषायी क्रांति जब पैराडाइम बनी तब उसने दर्शन, मनोविज्ञान, समाजशास्त्र, अर्थशास्त्र आदि सभी विचार-क्षेत्रों को प्रभावित किया। उदाहरण के लिए दर्शन के क्षेत्र में बर्नस्टीन ने दर्शन को 'भाषा से वशीभूत और उससे सम्मोहित मानवबुद्धि के विरुद्ध युद्ध' के रूप में देखा, मनोविज्ञान के क्षेत्र में मनोशास्त्री जार्ज मिलर ने मानव-मन को भाषिक प्रतीकों पर जीनेवाला एक संकल्पनात्मक यथार्थ बताया, नृतत्वशास्त्री लेवी स्ट्रॉस ने समाज और संस्कृति की आभ्यंतर बुनावट को भाषिक संरचना के पैटर्न पर गठित सिद्ध किया, और समाजशास्त्री टाल्कट पार्सन्स ने अर्थ-मुद्रा को एक अत्यंत विशेषीकृत भाषा के समान बताते हुए यह संकेत दिया कि आर्थिक व्यापार एक प्रकार का भाषिक सम्भाषण है, जिसमें मुद्रा का विनिमय वैसे ही होता है, जैसे सम्भाषण में संदेश का व्यक्तियों के बीच आदान-प्रदान।

सच तो यह है कि भाषायी क्रांति ने जिस पैराडाइम को जन्म दिया, उसने चिंतन के क्षेत्र में दो निश्चित आयाम जोड़े। पहले आयाम पर उसने भाषाबद्ध (संज्ञानात्मक) संसार को भौतिक संसार के ठीक आमने-सामने लाकर खड़ा कर दिया। उसने हमें यह अंतर्दृष्टि दी कि बाह्य संसार को हम ठीक वैसा ही नहीं देखते जैसाकि वह है, बल्कि उसके उस रूप में देखते हैं जैसा हमारी भाषा उसे दिखाती है। बाह्य जगत् का सम्बन्ध भौतिक वस्तुओं से है, हमसे बाहर स्थित उन चीजों से है जो हमारे या हमारे समाज के न रहने के बावजूद अपनी सत्ता बनाए रख सकती है। इसके विपरीत भाव जगत एक संज्ञानात्मक (काग्निटिव)

यथार्थ है, जिसका सम्बन्ध हमारे मन के भीतर निर्मित संसार के साथ होता है। यह वस्तुओं की दुनिया नहीं, बल्कि वस्तु-बोध का संसार है। जिस तथ्य पर इस चिंतन-दृष्टि ने आग्रह रखा, वह यही था कि वस्तु-बोध के इस संसार का निर्माण भाषा के तंतु-जाल से होता है क्योंकि संज्ञान का रास्ता भाषा का रास्ता है।

अपने दूसरे आयाम पर भाषायी क्रांति ने बोध (संज्ञानात्मक) जगत के दो निर्धारित संदर्भों की बात की। पहला संदर्भ वस्तुओं के इंद्रियगम्य पक्ष से जुड़कर 'भाव जगत' का निर्माण करता है और दूसरा संदर्भ उनके ज्ञान (बौद्धिक) पक्ष से जुड़कर 'तर्क जगत' की सृष्टि करता है। भाव जगत का आधार व्यक्ति का इंद्रियगत अनुभव-संसार होता है, जबकि तर्क जगत का शास्त्र-सम्मत बौद्धिक विचार। भाषा का सहारा हम दोनों प्रकार के संसार के निर्माण और सम्प्रेषण में लेते हैं, पर दोनों की प्रकृति में अंतर है। अनुभव की तीव्रता को व्यक्त करने के लिए हम शब्दों में संवेगों और अनुभूतियों के रंग भरकर 'काव्यात्मक' बनाते हैं, जबकि विचार की विशिष्टता की अभिव्यक्ति के लिए हम शब्दों में सिद्धांत-विशेष प्रेरित वैचारिक तत्त्व भरकर उसे 'पारिभाषिक' और 'वैज्ञानिक' बनाते हैं। एक (भाव जगत) का सम्बन्ध हमारे अनुभव और राग से है जो इंद्रियजन्य प्रत्यक्षीकरण (परसेप्शन) को अपना मूलाधार बनाता है, जबकि दूसरे (तर्क जगत) का सम्बन्ध हमारे चिंतन और शास्त्र से है जो बुद्धिजन्य तर्क (रीज़निंग) को मूल साधन के रूप में अपनाता है। विज्ञान और कला हमारे भावबोध के दो छोर हैं और जैसा कवि-आलोचक रैन्सम ने संकेत दिया है, वे यथार्थ को पकड़ने के लिए दो भिन्न रास्ते पर चलते हैं। विज्ञान तर्क और उद्देश्यपरक वृत्तियों का रास्ता अपनाता है और इसीलिए वह प्रत्यक्षीकरण (परसेप्शन) की न्यूनतम अभिव्यक्ति है। इसके विपरीत कला प्रत्यक्षीकरण की वृत्ति को संतुष्ट करती है। परिणामस्वरूप वह तर्क की न्यूनतम अभिव्यक्ति है।

ध्यान देने की बात है कि भाव जगत से सम्बद्ध भाषा का अतिक्रमण हम अनुभव की तीव्र अवस्था में भी करते हैं और विचारों की सघनतम स्थिति में भी। दोनों में सामान्य भाषा द्वारा संकेतित बाह्य यथार्थ के पार जाकर हम एक नई दुनिया की सृष्टि करते हैं और सृष्टि की प्रक्रिया में भाषा के सामान्य अर्थ को द्रवीभूत (डिज़ाल्व) करते हैं। इस दुनिया में वस्तुएँ मात्र वस्तुएँ नहीं रह जातीं, बल्कि नवनिर्मित संसार के संकेत-चिह्न बन जाती हैं। इन संकेत-चिह्नों के सम्बन्धों का अपना अलग ही संरचनात्मक विधान होता है, और अपना अलग ही इतिहास होता है। इस नवनिर्मित संसार के दो अन्यतम उदाहरण हैं–'संगीत' और 'गणित'। संगीत का सम्बन्ध मनुष्य के भीतर (आभ्यंतर) संसार से रहता है और इसकी मूल सामग्री बनती है, बाह्य जगत के साथ मनुष्य का रागात्मक सम्बन्ध। गणित का सम्बन्ध मनुष्य के बाहरी (भौतिक) संसार से होता है और इसकी मूल सामग्री

होती है, बाह्य जगत के साथ मनुष्य का बौद्धिक सम्बन्ध। दोनों ही प्रकार के सम्बन्धों को व्यक्त करने में सामान्य भाषा अपर्याप्त (इनएडिक्वेट) है। भाषा की इस अपर्याप्तता का अनुभव अगर एक ओर 'शंकुतला' की सृष्टि करनेवाले कालिदास जैसे कवियों ने की है तो दूसरी तरफ 'सापेक्षतावाद' के सिद्धांत के प्रणेता आइंस्टीन जैसे वैज्ञानिकों ने।

रागात्मक सम्बन्धों को काव्य के रूप में मूर्त करना एक बात है और काव्य का तात्त्विक विवेचन करना उससे नितांत भिन्न बात। काव्यशास्त्र मूलतः शास्त्र है जिसकी विषय-सामग्री काव्यसंसार है, ठीक उसी प्रकार जैसे भौतिकशास्त्र अपनी मूलप्रकृति में शास्त्र है, जिसकी विषयवस्तु भौतिक संसार है। शास्त्र के धरातल पर ये दोनों ही अपने विधान में तार्किक हैं। अंतर अगर है तो विश्लेष्य वस्तु की अपनी प्रकृति का, उस प्रकृति के फलस्वरूप शास्त्र पर पड़नेवाले दबाव का और उस दबाव की भिन्नता के कारण अपनाई जानेवाली विश्लेषण-तकनीक और उपकरणात्मक साधनों का। दो वस्तुओं के प्रति हमारे रागात्मक सम्बन्धों की दूरी नापने के लिए अपनाए जानेवाले साधन वे ही नहीं हो सकते जो दो वस्तुओं के बीच पाए जानेवाली भौतिक दूरी के नापने के लिए प्रयोग में लाए जाते हैं। पर इन दो में परीक्षण और विश्लेषण के लिए अपनाए जानेवाले उपकरणों और साधनों की भिन्नता मानविकी (काव्यशास्त्र) और भौतिकी (भौतिकशास्त्र) के उस शास्त्रीय संसार की अभिन्नता को नकार भी नहीं सकती, जिसका सम्बन्ध तर्क और उद्देश्यपरक वृत्तियों के साथ होता है।

तर्क जगत, अर्थात् शास्त्र-अनुमोदित और ज्ञान आधारित सोच की दुनिया। यह दुनिया अपनी प्रकृति में बाह्य उपादानों से बने वस्तु-जगत और अनुभवों के रंगों से निर्मित भाव जगत से भिन्न और एक दृष्टि से स्वायत्त (ऑटोनोमस) भी है। सूरज पृथ्वी के चारों ओर घूमता है, वह सुबह पूरब में निकलता और शाम को पश्चिम में डूब जाता है—यह हमारे अनुभव-संसार का यथार्थ हो सकता है। तर्क जगत में हम कभी यह मानते थे कि पृथ्वी स्थिर है और सूरज गतिशील। पैराडाइम बदलने पर हम यह मानने लगे कि न केवल पृथ्वी अपनी धुरी पर घूमती है, बल्कि वह सूर्य की परिक्रमा भी करती है। इस अवधारणा ने पृथ्वी और सूर्य के सम्बन्धों के हमारे विचार को ही बदल डाला। इस बदले हुए विचार से बदला तो केवल भौतिकशास्त्र और उससे सम्बद्ध हमारा शैक्षिक संसार। पृथ्वी और सूर्य वैसे के वैसे ही बने रहे। इसी प्रकार पूरब में सूरज के निकलने और पश्चिम में उसके डूबने का अनुभव भी आज वही है, जो इस ज्ञान के पहले था।

पैराडाइम बदलने के साथ जो बदलता है, वह है हमारा तर्क जगत। बाह्य वस्तुएँ अपनी जगह पर यथास्थित बनी रह सकती हैं, पर उनके देखने की हमारी दृष्टि बदल जाती है; अनुभव के धरातल पर हमारा इंद्रियगत संवेग भी वैसा ही

बना रह सकता है, पर उनको समझने और समझाने का तौर-तरीका बदल जाता है। अरस्तू और गैलेलियो दोनों ने बाहरी दुनिया में चीजों को गिरते और पेंडुलम की तरह झूलते देखा, पर शास्त्रीय जगत के दो भिन्न संसार में रहने के कारण 'गिरने' और 'झूलने' की उनकी व्याख्या भिन्न-भिन्न थी, उनके विषय में सोचने और समझने का तरीका अलग-अलग था। प्रीस्टले और लेवाइज़र दोनों ने ही 'ऑक्सीजन' की बात की, इस पदार्थ का अनुभव भी किया, लेकिन शास्त्र के धरातल पर तर्क-जगत के दो भिन्न युगों में रहने के कारण इस पदार्थ को उन्होंने दो भिन्न रूपों में ग्रहण किया, और दो भिन्न ढंग से उनकी व्याख्या भी की।

भाषायी क्रांति के समय विद्वानों ने न केवल **वस्तु जगत** (भौतिक जगत), **भाव जगत** (संज्ञानात्मक जगत) और **तर्क जगत** (शास्त्रीय जगत) की बात उठाई, बल्कि इनकी स्वायत्त और स्वनिष्ठ प्रकृति पर प्रकाश भी डाला। उदाहरण के लिए विज्ञान साहित्य के इतिहासकार और चिंतक कार्ल पॉपर ने यह संकेत दिया कि आज का शिक्षित व्यक्ति एक साथ तीन प्रकार की दुनिया में रहता है–(1) भौतिक (फिजिकल) जगत, (2) संकल्पनात्मक (मेंटल) जगत, और (3) शैक्षिक (एकेडमिक) जगत। अर्थ-मीमांसक फ्रेंच विद्वान ग्रीमा ने भी तीन प्रकार के संसार की बात की–(1) ब्रह्मांड-केंद्रित भौतिक (कॉस्मोलाजिक) संसार, (2) मानव-केंद्रित नृवैज्ञानिक (एंथ्रोपोलाजिकल) संसार, और (3) शास्त्र-केंद्रित सैद्धांतिक संसार। भाषावैज्ञानिक सिद्धांतों की पर्याप्तता (एडिक्वेसी) की जब भाषाविज्ञान के क्षेत्र में चॉम्स्की ने बात की, तो इन्हीं के समानांतर उन्होंने इसके तीन सोपानिक स्तरों की चर्चा की, यथा–(1) तथ्य-सम्बन्धी प्रेक्षणात्मक (ऑब्जर्वेशनल) पर्याप्तता, और (2) संरचनात्मक (संकल्पना) सम्बन्धी विवरणात्मक (डिस्क्रिप्टिव) पर्याप्तता और (3) सिद्धांत सम्बन्धी व्याख्यात्मक (एक्सप्लेनेटरी) पर्याप्तता।

विभिन्न शब्दावली और ज्ञान के विभिन्न संदर्भों में ऊपर दिए गए तीन प्रकार के 'संसार' वस्तुतः विचार के धरातल पर वस्तु जगत, भाव जगत और तर्क जगत की ही पर्यायवाची अभिव्यक्तियाँ हैं।

	पॉपर		ग्रीमा		चॉम्स्की
1. वस्तु जगत :	भौतिक जगत	:	ब्रह्मांड-केंद्रित संसार	:	प्रेक्षणात्मक (तथ्य सम्बन्धी)
2. भाव जगत :	संकल्पनात्मक जगत	:	मानव-केंद्रित संसार	:	विवरणात्मक (संरचना सम्बन्धी)
3. तर्क जगत :	शैक्षिक जगत	:	शास्त्र-केंद्रित संसार	:	व्याख्यात्मक (सिद्धांत सम्बन्धी)

[3]

भाषायी क्रांति के समय विद्वानों ने वस्तु जगत, भाव जगत और तर्क जगत की स्वायत्त प्रकृति पर प्रकाश डाला, उसके अपने-अपने इतिहास की भी चर्चा की, पर उनके आपस के सम्बन्धों की प्रकृति पर उतनी चर्चा न की, जितनी अपेक्षित थी। तीनों संसार के साथ भाषा का क्या सम्बन्ध है–इसकी छुटपुट चर्चा तो हुई, पर जितनी गम्भीरता से बहस उठनी चाहिए थी, उतनी उठी नहीं। (टिप्पणी रूप में यहाँ कहना चाहूँगा कि भारत की अपनी चिंतन-परम्परा में इन विषयों पर अत्यंत गम्भीरता और गहराई से विस्तृत चर्चा हुई है। इनसे सम्बन्धित समस्याओं के समाधान को लेकर नैयायिकों, मीमांसकों, व्याकरणाचार्यों और बौद्ध-जैन धर्मों के चिंतकों में मतभेद भी रहे हैं। लेख का विषय न होने के कारण इन पर चर्चा यहाँ अपेक्षित नहीं है।)

आज के चिंतन के संदर्भ में जो बातें भाषा और साहित्य को लेकर उभरीं, उसमें प्रमुख थी व्यक्ति का अपने भाषायी घर से बेघर होना और अपने साहित्य से विस्थापित होना। भाषायी क्रांति के दौरान और उसके बाद हम मातृभाषा के शिक्षण की बात उतनी नहीं पाते, जितनी अन्य भाषा के रूप में अंग्रेजी, फ्रेंच या रूसी भाषा की। यह बात केवल भारतवर्ष की ही नहीं, बल्कि उन सभी भूखंडों की है, जहाँ के भाषायी परिवेश में एक ओर व्यक्तियों को अपनी अपदस्थ मातृभाषा है और दूसरी तरफ प्रभुता-सम्पन्न प्रयोजनों को साधनेवाली कोई अन्य भाषा। अमेरिका में 'अंग्रेजी' भाषा उन सभी के लिए द्वितीय भाषा तो बनी ही जो वहाँ के आदिम बाशिंदे थे (यथा–'रेड इंडियन'), उनके लिए भी शैक्षिक दृष्टि से साध्य बताई गई जो अफ्रीका, एशिया या लैटिन अमेरिका उपद्वीपों से अपनी-अपनी भाषाएँ ले जाकर वहाँ बसे थे। सोवियत संघ में भी स्थिति कोई भिन्न न थी। वहाँ बसनेवाली विभिन्न जनजातियों के लिए रूसी भाषा अन्य भाषा के रूप में अनिवार्य मानी गई।

बात केवल वृहत्तर प्रयोजनों और 'सम्पर्क भाषा' के रूप में किसी लिंगुआ-फ्रेंका के अपनाने की न थी। सभी जानते हैं कि जब व्यक्ति अपने भाषायी समुदाय से बाहर जाकर किसी अन्य व्यक्ति से सम्बन्ध जोड़ना चाहेगा, तो उसे किसी अन्य भाषा का सहारा लेना पड़ेगा। इस स्थिति में मातृभाषा से भिन्न किसी अन्य भाषा का प्रयोग उसे सीखना पड़ेगा। बात इससे कुछ अधिक और गहरी थी। द्वितीय भाषा को न केवल सम्पर्क भाषा के रूप में देखा गया, बल्कि इस तथ्य को बार-बार दुहराया गया कि तर्क जगत (शैक्षिक संसार) के लिए वह मातृभाषा से कहीं अधिक सार्थक और उपयुक्त माध्यम भाषा है। भाषा-विकास के मूल्यांकन का आधार भी बनाया गया। जो भाषा अपने व्यवहार में जितने ही वृहत्तर आयाम को साधेगी, उतना ही वह विकसित मानी जाएगी। विकसित

और अविकसित भाषाओं के मूल्यांकन का एक मानदंड यह भी बना कि कौन-सी भाषा द्वितीय भाषा के रूप में कितने प्रयोजनों को अपने भीतर समेटने में समर्थ है।

जहाँ तक साहित्य का सम्बन्ध है, उस क्षेत्र में भी अपनी भाषा से बेघर हुए साहित्यकारों की कृतियों की विशिष्टता को उभारा गया। भाषायी क्रांति के दौरान ऐसे कई कवि, उपन्यासकार और नाटककारों की रचनाओं को गौरवान्वित किया गया जो न केवल बहुभाषी थे, बल्कि अपनी मातृभाषा छोड़कर अन्य भाषा में सर्जनात्मक अभिव्यक्ति का परिचय दे रहे थे। जार्ज स्टेइनर ने अपनी भाषा से विस्थापित अथवा बहुभाषिकता के रंग से रंजित बेकेट, हाइने, काफ्का, कानरेड, नोबोकोव आदि साहित्यकारों की चर्चा की है, जिन्होंने भाषायी क्रांति के दौरान अपनी रचनाओं का संसार निर्मित किया। भारत की अपनी धरती पर भी नोबुल पुरस्कार विजेता रवींद्रनाथ ठाकुर से लेकर गिरीश कार्नाड तक अंग्रेजी में साहित्य-सृजन करनेवाले रचनाकारों की एक अटूट शृंखला है।

इस बात पर गौर करने की जरूरत है कि अपनी भाषा से विस्थापित होकर क्या सचमुच कोई 'भाव जगत' और 'तर्क जगत' में कुछ नया जोड़ सकता है ? क्या सचमुच द्वितीय भाषा के रूप में अंग्रेजी भारत की अन्य भारतीय भाषाओं की तुलना में शैक्षिक जगत के लिए अधिक सार्थक एवं उपयोगी भाषा है ? प्रश्नों के इस सिलसिले को आगे बढ़ाते हुए यह भी पूछा जा सकता है कि क्या हिंदी हमारे रागात्मक सम्बन्धों और तार्किक अवधारणाओं को अभिव्यक्त करने में अधिक सक्षम है ?

सिद्धांत के धरातल पर हम पहले इस बात की ओर संकेत कर चुके हैं कि सम्भावना के धरातल पर सभी भाषाएँ समान हैं। इसलिए यह कहने में हमें कोई हिचकिचाहट नहीं होनी चाहिए कि प्रत्येक भाषा हमारे 'भाव जगत' और 'तर्क जगत' की सृष्टि करने में समान रूप से समर्थ है; बल्कि आज के शोध की दिशा तो यह भी बताती है कि व्यक्ति की मातृभाषा अन्य भाषाओं की तुलना में हमारी इन दोनों प्रकार की दुनियाओं के साथ अधिक सार्थक ढंग से जुड़ी हुई है। इस बात को उसके सही संदर्भ में समझने के लिए यह जरूरी है कि हम 'भाव जगत' और 'तर्क जगत' के साथ भाषा-सम्बन्धों की प्रकृति पर किंचित चर्चा कर लें।

जैसा पहले संकेत दिया जा चुका है कि भाव जगत का सम्बन्ध हमारे संज्ञान (काग्निशन) से है और इस संज्ञान का रास्ता भाषा का रास्ता है। इस बात की ओर भी हम इशारा कर चुके हैं कि भाषाबद्ध भाव जगत की मूल सामग्री बाह्य वस्तुएँ नहीं होतीं, बल्कि उन वस्तुओं के प्रति हमारा बोध हुआ करता है। यहाँ वस्तु और वस्तुबोध के अंतर को भी संक्षेप में समझ लेना आवश्यक है। भाषिक

प्रतीक के रूप में प्रयुक्त होनेवाले शब्दों का उसके द्वारा संकेतित वस्तु (रेफरेंस) के साथ सीधा सम्बन्ध नहीं होता। वे बाह्य पदार्थों पर चिपके हुए उनके नाम नहीं हैं। भाषा मूलतः संकल्पनात्मक यथार्थ है। उसका सम्बन्ध भौतिक जगत की वस्तुओं से उतना नहीं होता, जितना कि उनकी मानसिक संकल्पना से। शब्द और भाषा की अन्य सार्थक इकाइयाँ दो प्रक्रियाओं के परिणाम कहे जा सकते हैं–संकल्पना-निर्माण-प्रक्रिया और नामकरण-प्रक्रिया। 'गाय' या 'कमल' जैसे शब्द अगर 'नाम' हैं तो वह बाह्य जगत की भौतिक वस्तु 'गाय' या 'कमल' के लिए नहीं, बल्कि मन में बनी उसकी संकल्पना के लिए हैं। दूसरी महत्त्वपूर्ण बात यह भी है कि बाह्य वस्तुओं को लेकर बननेवाली उनकी संकल्पना (संकेतार्थ/रेफरेंस) के दायरे के भीतर वे सभी सामाजिक-सांस्कृतिक पक्ष भी निहित रहते हैं जिसे समाज अपने इतिहास के साथ एक मूल्य के रूप में उस वस्तु को प्रदान करता है। वस्तुबोध के संदर्भ में ये सामाजिक-सांस्कृतिक मूल्य भी उतने ही महत्त्वपूर्ण हैं, जितनी कि भौतिक वस्तुओं की जातीय मानसिक संकल्पना। 'गाय' और 'कमल' शब्द के रूप में मानसिक धरातल पर 'गायत्व' या 'कमलत्व' को लेकर बनी वर्गीकृत कोटियों के साथ-साथ उनसे सम्बद्ध उन सभी 'मूल्यों' के भी प्रकाशक हैं, जिनको इस भाषा के प्रयोक्ताओं ने अपने सामाजिक-सांस्कृतिक इतिहास के दौरान पाया है। इन मूल्यों के साथ इस भाषा के प्रयोक्ताओं का सम्बन्ध मात्र बौद्धिक नहीं होता। वे रागात्मक स्तर पर भी उससे जुड़े होते हैं।

ऊपर कही गई बात को एक-दो उदाहरणों द्वारा समझा जा सकता है। जब हम हिंदी के शब्द 'गाय' का अंग्रेजी में 'cow' के रूप में अनुवाद कर उसे पर्यायवाची बताते हैं, तो उसकी समानता का आधार मानसिक धरातल पर गाय-वस्तु को लेकर बननेवाली जातिगत (वर्गीकृत) कोटि की समरूपता तक ही सीमित होता है। सामाजिक-सांस्कृतिक मूल्यों के धरातल पर हिंदी और अंग्रेजी भाषा-भाषियों के लिए ये तथाकथित पर्यायवाची शब्द एक-दूसरे से नितांत भिन्न हैं। यही कारण है कि हिंदी वाक्य 'शीला गाय है' का जो अर्थ व्यंजित होता है, उसके अंग्रेजी अनुवाद से अंग्रेजी भाषा-भाषी इससे भिन्न अर्थ ग्रहण करते हैं। हिंदी में 'गाय' शब्द सीधेपन और शालीनता का व्यंजक है, पर अंग्रेजी में उस युवती का वाचन बन जाता है जो अप्रीतिकर और अप्रिय हो। भारतीय परम्परा में 'गाय' मूल्य के स्तर पर हमारी सकारात्मक वृत्ति का द्योतक है, जबकि आज के अंग्रेजी समाज में उसको ऐसा मूल्य प्राप्त नहीं।

भाषा मानसिक (संकल्पनात्मक) सचाई होने के साथ-साथ सामाजिक यथार्थ भी है। सामाजिक यथार्थता के रूप में वह समाज की जातीय चेतना, ऐतिहासिक बोध एवं सांस्कृतिक मूल्यों के प्रतिबिम्ब होने के कारण उसकी जीवन-दृष्टि के निर्माण का सर्वाधिक समर्थ औजार भी है। जो व्यक्ति भाषा को मात्र भौतिक

जगत की वस्तुओं के नाम समुच्चय (शब्दकोश) और भाषिक नियमों की संहिता (व्याकरण) के रूप में देखते हैं, वे भाषा की नहीं बल्कि उसके ढाँचे की बात करते हैं। पर भाषा मात्र शब्दों का समुच्चय नहीं, बल्कि एक सामाजिक संस्था है, वह केवल व्याकरणिक व्यवस्था नहीं अपितु एक जातीय परम्परा और सांस्कृतिक मूल्यबोध भी है। शब्द के रूप में उसकी सार्थक इकाइयों के निर्माण में उसके प्रयोग-सम्बन्धी वे सभी आयाम शामिल रहते हैं, जो समाज की अपनी जीवन-दृष्टि के निर्माण में सहायक होती हैं। 'कमल' शब्द को ही लें। 'कमल' शब्द केवल फूल-विशेष की उस वर्गीकृत मानसिक कोटि का ही नाम नहीं, जिसे अंग्रेजी में 'लोटस' कहा जाता है—बल्कि इसका संकेतार्थ फूल विशेष होने के साथ-साथ वह सामाजिक-सांस्कृतिक यथार्थ भी है, जो एक ओर वाक्-देवी सरस्वती से जुड़ा है और दूसरी ओर 1857 की स्वाधीनता की लड़ाई से, जो एक ओर हठयोग-दर्शन में आकार की समता के कारण मेरुदंड के छह चक्रों के साथ संलग्न है तो दूसरी ओर काव्यशास्त्र में वर्णित छंदों में समवृत्तका के एक भेद से सम्बद्ध है; जो एक ओर किसी मंदिर में प्राण-प्रतिष्ठापन से जुड़ा प्रतीक है तो दूसरी ओर नयन के साथ सहयोजित उस प्रतीक-बिम्ब से कि शक्ति-पूजा करते समय एक कमल के फूल की कमी पूरा करने के लिए कमल-नयन राम अपने नेत्र अर्पित करने के लिए उद्यत हो उठते हैं। 'कमल' शब्द के संकेतार्थ में जीवन-दृष्टि के ये सभी पक्ष अगर शामिल न होते, तो आपातकालीन राजनीतिक व्यवस्था (इमर्जेन्सी) के हटने के साथ हम ऐसा अभिव्यक्त भी नहीं कर सकते थे : "हमने कमल की लड़ाई जीत ली, पर अभी रोटी की लड़ाई जीतना शेष है।"

अगर साहित्य सामाजिक चित्तवृत्तियों की मूल्यचेता रागात्मक अभिव्यक्ति है, तो इसमें संदेह नहीं कि उसके लिए मातृभाषा ही सर्वाधिक उपयुक्त माध्यम-भाषा का काम कर सकती है। यही वह माटी है जिससे अपनी धरती की महक आती है और जिससे अपनी वाग्देवी की मूर्ति सहज और साकार ढंग से गढ़ी जा सकती है। पर साहित्य जीवन की तरह एक जटिल और संश्लिष्ट प्रक्रिया का परिणाम होता है और इस प्रक्रिया में एक से अधिक घटकों का योगदान होता है। इसके निर्माण के संदर्भों में रचयिता की अपनी सामाजिक अस्मिता का अंश भी होता है और उसकी व्यापार-परिधि के भीतर सम्भावित पाठक की भी अपनी भूमिका होती है। इसके एक छोर पर समाज की तत्कालीन सम्प्रेषण-व्यवस्था से जुड़ी भाषाओं का योग रहता है तो दूसरे छोर पर उन भाषाओं की अपनी साहित्यिक परम्परा का। कोई रचनाकार किस भाषा को अपनी साहित्यिक रचनाओं के लिए माध्यम के रूप में चुनता है—इसका कोई एक कारण और एक उत्तर नहीं हो सकता। क्यों कालिदास और भवभूति ने द्वितीय भाषा के रूप में प्रचलित संस्कृत भाषा को अपनी रचनाओं के लिए माध्यम चुना और क्यों कबीर, तुलसी आदि भक्तियुग

के कवियों ने संस्कृत की तुलना में 'भाखा' को अधिक मान्य ठहराया ? क्यों आज के कुछ भारतीय साहित्यकार अपनी प्रादेशिक भाषाओं या जनपदीय बोलियों में लिखते हैं, कुछ द्वितीय भाषा अंग्रेजी में और कुछ प्रादेशिक भाषाओं और अंग्रेजी दोनों में ? मैं अन्यत्र अपने दूसरे लेख में इस बात की चर्चा कर चुका हूँ कि अन्य घटकों के साथ लेखक की अपनी सामाजिक अस्मिता और पाठक वर्ग का उसका अपना चुनाव इसके लिए एक निर्धारक तत्त्व के रूप में काम करते हैं। पर ये तथ्य भी इस सच्चाई को झुठला नहीं पाते कि मातृभाषा ही सांस्कृतिक-साहित्यिक धरातल पर मूल्य-चेता कृति के लिए सर्वाधिक सशक्त माध्यम है।

अगर यह बात सच है, तब यह प्रश्न उठता है कि द्वितीय भाषा में रचना करनेवाले नोबोकोव, बेकेट, काफ्का आदि उन साहित्यकारों की कृतियों की महत्ता का गुण-गान भाषायी क्रांति के समय क्यों की गई जो अपनी मातृभाषा से विस्थापित हो चुके थे ? अगर माध्यम-भाषा के रूप में इनकी अंग्रेजी पर ध्यान दें, तो एक बात साफ हो जाती है कि उनकी मूल संवेदना, जातीय संस्कार, सांस्कृतिक बोध आदि उनका अपना है। जिन रागात्मक सम्बन्धों पर आधारित भाव जगत का वे निर्माण द्वितीय भाषा के माध्यम से करना चाहते हैं, वह भाव जगत वही है, जिसे उनकी मातृभाषा ने उन्हें प्रदान किया था, और जिसे उस मातृभाषा में रचित साहित्य ने सँवारा। जार्ज स्टेइनर ने उनकी रचनाओं–लोलिता, एडा, पेलफ्रायर आदि का विश्लेषण करते हुए स्पष्ट रूप से दिखलाया है कि उनकी काव्य-वस्तु का ऊपरी जामा भले ही द्वितीय भाषा अंग्रेजी का है, पर उसकी आत्मा रूसी साहित्य की अपनी संवेगात्मक चेतना के तंतु जाल से बुनी हुई है। ऐसी रचनाओं के माध्यम से जिस हृदय की धड़कन सुनते हैं, वह रूसी है। नोवोकोव अंग्रेजी के माध्यम से जिस रूसी समाज को नकारते हैं, उसी समाज के काव्यात्मक हृत्कम्पन की नाजायज रूप में अंग्रेजी भाषा में तस्करी करते हैं।[1]

इसमें संदेह नहीं कि अगर नोबोकोव की अपनी जड़ें अपनी रूसी भाषा या साहित्य में दूर तक फैली न होतीं तो वे अपनी अमर कृतियों की रचना भी नहीं कर पाते। यही बात रवींद्रनाथ ठाकुर और गिरीश कार्नाड के लिए भी कही जा सकती है। नोबुल पुरस्कार विजेता विश्वकवि की अंग्रेजी कृतियाँ उनकी बंगाली रचनाओं की छाप से न तो मुक्त हैं और न ही उनकी काव्य-वस्तु की आत्मा

1. Whole episodes in Lolita and Ada, as well as the Augustan moch epic pastiche in pale Fire, appears to have precise roots in Russian poems, some of which go back to the early 1920s. Is a good deal of Nabokov's English a piece of sumggling, an illicit coveyance across the frontier, of Russian verse now captive in a society be condemns ? (Steiner, 1975 : 20)

भारत की अपनी साहित्यिक परम्परा से कटी है। गिरीश कार्नाड के 'नागमंडल' का पूरा काव्यालोक उनकी अपनी भाषा से अर्जित मिथकीय संवेदनाओं की लौ से उजागर है। इसी प्रकार आर. के. नारायण का उपन्यास 'डार्क रूम' कोई ऐसा-वैसा अँधेरा बंद कमरा नहीं, बल्कि वह 'कोपभवन' है जिसके भीतर अपने वैवाहिक सम्बन्धों से उत्पन्न पीड़ा और विक्षोभ–दोनों को भोगती एक भारतीय पत्नी जीती और मरती है और अंततः अपने इस संघर्ष के दौरान उससे बाहर निकल आती है। जिस भी भारतीय साहित्यकार ने अंग्रेजी को अपनी साहित्यिक रचनाओं का माध्यम चुना, उसने अपने 'भाव जगत' के निर्माण के लिए पहले उसे अनुपयुक्त पाया। राजा राव अपने उपन्यास 'कंठपुरा' की भूमिका में इसका स्पष्ट उल्लेख करते हुए लिखते हैं कि किस प्रकार तर्क जगत के लिए साधन-भाषा के रूप में स्वीकृत अंग्रेजी भाषा (इंटेलेक्चुअल मेक-अप) में 'भाव जगत' से सम्बद्ध काव्यात्मक संदेश सम्प्रेषित करना कठिन होता है।

कहने का तात्पर्य यह है कि भाव जगत से सम्बद्ध वस्तुबोध और उस बोध के साहित्यिक-सांस्कृतिक अभिव्यक्ति-सम्प्रेषण के लिए मातृभाषा सर्वाधिक सक्षम भाषा है। पर अगर साहित्य-सर्जन के अन्य कारणों के फलस्वरूप द्वितीय भाषा में अभिव्यक्ति करनी भी पड़े, तो जब तक साहित्यकार की संवेदनात्मक अनुभूतियों एवं संवेगात्मक राग-सम्बन्धों की जड़ें अपनी मातृभाषा और उसके साहित्य में दूर तक फैली और जमी नहीं होतीं, वह सार्थक साहित्य देने में असमर्थ रहता है।

[4]

जहाँ तक तर्क जगत (शैक्षिक संसार) का सवाल है, भाषायी क्रांति के पहले दौर में भाषा को लेकर एक विशेष प्रकार की मान्यता को बढ़ावा दिया गया। यह सिद्ध करने की कोशिश की गई कि मातृभाषा के रूप में प्रचलित अधिकांश भाषाएँ अविकसित होने के कारण शिक्षा की माध्यम-भाषा बनने के लिए उपयुक्त नहीं। यह भी सिद्ध करने का प्रयत्न किया गया कि एक ही भाषा की दो प्रयुक्त शैलियों में निम्नवर्ग की भाषा-शैली, मध्यवर्ग की प्रयुक्त भाषा-शैली की तुलना में कम विकसित होने के कारण शिक्षा के लिए उपयुक्त माध्यम नहीं। इस दृष्टि से अमेरिका में नीग्रो समुदाय की 'ब्लैक इंग्लिश', शिक्षित मध्यवर्ग की 'मानक अंग्रेजी' की तुलना में बहुत पिछड़ी भाषा-शैली है और इसीलिए स्कूली शिक्षा की माध्यम-भाषा बनने में अक्षम है। इस धारणा के अनुसार हिंदी प्रदेश की जनपदीय बोलियाँ हिंदी की तुलना में कम विकसित हैं, और हिंदी स्वयं में अंग्रेजी की तुलना में कम समृद्ध है और जिस अनुपात में वे अविकसित हैं, उसी अनुपात में तर्क जगत (शैक्षिक संसार) के लिए अनुपयुक्त और अपर्याप्त है। व्यक्ति अन्य भाषा सीखता ही इसलिए है कि वह अधिक समृद्ध और प्रयोजन में अधिक व्यापक होती है। ऐसे

विद्वानों का यह भी कहना था कि भारत जैसे बहुभाषी देश में कुछ समुन्नत भाषाएँ ही तर्क जगत के लिए उपयुक्त भाषाएँ रही हैं, और आज भी हैं। प्राचीन काल में संस्कृत तर्कभाषा के रूप में प्रतिष्ठित थी, मध्यकाल के दौरान इसका स्थान फारसी ने लिया और आधुनिक युग में अंग्रेजी हमारे बौद्धिक जगत के लिए सर्वाधिक उपयुक्त भाषा है। भारत की भाषायी व्यवस्था का इतिहास इस बात का साक्षी है कि अंग्रेजी की ही भाँति संस्कृत और फारसी भी अधिकांश लोगों के लिए मातृभाषा नहीं रही है, पर हमारा ज्ञान-साहित्य इन्हीं में उपलब्ध है।

डाश, बैरेटियर, जेन्सन, इंगलमैन और बर्नस्टीन जैसे विद्वानों ने भाषायी पिछड़ेपन के सिद्धांत के प्रचार के साथ यह मान्यता दी कि भाषा की कम जानकारी ही वस्तुतः संज्ञानात्मक निर्धनता और बौद्धिक ह्रास का कारण है। अविकसित भाषाएँ या निम्नवर्ग की भाषा-शैली जनसमुदाय के वृहत्तर अंश की भले ही मातृभाषा हो, पर भाषिक व्यवस्था में पिछड़े (अविकसित) होने के कारण उनके प्रयोक्ताओं के बुद्धि-विकास में वे बाधक हैं। बर्नस्टीन ने तो तर्क जगत के लिए एक पूरा का पूरा शिक्षा-दर्शन ही इस आधार पर खड़ा कर दिया। उनके अनुसार व्यक्तियों के सामाजिक सम्बन्ध, अर्थ के रूप को निर्धारित करते हैं, और यह अर्थ-रूप भाषा-शैली के लिए उपयुक्त शब्द-समूह और व्याकरणिक व्यवस्था को निर्धारित करता है। निम्नवर्ग के व्यक्तियों के सामाजिक सम्बन्ध 'सीमित' (रिस्ट्रिक्टेड) कोड को जन्म देता है, जबकि मध्यवर्ग का 'विस्तृत' (इलाबोरेटेड) कोड को। सीमित कोड से जन्मी भाषा-शैली अपने संदर्भ से बँधी, अस्पष्ट, अतार्किक और विभेदीकृत होती है, जबकि 'विस्तृत' कोड उस भाषा-शैली को जन्म देता है जो अपने संदर्भ से मुक्त होने के कारण अमूर्त संकल्पनाओं के लिए उपयुक्त होती है, अभिव्यक्ति में स्पष्ट होने के कारण निर्भ्रांत होती है, मानकीकृत होने के फलस्वरूप सर्वग्राह्य होती है और तार्किक होने के कारण दो वस्तुओं के सम्बन्ध को संगत ढंग से व्यक्त करने में सक्षम होती है। नीग्रो या निम्नवर्ग के व्यक्ति शिक्षा-जगत में पिछड़ जाते हैं, क्योंकि बौद्धिक क्षमता की दृष्टि से वे कमजोर हैं, और बौद्धिक क्षमता की दृष्टि से इसलिए कमजोर हैं, क्योंकि उनकी भाषा या भाषा-शैली अधूरी (रिस्ट्रिक्टेड) है।

भाषा-चिंतन के क्षेत्र में ऐसे अयथार्थ और अवैज्ञानिक सिद्धांत का विरोध होना था, और हुआ भी। लेबाव जैसे समाजभाषावैज्ञानिकों ने भाषा-शैली के कई उदाहरणों के सहारे यह सिद्ध किया कि सीमित और विस्तृत कोड पर आधारित भाषा-शैलियाँ एक-दूसरे से भिन्न हैं पर उनकी भाषिक विभिन्नता किसी भी तरह उनके प्रयोक्ताओं के संज्ञानात्मक एवं बौद्धिक विपन्नता की न तो सूचक है और न ही कारण। निम्न श्रमिक वर्ग के बच्चे न तो अपने बौद्धिक विकास में पिछड़े हुए हैं और न उनकी भाषा-शैली किसी भाषायी पिछड़ेपन की निशानी है। उनके

अनुसार दोनों भाषा-शैलियाँ अपने-अपने ढंग से सार्थक भाषिक अभिव्यक्तियाँ हैं और दोनों अपने प्रयोजन में एक-दूसरे की पूरक हैं। इनमें से किसी एक को ऊँचा (उच्च शैली) और दूसरे को नीचा (निम्न शैली) बताना भाषा की सम्पन्नता और विपन्नता के कारण नहीं है, बल्कि उन सामाजिक और आर्थिक मान्यताओं के कारण है जो किसी एक वर्ग (मध्यवर्ग) को उच्च और दूसरे वर्ग (नीग्रो/श्रमिक वर्ग) को निम्न स्तर प्रदान किया करती है। बर्नस्टीन जैसे शिक्षाविदों की दुहाई देते हुए जब मार्टिन लूथर किंग स्कूल (मिशिगन प्रांत) के बोर्ड ने नीग्रो बच्चों को यह कहकर स्कूल से निकाल दिया कि वर्ष-भर की प्रगति देखने के बाद यह पाया गया कि वे बौद्धिक दृष्टि से इसलिए कमजोर हैं, क्योंकि वे नीग्रो के बच्चे हैं और उनकी मातृभाषा मानक अंग्रेजी की तुलना में विपन्न है, तब मिशिगन न्यायायिक सेवा-संस्था का सहारा लेकर उन बच्चों के अभिभावकों ने न्यायालय में (1977 में) अपना मामला पेश किया। न्यायाधीश जुआइनर ने 12 जुलाई, 1979 में अपना निर्णय सुनाया, जो शिक्षाविदों के लिए एक चेतावनी थी। उन्होंने इन बच्चों के शिक्षा के क्षेत्र में पिछड़ेपन के कारणों को तीन वर्गों में बाँटा—राजनीतिक, सामाजिक-सांस्कृतिक और आर्थिक। उन्होंने अपने निर्णय में यह बताया कि भाषिक दृष्टि से ये बच्चे हर दृष्टि से सम्पन्न हैं, पर स्कूली शिक्षा की माध्यम-भाषा मातृभाषा न होकर मानक अंग्रेजी है, इसलिए सामाजिक-सांस्कृतिक धरातल पर सम्प्रेषणजन्य बाधा पैदा हो जाती है। स्कूल ने इस भाषायी बाधा को दूर करने के बजाय इसी बाधा को अपने सांस्कृतिक-राजनीतिक लक्ष्य साधने का एक कारण बना लिया है। उनका निर्णय था कि अगर स्कूल नीग्रो बच्चों को उनकी मातृभाषा में शिक्षा देने में असमर्थ है, तो उसका यह कर्त्तव्य बन जाता है कि इन बच्चों की मातृभाषा की प्रकृति को समझे और मानक अंग्रेजी पढ़ने-पढ़ाने की दिशा में उसकी सहायता ले।

हम पहले भी संकेत दे चुके हैं कि कोई भी भाषा अपनी संरचनात्मक बनावट और बुनावट में सम्पन्न और विपन्न अथवा विकसित और अविकसित नहीं हुआ करती। सम्पन्न और विपन्न हुआ करते हैं उस भाषा के प्रयोक्ता। भाषा-प्रयोक्ताओं की सम्पन्नता और विपन्नता का लेबल भाषाओं पर चिपका दिया जाता है, अन्यथा अविकसित और विपन्न कही जानेवाली मातृभाषा को व्यवहार का उचित संदर्भ और प्रयोजन के बहुआयामी लक्ष्य साधने का उचित वातावरण दीजिए, वह मातृभाषा स्वयमेव विकसित हो जाएगी। चीनी, जापानी आदि कई भाषाओं का इतिहास यह बताता है कि व्यवहार के उचित संदर्भ और लक्ष्य की संगति पाकर ये भाषाएँ आज शैक्षिक जगत की मान्य और प्रतिष्ठित भाषाएँ बन गई हैं।

इस दृष्टि से देखें तो जनपदीय बोलियों को हिंदी की ग्रामीण बोली कहना और इन बोलियों के आधार पर उनके प्रयोक्ताओं को 'गँवार' कहना भाषा और

समाज के सही सम्बन्धों की प्रकृति को नकारना ही माना जाएगा। जनपदीय बोलियाँ ग्रामीण हैं, क्योंकि उनके व्यवहारक्षेत्र को हमने ग्रामीण अंचल तक सीमित कर रखा है। ध्यान देने की बात है कि हिंदी के रूप में खड़ी बोली भी पहले कभी सीमित अंचल की बोली थी, जिसे इतिहास की सामाजिक प्रक्रिया ने आज संघ की परिभाषा के रूप में मान्यता दी है।

भाषायी क्रांति से जुड़े विद्वानों के एक-दूसरे वर्ग की यह मान्यता रही है कि मनोवैज्ञानिक, सामाजिक और शैक्षिक–सभी दृष्टियों से मातृभाषा ही तर्क जगत (शैक्षिक संसार) के लिए सर्वाधिक उपयुक्त माध्यम भाषा है। यूनेस्को की एक विशेषज्ञ समिति ने 1953 में इस तथ्य को रेखांकित किया था।[1] मन में इस सवाल का उठना स्वाभाविक है कि मातृभाषा होने के कारण अगर हिंदी की जनपदीय बोलियाँ ज्ञानार्जन के लिए मनोवैज्ञानिक दृष्टि से बच्चों के लिए अधिक सहज और सुगम माध्यम है, सामाजिक दृष्टि से उसकी सामाजिक अस्मिता के लिए अधिक सार्थक एवं सक्षम है और शैक्षिक दृष्टि से वह अधिक बोधगम्य और प्रभावी हैं, तब वे भारत में शिक्षा का माध्यम अब तक क्यों नहीं बनीं ? क्यों इन जनपदों में स्कूली शिक्षा हिंदी या अंग्रेजी में दी जाती है ?

जहाँ तक हिंदी का सवाल है, यह कहा जा सकता है कि इन जनपदीय बोलियों के प्रयोक्ताओं के लिए हिंदी एक सहयोजित मातृभाषा है। इन जनपदों में रहनेवाले व्यक्तियों की चेतना की आँख जिस 'भाषा' में पहली बार खुलती है, वे भले ही जनपदीय बोलियाँ होती हैं पर जहाँ तक सामाजिक अस्मिता, साहित्यिक परम्परा के दबाव और सांस्कृतिक मानसिकता का प्रश्न है, वे उनको अपनी महाजाति (नेशनेलिटी) हिंदी में ही पाते हैं। यही कारण है कि जब कोई गैर-हिंदीभाषी इनसे इनकी मातृभाषा की बात पूछता है, वे उसे 'हिंदी' बताते हैं। सामाजिक अस्मिता भाषाओं का आधार लेकर व्यक्तियों को 'हम-वे' के दो वर्गों में बाँट दिया करती है। हिंदी की विभिन्न जनपदीय बोलियों, यथा–ब्रज, अवधी, भोजपुरी आदि के प्रयोक्ता अपने 'हम' को हिंदी भाषा से बँधे पाते हैं। इनके लिए हिंदी इसीलिए शिक्षा की उचित माध्यम भाषा बनने में समर्थ है। यहाँ केवल दो बातों की ओर संकेत करना आवश्यक है। पहली बात यह है कि जब तक हिंदी के साथ इन जनपदीय बोलियों के प्रयोक्ताओं की सामाजिक अस्मिता 'हम' के भाव के साथ जुड़ी है और जब तक उनकी मानसिकता हिंदी के अपने

1. It is axiomatic that the best medium for teaching a child is his mother tongue. Psychologically, it is the system of meaningful signs that in his mind works automatically for expression and understanding. Sociologically it is the means of identification among the members of the community to which he belongs, educationally, he learns more quickly through it than through an unfamiliar linguistic medium.

सामाजिक-सांस्कृतिक स्रोत के पक्ष में है, हिंदी उनकी शिक्षा के लिए उचित माध्यम बनी रह सकती है। दूसरी बात का सम्बन्ध जनपदीय बोलियों के अपने से है। हम यह पहले कह चुके हैं कि ये बोलियाँ ही उनके प्रयोक्ताओं के लिए उस चेतना की आँख बनकर आती हैं, उनके सहारे ही वे पहली बार अपने जीवन और जगत को पहचानते और जानते हैं। इसके अलावा ये जनपदीय बोलियाँ ही उनकी स्थानिक विशिष्टताओं और उनके नितांत निजी संवेगात्मक राग-सम्बन्धों से लिपटी अभिव्यक्तियों से जुड़ी रहती हैं। जब तक व्यक्ति की अपनी जड़ें इन जनपदीय बोलियों में दूर तक फैलकर उसके जीवन-जगत के रंगों के साथ सहयोजित मातृभाषा 'हिंदी' के पास नहीं पहुँचेगी, उसकी हिंदी में भी उस सर्जनात्मक ऊर्जा का अभाव बना रहेगा, जो शिक्षा-माध्यम के लिए नितांत आवश्यक है।

जहाँ तक तर्क जगत के लिए अंग्रेजी की उपयोगिता सिद्ध करने की बात है, इसके समर्थक कई प्रकार के तर्क दिया करते हैं। उनके पक्ष-विपक्ष में काफी लिखा जा चुका है, इसलिए उन पर चर्चा यहाँ व्यर्थ है। पर एक बात की ओर मैं अवश्य संकेत करना चाहूँगा। शिक्षा जगत की माध्यम-भाषा के चुनाव के पीछे भी एक से अधिक कारण हुआ करते हैं। केवल यही जानना आवश्यक नहीं कि कौन-सी भाषा बालकों की शिक्षा के लिए सर्वाधिक सहज, सुगम और बोधगम्य है, या फिर किस भाषा के माध्यम से बालक अपने बौद्धिक संसार का स्वाभाविक एवं प्रभावी ढंग से निर्माण करने में सक्षम है। इन प्रश्नों के अतिरिक्त उसके सामने और भी कई प्रकार की समस्याएँ होती हैं, जिनसे शिक्षा-क्षेत्र को अछूता नहीं कहा जा सकता। किस भाषा में पढ़ने से व्यक्ति को सामाजिक पद-प्रतिष्ठा मिलती है, कौन-सी क्षमता उसे अच्छी नौकरी दिलाने में सहायक है, किस भाषा में किए गए शोध उसे अंतर्राष्ट्रीय ख्याति अर्जित करने में कितनी मदद करते हैं—ये सभी प्रश्न तर्क जगत की अपनी आवश्यकता के घेरे के बाहर के हैं, पर शिक्षा की माध्यम-भाषा के चुनाव के लिए सर्वाधिक महत्त्वपूर्ण निर्धारक तत्त्व बन जाते हैं। कहने का तात्पर्य यह है कि शिक्षा की भी अपनी राजनीति है, जिसकी जड़ों को तर्क जगत के अपने संसार में ढूँढ़ने के बजाय उससे बाहर ढूँढ़ने की जरूरत है। यहाँ मैं केवल इतना कहना चाहूँगा कि तर्क जगत (शैक्षिक संसार) के क्षेत्र में हमने ज्ञान के अंतर्राष्ट्रीयकरण करने पर अधिक बल दिया है, उसके अमूर्त पक्ष को हम भारतीयों ने अधिक साधने की कोशिश की है और इस क्षेत्र में अपनी सामाजिक अस्मिता को विदेशी मूल्यों से अधिक जोड़ा है। हम यह भूल गए हैं कि ज्ञान-विज्ञान के शोध की दिशा तभी सार्थक होती है, जब वह अपने वस्तु-जगत से टकराकर निर्धारित होती है और अपनी परिस्थितियों से उलझकर अपना मार्ग प्रशस्त करती है। चीन की तरह भारत के वैज्ञानिक भी जब इस बात का तीव्रता से अनुभव करने लगेंगे, वे भी अपने तर्क जगत के लिए अपनी मातृभाषा से जुड़ने के लिए अपने को विवश पाएँगे।

सन्दर्भ

1. Bernstein, B., 1971. Class, code and Control. London : Routledge kegan paul.
2. Chomsky, N., 1965. Aspects of the theory of Syntax. Cambridge, Mass : MIT press.
3. Chomsky. N., 1972. Language and mind. New York : Harcourt Brace Jovanovitch.
4. Greimas. A.J., 1966. Semantique Structurale. paris.
5. Kuhn, T., 1972. The Structure of Scientific revolution Chicago. The University of Chicago press.
5. Labov, W., 1972. Sociolinguistic Patterns, Philadelphonia: University of Pennsylvenia. 1982, Objectivity and Committment in linguistic Science : The case of Black-English in Ann Arbar Language in Society 11, 165-201.
6. Lenneberg, E., 1967. Biological foundations of Language, New York : John wiley.
7. Osgood, C.E., 1953. Method and theory in experimental Psychology, New York : Oxford University press.
8. Popper, K., 1979. Objective Knowledge Oxford : Clarendon press Skinner, B.F., 1957. Verbal behavior, New York : Appletion Century Crofts.
9. Srivastava, R.N., 1977. Language teaching in a bi-or plurilin gual and multi cultural environment. Paris : Unesco.
10. Steiner, G., 1975. Extraterritorial (Papers on literature and the language revolution) Penguin Books.
11. Unesco, 1953. The use of vernacular language in education. paris : Unesco.

11

हिंदी भाषा और राष्ट्रीय एकीकरण

राष्ट्रीय एकीकरण की प्रक्रिया के संदर्भ में भाषा की महत्त्वपूर्ण भूमिका की बात को आज समाजशास्त्री और भाषावैज्ञानिक समान रूप से स्वीकार करने लगे हैं। यह बात इसलिए भी महत्त्व की है कि भाषा अगर एक ओर राष्ट्रीय एकीकरण का एक महत्त्वपूर्ण उपादान बन सकती है, वहीं दूसरी ओर वह समाज में तनाव, द्वंद्व, विद्वेष और विघटन की प्रवृत्ति को भी जन्म दे सकती है। अतः यह आवश्यक है कि भाषा की इस दुहरी सम्भावना को हम सजग भाव से समझें और एक ऐसी भाषा-नीति अपनाएँ जो देश के आर्थिक और सामाजिक विकास में सहायक हो, हमारी बहुभाषिक यथार्थता के अनुकूल हो और राष्ट्रीय एकीकरण की प्रक्रिया में सहायक हो। इधर हाल में अंग्रेजी में प्रकाशित दो लेख सामने आए हैं जिनमें इस समस्या को उठाने का प्रयास किया गया है, पर भारत की भाषायी समस्या की पकड़ ढीली होने के कारण जो निष्कर्ष उनमें निकाले गए हैं, वे न केवल भ्रांतिपूर्ण हैं बल्कि घातक भी हैं। इनमें पहला लेख सुनंदा सान्याल का 'डज लैंग्वेज युनाइट पीपुल ?' (1981) है और दूसरा कुलदीप नैयर का 'ए गवर्नमेंट शुड नॉट ग्लोरिफाई ए लैंग्वेज' (1982) है। इन दोनों लेखों की पृष्ठभूमि में राष्ट्रीय एकीकरण की प्रक्रिया के संदर्भ में हिंदी-अंग्रेजी की भूमिका का प्रश्न रहा है। दोनों ही लेखों की ध्वनि यह रही है कि आज हम हिंदी को जरूरत से ज्यादा महत्त्व दे रहे हैं और सरकार द्वारा हिंदी को दिया जानेवाला समर्थन देश के हित में नहीं है। अपने पक्ष में इन दोनों विद्वानों ने कुछ निराले तर्क दिए हैं, जिसकी छान-बीन आज आवश्यक है, क्योंकि यही तर्क प्रायः हमें अन्य व्यक्तियों द्वारा भी सुनने को मिलते रहते हैं।

सुनंदा सान्याल का यह मत है कि हिंदी की अपेक्षा अंग्रेजी भाषा सामाजिक नियंत्रण के कहीं अधिक अवसर प्रदान कर सकती है। और यही कारण है कि आज कोई भी व्यक्ति अपने बच्चों को अंग्रेजी पढ़ाने के लिए बेहिसाब खर्च करने में संकोच नहीं करता। उनके मत में अंग्रेजी भी भारत के लिए उसी प्रकार स्वभाषा

है, जिस प्रकार हिंदी अहिंदीभाषियों के लिए है। मिसाल के तौर पर किसी तेलुगु या तमिलभाषी के लिए यदि अंग्रेजी परायी भाषा है तो हिंदी भी उनकी अपनी भाषा नहीं है। यह एक साफ और सीधी बात है। यह कहना केवल एक वाकछल ही है कि भारतीय भाषा होने के नाते हिंदी पर अधिकार प्राप्त कर लेना अंग्रेजी के मुकाबले में अधिक आसान होना चाहिए। इस तर्क में कोई बल नहीं।" कुलदीप नैयर यह तो स्वीकार करते हैं कि भारत में हिंदी बोलने और समझनेवालों की संख्या अन्य भाषा भाषियों की तुलना में सबसे अधिक है और प्रजातंत्र में संख्या को महत्त्व देना ही चाहिए, अतः हिंदी को अंततः राजभाषा बनना ही है। लेकिन उनके अनुसार तृतीय विश्व हिंदी सम्मेलन को सफल बनाने की योजना वस्तुतः आग से खेलने जैसा है, क्योंकि इससे भाषायी द्वेष बढ़ने की सम्भावना है। उनके अनुसार न तो हिंदी के प्रगामी प्रयोग की दृष्टि से सरकार को कोई कदम उठाना चाहिए और न ही भाषा को नियोजित करने के लिए कोई प्रयत्न। हमें तो उस दिन की मात्र प्रतीक्षा करनी चाहिए जब दक्षिण के अहिंदी प्रदेश, स्वतः हिंदी की स्वीकृति की घोषणा कर दें।

ऐसा लगता है कि कुलदीप नैयर 'भाषा-नियोजन' की संकल्पना एवं प्रक्रिया से पूरी तरह अपरिचित हैं और सुनंदा सान्याल उससे परिचित हैं, लेकिन भारत की भाषायी यथार्थता को जान-बूझकर नकारना चाहते हैं। उनकी चिंता उस भाषा की खोज और स्थापना की तरफ सिमटी है, जो 'विशाल सभा' पर प्रभुत्व रख सके या जो 'सामाजिक नियंत्रण' का साधन और शस्त्र बन सके। सम्प्रेषणीयता, संचार और एकीकरण की प्रक्रिया आदि को भाषा-नियोजन का लक्ष्य बनाने की अपेक्षा वे राज्यों के लिए प्रभुतासम्पन्न भाषा की बात उठाते हैं और अंग्रेजी को उसके लिए सर्वाधिक उपयुक्त मानते हैं।

अंग्रेजी बनाम हिंदी और हिंदी बनाम अन्य क्षेत्रीय भाषाओं पर विचार करते समय हम प्रायः यह बात भूल जाते हैं कि अंग्रेजी को मातृभाषा के रूप में ग्रहण करनेवालों की संख्या भारत में नहीं के बराबर है। 1971 की जनगणना के अनुसार भारत की पूरी आबादी 54,81,95,652 है पर अंग्रेजी को मातृभाषा घोषित करनेवालों की संख्या मात्र 1,91,595 है। इसके विपरीत हिंदी को मातृभाषा स्वीकार करनेवालों की संख्या 20,85,14,005 है। हिंदी कम-से-कम 6 राज्यों और 2 संघीय क्षेत्रों की प्रमुख भाषा है, यथा–राजस्थान (91.73 प्रतिशत), हरियाणा (89.42 प्रतिशत), उत्तरप्रदेश (88.54 प्रतिशत), हिमाचल प्रदेश (86.87 प्रतिशत), मध्यप्रदेश (85.03 प्रतिशत), बिहार (70.77 प्रतिशत), दिल्ली (75.97 प्रतिशत) और चंडीगढ़ (55.96 प्रतिशत)। हिंदीभाषी प्रदेशों के मुख्यमंत्री अगर अपने क्षेत्रों में भाषा और सम्प्रेषण की समस्या, उसके मानकीकरण और आधुनिकीकरण की प्रक्रिया तथा अन्य भाषाओं के साथ उसके सम्बन्ध के बारे में विचार करने के

लिए किसी समय मिलते हैं तब कुलदीप नैयर जैसे विद्वान चिंतित क्यों हो उठते हैं ? क्या उन्हें यह भय है कि बहुसंख्यक होने के बावजूद हिंदी जो अब तक प्रभुतासम्पन्न अंग्रेजी के नीचे दबी सिसक रही थी, वह अपना नया व्यक्तित्व ग्रहण कर लेगी ?

इस तथ्य की ओर भी ध्यान देना होगा कि किसी भाषा का अपना अखिल भारतीय रूप क्या है ? संख्या की दृष्टि से हिंदी पंजाब (20.01 प्रतिशत), पश्चिमी बंगाल (6.13 प्रतिशत), अंडमान-निकोबार (16.07 प्रतिशत), में दूसरी प्रमुख भाषा है और कम-से-कम 5 प्रदेशों में तीसरे स्थान पर है, यथा–जम्मू-कश्मीर (15.07 प्रतिशत), आसाम (5.34 प्रतिशत), महाराष्ट्र (5.02 प्रतिशत), आंध्रप्रदेश (2.28 प्रतिशत) एवं त्रिपुरा (1.48 प्रतिशत)। अंग्रेजी की शक्ति भारत में द्वितीय भाषा के रूप में है। यद्यपि उसके मातृभाषियों की संख्या नगण्य है, पर भारत के द्विभाषिक समुदाय के 25.7 प्रतिशत लोग अंग्रेजी का प्रयोग करते हैं। लेकिन इस दृष्टि से भी हिंदी पिछड़ी भाषा नहीं है, क्योंकि द्वितीय भाषा के रूप में इसको अपनानेवालों की संख्या 26.8 प्रतिशत है। इस संदर्भ में हमें अंग्रेजी और हिंदी के आधार पर जन्मी द्विभाषिकता की प्रकृति पर भी ध्यान देना चाहिए जिसकी ओर से सुनंदा सान्याल पूरी तरह बेखबर हैं (भले ही वह समाजभाषा वैज्ञानिकों के मत से अपनी बात को पुष्ट करना चाहते हैं)। हिंदी, प्रमुखतः आधारभूत द्विभाषिकता, सामाजिक सम्प्रेषण व्यवस्था के उस स्तर से सम्बन्ध रखती है जो जन-जीवन की अपनी दैनिक आवश्यकताओं का परिणाम होता है। इस टाइप की द्विभाषिकता की जननी सामाजिक आवश्यकताओं का वह स्तर है जो न किसी औपचारिक भाषाशिक्षण की अपेक्षा रखता है और न ही किसी लिखित भाषा या साहित्यिक मानदंड का। हम इसे अंतर्राज्यीय बस अड्डों, रेलवे प्लेटफार्मों, विभिन्न धार्मिक स्थलों आदि पर सामान्य व्यवहार की भाषा के रूप में फलते-फूलते देख सकते हैं। इसके विपरीत अंग्रेजी जिस सभ्रांत टाइप की द्विभाषिकता को जन्म देती है, वह दो भाषाओं के मानक-रूप की अपेक्षा रखती है। यह बहुत कुछ औपचारिक परिस्थितियों के बीच दूसरी भाषा के सीखने का परिणाम होती है। स्पष्ट है, हिंदी की शक्ति, भारतीय जनजीवन की अपनी आवश्यकता और सामान्य जीवन की सम्प्रेषण-सम्बन्धी अनिवार्यता के साथ है, जबकि अंग्रेजी की शक्ति (?) बौद्धिक चिंतन और सम्भ्रान्त व्यक्तियों के लिए 'प्रभुता' स्थापन में निहित है।

यह भी ध्यान देने की बात है कि भारत एक बहुभाषा-भाषी देश है। राजभाषा और राष्ट्रभाषा के रूप में इसीलिए इसकी भाषायी समस्या एक जटिल रूप में सामने उभरती है। प्रायः हम इन दोनों भाषा-प्रकार्यों के अंतर को पकड़ नहीं पाते, इसलिए यह आवश्यक है कि हम संक्षेप में बहुभाषी देशों के संदर्भ में राजभाषा बनाम राष्ट्रभाषा के प्रश्न पर विचार कर लें।

बहुभाषा-भाषी देश की सम्प्रेषण-व्यवस्था अनिवार्यतः सम्पर्क भाषा अर्थात् वृहत्तर आयाम पर 'लिंगुआ-फ्रेंका' को जन्म देती है। राष्ट्रीय संदर्भ में कभी इसका रूप राजभाषा को जन्म देता है और कभी राष्ट्रभाषा को। राजभाषा का सम्बन्ध राष्ट्रवादिता (नेशनिज्म) से रहता है, वह राष्ट्र को राजनीतिक और आर्थिक दृष्टि से एकसूत्रता में बाँधने के काम में आनेवाली प्रशासनिक प्रयोजनों की भाषा होती है। इसके लिए यह जरूरी नहीं कि वह भाषा अपने देश की ही हो। राष्ट्रभाषा का सम्बन्ध राष्ट्रीयता (नेशनेलिज्म) से रहता है, उसके पीछे जातीय प्रामाणिकता और 'ग्रेट ट्रेडिशन' की शक्ति काम करती है और उसके सहारे समाज राष्ट्र के स्तर पर समाज और संस्कृति के संदर्भ में तादात्म्य स्थापित करता है और अपनी सामाजिक अस्मिता सिद्ध करता है। (फिशमैन, 1971) प्रत्येक देश राष्ट्रीयता और राष्ट्रवादिता के द्वंद्व का समाधान अपने ढंग से करता है–उदाहरण के लिए घाना और जैम्बिया ने राष्ट्रवादिता की प्रवृत्ति से प्रेरित होकर उस भाषा को देश की लिंगुआ-फ्रेंका का स्तर दिया जो स्वतंत्रतापूर्व शासकों (विदेशियों) की भाषा थी। इजरायल, थाइलैंड, सोमालिया, इथोपिया आदि देशों ने राष्ट्रीयता से अनुप्राणित होकर अंतरक्षेत्रीय स्तर पर फैली अपने देश की लिंगुआ-फ्रेंका को राष्ट्रभाषा का दर्जा दिया। पर भारत, श्रीलंका, मलेशिया आदि जैसे देशों के सामने समस्या जटिल थी क्योंकि परम्परा-अर्जित और संस्कृति-समर्थित इसमें कई समुन्नत भाषाएँ राष्ट्रभाषा की दावेदार बनकर आईं और इन देशों ने अपना दूसरा ही रास्ता अपनाया।

यह ध्यान देने की बात है कि यद्यपि भारतीय संविधान के अनुच्छेद 343 के अनुसार "संघ की राजभाषा हिंदी और लिपि देवनागरी होगी," पर उसी अनुच्छेद के खंड (2) के अनुसार संविधान के प्रारम्भ से पंद्रह वर्ष की कालावधि के लिए उन सब राजकीय प्रयोजनों के लिए अंग्रेजी भाषा प्रयोग की जाती रहेगी, जिनके लिए वह पहले से ही प्रयोग की जाती थी। ऐसा बताया जाता है कि अंग्रेजी के स्थान पर प्रशासनिक व्यवहारक्षेत्र में तत्काल प्रयोग में लाने के लिए हिंदी भाषा न तो समर्थ है और न ही उतनी विकसित। दूसरा कारण यह भी कहा जाता है कि इस एकाएक परिवर्तन से अहिंदीभाषियों को काफी असुविधा होगी, जिससे प्रशासन-तंत्र में काफी लम्बी दरार पड़ जाएगी। इन सब बातों को ध्यान में रखकर यह व्यवस्था की गई कि 1965 तक स्थिति यथावत् बनी रहे, ताकि एक तरफ हिंदी को समृद्ध कर उसे प्रशासनिक प्रयोजनों की समर्थ भाषा बना लिया जाए और अहिंदीभाषियों को इतना समय भी मिल जाए कि वे अन्य भाषा के रूप में हिंदी में व्यावहारिक दक्षता प्राप्त कर लें।

संविधान के अनुच्छेद 344 (2) के अनुसार राष्ट्रपति को यह अधिकार प्राप्त है कि "संघ के राजकीय प्रयोजनों के लिए हिंदी भाषा के उत्तरोत्तर अधिक प्रयोग"

और "संघ के राजकीय प्रयोजनों में से सब या किसी एक के लिए अंग्रेजी भाषा के प्रयोग पर निर्बंधन (रिस्ट्रिक्शन)" के लिए आयोग और संसदीय समिति का गठन करे। इस आधार पर सन् 1955 में एक राजभाषा आयोग और उसकी सिफारिश पर विचार करने के लिए सन् 1957 में एक संसदीय समिति का गठन किया गया। पूरी वस्तुस्थिति और सामाजिक वातावरण को ध्यान में रखते हुए सन् 1965 में आयोग और संसदीय समिति ने यह सिफारिश की कि अंग्रेजी का प्रयोग अभी भी यथावत् बना रहे और हिंदी की समृद्धि और विकास में और गति लाने के लिए सरकार प्रयत्न करे। इससे पूर्व हिंदी को व्यावहारिक रूप में लागू करने के लिए संसद ने 1963 में एक राजभाषा अधिनियम पारित किया था। इस राजभाषा अधिनियम की धारा 3 के अनुसार उन सभी प्रयोजनों के लिए अंग्रेजी के प्रयोग की बात कही गई, जिनमें वह प्रयुक्त होती आई थी। चार वर्ष बाद सन् 1967 में राजभाषा (संशोधन) अधिनियम पारित हुआ। इस संशोधित अधिनियम के अनुसार यह छूट दी गई कि कोई भी सरकारी कर्मचारी हिंदी या अंग्रेजी में काम कर सकता है। जो क्षेत्र द्विभाषिकता के लिए अनिवार्य माने गए (उनमें हिंदी और अंग्रेजी दोनों भाषाओं के प्रयोग को अनिवार्य माना गया) वे हैं–(क) संकल्प, सामान्य आदेश, नियम, अधिसूचना तथा प्रेस विज्ञप्ति, (ख) संसदीय रिपोर्ट तथा सरकारी कागज-पत्र और (ग) संविदा, करारनामा, लाइसेंस, परमिट, टेंडर-नोटिस और सरकारी फार्म।

राजभाषा संशोधित अधिनियम ने हिंदी-अंग्रेजी द्विभाषिक स्थिति की ही पुष्टि की। इस अधिनियम ने यह भी निर्धारित किया कि केंद्रीय सरकार के जितने भी मंत्रालय और कार्यालय हैं, वे आपस में हिंदी भाषा में पत्राचार कर सकते हैं लेकिन उनका अंग्रेजी अनुवाद तब तक संलग्न कर भेजा जाए जब तक सम्बद्ध मंत्रालय और कार्यालय के अधिकारी हिंदी की व्यावहारिक दक्षता प्राप्त नहीं कर लेते। संविधान के अनुच्छेद 346 के अनुसार एक राज्य और दूसरे राज्य तथा किसी राज्य और भारत संघ के बीच सम्प्रेषण-माध्यम के लिए वह भाषा, राजभाषा के रूप में व्यवहार में लाई जाएगी जो संघ के राजकीय प्रयोजनों के लिए उस समय प्राधिकृत भाषा होगी। लेकिन इसके साथ उसी अनुच्छेद में यह भी कहा गया है कि यदि दो या अधिक राज्य इस बात का करार करते हैं कि ऐसे राज्यों की परस्पर सम्प्रेषण-व्यवस्था के लिए माध्यम भाषा हिंदी होगी तो सम्प्रेषण के लिए हिंदी भाषा का प्रयोग किया जा सकेगा। सन् 1967 के राजभाषा संशोधित अधिनियम ने यह व्यवस्था दी कि केंद्रीय सरकार और राज्य सरकारों के बीच पत्र-व्यवहार अंग्रेजी में तब तक चलता रहेगा जब तक कि अहिंदी भाषी राज्य हिंदी में पत्र-व्यवहार करने के लिए स्वयं निर्णय नहीं ले लेते। ऐसी स्थिति में अगर एक राज्य दूसरे राज्य के साथ हिंदी में पत्राचार करता है तो उसके साथ

अंग्रेजी अनुवाद की प्रति भी भेजना आवश्यक है।

राजभाषा संशोधित अधिनियम ने द्विभाषिक प्रक्रिया को बढ़ावा ही दिया। यह गौर करने की बात है कि स्वाधीनता-संग्राम के अग्रणी तथा मान्य कांग्रेसी नेता (यथा–महात्मा गाँधी, लोकमान्य तिलक, मदनमोहन मालवीय आदि) सभी यह मानते रहे कि भारतवर्ष की राजभाषा के लिए अगर कोई भाषा सर्वाधिक उपयुक्त है तो वह एकमात्र हिंदी ही है। महात्मा गाँधी ने तो दूसरे गुजरात शिक्षा सम्मेलन के सभापति-पद से बोलते हुए 1917 में यह कहा था कि राष्ट्रीय भाषा वही भाषा हो सकती है जो सरकारी कर्मचारियों के लिए सहज और सुगम हो, जो धार्मिक, आर्थिक और राजनीतिक क्षेत्र में माध्यम भाषा बनने की शक्ति रखती हो, जिसको बोलनेवाले बहुसंख्यक हों और जो पूरे देश के लिए सहज रूप से उपलब्ध हो। अंग्रेजी किसी भी तरह इस कसौटी पर खरी नहीं उतर पाती। उनके अनुसार हिंदी ही एकमात्र वह भाषा थी, जो उनके द्वारा निर्धारित आवश्यकताओं को पूरा करती थी। जहाँ तक हिंदी भाषा की व्यापकता और व्यवहार-शक्ति की क्षमता का सवाल है, गाँधीजी के 1917 के भारत की स्थिति यह थी कि "हिंदी बोलनेवाला जहाँ भी जाता है हिंदी का प्रयोग करता है और कोई व्यक्ति इस पर आश्चर्य व्यक्त नहीं करता। हिंदी बोलनेवाले हिंदू धर्मोपदेशक और उर्दू बोलनेवाले मौलवी सम्पूर्ण भारतवर्ष में धर्म और आचरण सम्बन्धी अपने भाषण हिंदी या उर्दू में देते पाए जाते हैं; और औरों की बात तो दूर, अशिक्षित बहुसमाज भी उन्हें समझ लेता है। स्थिति यह भी है कि जब एक अशिक्षित गुजराती उत्तर भारत में आता है, तो वह टूटी-फूटी हिंदी बोलने की कोशिश करता पाया जाता है पर जब उत्तर भारत का कोई 'भइया' बम्बई में दरबान का काम करता है, तो वह बम्बई के सेठों से गुजराती में बात करने से इनकार कर देता है और यदि उनके मालिक गुजराती सेठ हैं जो टूटी-फूटी हिंदी भाषा में उनसे बात करते पाए जाते हैं। गाँधीजी के अनुसार, यह कहना गलत है कि मद्रास में भी अंग्रेजी के बिना काम नहीं चलाया जा सकता। उन्होंने हिंदी के सहारे मद्रास में भी सफलतापूर्वक अपना काम चलाया।

गाँधीजी या अन्य कांग्रेसी नेताओं ने स्वतंत्रता-संग्राम के दौरान हिंदी को राष्ट्रभाषा के रूप में मान्यता दिलाने की कोशिश की। राष्ट्रभाषा अगर राष्ट्रीयता की भावना के सूचक-रूप में सिद्ध होती है तब उसके दो लक्षण आपस में गुँथे रूप में मिलते हैं–भीतरी तौर पर देश को एकताबद्ध करने की प्रवृत्ति और अंतर्राष्ट्रीय स्तर पर बाह्य रूप में देश को विशिष्ट सिद्ध करने की प्रवृत्ति। हागेन (1966) के अनुसार, किसी भी अन्य इकाई की तरह राष्ट्रभाषा का भी काम आभ्यंतर अंतर और विभेद को कम करना और बाह्य अंतर और विभेद को उभारना होता है। इसका आदर्श होता है–आभ्यंतर एकता और बाह्य विशिष्टता। आभ्यंतर एकता के लिए अगर बहुभाषी देशों में यह आवश्यक हो जाता है कि मातृभाषा

के साथ ही साथ एक अन्य भाषा 'लिंगुआ-फ्रेंका' के रूप में उभरे तो बाह्य विशिष्टता के लिए यह भी जरूरी है कि 'लिंगुआ-फ्रेंका' के रूप में राजभाषा का दर्जा पानेवाली भाषा स्वदेशी हो।

आभ्यंतर एकता और बाह्य विशिष्टता के रूप में हिंदी को राष्ट्रभाषा का दर्जा दिलाने का प्रयत्न स्वतंत्रता-प्राप्ति के पहले भी होता रहा और स्वतंत्रता-प्राप्ति के बाद भी चल रहा है। तत्कालीन प्रधानमंत्री इंदिरा गाँधी का यह कहना था कि "यह सच है कि कोई भी देश अपनी मातृभाषा के द्वारा ही आगे बढ़ सकता है। हम दूसरी भाषा सीख सकते हैं, बोल सकते हैं, लेकिन नए विचार उससे पैदा नहीं होते। नए विचार केवल अपनी मातृभाषा के द्वारा ही निकल सकते हैं। इसलिए हमें भारत की सभी भाषाओं को आगे बढ़ाना है, प्रोत्साहन देना है और हिंदी का तो एक विशेष स्थान है ही। हम चाहते हैं कि जल्दी-से-जल्दी भारत के सभी लोग अगर हिंदी न बोल सकें तो कम-से-कम समझ तो सकें। मैं समझती हूँ, यह काम आगे बढ़ रहा है। इतने बड़े देश में, जहाँ इतनी भाषाएँ हैं, वहाँ देश की एकता के लिए आवश्यक है कि कोई भाषा ऐसी हो, जिसे सब बोल सकें, जो एक कड़ी की तरह सबको मिला-जुलाकर रख सके। इसीलिए हिंदी को बढ़ाना हम सबका काम है।"

यह ग़ौर करने की बात है कि स्वतंत्रता-पूर्व के वे सभी प्रयत्न राष्ट्रभाषा के लिए थे जो भाषा (हिंदी) के माध्यम से देश को एकताबद्ध कर उसे अंतर्राष्ट्रीय नक्शे पर एक स्वतंत्र राष्ट्र के रूप में स्थापित करने के लिए थे। इसके भीतर अखिल भारतीय प्रशासनिक प्रयोजनों के लिए सिद्ध भाषा-प्रकार्य भी थे और सम्पूर्ण भूभाग की सांस्कृतिक एकता को एक ही सूत्र में आबद्ध करनेवाले तत्त्व भी समाहित थे। पर भारतीय संविधान ने भाषा के संदर्भ में एकसूत्रता की संकल्पना को केवल प्रशासनिक प्रयोजनों तक सीमित कर राष्ट्रभाषा के रूप में हिंदी के विकास को संघ की राजभाषा मात्र तक सीमित कर दिया। भारतीय संविधान में जहाँ भी अखिल भारतीय स्तर पर संघ की भाषा के रूप में हिंदी की बात की गई है, उसे राजभाषा ही घोषित किया गया है। सच तो यह है कि हिंदी के रूप में सिद्ध आभ्यंतर एकता और बाह्य विशिष्टता की राष्ट्रीय चेतना पर स्वतंत्रता-प्राप्ति के साथ ही दुहरा दबाव पड़ा, जिसके प्रभाव से भारतीय संविधान के भाषा सम्बन्धी अधिनियम भी सर्वथा मुक्त नहीं कहे जा सकते।

यह तथ्य भाषा की अंतर्निहित संकल्पना के भीतर है कि भाषा अपने भाषायी समाज के सदस्यों के भीतर सामाजिक अस्मिता की भावना को प्रश्रय देती है। हर भाषा, न केवल विभिन्न बोलियों को अपने भीतर समेटकर एक समग्र इकाई के रूप में उभरती है, वरन् मातृभाषा के रूप में बोलियों को स्वीकृति देते हुए भी सामाजिक धरातल पर उनके बोलनेवालों के बीच न केवल सम्पर्क-साधन का

काम करती है, वरन् उनके भीतर तादात्म्य भाव पैदा कर 'एक' समाज के सदस्य होने की धारणा को चेतनाबद्ध करती है। सामाजिक स्तर पर एक होने की यह चेतनाबद्ध धारणा भी–'आभ्यंतर एकता' अर्थात् विभिन्न बोलीभेद (अवधी, ब्रज, भोजपुरी, राजस्थानी आदि) के बावजूद एकभाषी (हिंदी) होने की धारणा और 'बाह्य विशिष्टता' अर्थात् एक ही भूभाग की अन्य भाषाओं (तमिल, बंगाली, गुजराती आदि) से भिन्न सिद्ध करने की प्रवृत्ति। बाह्य विशिष्टता, जनपदीय उन समूहगत लक्षणों को उभारने का प्रयत्न करती है जो स्थानीय संस्कृति और साहित्य की धरोहर होते हैं और जो उस भाषायी समाज की सुख-समृद्धि की संकल्पना को साकार करने में सहायक होते हैं। इसीलिए जब प्रशासन की सुविधा के लिए भारत को विभिन्न जनपदीय प्रदेशों के रूप में पुनर्गठित करने का प्रयास हुआ, तब उसके इस भाषायी आधार की उपेक्षा न की जा सकी। प्रदेशों का भाषायी आधार क्या रहा है, इसके बारे में अधिक कहने की आवश्यकता नहीं। हाँ, यह तथ्य अवश्य हमारे सामने है कि ये सभी प्रदेश बहुभाषी हैं। पर प्रदेशों के गठन और सीमा-निर्धारण के समय 'डामिनेंट' भाषा की संकल्पना से हम कभी भी अपने को मुक्त नहीं कर सके हैं। यही कारण है कि जब किसी विकसित चेतनावाले भाषायी समाज को गौण स्थान मिला है और 'डामिनेंट' भाषा का भाषायी समाज उसके विकास और प्रगति में बाधक हुआ है–भाषायी दंगे का बीभत्स रूप भी सामने उभरा है। (श्रीवास्तव, 1979)

संविधान की अष्टम् अनुसूची में इस प्रकार आज 15 मान्य प्रादेशिक भाषाएँ हैं। इनमें से अधिकांश भाषायी समाज की अस्मिता की साधक हैं और 'बाह्य विशिष्टता' के रूप में अपने स्वतंत्र अस्तित्व की आकांक्षी हैं। इतिहास की जनपदीय सह-अनुभूतियाँ और साहित्य की भाषाबद्ध चेतना उनकी आकांक्षाओं में अपना रंग भरती है। स्थानीय सुख-समृद्धि की लालसा और क्षेत्रीय स्तर पर आर्थिक सुरक्षा की भावना उनकी अपनी अस्मिता में प्राण फूँकती है। इसलिए जब कभी भी अखिल भारतीय स्तर पर राष्ट्रीय भाषा के रूप में किसी एक भाषा (भले ही वृहत्तर भागों में समझी जानेवाली और सांस्कृतिक पुनर्जागरण के समय सर्वाधिक प्रयोग में आनेवाली हिंदी भाषा ही क्यों न हो) को मान्यता देने की बात उठी है–अन्य भाषायी समाजों ने इसे शंकानुभाव से देखा है कि कहीं इससे उनके भाषायी समाज की 'व्रिशिष्टता' खंडित तो नहीं हो रही है ? कहीं इसके परिणामस्वरूप उनके समाज के आर्थिक विकास का रास्ता अवरुद्ध तो नहीं हो रहा है ? कहीं कोई और भाषायी समाज बढ़कर उनकी जातीय चेतना को हीन सिद्ध तो नहीं कर रहा है ? दूसरी भावना यह भी सामने आई कि भारत अगर एक राष्ट्र है तो जिस प्रकार 'हिंदी भाषायी समाज' उसका एक अंग है, उसी प्रकार हम भी उसके एक अंग हैं, फिर एक 'अंग' की भाषा पूरे राष्ट्र का प्रतीक बन 'राष्ट्रभाषा' कैसे

और क्यों बने ? यह भी तर्क उभारा गया कि जिस प्रकार किसी राष्ट्र के लिए यह आवश्यक नहीं कि उसके सभी सदस्य एक धर्म के माननेवाले हों, उनके खान-पान, रीति-रिवाज और आचार-विचार, रूढ़ियाँ एक हों, उसी प्रकार उसके लिए यह भी जरूरी नहीं कि उसके लिए एक ही 'राष्ट्रभाषा' (भाषा नहीं ?) हो। पर यह भी सच है कि भाषाओं की इस भिन्नता और सामाजिक अस्मिता के विभेद के बावजूद यह हमेशा अनुभव किया जाता रहा है कि अलग-अलग भाषाओं के बीच कड़ी के रूप में कोई भाषा अवश्य होनी चाहिए। प्रशासन की सुविधा और अखिल भारतीय स्तर पर सम्प्रेषण-व्यवस्था के लिए एक सम्पर्क भाषा देश की नियति है। इसलिए हिंदी को एकनिष्ठ 'राष्ट्रभाषा' के रूप में मान्यता न देने के पक्ष के समर्थक भी अधिकांशतः उसे प्रशासनिक प्रयोजनों के लिए सिद्ध 'राजभाषा' का दर्जा देने के लिए सहमत हो गए।

पर इसके साथ पाश्चात्य शिक्षा के वातावरण में पला और स्वतंत्रता-पूर्व की विदेशी प्रशासन-व्यवस्था का संस्कारग्रस्त व्यक्तियों का एक वर्ग ऐसा भी है जो राष्ट्रभाषा या राजभाषा की समस्या को हिंदी और प्रादेशिक भाषाओं के सम्बन्धों में न ढूँढ़कर हिंदी और अंग्रेजी की प्रतिद्वंद्विता के रूप में उभारना चाहता है। उसके तरकश के तीर रहे हैं—अंतर्राष्ट्रीय सम्बन्ध, वैज्ञानिक उपलब्धियाँ, आर्थिक विकास, विकसित भाषा-रूप आदि। इनके साथ उनका यह भी कहना है कि राजनीतिक और आर्थिक दृष्टि से राष्ट्र को एक होने के लिए यह जरूरी नहीं कि उसकी राजभाषा, उस देश की ही कोई भाषा हो। आखिर स्विट्ज़रलैंड में तीन राजभाषाएँ हैं और उनमें से कोई भी उस देश की नहीं है। उसी प्रकार बेल्जियम की स्वीकृत दोनों राजभाषाओं में से दोनों ही तो उस देश की अपनी भाषाएँ नहीं हैं और मान भी लें कि राजभाषा, उसी देश के बोलनेवालों की कोई भाषा हो, तो अंग्रेजी भाषा को अब भारत की एक भाषा के रूप में ही मान लेना चाहिए, क्योंकि एक ओर तो अखिल भारतीय स्तर पर प्रशासन के लिए यह पहले से ही सिद्ध भाषा है और दूसरी ओर यह भारतवर्ष के पूरे बुद्धिजीवी वर्ग की वह भाषा है, जिसके माध्यम से वह आधुनिकतम ज्ञान ग्रहण और अभिव्यक्त करता है [ये सभी तर्क समस्या के एक आंशिक पक्ष को उभारते हैं और सोचने-समझने की एक भ्रामक दिशा के परिणाम हैं, यह अन्यत्र (श्रीवास्तव, 1977) दिखलाया जा चुका है]। यहाँ इतना कहना ही काफी होगा कि ये सभी तर्क उच्चशिक्षा-प्राप्त एक बहुत ही सीमित वर्ग की अधिकार-रक्षा और प्रभुता-शक्ति को अपने स्वार्थहितों तक बाँध रखने की भावना से मूलतः प्रेरित हैं। शासनतंत्र का प्रसार कर अगर उसमें जनता के अधिक-से-अधिक सहयोग लेने और उससे सम्बन्ध स्थापित करने की बात यदि प्रजातंत्र की ध्वनि में है, तो किसी ऐसी ही भाषा को राजभाषा के पद पर बैठाना होगा, जिसके बोलने-समझनेवाले सबसे अधिक हों और जिसका

प्रसार और प्रचार बहुआयामी हो। आज की स्थिति में वह हिंदी भाषा ही है। पर इसके साथ यह भी सच है कि उच्चशिक्षा प्राप्त यह अधिकारी वर्ग ही भारतीय प्रशासन की धुरी बना बैठा है और मात्र हिंदी को राजभाषा का माध्यम बनाने से अगर किसी के हितों पर सबसे करारी चोट पड़ेगी तो वह यही वर्ग होगा। शासनतंत्र की व्यावहारिक सुविधा के लिए ही मूलतः हिंदी-अंग्रेजी की द्विभाषिक स्थिति संवैधानिक आवाज की विडम्बना के रूप में सुनी जा रही है।

राजभाषा (प्रशासनिक प्रयोजनों की भाषा) और राष्ट्रभाषा (सांस्कृतिक अस्मिता की भाषा) के बीच के साधन स्वरूप हिंडोले की तरह झूलती हिंदी की नियति की यही आवाज संविधान के अनुच्छेद 351 में मिलती है, जहाँ उसे भारत की सामासिक संस्कृति के सब तत्त्वों की अभिव्यक्ति का माध्यम बनाने की बात की गई है, पर जिसको औपचारिक दृष्टि से केवल राजभाषा के दायित्व और सूचक तत्त्व के रूप में मान्यता दी गई है।

जैसा पहले संकेत दिया जा चुका है, फिशमैन (1971) ने इस नीति-निर्णय के आधार पर कि किस भाषा को राष्ट्रीय स्तर पर प्रतिष्ठित किया जाए, राष्ट्रों को तीन वर्गों में विभाजित किया है। उनके अनुसार क-टाइप के निर्णय लेनेवाले राष्ट्रों का वह वर्ग है जो जातीय प्रामाणिकता और 'ग्रेट ट्रेडिशन' की शक्ति के दबाव से मुक्त होकर अपने देश को एकसूत्रता में बाँधने की ओर प्रवृत्त हैं। इस वर्ग में उन बुद्धिजीवियों की आवाज अधिक सुनी जाती है, जो 'आधुनिकता' से प्रभावित होकर अपने देश को समुन्नत करना चाहते हैं। इसके विपरीत ख-टाइप के निर्णय लेनेवाले राष्ट्रों का वर्ग अपने चिंतन के पीछे हमेशा जातीय प्रामाणिकता और 'ग्रेट ट्रेडिशन' का दबाव महसूस करता है। यह वर्ग इस विचार से प्रेरित रहता है कि सामाजिक एकता और जातीय सामंजस्य की भावना को जाग्रत करने के लिए कोई एक स्वदेशी भाषा ही राष्ट्रभाषा की दावेदार बन सकती है। ग-टाइप के निर्णय लेनेवाले राष्ट्रों की चिंतन-प्रक्रिया जटिल होती है। ऐसे राष्ट्र यह मानकर चलते हैं कि क्षेत्रीयता की स्थानिक प्रवृत्ति से प्रेरित सामाजिक वर्ग का युग बीत गया और उससे ऊपर उठने का अर्थ ही होता है द्विभाषिक बनना। इस दृष्टि से द्विभाषिकता की स्थिति आज सामान्य व्यक्ति की ही नियति नहीं है, अपितु यह स्थिति पूरे राष्ट्र की है। केवल राष्ट्र के धरातल पर सिद्ध प्रादेशिक (क्षेत्रीय) भाषाओं और अंतरक्षेत्रीय सम्पर्क-सूत्र स्थापित करनेवाली भाषा के बीच ही द्विभाषिकता जरूरी नहीं, अपितु देश को आधुनिक बनाने और दुनिया के अन्य देशों से सम्बन्ध स्थापित करने के लिए भी यह जरूरी है कि किसी एक विदेशी पाश्चात्य भाषा को स्वीकार कर दुहरी द्विभाषिकता को हम बढ़ावा दें।

निश्चय ही भारतवर्ष अगर किसी वर्ग में रखा जा सकता है, तो वह है 'ग-टाइप' के निर्णय लेनेवाले देशों का वर्ग। पर यहाँ की स्थिति उतनी सरल नहीं,

जितनी फिशमैन समझते हैं। राष्ट्रभाषा के चुनाव के पीछे यहाँ अनेक ऐसी प्रवृत्तियाँ काम करती रही हैं, जिनका आपस में तालमेल बैठाना बहुत सरल न था। कम-से-कम चार निश्चित धारा तो सामने उभरकर आती ही हैं :

(1) **राष्ट्रीयतावादी धारा**, जो यह मानकर चलती है कि भारतीय संस्कृति और सभ्यता का ही नहीं वरन् अनेक भारतीय भाषाओं की जननी संस्कृत भाषा है। जिन भाषाओं से इसका पारिवारिक सम्बन्ध नहीं भी रहा है, उनको भी यह प्रभावित करती रही है। जातीय प्रामाणिकता के ऐतिहासिक गौरव-स्तम्भ के रूप में यह भाषा आधुनिक सभी भारतीय भाषाओं का हृत्कम्पन है, इसलिए एक राष्ट्र और उसके हृत्कम्पन को मूर्त करनेवाली राष्ट्रभाषा संस्कृत भाषा के रूप में ही सिद्ध हो सकती है।

(2) **अंतर्राष्ट्रीयतावादी धारा**, जो यह मानकर चलती है कि राष्ट्र को प्रशासन और राजनीतिक दृष्टि से एक तो होना ही है। इसके साथ उसे आर्थिक दृष्टि से समुन्नत और शैक्षिक दृष्टि से सुदृढ़ होने के लिए यह जरूरी है कि वह आधुनिक ज्ञान-विज्ञान की उपलब्धियों से परिचित हो। ऐसा तभी सम्भव है जब हम अधिक विकसित और वैज्ञानिक चिंतन-प्रणाली को अधिक क्षमता से व्यक्त करनेवाली अंग्रेजी भाषा को स्वीकार करें, जो अब तक उच्चशिक्षा की माध्यमभाषा होने के कारण शिक्षित वर्ग के लिए सहज ही उपलब्ध है। इस विचारधारा के अनुसार आज कोरी राष्ट्रीय भावुकता से काम नहीं चल सकता। सम्पर्क और सहयोग के कारण अब तक विभिन्न राष्ट्रों से समूह के रूप में फैला संसार अब सिमटता जा रहा है और अंतर्राष्ट्रीय सम्बन्धों के बिना आज किसी भी राष्ट्र के विकास की सम्भावना दुःस्वप्न मात्र है। इसके लिए हमें जो राष्ट्रभाषा चुननी है, उसे एक आयाम पर अंतर्राष्ट्रीय स्तर को भी छूने की शक्ति रखनी चाहिए।

(3) **क्षेत्रीय धारा**, जो राष्ट्र को राजनीतिक इकाई मानती है और उसे इकाई मानते हुए भी अपनी प्रादेशिक सत्ता और क्षेत्रीय अधिकारों के प्रति सजग और सतर्क है। उसके अनुसार जिस प्रकार भारतवर्ष अनेक धर्मों और अनेक प्रजातियों का देश है उसी प्रकार वह ऐसा बहुभाषाभाषी देश भी है जहाँ अनेक भाषाएँ अपनी सांस्कृतिक और साहित्यिक सम्पदा के साथ फल-फूल रही हैं। इन सभी की अपनी सार्थकता है, अपने संदर्भ हैं और ये सभी राष्ट्रीय चेतना के सिद्ध रूप हैं। इनमें से किसी एक को राष्ट्रभाषा-पद पर बैठाने पर अन्य सभी भाषायी समाजों के अपने विकास का रास्ता सापेक्षतया कठिन हो जाएगा। भारतवर्ष जैसे प्रजातंत्रवाले देश में ऊपर उठने के लिए सबको समान सुविधा मिलनी चाहिए। इसलिए निष्कर्षतः इस धारा के समर्थक यह मानते पाए जाते हैं कि सभी प्रादेशिक भाषाएँ, भारत की राष्ट्रीय भाषाएँ हैं।

(4) **लोकवादी जनतांत्रिक धारा**, जो यह मानती है कि भारतवर्ष अनेक प्रदेशों

का एक समुच्चय है पर इस समुच्चय की सिद्धि एकसंघ के रूप में है। यह संघ ही है जो एक ओर भारत को राजनीतिक इकाई का रूप देता है और दूसरी ओर राज्यों के अंतस्सम्बन्धों के बीच कड़ी का काम भी करता है। इसी प्रकार प्रादेशिक भाषाओं की सत्ता और सार्थकता को स्वीकार करती हुई वह उसके बीच कड़ी के रूप में सिद्ध होनेवाली एक भाषा की धारणा को बढ़ावा देती है। उसके अनुसार भारत प्रजातंत्र के सिद्धांत का प्रबल समर्थक भी है, अतः अखिल भारतीय स्तर पर सम्पर्क-सूत्र के रूप में वही भाषा स्वीकृत हो सकती है जिसके सामाजिक आयाम बहुमुखी और बहुस्तरीय हों, जिसको अन्य भाषा के रूप में बोलने और समझनेवालों की संख्या सबसे अधिक हो और जो भारतीय संस्कृति की लोकवादी चिंतनधारा को मूर्तमान करने में सक्षम हो। ऐसी भाषा सम्प्रति हिंदी ही है।

भारतीय संविधान में भाषा सम्बन्धी अनुच्छेदों का विश्लेषण करने पर यह स्पष्ट हो जाता है कि संविधान-निर्माता इन चारों प्रवृत्तियों से अपरिचित न थे और उनका प्रयास यही रहा है कि जहाँ तक हो सके, इन चारों धाराओं के बीच एक सामंजस्य पैदा कर कम-से-कम भाषायी तनाव की स्थिति पैदा की जाए। लोकवादी और अंतर्राष्ट्रीयतावादी धारा को एक साथ समेटने की कोशिश का यह परिणाम है कि प्राथमिक राजभाषा के रूप में हिंदी और सहयोगी राजभाषा के रूप में 'अंग्रेजी' को संविधान में स्वीकृत पाते हैं। इसी प्रकार क्षेत्रीय धारा के साथ समझौता करने के प्रयत्न को हम इस रूप में पाते हैं कि किसी भाषा को–यहाँ तक कि हिंदी को भी–राष्ट्रभाषा के नाम से सम्बोधित या परिभाषित नहीं किया गया है और अष्टम् अनुसूची में स्वीकृत भाषाओं के रूप में संस्कृत, उर्दू और सिंधी के साथ सभी प्रादेशिक (राज्य भाषाओं) भाषाओं का नाम लिखा पाते हैं। इसी प्रकार राष्ट्रीयतावादी धारा को इसके साथ मिलाकर रखने की प्रवृत्ति को हम अनुच्छेद 351 में पाते हैं जो हिंदी भाषा के विकास के लिए निर्देश रूप में यह विचार व्यक्त करता है कि हिंदी को "अष्टम् अनुसूची में उल्लिखित अन्य भारतीय भाषाओं के रूप, शैली और पदावली को आत्मसात करते हुए तथा जहाँ आवश्यक या वांछनीय हो, वहाँ उसके शब्द-भंडार के लिए मुख्यतः संस्कृत से तथा गौणतः अन्य भाषाओं से शब्द ग्रहण करते हुए विकसित किया जाए।"

संदर्भ

1. Fishman, J. A., 1971. National language and languages of wider communication in developing nations. In language use and social change, ed. by W.H. Whitley, 27-56, Oxford University press.

2. Haugen, E. 1966. Dialect, language, nation American Anthropologist 68, 922-35
3. Nayar, K., 1982. A Government should not glorify a language. Sunday, vol 10, Issue 14, page 9
4. Sanyal, S., 1981, Does language unite people ? Indian Express, May, 28
5. Srivastava, R. N., 1977. Indian bilingualism : myth and reality. In Indian Bilingualism, ed. by sharma and kumar. 57-87. Agra : CHI
6. Srivastava, R.N., 1979. Language movements against Hindi as an official language. In language movements in India, ed. by E. Annamalai, 80-90, Mysore : CIIL.

12. नियोजन और भाषा-नियोजन
13. हिंदी और मानकीकरण के विविध संदर्भ
14. हिंदी और आधुनिकीकरण
15. भाषा-अनुरक्षण और भाषा-विस्थापन

12

नियोजन और भाषा-नियोजन

नियोजन की संकल्पना के सम्बन्ध में काफी साहित्य लिखा गया है। इसकी परिभाषा एक ओर व्यापक संदर्भ में की गई है, जिसमें इसे मानव-समस्या-समाधान या नीति-निर्माण के क्षेत्र का क्रिया-कलाप कहा गया है तो दूसरी ओर संकुचित अर्थ में इसे वह गतिविधि कहा गया है जिसका प्रवर्तन और प्रोत्साहन किसी औपचारिक संस्था द्वारा होता है। इसकी और अधिक संकुचित परिभाषा यह भी मिलती है कि यह एक ऐसी गतिविधि है, जिसमें लक्ष्य को निर्धारित किया जाता है, साधनों का चयन होता है और परिणामों का पूर्वानुमान व्यवस्थित तथा स्पष्ट ढंग से किया जाता है (रूबिन, 1971 : 217-8)।

नियोजन की परिभाषा इस प्रकार भी की जा सकती है : नियोजन विशिष्ट लक्ष्यों की प्राप्ति के लिए सर्वोत्तम उपलब्ध विकल्पों के चयन हेतु यह एक सुव्यवस्थित, सचेत और सतत प्रयास है (वाटर्सन, 1966 : 20)। नियोजन में हमेशा एक पूर्व-निर्धारित ध्येय होता है, एक निश्चित लक्ष्य होता है। वास्तव में सुनियोजित गतिविधि एक प्रयोजनपरक गतिविधि है। बिना प्रयोजन का नियोजन कभी-कभार ही सफल हो पाता है। नियोजन तो साध्य की ओर ले जानेवाला एक साधन है। यह साध्य और साधन के बीच समन्वय करता है। वस्तुतः किसी समस्या के समाधान के लिए कई वैकल्पिक साधन होते हैं। नियोजन सर्वोत्तम विकल्प का चयन करता है। यह स्वचालित प्रक्रिया नहीं है। यह अपने-आप सम्पन्न नहीं हो जाती। यह एक सुविचारित प्रयास भी है जिसमें प्राथमिकता के आधार पर चयन किया जाता है। नियोजन के मुख्य उद्देश्य को प्राप्त करने के लिए ऐसी प्रक्रियाओं का चयन होना चाहिए और ऐसी रूपरेखा बनाई जानी चाहिए, जिससे उपलब्ध साधनों का पूरा-पूरा उपयोग हो सके और परस्पर विरोधी मुद्दों से बचा जा सके। इससे प्रगति को यथासम्भव क्रमिक गति दी जा सकेगी।

इस प्रकार नियोजन व्यवस्थित ढंग से लिए जानेवाले दायित्वपूर्ण निर्णयों का एक सतत प्रयास है। इन निर्णयों में भविष्य की अधिकाधिक जानकारी होगी।

इन निर्णयों को पूरा करने के लिए जिन प्रयासों की आवश्यकता होती है, उन्हें सुव्यवस्थित रूप से नियोजित किया जाता है और सुनियोजित एवं सुव्यवस्थित पुनर्निवेशन से जो आशाएँ लगाई जाती हैं, उनको सामने रखकर उन निर्णयों के परिणामों को आँका जाता है। नियोजन में भावी निर्णयों पर विचार नहीं किया जाता। इसमें भविष्य को दृष्टि में रखकर वर्तमान निर्णयों पर विचार होता है। नियोजन का सार यह है कि वर्तमान के लिए जो निर्णय लिए जाते हैं, उनमें उनके भविष्य को भी ध्यान में रखा जाता है। वास्तव में भविष्य के लिए वर्तमान में निर्णय किए जाते हैं। हम ये निर्णय केवल वर्तमान में कर सकते हैं फिर भी ये मात्र वर्तमान के लिए ही नहीं होते हैं। यही कारण है कि सर्वाधिक समयोचित और अवसरपूर्ण निर्णय यदि स्थायी और अपरिवर्तनीय न भी हों, तो भी वे काफी समय तक कारगर सिद्ध होते हैं।

नियोजन, निर्णय के लिए कोई वैज्ञानिक आधार प्रदान नहीं करता। निर्णय लेने की प्रणाली अपने में वैज्ञानिक नहीं होती। अतः योजना-सिद्धांत की एक आवश्यकता यह है कि वह प्रणाली को अपने ढंग से निरूपित करे। योजना-सिद्धांत एक विज्ञान है जो कायदे से योजना के लक्ष्यों, सिद्धांतों, प्रणालियों और युक्तियों का अन्वेषण करता है। वास्तव में नियोजन चिंतन, विश्लेषण, कल्पना-शक्ति और निर्णय-शक्ति का अनुप्रयोग है। यह तकनीक नहीं, बल्कि एक दायित्व है। यह निर्णय के लिए तथ्य प्रस्तुत नहीं करता और न ही प्रबंधक के लिए किसी विज्ञान का निर्माण करता है। यहाँ तक कि इससे उसकी प्रबंधकीय योग्यता, साहस, अनुभव, सहज ज्ञान और संदेहास्पद अनुमान का महत्त्व और भूमिका उसी प्रकार कम नहीं होते जिस प्रकार किसी चिकित्सक में निहित इन [illegible]ओं का महत्त्व वैज्ञानिक जीवविज्ञान या प्रणालीबद्ध चिकित्साशास्त्र से कम नहीं होता। इसके विपरीत, नियोजन-कार्य की प्रणालीबद्ध व्यवस्था से प्रबंधक की निर्णयशक्ति, नेतृत्व और सूक्ष्म दृष्टि को और बल मिलता है (ड्रकर, 1974 : 129)। इस प्रकार नियोजन में तीन विशेषताएँ होनी चाहिए। पहली, इसमें भविष्य को ध्यान में रखकर निर्णय लेना चाहिए। दूसरी, इसका कार्यान्वयन होना चाहिए। तीसरी, इसमें संघटनात्मक एकीकरण या कार्य-कारण सम्बन्ध का तत्त्व होना चाहिए।

नियोजन का पूर्वानुमान से निकट का सम्बन्ध तो होता है, किंतु यह पूर्वानुमान नहीं होता। नियोजन और पूर्वानुमान में जो अंतर है वह इस कारण है कि नियोजन में पूर्वानुमान दो प्रकार से किया जाता है। प्रथम, नियोजक यह पूर्वानुमान लगाने का प्रयत्न करता है कि अन्य लोग क्या कार्रवाई करेंगे और इसमें कौन-सी भावी स्थितियाँ सामने आएँगी। इन पूर्वानुमानों के आधार पर ही वह अपना भावी कार्यक्रम बनाता है। द्वितीय, वह यह भी पूर्वानुमान लगाने का प्रयत्न करता है कि उसकी योजनाओं के परिणाम क्या होंगे। वह इस बात का भी निर्धारण करता

है कि किस प्रकार की स्थितियाँ लाने की जरूरत है। योजनाओं के परिणाम और नई परिस्थितियों के निर्माण के लिए वह अपने नियोजन का निर्धारण करता है। इस प्रकार हम देखते हैं कि नीति-निर्माण की तरह पूर्वानुमान भी नियोजन-प्रक्रिया का अंतरंग भाग है, लेकिन उसी के साथ यह बात भी ध्यान देने योग्य है कि पूर्वानुमान स्वयं नियोजन से भिन्न और अलग है (ब्रेटेन और हेनिंग, 1961: 7-8)। एक दृष्टि से पूर्वानुमान उन नियोजकों के उद्देश्यों को पूरा नहीं करता जो भविष्य के अनुसार ही अपने व्यवस्था-कार्य को करने का प्रयास करते हैं। जिन तौर-तरीकों में समाज जीता है और चलता है, नियोजक यदि उनका नवीकरण चाहेंगे या उनमें कोई परिवर्तन लाना चाहेंगे तो उन्हें निश्चय ही बहुत कम लाभ मिलेगा। सभी प्रकार के पूर्वानुमानों की भाँति नियोजन में भी अनिश्चय की स्थिति बनी रहती है। नियोजन की समयावधि जितनी अधिक होगी, उतनी ही अधिक अनिश्चय की स्थिति बनी रहेगी। अत्यधिक लम्बी समयावधि से अनिश्चितता इतनी अधिक हो जाएगी कि उचेत नियोजन असम्भव हो जाएगा। इसलिए नियम के रूप में सभी नियोजनों की समय-सीमा का होना आवश्यक है।

परिमाणन नियोजन नहीं है। परिमाणन में यथासम्भव कड़ी तर्कपूर्ण प्रणाली अपनाई जाती है। किंतु नियोजन में सबसे अधिक महत्त्वपूर्ण प्रश्न केवल 'बड़ा' या 'छोटा', 'शीघ्र' या 'देर' जैसी शब्दावली में किए जा सकते हैं। ये शब्द परिमाणसूचक हैं, किंतु इनसे सम्बद्ध परिमाणसूचक तकनीक को नियोजन में सरलता से लागू नहीं किया जा सकता। राजनीतिक वातावरण, सामाजिक दायित्व या मानव-संसाधन जैसे कुछ अन्य महत्त्वपूर्ण क्षेत्रों का भी परिमाणन सरलता से नहीं किया जा सकता। नियंत्रण या पैरामीटर के रूप में इनका केवल संचालन किया जा सकता है, लेकिन वह भी समीकरण में गुणनखंड के रूप में नहीं (ड्रकर, 1974 : 126)।

जिस विशाल देश में विविध और विशाल संसाधन हों, परस्पर विरोधी हित हों तथा क्षेत्रों की विशिष्टताओं में अत्यधिक अंतर हो तो नियोजन को तैयार करने में तथा उनके निष्पादन एवं पर्यवेक्षण में क्षेत्रीय विकेंद्रीकरण की आवश्यकता हो सकती है। इस प्रकार नियोजन का अर्थ विभिन्न योजनाओं के निर्माण, निष्पादन और पर्यवेक्षण का क्षेत्रीय विकेंद्रीकरण है। यह राष्ट्रीय नियोजन का एक अंग है और राष्ट्रीय नियोजन के ढाँचे के भीतर ही इसे पूरा किया जाता है। यह क्षेत्रीय विकेंद्रीकरण से ही नियोजन प्रभावकारी और फलप्रद होता है। जब नियोजन का क्षेत्र समूची राजनीतिक सीमा या क्षेत्र के अनुरूप हो जाता है तो यह राष्ट्रीय नियोजन कहलाता है। जब देश में नियोजन लागू होता है तो यह पूरी जनता के हित में होता है और इस प्रकार पूरे राष्ट्र का होता है। नियोजन के लक्ष्यों को पूरा करने के लिए जन समाज का सहयोग अपेक्षित है और आवश्यकता पड़ने

पर राजनीतिक दबाव डालकर उस क्षेत्र के नागरिकों को उत्तरदायी भी ठहराया जा सकता है। नियोजन सामान्य लक्ष्यों की प्राप्ति के लिए होता है। अतः नियोजन को सदैव उसी स्थान या क्षेत्र पर लागू करना चाहिए, जिसकी अपनी कोई सरकार हो।

इसमें संदेह नहीं कि पूरे नियोजन पर सरकार / संस्था का हस्तक्षेप और नियंत्रण होता है, लेकिन समूचा सरकारी नियंत्रण, नियोजन नहीं होता। राज्य का हस्तक्षेप और नियंत्रण की विभिन्न मात्राएँ होती हैं। कुछ सीमा तक राज्य-हस्तक्षेप नियंत्रण के अनुकूल हो सकता है, पर राज्य-हस्तक्षेप की अत्यधिक मात्रा हमेशा नियोजन के प्रतिकूल हो जाती है। नियोजन में सामूहिक नेतृत्व की भी आवश्यकता होती है। सामूहिक नेतृत्व का अर्थ है जन-अभियान का केंद्रीय नियंत्रण। इससे नियोजन के लक्ष्यों को जनसमूह के निकट लाया जा सकता है।

इस प्रकार नियोजन में निम्नलिखित अनिवार्य लक्षण होते हैं–(i) विदेशी संसाधनों की तर्कपूर्ण व्यवस्था, (ii) पूर्व निर्धारित और सुपरिभाषित लक्ष्य-निर्धारण, (iii) निर्धारित समय के भीतर लक्ष्यों की प्राप्ति, (iv) राज्य/संस्था द्वारा संसाधनों पर नियंत्रण। यह बहुत ही तकनीकी कार्य है और इसके लिए पर्याप्त समय तथा प्रयास की आवश्यकता रहती है। इसमें सभी स्तरों पर जटिल निर्णय लेने पड़ते हैं। यही कारण है कि कुल मिलाकर नियोजन एक अति विशिष्ट कार्य हो जाता है और इसमें विशेषज्ञ व्यक्ति काम करते हैं। नियोजन के महत्त्व पर वाटर्सन ने सही कहा है–"आज राष्ट्रीय नियोजन प्रभुसत्ता और आधुनिकता के प्रतीक के रूप में राष्ट्रीय गीत और राष्ट्रीय ध्वज के समान दिखाई देता है (वाटर्सन, 1966 : 28)। फिर भी, यह महसूस किया जाता है कि अत्यधिक नियोजन करना भी वांछनीय नहीं है। योजना के सिद्धांत आवश्यकतानुसार लागू किए जाने चाहिए। छोटे-छोटे मामलों में यह दवा की भाँति लाभ पहुँचाता है, किंतु जैसे रोगी को अधिक दवा देने से वह मर जाता है, वैसे ही अत्यधिक नियोजन करने से लक्ष्य विशृंखलित हो जाता है।

भाषा-नियोजन

भाषा-नियोजन को नियोजन का एक प्रकार माना जा सकता है। 1957 में वाइनराइख ने कोलंबिया युनिवर्सिटी में आयोजित संगोष्ठी के शीर्षक के नाम से 'भाषा-नियोजन' शब्द का प्रयोग पहली बार किया था। हागेन पहले व्यक्ति हैं जिन्होंने इस शब्द का प्रयोग साहित्य में किया है। तभी से इसके सैद्धांतिक पक्ष को विकसित करने के लिए कई प्रयास किए गए। भाषा-नियोजन भाषा-समस्याओं के सम्भव समाधानों पर ध्यान केंद्रित करता है। ये समाधान इन समस्याओं के विभिन्न लक्ष्यों, साधनों और परिणामों के बारे में निर्णय लेकर किए जाते हैं।

समाजवैज्ञानिकों ने भाषा-नियोजन के क्षेत्र में संगठित रूप से अध्ययन करने का प्रयास किया है। ये प्रयास सामाजिक विशिष्टता और राष्ट्रीय व्यवस्था सम्बन्धी सतत रूप से पैदा होनेवाली भाषायी समस्याओं का समाधान ढूँढ़ने के लिए किए गए हैं। और स्पष्ट रूप से यह कहा जा सकता है कि यह वह क्षेत्र है, जिसमें समाज के भीतर प्रयुक्त होनेवाले विभिन्न कोडों की संरचना और उनके प्रकार्यात्मक पक्षों के निर्धारण और इन दोनों पक्षों से सम्बद्ध समस्याओं के समाधान के लिए सजग सरकारी प्रयासों पर विचार किया जाता है (फिशमैन, 1969 : 86)।

यह धारणा सही नहीं है कि भाषायी समस्या केवल विकासशील देशों में है। अमेरिका, कनाडा जैसे विकसित देश भी गम्भीर भाषायी समस्याओं से जूझ रहे हैं। जेनर्ड और दास गुप्ता (1971 : 197) ने इन समस्याओं को विस्तार से जानने की आवश्यकता पर बल दिया है और यह अनुभव किया है कि भाषा-नियोजन का मुख्य कार्य उस समाज के निश्चित क्षेत्रों को पहचानना है जो भाषा-संसाधनों के सम्बन्ध में सुनियोजित कार्रवाई करना चाहता है। यह ध्यान में रखा जाए कि भाषायी समस्याओं को सामाजिक और राजनीतिक ढाँचे के अंतर्गत देखने की आवश्यकता है। इसके अतिरिक्त भाषा को एक अन्य संसाधन के रूप में देखा जा सकता है, जिस पर प्रशासन अपने उद्देश्यों की पूर्ति के लिए विचार कर सकता है।

हागेन (1979 : 243-256) ने भाषा-नियोजन की अर्थपरकता को व्यापक परिप्रेक्ष्य में देखा है और इसकी परिभाषा 'भाषा पारिस्थितिकी' (लैंगुएज इकालजी) की संकल्पना के द्वारा करने का प्रयास किया है। जीव विज्ञान में 'पारिस्थितिकी' शब्द का सम्बन्ध प्राकृतिक पर्यावरण से है। यह विज्ञान की एक ऐसी शाखा है जिसका सम्बन्ध जीव-जंतुओं तथा उनके पर्यावरणों के अंतस्सम्बन्ध से है। ये पर्यावरण विशेषकर प्राकृतिक चक्रों एवं आवर्त्तनों, सामुदायिक विकास और संरचना से व्यक्त होते हैं तथा जीव-जंतुओं, भौगोलिक वितरण और जनसंख्या परिवर्तन के पारस्परिक सम्बन्धों से जुड़े हुए हैं। विज्ञान की यह शाखा जीव-जंतुओं और उनके पर्यावरणों के बीच सम्बन्धों की पूर्णता या अभिरचना पर भी लागू होती है। यदि हम जीव-जंतुओं के स्थान पर 'भाषा' शब्द को रखें तो हमें 'भाषा पारिस्थितिकी' की स्वीकृत परिभाषा मिल जाएगी (वही : 244)। यह सही है कि भाषाएँ पूरी तरह जीव-जंतुओं के समान नहीं हैं किंतु काल और कुछ अंश तक उनके सतत परिवर्तन के द्वारा इनका जो स्थायित्व होता है, उसमें वे जीव-जंतुओं के समान हैं। भाषा मानव की जैविक विरासत का अंग नहीं है, यद्यपि यह उसकी क्षमता निश्चय ही है। व्यक्तिगत भाषाएँ उसकी सामाजिक विरासत की अंग हैं। अतः भाषा पारिस्थितिकी की प्रकृति सामाजिक है और इसे समाजशास्त्र के सम्पूर्ण विज्ञान के विशिष्ट अंग के रूप में स्वीकार करना चाहिए।

भाषा पारिस्थितिकी प्राकृतिक पारिस्थितिकी की भाँति वर्णनात्मक और निर्देशात्मक दोनों हैं। फिशमैन (1956 : 67-88) ने वर्णनात्मक पक्ष को 'कौन, किससे, कब और क्या भाषा बोलता है' प्रश्न के साथ जोड़ा है। अतः यह भाषाओं के सामाजिक वातावरण, उनके संचारण के प्रकारों, उनके प्रयोग के अवसरों और किसी समुदाय के परस्पर आदान-प्रदान की प्रणाली से सम्बन्धित हैं। दूसरी ओर निर्देशात्मक पक्ष 'क्यों और कैसे' प्रश्न पर विचार करता है। पारिस्थितिकी आंतरिक और बाह्य दोनों है। आंतरिक पारिस्थितिकी के अंतर्गत पर्यावरण भाषा का आंतरिक रूप है। उदाहरण के लिए, भाषा में क्षेत्रीय, सामाजिक आदि कई विकल्पन होते हैं। किसी भाषा-भाषी समुदाय के सदस्यों का उनके प्रति मूल्यांकनपरक अभिविन्यास अलग-अलग तरह का हो सकता है। पारिस्थितिकी के पहलुओं पर आधारित यह अभिविन्यास प्रतिष्ठा और पद के परिप्रेक्ष्य में किसी भी विशेष बोली या विकल्प को अपना सकता है। दूसरी ओर, बाह्य पारिस्थितिकी भाषा के बाह्य पर्यावरण पर विचार करती है। वास्तव में जिस राज्य/शासन में अन्य भाषाएँ प्रयुक्त होती हैं, उनके संदर्भ में यह भाषा के प्रयोक्ता की प्रवृत्ति को अपने अनुकूल बनाती है। भाषा की आंतरिक पारिस्थितिकी के साथ यह प्रश्न जुड़ा हुआ है कि व्यापक सम्प्रेषण की भाषा के रूप में हिंदी की किस क्षेत्रीय बोली का चयन किया जाए या स्कूली शिक्षा में हिंदी की किस शैली को (अर्थात् संस्कृतनिष्ठ उच्च शैली, बोलचाल की हिंदुस्तानी या अरबी-फारसी प्रभावित उर्दू शैली) प्रोत्साहन दिया जाए। उसके विपरीत, सामाजिक व्यवस्था में भाषा अनुरक्षण और भाषा विस्थापन, अपनी भाषा की तुलना में अन्य भाषा के प्रति वक्ता के रुझान और बहुभाषी वातावरण में राष्ट्रभाषा अथवा राजभाषा के चयन से सम्बद्ध ऐसे प्रश्न जुड़े हुए हैं जो बाह्य पारिस्थितिकी पर आधारित हैं। उदाहरण के लिए, पंजाबी भाषी का पंजाबी और अन्य भाषा के प्रति क्या रुख है या स्कूली शिक्षा में हिंदी, अंग्रेजी या क्षेत्रीय भाषा में से किस भाषा को प्रोत्साहन दिया जाए, आदि प्रश्नों के सम्बन्ध बाह्य पारिस्थितिकी से हैं।

भाषा-नियोजन के कुछ मुख्य अभिलक्षणों का विवेचन इस प्रकार किया जा सकता है :

(i) **सुविचारित परिवर्तन :** भाषा-नियोजन एक सुविचारित परिवर्तन है जिससे भाषा पारिस्थितिकी पर प्रभाव पड़ता है। भाषायी कोड या वक्तृता या दोनों की पद्धति में जो परिवर्तन किए जाते हैं, वे सुनियोजित होते हैं। यह स्वचालित प्रक्रिया नहीं है। यह अपने-आप नहीं हो जाती। यह सचेतन प्रयास है। इसके लिए या तो संस्थाएँ स्थापित की जाती हैं या ऐसे प्रयोजनों को पूरा करने के लिए शासनादेश दिया जाता है।

(ii) **समस्या-समाधान :** जनसमाज में भाषा-सम्बन्धी कोई समस्या पैदा होती

है तो उसके समाधान के लिए नियोजन किया जाता है। इसका उद्देश्य समस्या का समाधान करना है और निश्चित लक्ष्य प्राप्त करना है। सुनियोजित क्रियाकलाप प्रयोजनपरक क्रियाकलाप होता है।

(iii) **सर्वोत्तम विकल्पों का चयन :** इसमें सबसे अच्छे विकल्पों का चयन किया जाता है। भाषा की समस्याओं को हल करने के लिए कई विकल्प होते हैं। नियोजन से विकल्पों का प्रतिपादन और मूल्यांकन किया जाता है ताकि अच्छे से अच्छा निर्णय लिया जा सके।

(iv) **भविष्यपरकता :** नियोजन भविष्य को ध्यान में रखकर किया जाता है। कार्रवाई करने से पहले नीतियों और सामरिक महत्त्व के नियोजनों को विशेष रूप से बता दिया जाता है। यह ध्यान में रखा जाता है कि नियोजन भावी निर्णयों को पूरा करने का काम नहीं करता, बल्कि यह वर्तमान में लिए गए निर्णयों के भविष्यगामी परिणाम को ध्यान में रखता है। यहाँ भविष्य के लिए वर्तमान में निर्णय लिए जाते हैं। इसलिए नियोजन इस प्रकार किया जाए कि परिवर्तन प्रक्रिया से उत्पन्न प्रत्येक नई स्थिति के अनुसार उसमें परिवर्तन किया जा सके।

(v) **पूर्णतः सामाजिक संदर्भ :** भाषा-परिवर्तन शून्य में नहीं होता, इसलिए नियोजन करते समय पूरी तरह से सामाजिक संदर्भ के भीतर रखकर भाषायी तथ्यों पर विचार करना चाहिए। इसमें आर्थिक परिवर्तों और हितों की प्रासंगिकता, सामाजिक परिवर्तों और हितों की प्रासंगिकता, राजनीतिक परिवर्तों की प्रासंगिकता और जनसंख्या तथा मनोविज्ञान सम्बन्धी परिवर्तों की प्रासंगिकता को ध्यान में रखा जाना चाहिए।

निस्संदेह भाषा-नियोजन बहुत ही उपयोगी उपादान है, पर उसकी कुछ सीमाओं पर ध्यान देने की आवश्यकता है। वे ये हैं :

(1) **अनिश्चितता :** इस बात की आशंका हमेशा बनी रहती है कि नियोजन कितना भी ध्यानपूर्वक किया जाए, उसमें अनिश्चितता अवश्य होगी।

(2) **महँगापन :** नियोजन की व्यावहारिक सीमा यह है कि आर्थिक दृष्टि से यह बहुत महँगा पड़ता है। प्रभावी नियोजन करने के लिए आवश्यक सूचना जुटाने में ही काफी समय और शक्ति लग जाती है।

(3) **सीमित नियोजन :** चूँकि भाषा मनुष्य की सभी गतिविधियों की सर्वाधिक व्यापक तथा अनिवार्य आवश्यकता है, इसलिए इस क्षेत्र में नियोजन करना यदि असम्भव नहीं तो कठिन अवश्य है। इसलिए हमें बड़े ही सीमित ढंग से और एक विशेष लक्ष्य को ध्यान में रखकर ही भाषा-नियोजन के बारे में चर्चा करनी चाहिए। कुछ विद्वानों के अनुसार राष्ट्र के सभी सदस्यों के समूचे भाषा-व्यवहार के लिए कोई भी नियोजन करना दुष्कर कार्य है। "इस प्रकार के कड़े नियमों से मनुष्य के विचारपूर्ण और स्वतंत्र व्यक्तित्व का अंत हो जाएगा" (अलिसजबाना,

1971 : 179)। हागेन (1966 : 9) ने भी 'हमारे जमाने में भाषा-नियोजन के आकस्मिक विकास' के खतरे के प्रति हमें सावधान किया है। भाषा-समस्या के प्ररूपणों के लिए कई प्रस्ताव सुझाए गए हैं। प्रत्येक प्ररूपण में भाषा-समस्या के विभिन्न प्रकार के व्यवहारों को वर्गीकृत करने का प्रयास किया जाता है। पहला प्ररूपण हागेन ने (1966 : 922-35) प्रस्तावित किया है। इसके चार प्रकार हैं :

(1) मानक का चयन,
(2) मानक का कोडीकरण,
(3) प्रकार्य का विस्तारण,
(4) जनसमाज द्वारा स्वीकृति।

उन्होंने चयन और स्वीकृति को समाज के साथ जोड़ा है और कोडीकरण तथा विस्तारण को भाषा के साथ।

न्यूस्तेपनी (1970 : 77-98) ने इन चारों प्रकारों का पुनर्नियोजन किया और चार मुख्य समस्या-क्षेत्रों तथा समस्या-प्रक्रिया सम्बन्ध के रूप एवं प्रारूप के अंतर्गत भाषा-नियोजन को देखने का प्रस्ताव रखा :

	1	2	3	4
समस्या	चयन	स्थायित्व	प्रयोग-प्रसार	विभेदीकरण
प्रक्रिया	नीति-निर्धारण	कोडीकरण	विस्तारण	संवर्धन
	वैधीकरण	मानकीकरण	आधुनिकीकरण	शैलीकरण

(1) कोई भी राष्ट्र राजभाषा या राष्ट्रभाषा के रूप में कोड का चयन अपने नीति-निर्णय द्वारा करता है। यह नीति-निर्माण नियोजन के राष्ट्रव्यापी परिणाम के अंतर्गत होता है। उदाहरण के लिए आज भारत क्षेत्रीय भाषाओं को राज्यस्तर पर राजभाषा का दर्जा देने के लिए प्रोत्साहन दे रहा है। जब किसी कोड को अधिनियमों या सांविधिक प्रावधानों द्वारा राष्ट्रीय या राज्य स्तर पर प्रशासन, शिक्षा और अन्य प्रतिष्ठित व्यवसाय के क्षेत्रों में प्रोत्साहन दिया जाता है तो उसे **भाषाओं का वैधीकरण** कहते हैं। इस प्रकार सरकारी नीति-निर्माण के अंतर्गत कोड का जो चयन होता है, वह भाषाओं का वैधीकरण है (श्रीवास्तव, 1977 : 22)।

(2) **मानकीकरण** : इस प्रक्रिया में क्षेत्रीय (बोलीगत) और सामाजिक शैलियों के विभिन्न विकल्पों में कोडीकरण द्वारा भाषा का प्रमाणीकृत विकल्पन निर्धारित किया जाता है। फर्ग्यूसन (1968 : 37) ने मानकीकरण की परिभाषा देते हुए कहा है कि यह समूचे भाषा-भाषी समुदाय के एक भाषा-रूप की स्वीकृति की प्रक्रिया है। इस प्रक्रिया के फलस्वरूप उत्पन्न भाषा-रूप, आरोपित अधिबोली के रूप में स्वीकृत होता है। यह मानकीकरण निदेशात्मक व्याकरण लिखने और विविध प्रकार के कोशों की रचना करने से होता है। यहाँ पर इस बात पर बल देने की जरूरत

है कि हमारे बहुभाषी और बहुसांस्कृतिक समाज में मानक भाषा के एक से अधिक रूप हो सकते हैं। मानकीकरण का उद्देश्य अनेकता में एकता प्राप्त करना है। तथापि, लेखन-पद्धति के माध्यम से स्थायित्व की ओर ले जानेवाली एकता की परिभाषा और उसका निर्धारण प्रकार्यात्मक दृष्टि से करना उचित है। यही कारण है कि पाल गार्विन ने (1959 : 521-23) **लचीले स्थायित्व** की ओर संकेत करते हुए कहा है कि कोडीकरण (संसजन) इतना लचीला होना चाहिए जिससे वह विभिन्न संदर्भगत स्थितियों और सांस्कृतिक परिवर्तनों को अपना सके।

इसके अतिरिक्त गार्विन के मतानुसार मानक भाषा को तीन प्रकार्य पूरे करने होते हैं—एकीकरण प्रकार्य, प्रतिष्ठाजन्य प्रकार्य और संदर्भ सम्बन्धी प्रकार्य। अपने **एकीकरण** प्रकार्य के द्वारा मानक भाषा विभिन्न बोलीगत क्षेत्रों को एक मानक भाषा-भाषी समुदाय के साथ जोड़ता है, जिसको एक अलग व्यक्तित्व के रूप में पहचाना जाना सम्भव है। **प्रतिष्ठाजन्य प्रकार्य** मानक भाषा को अमानक स्थानीय भाषा-रूपों की अपेक्षा अधिक प्रतिष्ठा प्रदान करता है। जो व्यक्ति इसका प्रयोग नहीं करते, उनकी तुलना में उन लोगों को सामाजिक प्रतिष्ठा अधिक मिलती जो इसका प्रयोग करते हैं। **संदर्भ सम्बन्धी** प्रकार्य के अंतर्गत सामाजिक संदर्भ में औचित्य (सटीकता) की मात्रा का मूल्यांकन करने के लिए मानक भाषा उपकरण का काम करती है। यह स्पष्ट है कि भाषा के मानकीकरण का अर्थ एकरूपता से लाभ उठाना है पर यह भी सही है कि यह एकरूपता भाषा की लचीली सम्भावना के विपरीत पड़ती है।

(3) भाषा के **आधुनिकीकरण** से अर्थ यह है कि जिस कोड का चयन किया गया है, उसे सामाजिक गतिविधियों के उन नित नए बढ़ते आयामों में पूर्ण अभिव्यक्ति देने के लिए समर्थ बनाया जाए जिनमें उसका प्रयोग अब तक नहीं हुआ है। यह समस्या विस्तारण-प्रक्रिया की ओर ले जाती है (श्रीवास्तव एवं कालरा, 1978)। यह एक ऐसी प्रक्रिया है जिसमें भाषा "विश्व की उन परस्पर अनुवादनीय भाषाओं में अपना स्थान बना लेती है जो आधुनिक प्रोक्ति-रूपों के उपयुक्त साधन के रूप में जानी जाती है।" इस प्रक्रिया के दो पक्ष माने गए हैं : (क) नूतन शब्दों एवं अभिव्यक्तियों से भाषा-कोश का विस्तार और (ख) नई शैलियों तथा प्रोक्ति-रूपों का विकास (फर्ग्यूसन, 1968 : 32)। इस प्रकार भाषा का आधुनिकीकरण भाषा-विकास का एक पक्ष है जो सामाजिक, आर्थिक, सांस्कृतिक और औद्योगिक विकास के अन्य रूपों के साथ-साथ चलता है।

(4) **शैलीकरण** वह प्रक्रिया है जिसमें विभिन्न भाषा-शैलियों को प्रोत्साहित कर और उनका परिष्करण कर भाषा को स्थिति-सापेक्ष, विषय-सापेक्ष और सम्प्रेषण-सापेक्ष बनाया जाता है। यह जानना महत्त्वपूर्ण है कि भाषा और समाज दोनों में समरूपता एक 'मिथ' है, यहाँ तक कि एक भाषा-भाषी समुदाय में भी

प्रयोग के धरातल पर कई विकल्प देखे जा सकते हैं। जितनी विकल्पगत शैली, उतने ही उसके व्याकरण। इसलिए किसी भाषा का कोई एक व्याकरण अपने आपमें अमूर्त्त संकल्पना है। शैलीकरण की प्रक्रिया से भाषा की उन विभिन्न शैलियों (शब्दों और संरचनाओं सहित) का पता चलता है जो विशिष्ट प्रकार्य के लिए उपयुक्त होती हैं। वास्तव में यह एक व्याकरण के विभिन्न उपव्याकरणों का लेखन है, जिसमें भाषा-रूपों की संरचना और प्रकार्य पर द्वंद्वात्मक ढंग से विचार किया जाता है। यह भाषा की विभिन्न प्रयुक्तियों को खोजने, शैली-रूपों को तैयार करने आदि से सिद्ध होता है।

विभिन्न प्ररूपणों और प्रक्रियाओं को देखते हुए भाषा-नियोजन का निम्नलिखित वर्गीकरण किया जा सकता है :

(i) **अंतरंग नियोजन :** इसमें भाषा-संरचना के आंतरिक परिवर्तन पर ध्यान दिया जाता है। विस्तारण या आधुनिकीकरण इस प्रकार के नियोजन का अच्छा उदाहरण है। नई खोजों एवं शोधों की आवश्यकताओं की पूर्ति के लिए नए शब्द गढ़े जाते हैं, नई अभिव्यक्तियों को खोजा जाता है और विभिन्न स्थितियों के अनुरूप नई भाषा-शैलियों का विकास किया जाता है। इस नियोजन से भाषा-संरचना पर काफी प्रभाव पड़ता है।

(ii) **बहिरंग नियोजन** : यह मुख्यतः भाषा के बाह्य पक्षों से सम्बन्धित है। भाषा-संरचना में प्रत्यक्ष रूप से परिवर्तन नहीं होता। कोड का चयन और शैलियों की अभिपूर्ति या परिष्करण इस बहिरंग नियोजन के स्पष्ट परिणाम हैं। वास्तव में नियोजन का यह पक्ष किसी भी भाषा-भाषी समुदाय की भूमिका, स्तर, प्रतिष्ठा आदि के संदर्भ में उसके भाषायी कोश की इकाइयों के परस्पर सम्बन्धों को प्रभावित करता है।

(iii) **अंतरंग व बहिरंग नियोजन** : इसमें अंतरंग और बहिरंग पक्षों के बीच एक प्रकार का पारस्परिक प्रभाव पड़ता है। इसमें भाषा-संरचना और भाषा-स्तर दोनों प्रभावित होते हैं। मानकीकरण की प्रक्रिया को इसके अंतर्गत रखा जा सकता है।

अंतरंग और बहिरंग की संकल्पना को स्पष्ट करने के लिए मानकीकृत और मानक भाषा के अंतर पर विचार कर लेना असमीचीन न होगा। मानक भाषा और मानकीकृत भाषा दो भिन्न संकल्पनाएँ हैं अर्थात् मानक भाषा का सम्बन्ध भाषा के इतिहास, प्रतिष्ठा और स्तर से है जबकि मानकीकृत भाषा केवल मानकीकरण की प्रक्रिया के परिणामों की ओर संकेत करती है। यह आवश्यक नहीं है कि मानकीकृत भाषा मानक भाषा का दर्जा प्राप्त करे। यही कारण है कि किसी भी प्रकार की भाषा का मानकीकरण हो सकता है। हिंदी भाषी समुदाय के संदर्भ में हमें कई ऐसी बोलियाँ मिल जाती हैं, जिनका विशिष्ट कोड के रूप

में भाषिक दृष्टि से मानकीकरण हुआ है। लेकिन फिर भी वे मानक हिंदी भाषा की बोलियाँ ही हैं। स्पष्टतः मानक भाषा बहिरंग नियोजन का परिणाम है और मानकीकृत भाषा अंतरंग नियोजन का।

भाषा-नियोजन सम्बन्धी साहित्य में 'भाषा सामग्री (कापर्स) नियोजन बनाम भाषा-पद (स्टेट्स) नियोजन' का द्विभाजन प्रायः पाया जाता है। भाषा सामग्री-नियोजन भाषा की आंतरिक संरचना एवं बुनावट में परिवर्तन लाता है और इसलिए यह एक प्रकार का आंतरिक नियोजन है। दूसरी ओर, भाषा-पद नियोजन का सम्बन्ध किसी भाषा-भाषी समुदाय के भाषायी कोश के परिवर्तन से है। इसलिए इसे बाह्य नियोजन कहा जा सकता है।

13

हिंदी और मानकीकरण के विविध संदर्भ

बहुभाषिकता के समाज भाषावैज्ञानिक वर्गीकरण के प्रसंग में स्टीवर्ट ने निम्नलिखित चार लक्षणों की ओर संकेत किया है:

(1) **मानकीकरण** (standardization) : मान्य प्रयोगों को निर्धारित करने के लिए नियमों का कोडीकरण।

(2) **स्वायत्तता** (autonomy) : भाषिक व्यवस्था का अपने प्रयोजन और प्रकार्य में विशिष्ट और स्वतंत्र होना।

(3) **ऐतिहासिकता** (historicity) : कालक्रम के संदर्भ में भाषा का सहज और सामान्य रूप में विकसित होना, और

(4) **जीवंतता** (vitality) : व्यवहार के संदर्भ में भाषा के मातृभाषा-भाषियों के समुदाय का होना। इन लक्षणों के आधार पर यह कहा जा सकता है कि हिंदी एक मानक (standard) भाषा है। मानक भाषा के रूप में वह एक ओर अंतर्क्षेत्रीय एकता और सम्प्रेषणीयता तथा दूसरी ओर भाषिक विशिष्टता और सामाजिक प्रतिष्ठा की भावना को उभारती है।

यहाँ इस बात पर ध्यान देने की जरूरत है कि मानक भाषा और मानकीकृत (standardized) भाषा दो अलग-अलग संकल्पनाएँ हैं। मानक भाषा जहाँ अंतर्क्षेत्रीय एकता और सामाजिक प्रतिष्ठा के प्रसंग को सामने लाकर क्लासिकल भाषा, कृत्रिम भाषा, अवभाषा, बोली, क्रिओल, पिजन के विरोध में अपने को खड़ी करती है, वहाँ मानकीकृत भाषा, मानकीकरण की प्रक्रिया के मात्र परिणाम की ओर संकेत देती है। मानकीकृत भाषा, मानक भाषा का स्तर पा ही जाए–यह कोई आवश्यक नहीं। यही कारण है कि हम बोलियों और क्रिओल आदि भाषा-रूपों के भी मानकीकृत रूप देख सकते हैं। हिंदी के संदर्भ में ब्रज, अवधी आदि साहित्यिक परम्परा से जुड़ी हुई बोलियों का एक सीमा तक मानकीकरण हुआ भी है। लेटिन अमेरिका में विभिन्न क्रिओलों के मानकीकरण की बात अब जोर-शोर से की जाने लगी है। दक्षिणी-पूर्व एशिया में मलय भाषा और इंडोनेशियन भाषा

अब मानकीकृत होकर क्रिओल की संकल्पना से काफी आगे बढ़कर मानक भाषा का दर्जा भी पा चुकी हैं। मानक भाषा और मानकीकृत भाषा के अंतर को ध्यान में रखकर आज यह देखने की जरूरत महसूस की जाने लगी है कि हिंदी के मानकीकृत भाषा-रूप की प्रकृति क्या है ? उसके मानकीकरण की समस्याएँ क्या हैं ? इन समस्याओं के अपने संदर्भ और आधार क्या हैं ?

मानकीकृत भाषा को देखने के विविध संदर्भ सम्भव हैं, जिनके आधार पर प्रतिमानों की स्थापना की जा सकती है। पहला संदर्भ मानकीकरण की प्रक्रिया को दो उपवर्गों में विभाजित करता है–(1) **वाग्मिता-सापेक्ष** (rehetorical) प्रतिमान और (2) **सम्प्रेषण-सापेक्ष** (communicative) प्रतिमान। वाग्मिता सापेक्ष प्रतिमान को साधनेवाली भाषा के उदाहरण के रूप में फ्रेंच भाषा को रखा जा सकता है जहाँ लिखित और संस्कारजन्य भाषा-रूप के प्रयोगों की मान्यता को फ्रेंच अकादमी निर्धारित करती है। फ्रेंच भाषा का यह मानकीकृत रूप स्कूलों में पढ़ाया जाता है, साहित्यकारों द्वारा अपनाया भी जाता है पर सामान्य जीवन के सामान्य व्यवहार-क्षेत्र में सामान्यतः इसका प्रयोग नहीं होता। पर लिखित साहित्य अथवा औपचारिक प्रसंगों में इससे हटकर लिखना या बोलना हमेशा ग्रामीणता का ही सूचक माना जाता है। इसके विपरीत सम्प्रेषण-सापेक्ष प्रतिमान समाज में प्रचलित और सामान्य जीवन के व्यवहार-क्षेत्र में प्रयुक्त भाषा के बीच से उभरते हुए मानक रूप को स्वीकार करता है। बहुभाषिक समाज में यह कोड-परिवर्तन और कोड-मिश्रण की स्थिति को स्वीकार करता है और सांस्कृतिक स्तरभेद को समाज की अनिवार्य देन मानते हुए मानकीय (normative) स्थिति के बजाय सापेक्षिक (relative) प्रतिमानों की स्थापना करता है।

सम्प्रेषण-सापेक्ष प्रतिमान के भी दो उपवर्ग बनाए जा सकते हैं–(क) साहित्यिक (literary) प्रतिमान जो लिखित साहित्य के प्रयोगों में आनेवाली भाषा के बीच से उभरते हुए रूप को अपना मानक स्वीकार करता है और (ख) व्यवहार-मानक (colloquial) जो औपचारिक संदर्भों में शिक्षित व्यक्तियों द्वारा बोली गई शिष्ट भाषा के भीतर से मानक रूप की स्थापना करता है। कहने की आवश्यकता नहीं कि साहित्यिक प्रतिमान की प्रवृत्ति अपने को भाषा-मिश्रण के प्रभाव से मुक्त करने की होती है, जबकि व्यवहार प्रतिमान में बोलियों और अन्य उन मानक भाषाओं के पुट मिलते हैं जो समाज के भाषायी कोश की इकाई के रूप में स्वीकृत रहते हैं।

अनेक बोलियों और भाषा-शैली के अनेक रूपों को अपने साथ लेकर चलनेवाली हिंदी भाषा के व्यवहार-प्रतिमान एक नहीं, बल्कि अनेक हैं। विभिन्न बोलियों के अतिरिक्त हिंदी में भाषा-भेद के अन्य आधार भी हैं, जैसे हिंदी और अंग्रेजी के बीच की ऊर्ध्वस्तरीय (vertical) डायग्लासिया की स्थिति, हिंदी और

उर्दू के बीच की समस्तरीय (horizontal) डायग्लासिया की स्थिति, आदि। सांस्कृतिक शैली-भेद के रूप में भी एक तरफ हिंदुस्तानी और दूसरी तरफ संस्कृतनिष्ठ भाषा-प्रयोग की स्थिति देखी जा सकती है। व्यवहार में रूढ़ होकर ये भाषा-भेद व्यक्तियों के लिए सामाजिक अस्मिता के कारण भी बनते जा रहे हैं। इस संदर्भ में यह कहा जा सकता है कि किसी भाषा का मानकीकृत रूप या तो एकोन्मुखी प्रतिमान को लेकर चल सकता है अथवा बहुमुखी प्रतिमान को। हिंदी भाषा के आधुनिकीकरण के प्रसंग में यह कहा जा सकता है कि उसमें प्रतिमान स्थापना की तीन प्रमुख प्रवृत्तियाँ स्पष्ट रूप से दिखलाई पड़ती हैं–लोकवादी, राष्ट्रीयतावादी और अंतर्राष्ट्रीयतावादी। इन प्रवृत्तियों की विस्तार से चर्चा अन्यत्र की जा चुकी है। यहाँ इतना ही कहना पर्याप्त है कि लोकवादी प्रवृत्ति के आधार पर अगर हम जच्चाघर, तारलेखी आदि शब्दों के प्रयोग को प्रोत्साहित करना चाहते हैं, तो राष्ट्रीयतावादी प्रवृत्ति के आधार पर प्रसूतिगृह, तारमुद्रक जैसे शब्द-प्रयोगों को और अंतर्राष्ट्रीयतावादी प्रवृत्ति के आधार पर 'मैटर्निटी होम', 'टेलिप्रिंटर' आदि को। परिणाम यह है कि इन त्रिविध प्रवृत्तियों के कारण प्रतिमान-निर्धारण की कोई एक निश्चित धारा हमें नहीं दिखलाई देती।

मानक भाषा, मानकीकृत भाषा और मानकीकरण की समस्याओं को लेकर की जानेवाली चर्चा को निम्नलिखित तीन निश्चित आयाम दिए जा सकते हैं :

(i) भाषानीति और भाषा-नियोजन का आयाम,

(ii) भाषा योग्यता का आयाम,

(iii) भाषा गठन (संस्कार) का आयाम।

जहाँ तक भाषानीति और भाषा-नियोजन के आयाम का सम्बन्ध है, वह मुख्य रूप से दो समस्याओं से जूझता है–भाषाओं के वैधानीकरण की समस्या और भाषाओं के आधुनिकीकरण की समस्या। वैधानीकरण, मानक भाषा को संवैधानिक और कानूनी दर्जा दिलाता है और प्रशासन तथा अन्य प्रतिष्ठित कार्यक्षेत्रों में प्रयोग के लिए प्रोत्साहित करता है। जहाँ तक हिंदी का सवाल है, भारतीय संविधान में इसे संघ की प्रमुख राजभाषा का दर्जा दिया जा चुका है तथा हिंदी भाषी राज्यों में इसे प्रशासनिक प्रयोजनों की भाषा के रूप में वैधानिक स्वीकृति भी मिल चुकी है। आधुनिकीकरण, समाज में खुलनेवाले नित-नूतन संदर्भों में प्रयुक्त होने के लिए भाषा को सक्षम बनाता है और आधुनिक ज्ञान-विज्ञान तथा तकनीकी क्षेत्रों में प्रभावी ढंग से प्रयुक्त होने के लिए भाषा को विकसित करता है। हिंदी के संदर्भ में इन दोनों पक्षों की चर्चा अन्यत्र की जा चुकी है। यहाँ केवल इतना जोड़ देना आवश्यक है कि मानकीकरण जब 'विभिन्नता में एकता' की प्रवृत्ति पर बल देता है, वहाँ आधुनिकीकरण की प्रवृत्ति 'एकता में विभिन्नता' की ओर भाषा-प्रयोग को बढ़ाती है।

'विभिन्नता में एकता' का आधार संरचनात्मक मितव्ययिता (economy) होता है, जिसके सहारे एक ही भाषिक प्रकार्य के लिए व्यवहार में लाई जानेवाली अनेक इकाइयों में से किसी एक को मानक मानकर अन्य को या तो मानकच्युत मानकर या उसे अशुद्ध बताकर त्याज्य करार दिया जाता है। मितव्ययिता के इसी आधार पर अ-अ़, मेरे को–मुझको, आप खाओ–आप खाइए आदि प्रयोगों में पहले को हिंदी ने मानक रूप स्वीकार करते हुए दूसरे को मानकच्युत प्रयोग मान लिया है। इसके विपरीत 'एकता में विभिन्नता' का आधार बनता है प्रकार्यात्मक कुशलता (functional efficiency), जो एक ओर प्रयुक्ति (register) भेद को प्रयोजनसिद्ध भाषा-व्यवहार और शैली-भेद को सामाजिक अर्थ का संवाहक भाषा-प्रयोग मानते हुए उन्हें भाषिक कुशलता के लक्षण-रूप में स्वीकार करता है। मितव्ययिता और कुशलता की प्रतिस्पर्धी प्रवृत्तियों की द्वंद्वात्मक स्थिति में भाषा का प्रतिमान **'लचीली स्थिरता'** की स्थिति को प्राप्त होता है। जहाँ मितव्ययिता का सिद्धांत भाषा के मानक रूप को स्थिरता (stability) देने का प्रयत्न करता है वहाँ 'कुशलता' का सिद्धांत, प्रयोग-वैविध्य के कारण उसमें लचीलापन लाने की कोशिश करता है। इन दो विरोधी प्रवृत्तियों के तनाव और टकराहट की दशा में हिंदी का मानकीकृत रूप आज स्वतः लचीला स्थिरता की स्थिति को प्राप्त करता जा रहा है।

भाषा-योग्यता के आयाम से तात्पर्य है–लेखन और व्याकरण के संदर्भ में प्रतिमानों की ऐसी स्थिरता जो भाषा को सापेक्षतया अधिक व्यवहारसक्षम बनाए, उसकी सम्प्रेषणीयता के अनुपात को बढ़ाए और प्रयोगों में अधिक स्थिरता लाए। यह आयाम जिन भाषाओं की लिपि नहीं है, उनको लिपि प्रदान करता है, जिनका व्याकरण लिखित रूप में नहीं मिलता, उनके व्याकरण-लेखन की योजना करता है और जिस भाषा की लिपि या व्याकरण उपलब्ध है, उसका मानकीकरण करते हुए संरचनात्मक मितव्ययिता के लक्ष्य को साधने का यत्न करता है।

हिंदी भाषा की लेखन-व्यवस्था, वर्णविन्यास और व्याकरण-रचना के परिप्रेक्ष्य में यह कहा जा सकता है कि देवनागरी के रूप में उसकी एक लिपि व्यवस्था है, वर्णविन्यास के कुछ मान्य नियम विधान हैं और लिखित रूप में केलाग, गुरु, वाजपेयी आदि विद्वानों के कई प्रामाणिक व्याकरण उपलब्ध हैं। पर जहाँ तक 'मितव्ययिता' और 'स्थिरता' का प्रश्न है, आज भी भाषा-व्यवस्था के विभिन्न स्तरों पर उसमें पर्याप्त अधूरापन दिखलाई पड़ता है। लेखन और वर्तनी, शब्द-रूप और शब्द-प्रयोग, वाक्य-रूप और वाक्य-प्रयोग के स्तर से सम्बद्ध कुछ एक विकल्पों को आगे दी गई तालिका द्वारा संकेतित किया गया है :

(क) लेखन और वर्तनी का स्तर

1. अक्षर	अ, अ; झ, झ; ण, ण; ख, ख; छ, छ; ध, ध; भ, भ।
2. व्यंजन-गुच्छ	पक्का, पक्का, पक्‍का; चिन्ह, चिह्न।
3. अनुस्वार	अंडा, अण्डा; अंत, अन्त।
4. विसर्ग	छः, छह; दुःख, दुख।
5. चिन्हक	गरीब, ग़रीब; जहाज, जहाज़; साफ, साफ़।
6. विशेषज्ञ चिन्ह	डाक्टर, डॉक्टर; आफिस, ऑफ़िस।
7. शब्द रूप	उससे, उस से; बहिन, बहन।
8. योजक चिन्ह	गृह-विज्ञान, गृह विज्ञान; देश-भक्ति, देश भक्ति; जन्म-दिन, जन्म दिन।

(ख) शब्द और शब्द-प्रयोग का स्तर

1. शब्द	
(i) कुलनाम	गुप्त, गुप्ता; मिश्र, मिश्रा; महरोत्रा, मेहरोत्रा खाँ, खान।
(ii) स्थान नाम	इलाहाबाद, एलाहाबाद; केन्या, कीनिया; काहिरा, कायरो, कैरो।
2. शब्द-रूप	(i) मुझे, मुझको; उन्हें, उनको; दिखाना, दिखलाना। (ii) मोटापा, मुटापा; बैठाना, बिठाना। (iii) मतबल, मतलब।
3. शब्द-निर्माण	पृथक (पृथकता, पार्थक्य); स्वतंत्र (स्वतंत्रता, स्वातंत्र्य); विविध (विविधता, वैविध्य); राष्ट्र (राष्ट्रीयकरण, राष्ट्रीकरण, अंतर्राष्ट्रीय, अंतार्राष्ट्रीय)।
4. आगत शब्द	अकादमी, एकेडमी; तकनीक, टेकनीक; त्रासदी ट्रेजडी।
5. अनूदित शब्द	linguistics–(भाषिकी, भाषाविज्ञान); Phoneme–(स्वनिम, ध्वनिग्राम); adapter–(अनुकूलित्र, अनुकूलक)।
6. लिंग-विधान	(i) ताजा खबर, ताजी रोटी; (ii) ताजा दही, ताजी दही; (iii) सारा टिकट, सारी टिकटें।

(ग) वाक्य-स्तर

(i) वाक्य-रूप	आप जाएँ, आप जाइए; मुझे किताबें खरीदनी हैं, मुझे किताबें खरीदना है।
(ii) वाक्य-प्रयोग	दशरथ की तीन रानियाँ थीं, दशरथ के तीन रानियाँ थीं।

उपरोक्त तालिका में दिए गए विभाजन और उनके उदाहरण मात्र सूचक हैं। उदाहरणों की सूची अधूरी है और वर्गों और उपवर्गों के और भेद-विभेद भी सम्भव हैं। पर वे इस बात की ओर भली भाँति संकेत दे देते हैं कि किस मात्रा में हिंदी भाषा अपने संरचनात्मक स्तर पर मानकीकृत है।

भाषागठन (संस्कार) के आयाम के संदर्भ में यह कहा जा सकता है कि मानकीकरण की प्रक्रिया को नीचे दी गई तीन दिशाओं में कार्य प्रतिपादन की आवश्यकता पड़ती है–(1) काल सम्बन्धी दिशा, (2) स्थान सम्बन्धी दिशा और (3) प्रसार सम्बन्धी दिशा। काल सम्बन्धी दिशा के संदर्भ में मानकीकरण की प्रक्रिया अपने को रूढ़िवादिता और पुरातनपंथी शैली से मुक्त करने की ओर प्रयत्नशील होती है, और ऐसे भाषा-प्रयोगों को नकारती है जो भाषा के प्रवाह को आगे बढ़ाने के बजाय उसे पीछे धकेलने की कोशिश करते हैं। कहने की जरूरत नहीं कि प्रशासनिक प्रयोजनों को साधने के लिए कार्यालयी हिंदी के क्षेत्र में जिस प्रतिमान की आज स्थापना की जा रही है, उसमें ऐसे कई भाषिक प्रयोग मिलते हैं जिन्हें पुरातनवादी की संज्ञा दी जा सकती है, यथा–एतस्मिन पश्चात् अधुनापर्यंत, एतद्द्वारा, अधोहस्ताक्षरी आदि।

स्थान सम्बन्धी दिशा के संदर्भ में मानकीकरण की प्रक्रिया अपने को एक तरफ क्षेत्रीय बोलियों के प्रभाव से मुक्त करने की कोशिश करती है और दूसरी तरफ सामाजिक शैलियों के प्रयोग से तटस्थ रखने का प्रयत्न करती है। जहाँ तक व्यवहार-मानक का सम्बन्ध है, हिंदी में स्थानीय पुट के कारण भाषा-विकल्प की स्थिति देखने में आती है। यह क्षेत्रीय मानक का ही प्रभाव है कि रूमाल, गिलास, तौलिया, पेन आदि पूरब में जब स्त्रीलिंग के रूप में प्रयुक्त होते हैं तो पश्चिमी में पुलिंग के रूप में। इसी तरह पैंट, प्लेट, सिगरेट आदि पूरब में पुलिंग हैं तो पश्चिमी हिंदी में स्त्रीलिंग। शब्द के धरातल पर भी हमें विकल्पवत् प्रयोग देखने में मिलते हैं। एक क्षेत्र में जिस वस्तु के लिए 'जुराब' का प्रयोग होता है उसी के लिए दूसरे क्षेत्र में 'मोजा' का। इसी प्रकार एक क्षेत्र में 'नेनुआ' का प्रयोग होता है तो दूसरे क्षेत्र में 'तोरी' का।

गठन सम्बन्धी आयाम की तीसरी दिशा भाषा-प्रयोगों के जिस विस्तार से सम्बन्ध रखती है, उसके भीतर मानकीकरण की प्रक्रिया व्युत्पन्न शब्दों में रूपात्मक एवं अर्थविन्यासपरक सम्बन्ध बनाए रखने की कोशिश करती है। यह सम्बन्ध जितना ही व्युत्पादन (productive) क्षमता के सिद्धांत पर आधारित होगाः प्रतिमान की प्रकृति भी उतनी ही सुगठित मानी जाएगी। उदाहरण के लिए law के लिए जो दो शब्द आज प्रचलित हैं–वे हैं 'कानून' और 'विधि'। पर भारत सरकार ने प्रतिमान के रूप में 'विधि' शब्द को स्वीकार किया। इस चयन के पीछे शब्द-निर्माण की व्युत्पादक शक्ति की धारणा ही काम करती रही है। आज हम इसके आधार

पर निम्नलिखित शब्द-प्रयोग व्यवहार में पाते हैं :

विधिक (legal), वैधीकरण (legalisation), विधिवादी (legalist), विधान (legislation), विधान सभा (legislative assembly), विधिज्ञ (legist), वैध, विधि सम्मत (legitimation), विधि सम्मतन (legitimation), वैधता (legitimacy) आदि। यही नहीं, 'विधि' में उपसर्ग लगाकर 'संविधान' जैसे शब्द की रचना सम्भव हो सकी है जिसके आधार पर निम्नलिखित शब्द-प्रकार प्रयोग में आ रहे हैं–संविधायी (constituent), सांविधानिक (constitutional), संविधानवाद (constitutionalism), संविधानविद् (constitutionalist), सांविधानिकता (constitutionality) आदि। इस संदर्भ में यह कहा जा सकता है कि जिस अनुपात में शब्द-व्युत्पादन की शक्ति को साधने के प्रयत्न में संस्कृत के उपसर्ग और प्रत्ययों का उपयोग हुआ है उसी अनुपात में लिखित मानक और व्यवहार-मानक के बीच की खाई भी बढ़ी है। आज भी व्यवहार-मानक 'विधि' के स्थान पर 'कानून' शब्द का समर्थक है, क्योंकि वह लोक-व्यवहार में चले आ रहे शब्दों को अपनाने के पक्ष में रहा है।

हिंदी में मानकीकरण-प्रक्रिया की कोई एक निश्चित दिशा नहीं बन पाई है। सरकार और संस्थाओं के प्रयत्न के बावजूद आज वह अस्थिरता और विकल्प के झूले पर पेंगें मारती नजर आ रही है। न तो हमारी भाषा-नीति ही स्पष्ट हो पाई है और न ही शिक्षा-नीति। प्रतिस्पर्धी मान्यताओं के जाल में उलझकर हिंदी के मानकीकरण की प्रक्रिया और उससे सम्बद्ध हमारी शक्ति, उपधाराओं में विभाजित होकर बिखरती जा रही है। आवश्यकता इस बात की है कि विभिन्न संस्थाएँ और सरकार मिलकर वस्तुनिष्ठ दृष्टि के साथ इस महत्त्वपूर्ण विषय पर विचार करें और प्रयोग का प्रतिमान निर्धारित करते हुए मानक हिंदी को सर्वमान्य मानकीकृत रूप दें। बहुभाषिकता की भाषायी स्थिति में उसका मानकीकृत रूप बहुमुखी हो सकता है और मानक हिंदी में लचीली स्थिरता रह सकती है, पर उसकी प्रकृति का निर्धारण और उसकी दिशा का निर्देश आज जितना आवश्यक हो गया है, मानना पड़ेगा उतना पहले कभी नहीं था।

संदर्भ

1. Stewart, W.A., 1968, A sociolinguistic typology for describing national multilingualism. In J.A. Fishman (ed.) Readings in the Sociology of language. Mouton, The Hague.
2. Haugen, E., 1977. Norm and deviation in bilingual communities.

In Peter A. Hornby (ed.) Bilingualism. New York, Academic press.

3. Srivastava, R.N., 1965. On the problem of Stratification of Hindi language. (in Russian) Vestnik 8, 138-42.
4. श्रीवास्तव, रवींद्रनाथ, 1974, सामाजिक अस्मिता और भाषायी सवाल, नया प्रतीक, 53-62
5. ···1978, भाषा का आधुनिकीकरण; अनुवाद का संस्कार और दबाव, आलोचना, 8-16
6. Ray. P.S., 1963. Language standardization, Mouton, The Hague.
7. Srivastava, R.N., 1977. Societal bilingualism and problems in organizing language teaching in India., UNESCO.

14

हिंदी और आधुनिकीकरण

[1]

इसमें संदेह नहीं कि विकासमान देशों के इतिहास की ज्वलंत समस्या उसके आधुनिकीकरण की है। इस संदर्भ में आधुनिकीकरण एक सामाजिक प्रक्रिया है, जिसके सहारे समाज 'आधुनिकता' के लक्ष्य को साधता है। पर यह 'आधुनिकता' है क्या ? आधुनिकीकरण की प्रक्रिया की प्रकृति क्या है जिसके सहारे समाज आधुनिक बनता है ? कुछ विद्वानों के अनुसार आधुनिकता अपनी प्रक्रिया में 'परम्परा का बदलाव' है और कुछ के अनुसार वह 'नये की परम्परा' है। पर जिस अर्थ में हम आज 'आधुनिक' का प्रयोग कर रहे हैं उस संदर्भ में परम्परा का हर बदलाव क्या 'आधुनिक' की संज्ञा पाता है ? इसी प्रकार यह भी पूछा जा सकता है कि क्या हर 'नया' (जो परम्परा बन जाता है) आपाततः आधुनिक ही है। आधुनिकता अपने अर्थ में 'गति' के साथ क्या 'दिशा' भी नहीं है, परिवर्तन के साथ क्या वह 'दृष्टि' भी नहीं है ? विकास के साथ क्या वह मूल्य-सम्बन्धी चेतना नहीं है ? यह कहा जा सकता है कि भाषिक समृद्धि की दृष्टि से होनेवाला हर परिवर्तन या बदलाव उस 'भाषा का विकास' (लैंगुएज डेवलपमेंट) है, पर भाषा-विकास के सीमा-क्षेत्र में आनेवाला हर परिवर्तन, आधुनिकीकरण की संज्ञा पाए—यह कोई आवश्यक नहीं। इसीलिए भाषा के आधुनिकीकरण के प्रश्न पर विचार करते समय यह समझ लेना आवश्यक है कि 'आधुनिकीकरण' से हमारा तात्पर्य क्या है ?

जिन विद्वानों ने आधुनिकता को 'दिशा', 'दृष्टि' और 'मूल्य' के रूप में स्वीकार भी किया, अविकसित देशों के संदर्भ में उन्होंने या तो उसे 'पश्चिमीकरण', 'औद्योगीकरण' अथवा 'शहरीकरण' की प्रक्रिया से जोड़ने का प्रयास किया है या फिर उसे 'वैयक्तीकरण', 'बुद्धीकरण' अथवा 'लौकिकीकरण' के संदर्भ में परिभाषित करना चाहा है। आधुनिकता-सम्बन्धी ये सभी 'दिशाएँ' या 'मूल्य' 'अनुकरण' की स्थिति को ध्वनित करते हैं। इनसे देश की सामाजिक स्थिति की आंतरिक प्रक्रिया

या उसके विकास की अपनी-अपनी प्रकृति व्यंजित नहीं होती। फिर एक यह भी प्रश्न उठ सकता है कि आधुनिकता के परिमाण के मूल्यांकन का आधार क्या हो–प्रति व्यक्ति राष्ट्रीय आय, खेती के वाणिज्यीकरण की मात्रा अथवा उत्पादन में मनुष्य और मशीन का अनुपात ? सच तो यह है कि 'आधुनिकीकरण' के इन सभी प्रश्नों एवं संदर्भों को अपने राष्ट्र और अपनी सामाजिक स्थिति के प्रसंग में न तो हमने उठाया ही है और न उस पर गम्भीरता से विचार ही किया है।

एशिया की भाषाओं के आधुनिकीकरण की समस्या पर विचार करते हुए मलेशिया के एक प्रसिद्ध भाषाविद् अलिसहबाना ने पाश्चात्य देशों में प्रचलित आधुनिकीकरण की इन सभी संकल्पनाओं का विरोध करते हुए स्पष्ट शब्दों में यह कहा कि पश्चिमीकरण की धारणा से यूरोप की सांस्कृतिक प्रभुता की गंध आती है। यह गंध विरोध और हीनता-ग्रंथि से हमें आक्रांत करती है। इस हीन और पराजित मनोवृत्ति के साथ कोई भी देश सांस्कृतिक विकास के पथ पर सहज भाव से नहीं चल सकता। उनकी यह मान्यता रही है कि मूलतः हमें दो प्रकार की संस्कृति देखने को मिलती है–अभिव्यक्तिपरक (एक्सप्रेसिव) संस्कृति और प्रगतिपरक (प्रोग्रेसिव) संस्कृति। अभिव्यक्तिपरक संस्कृति उसे कहा जा सकता है जिसमें धार्मिक और सौंदर्य-चेतना प्रमुख वृत्ति के रूप में काम करती है। इसके विपरीत प्रगतिपरक संस्कृति में ज्ञान का सैद्धांतिक पक्ष अधिक प्रधान रहता है और जीवन तथा जगत को समझने-पकड़ने के लिए आर्थिक-वृत्ति प्रमुख रूप से सक्रिय होती है। इस दृष्टि से आधुनिकीकरण आज के प्रसंग में अभिव्यक्तिपरक संस्कृति के प्रगतिपरक संस्कृति में रूपांतरण की विधि है। दूसरे शब्दों में कहें तो यह धार्मिक एवं सौंदर्यचेतना वृत्ति का ज्ञानात्मक एवं आर्थिक वृत्ति में ढालने की सामाजिक-सांस्कृतिक प्रक्रिया है। वस्तुतः यह वही विधि अथवा प्रक्रिया है जिससे मध्ययुगीन यूरोप गुजरकर आज के आधुनिक युग में पहुँचा है।

इससे संदेह नहीं कि भाषा के आधुनिकीकरण की समस्या, समाज के आधुनिकीकरण की प्रक्रिया से जुड़ी है। भाषा की आंतरिक प्रकृति पर यत्किंचित ध्यान देने पर ही यह स्पष्ट हो जाता है कि भाषा का सम्बन्ध एक ओर बाह्य जगत के प्रत्यक्षज्ञान से रहता है और दूसरी ओर उसका सम्बन्ध भाषायी समुदाय की चिंतन-प्रक्रिया से। इसीलिए वह समाज और संस्कृति के हर परिवर्तन को व्यंजित करने में समर्थ है, और सामाजिक एवं सांस्कृतिक हर नए दायित्व के निर्वाह में सक्षम है। सम्प्रेषण के अन्य सभी माध्यमों की तुलना में भाषा न केवल अपने प्रयोक्ता की जीवन-दृष्टि में आनेवाले हर सूक्ष्म परिवर्तन को अधिक सशक्त रीति से व्यंजित करने में सफल होती है, वरन् उसके जीवन-व्यवहार में आनेवाले प्रत्येक मोड़ की वह साक्षी भी बन जाती है। यही कारण है कि सामाजिक व्यवहार और सांस्कृतिक मूल्य में आनेवाले परिवर्तन के साथ भाषा अपनी संरचना में

द्वंद्वात्मक को झेलती है और जिसके प्रभाव को उसकी आंतरिक व्यवस्था के हर स्तर पर देखा जाना सम्भव है–शब्द-सम्पदा, शब्द-निर्माण, वाक्य-संरचना, ध्वनि-संयोजना और अर्थपरक अभिलक्षण–सभी स्तरों पर भाषा सामाजिक-सांस्कृतिक परिवर्तन के साथ नए रूप में संस्कारित होती चलती है।

अपने विकास की स्वाभाविक प्रक्रिया में अभिव्यक्तिपरक संस्कृति से सम्बद्ध भाषा किस प्रकार प्रगतिपरक संस्कृति के मूल्यबोध और जीवन-दृष्टि को अपनाती चलती है–इसे 'आकाशवाणी' और 'दूरदर्शन' जैसे शब्दों के प्रयोग के संदर्भ में देखा जा सकता है। 'आकाशवाणी' शब्द अपने पूर्ववर्ती संदर्भ में जो अर्थ संकेतित करता था, आज उससे भिन्न अर्थ का बोध कराता है। इसे हम अब 'रेडियो स्टेशन' के 'संकेत ग्रह' के रूप में भी जानते हैं। इसी प्रकार 'दूरदर्शन' आज 'टेलिविजन' के लिए प्रयुक्त हिंदी का शब्द है। पर ध्यान दें तो यह शब्द, दो तत्त्वों से बना है–दूर+दर्शन। 'दूर' शब्द-निर्माण का एक सक्रिय सदस्य रहा है जिसके आधार पर पहले से हमें कई सामाजिक शब्द निर्मित मिलते हैं, यथा–दूरगामी, दूरदर्शी, दूरदृष्टि, दूरद्रष्टा। शब्द-निर्माण की इसी प्रक्रिया का सहारा लेते हुए आज हमें ऐसे शब्द-प्रयोग देखने को मिलते हैं–दूरबीन-दूरयंत्र (टेलिस्कोप), दूरभाष (टेलीफोन), दूरमुद्रक (टेलिप्रिंटर), दूरसंचार (टेलिकम्यूनिकेशन), दूरचित्र (टेलिफोटो)।

अगर हम इन दो वर्गों के शब्दों पर थोड़ा भी ध्यान दें तो स्पष्ट हो जाता है कि दोनों के निर्माण की भाषावैज्ञानिक प्रक्रिया एक है, पर जबकि एक वर्ग के शब्द (दूरद्रष्टा, दूरदर्शी, दूरदृष्टि आदि) के संकेत-ग्रह का आधार अभिव्यक्तिपरक संस्कृति है और उसके अर्थपरक अभिलक्षण व्यक्ति के आभ्यंतर गुण और शक्ति से सम्बद्ध हैं, वहाँ दूसरे वर्ग के शब्द (दूरदर्शन, दूरभाष, दूरबीन आदि) के संकेत-ग्रह प्रगतिपरक संस्कृति के उपादानों से जुड़े हुए हैं। इस संदर्भ में 'दूर' अंग्रेजी के 'टेलि' का हिंदी पर्याय भी माना जा सकता है।

ऐसा ही एक उदाहरण हम 'काला' शब्द के प्रयोग में देख सकते हैं। 'काला' के साथ 'कल्मष' का भाव जुड़ा रहा है। 'काला चोर', 'काला पहाड़', 'काला नाग', 'काली ज़बान' आदि अभिव्यक्तियों में प्रयुक्त 'काला' अभिव्यक्तिपरक संस्कृति के अर्थबोध को व्यंजित करता मिलता है पर इसके समानांतर आज प्रचलित 'काला धन', 'काला बाजार', 'काला धंधा', 'काला कानून' में 'काला' प्रगतिपरक संस्कृति की अर्थव्यवस्था और सामाजिक संस्कार की ओर इंगित करता है। यह भी देखा जा सकता है कि दूसरे वर्ग के शब्द मूलतः अंग्रेजी में प्रचलित शब्द–'ब्लैक मनी', 'ब्लैक मार्किट', 'ब्लैक डीड्स', 'ब्लैक लॉ' के शाब्दिक अनुवाद हैं जो भाषा में पहले से ही प्रयुक्त भाषिक सामग्री के संयोजन से बने हैं।

भाषा-विकास की यह स्वाभाविक प्रक्रिया है कि वह विभिन्न सामाजिक एवं सांस्कृतिक संदर्भों की माँग के अनुसार अपनी सामग्री–विशेषकर शाब्दिक पक्ष की

पुनर्व्याख्या भी करती चलती है। प्रयोग के नए संदर्भ शब्दों में नित नूतन अर्थ भरते चलते हैं। उदाहरण के लिए 'बिजली'। 'विद्युत' शब्द को ही लें। पहले यह मात्र 'दामिनी' का पर्याय था, जिसका व्यवहार-क्षेत्र 'प्रकृति' था। पर आज विज्ञान और तकनीक के नए संदर्भ में यह अंग्रेजी के 'इलेक्ट्रीसिटी' के पर्याय के रूप में अपना अर्थ-विस्तार कर चुका है। पर आधुनिकीकरण किसी एक या दो शब्दों के आधार पर नहीं होता। अगर भाषा के आधुनिकीकरण का सम्बन्ध समाज के आधुनिकीकरण से है तो वह एक प्रक्रिया से सम्बद्ध होगा और निश्चय ही वह एक 'विचारतंत्र' की अपेक्षा रखेगा। 'बिजली', 'विद्युत' की संकल्पना, विचारतंत्र में उन सभी यंत्र और यांत्रिक उपलब्धियों की संकल्पना को भी सामने लाएगी जिसका समाज प्रयोग करता है या जिसके प्रयोग की सम्भावना है। अतः हम 'बिजली' के साथ 'बिजली घर' (पावर प्लांट), 'बिजली बंत्रा' (इलेक्ट्रिक बटन) और 'विद्युत' के साथ 'विद्युतीकरण', 'विद्युत उत्पादक यंत्र', 'विद्युत भार' जैसी संकल्पनाएँ भी भाषा में प्रयुक्त पाते हैं।

भाषा अपने प्रयोक्ताओं की सम्प्रेषण सम्बन्धी किसी भी माँग की न तो अवमानना करती है और न ही उसकी आकांक्षाओं को धोखा देती है। यह हर परिस्थिति का सफलता के साथ सामना करने में सक्षम है। इसीलिए भाषाविद् यह मानते हैं कि अपनी आंतरिक प्रकृति में कोई भी भाषा न तो 'अक्षम' या 'अपूर्ण' होती है और न ही अपने व्यवहार में 'अविकसित' या असांस्कृतिक। 'अक्षम' या 'अविकसित' होते हैं प्रयोक्ता। भाषा को उसका उचित दाय और प्रयोग के सामयिक संदर्भ दीजिए और भाषा सामाजिक अपेक्षाओं के अनुरूप हमेशा निखरकर ऊपर उठ जाएगी। विकास की अपनी शक्ति का स्रोत भाषा-प्रयोक्ता के प्रयोजन और प्रयोग के भीतर अंतर्निहित होता है। अतः जो व्यक्ति हिंदी या अन्य भारतीय भाषाओं को अंग्रेजी की तुलना में 'अविकसित' या 'अक्षम' कहते हैं, वे वस्तुतः इन भाषाओं के प्रयोक्ता के सामाजिक दायित्व और भाषा सम्बन्धी अस्मिता पर ही अँगुली उठाते हैं।

इस प्रसंग में भारतीय भाषाओं के आधुनिकीकरण का एक दूसरा संदर्भ सामने आता है। यह हमारे इतिहास की विडम्बना रही है कि अंग्रेजी शासन के बाद धीरे-धीरे अंग्रेजी भाषा हमारे सामाजिक जीवन में प्रगतिपरक संस्कृति की संवाहक बनती चली गई। यह विदेशी भाषा बाद में चलकर हमारे वैज्ञानिक और तकनीकी ज्ञान की ही केवल माध्यम भाषा नहीं बनी, वरन् प्रशासन तथा अन्य अनेक प्रतिष्ठापरक व्यावसायिक क्षेत्रों की भी प्रतिष्ठित भाषा के रूप में प्रतिष्ठित हुई। शिक्षा-तंत्र का ऐसा रूप सामने आया जिसमें मातृभाषाओं को या तो अशैक्षिक भाषा के रूप में अपदस्थ कर दिया गया या शैक्षिक स्तर दिया तो उन्हें केवल मानविकी के क्षेत्र में बाँधकर रख दिया गया। शिक्षा में 'विज्ञान और तकनीकी'

के लिए 'अंग्रेजी भाषा' और 'मानविकी' के लिए 'क्षेत्रीय भाषाएँ' तथा प्रतिष्ठित व्यावसायिक क्षेत्रों में अंग्रेजी और घरेलू उद्योग-धंधे के लिए मातृभाषाओं की योजना ने न केवल अंग्रेजी भाषा को प्रगतिपरक संस्कृति की संवाहक भाषा और हमारी क्षेत्रीय भाषाओं को अभिव्यक्तिपरक संस्कृति की सूचक भाषा के रूप में उभारा, अपितु हर शिक्षित वर्ग को एक नए ढंग की द्विभाषिक स्थिति अपनाने को भी विवश किया।

द्विभाषिकता की स्थिति भारतीय जीवन के लिए कोई नई न थी। हमारा समाज आदिकाल से बहुभाषिक रहा है। अपने घरेलू जीवन में हम 'बोलियों' और सामाजिक जीवन में 'भाषा' को अपनाते रहे हैं। यह भी हमारे इतिहास का विद्रूप व्यंग्य ही रहा है कि उसके विभिन्न चरणों में उच्च शिक्षा तथा प्रशासनिक प्रयोजनों की भाषा एक रही है पर लोक-व्यवहार की दूसरी। कभी 'संस्कृत' और कभी 'फारसी' के रूप में भाषा ने ऊपर से जनसामान्य को दबाया है। जिन्होंने भी इस दबाव को महसूस किया, उन्होंने इसका विरोध भी किया। मध्ययुग की हमारी जातीय संस्कृति के संरक्षक भक्त कवियों ने संस्कृत भाषा के 'कुमाच' के स्थान पर 'भाखा' की 'कामरी' को अपनाने का साहस दिखलाया, क्योंकि 'कामरी' उनकी दृष्टि में समाज के लिए अधिक प्रयोजनवती थी, उनके अपनाने से उनका मन प्रबुद्ध होता था। इसी प्रकार फारसी के स्थान पर कवियों ने 'हिंदवी' और उर्दू में काव्य-सृजन किया। इनमें से कई द्विभाषिक ही नहीं, बहुभाषिक भी थे। तुलसी अवधी और ब्रज भाषा के अतिरिक्त संस्कृत के भी पंडित थे। उन्होंने नाना पुराण-निगमों का अध्ययन किया था, पर लोक-सम्पर्क के लिए जो भाषा-माध्यम चुना, वह लोक-प्रचलित भाषा थी। यही कारण था कि विभिन्न भाषायी पृष्ठभूमि में पले इस युग के चिंतकों ने अपने तत्त्वचिंतन के लिए तो संस्कृत भाषा को चुना, पर प्रसार-अभिव्यक्ति के लिए ब्रजभाषा को अपनाया। उदाहरण के लिए रामानुजाचार्य, मध्वाचार्य, निम्बर्काचार्य और वल्लभाचार्य का जीवनवृत्त (मातृभाषा), कृतित्व (संस्कृत) और पुनर्जागरण में योगदान (ब्रजभाषा) द्विभाषिकता के बहुआयामी पक्ष को ही उभारते हैं।

प्रगतिपरक संस्कृति के लिए अंग्रेजी और अभिव्यक्तिपरक संस्कृति के लिए हिंदी या क्षेत्रीय भाषाओं के इस द्विभाषी विभाजन की घातक योजना का विरोध आधुनिक युग में महात्मा गाँधी ने भी किया। वे यह मानते थे कि अंतर्राष्ट्रीय सम्पर्क-सूत्रों तथा समाज के आधुनिकीकरण के लिए अंग्रेजी भाषा हमारे लिए अनिवार्य हो गई है, पर उसके साथ यह भी स्वीकार करते थे कि अंग्रेजी भाषा के प्रति हमारे अतिरिक्त व्यामोह ने न केवल अपनी मातृभाषा के प्रति हमारे दृष्टिकोण को हीनता-ग्रंथि से भर दिया है, वरन् लाखों व्यक्तियों को आज के वैज्ञानिक ज्ञान और तकनीकी उपलब्धियों से काटकर अज्ञान के अंधकूप में ला

धकेला है। स्वतंत्रता की लड़ाई के दौरान ही यह महसूस कर लिया गया था कि जनता की लड़ाई जनता की ही भाषा में सम्भव है, और शीघ्र ही यह भी अनुभव कर लिया गया कि स्वतंत्र भारत की प्रजातांत्रिक व्यवस्था में हम केवल एक अत्यंत सीमित वर्ग के व्यक्तियों की उस भाषा के सहारे अपना काम नहीं चला सकते जो आम व्यक्ति को सामाजिक सीढ़ी पर ऊपर चढ़ने में एक जबर्दस्त बाधा है। इसीलिए भारतीय संविधान में हिंदी तथा उच्च क्षेत्रीय भाषाओं की उन्नति और संवर्धन का प्रावधान रखा गया। इसी का परिणाम था कि राजभाषा आयोग का गठन किया गया और राजभाषा अधिनियम बनाए गए। भाषा-विकास के इस पूरे आयाम को 'भाषाओं का वैधानीकरण' कहा जा सकता है।

भाषाओं के वैधानीकरण का संदर्भ है–भारतीय भाषाओं को वैधानिक रूप से वह पद देना और दिलाना, जिसके सहारे वे प्रशासनिक प्रयोजनों की सिद्ध भाषा बन सकें और उन सभी मान्य क्षेत्रों में अपना व्यवहार-प्रसार पा सकें जिनमें ऐतिहासिक कारणों से हमारे जीवन में अंग्रेजी आसीन हो चुकी है। जैसा पहले संकेत दिया जा चुका है, ये वही व्यवहार-क्षेत्र हैं जिनका सम्बन्ध प्रगतिपरक संस्कृति से है। अतः 'आधुनिकीकरण' का यह एक नया संदर्भ हमारी राष्ट्रीय भावना से जुड़कर सामने आया। हमारी अपनी भाषाएँ इस रूप में आधुनिकीकृत हों– अर्थात् इस रूप में अपनी जातीय कोश-सम्पदा, तकनीकी शब्दावली, भाषिक अभिव्यक्ति आदि स्तरों पर समृद्ध हों कि वे प्रगतिपरक संस्कृति से सम्बद्ध उन सभी व्यवहार-क्षेत्रों के लिए समर्थ सम्प्रेषण-माध्यम बन सकें, जिनमें अब तक अंग्रेजी भाषा का प्रयोग होता रहा है या हो रहा है।

भाषाओं के वैधानीकरण ने भाषाओं के जिस आधुनिकीकृत रूप की संकल्पना को अपना लक्ष्य रखा, उसने भाषा-नियोजन की माँग की। भाषा-नियोजन का सम्बन्ध किसी समस्या के समाधान के लिए उपलब्ध अनेक विकल्पों में से किसी एक विकल्प का सचेतन स्तर पर किए गए लक्ष्यगामी चुनाव के साथ रहता है। इस संदर्भ में अगुआ बनी स्वयं केंद्रीय सरकार। भाषा-नियोजन ने केंद्र में राजभाषा विभाग का निर्माण किया, वैज्ञानिक तथा तकनीकी शब्दावली आयोग का गठन किया, केंद्रीय हिंदी निदेशालय की स्थापना की और केंद्रीय अनुवाद ब्यूरो को जन्म दिया। पहले शब्दावली-निर्माण के स्तर पर सुनियोजित ढंग से अनुवाद की प्रक्रिया को अपनाया गया। स्नातक और स्नातकोत्तर स्तर पर अंग्रेजी के वजन पर हिंदी में शब्दों के गढ़ने का काम एक बृहद आयोजन के रूप में प्रारम्भ हुआ। इस आयोजन ने समाज को आधुनिक बनाने और उससे सम्बद्ध भाषा को प्रयोजनवती बनाने की अपेक्षा (शब्द-स्तर पर) अंग्रेजी के समतुल्य भाषा को ल। बैठाने का प्रयास किया। अंग्रेजी के साथ हमारी द्विभाषिक स्थिति ने अंग्रेजी भाषा को आधुनिकीकृत भाषा का 'आदर्श रूप' माना और उस 'आदर्श रूप' की छाया

को पकड़ने के प्रयत्न को भाषा-नियोजन में भाषाओं का आधुनिकीकरण मान लिया गया।

भाषा-विकास की प्रक्रिया अपनी स्वाभाविक गति के साथ भाषा-नियोजन के प्रसंग से इतर रूप में भी चल रही थी। यह ध्यान देने की बात है कि भाषा, प्रयोजनवती होने के कारण, अपनी शैली में विविध और व्यवहार में बहुमुखी होती है। भाषा के व्याकरणाचार्य मानक रूप की खोज में उसे भले ही एकाश्मक बनाने को उद्यत क्यों न हों, भाषा का सामाजिक आधार उसे वैविध्यपूर्ण और लचीला बनाता रहता है। जिस समाज ने भाषा के इस व्यावहारिक आधार और उसकी इस लचीली प्रवृत्ति का विरोध किया, उसने भाषा के जीवन-रस को चूसकर 'मृतक' बना दिया। हिंदी या अन्य क्षेत्रीय भाषाएँ जीवित भाषाएँ हैं, अतः शैली की विविधता उनकी स्वयंसिद्ध है। भाषाओं के विकास के संदर्भ में जो प्रमुख तीन प्रवृत्तियाँ—लोकवादी, राष्ट्रीयतावादी, और अंतर्राष्ट्रीयतावादी हमें देखने को मिलती हैं, उन्होंने भाषा के आधुनिकीकरण के लिए विभिन्न शैलियों को अपना आधार चुना।

वस्तुत ये शैलियाँ प्रयोक्ता की मनोवृत्ति और संस्कार से भी अपना घनिष्ठ सम्बन्ध रखती है। लोकवादी प्रवृत्ति भाषा के सामान्य रूप और बोलचाल की प्रकृति को प्रश्रय देने के पक्ष में थी। वह अंग्रेजी की उन सभी संकल्पनाओं को अपनाने के लिए तैयार थी जो जनसामान्य में प्रचलित थी। हिंदी में अंग्रेजी के जो शब्द रच-पच गए थे, उनके लिए स्वीकार्य थे, यथा—रेल, बस, मोटर, फोन, टिकट आदि या जिनका लोकभाषा के आधार पर निर्माण सम्भव था, यथा—तार-लेखी (टेलिप्रिंटर), जच्चा-घर (मैटर्निटी होम), नजरबंद (डिटेंशन), ईंधन (फुएल) आदि। वह संकर शब्दों को भाषा-मूल्य में गिरावट नहीं मानती थी, अतः शेअरधारी (शेयर होल्डर), कपड़ा मिल (क्लाथ मिल), बोनस भुगतान (बोनस पेमेंट) आदि उसे मान्य थे। राष्ट्रीयतावादी प्रवृत्ति भाषा की उच्च शैली को प्रश्रय देने के पक्ष में थी और संस्कृत भाषा को रूपांतरण के लिए अजस्र स्रोत मानती थी। उसके अनुसार संकर शब्द भाषा-दारिद्र्य का ही नहीं, वरन् भाषा-स्खलन का भी सूचक था। अतः उसने दूर-मुद्रक (टेलिप्रिंटर), जल प्रदाय समिति (वाटर सप्लाई कमिटी), अधोहस्ताक्षरी (अंडरसाइंड), वैद्युत अपघटन (इलेक्ट्रोलिएतिस) आदि शब्दों का निर्माण किया। इस धारा ने अगर अंग्रेजी के शब्दों को अपनाया भी तो अपनी ध्वनि-संरचना में ढालकर, अतः हम पाते हैं—अकादमी (एकेडमी), तकनीक (टेकनीक), त्रासदी (ट्रेजिडी), कामदी (कामेडी) आदि। अंतर्राष्ट्रीय प्रवृत्ति, कोड मिश्रण को भाषायी यथार्थ के रूप में देखती थी और अंग्रेजी शब्द को यथातथ्य अपनाने के पक्ष में थी। उसके अनुसार 'एकेडमी', 'टेकनीक', 'ट्रेजिडी', 'कामेडी' आदि को उसी रूप में अपना लेने से न केवल भाषा समृद्ध होती है, अपितु अंतर्राष्ट्रीय स्तर पर मान्य

संकल्पनाओं को भाषायी आधार भी मिल जाता है। इन तीन भिन्न प्रवृत्तियों का ही प्रभाव था कि एक साथ हमें एक संकल्पना या अंग्रेजी के एक शब्द के लिए तीन-तीन पर्यायवाची शब्द मिलने लगे, यथा–तारलेखी, तारमुद्रक और टेलिप्रिंटर, (निजी) खपत, (आंतरिक) उपभोग और (होम) कंजम्पशन; जच्चाघर, प्रसूतिगृह और मैटर्निटी होम।

भाषा-गर्भ में पल रही इन त्रिविध प्रवृत्तियों के आधार पर भाषा को फट पड़ना चाहिए था, पर भाषा की सहनशक्ति अगाध होती है। वह भाषा प्रयोक्ता की हर निरंकुश मनोवृत्ति को सहने-झेलने में समर्थ होती है। सह नहीं पाते तो उसके प्रयोक्ता ही। यहीं पर 'मानकीकरण' का प्रश्न उभरता है। भाषा-वैविध्य जब सम्प्रेषणीयता की सिद्धि पर ही आघात करता है और भाषा का लचीलापन उसकी खुली परिधि को परिधिमुक्त करने लगता है, तब उसको परिनिष्ठित करने की आवश्यकता पड़ती है। मानकीकरण, वैविध्य में एकता ढूँढ़ने का प्रयास है। उसका आधार 'लचीली स्थिरता' है और लक्ष्य 'सहज और निर्भ्रांत बोधगम्यता'। पर इसके साथ भाषा-व्यवहार या प्रयोजनसिद्ध शैलियों का प्रश्न भी अनिवार्यतः जुड़ा रहता है–किस भाषा-शैली को मानकीकरण का आधार बनाया जाए–बोलचाल की शैली, लिखित भाषा की औपचारिक शैली या भाषा-प्रयोग की कोई अन्य शैली। वस्तुतः इसका सम्बन्ध सरकार या समाज की भाषानीति से है, क्योंकि किसी भाषा-रूप या भाषा-शैली के चयन और सुनियोजित ढंग से उसके व्यवहार की शक्ति सरकारी या सामाजिक संस्थान में ही निहित रहती है। पर इस दिशा में सोच-समझकर कोई ठोस कदम नहीं उठाया गया और जो निर्णय लिए गए, उसने हिंदी भाषा की उस शैली-रूप में ढालने का प्रयत्न किया जो जनसाधारण के सामान्य प्रयोग से बाहर था। सरकारी तंत्र ने आधुनिकीकरण और वैज्ञानिकता के नाम पर एक ऐसी भाषा-शैली को जन्म दिया जो जनहित के विरुद्ध है। यह शैली उन सभी लक्ष्यों को नकारती है, जिसके लिए अंग्रेजी के स्थान पर हिंदी को अपनाने की आवश्यकता महसूस की गई है। इसका विरोध साक्षरता से है, जनसामान्य के लिए स्कूली शिक्षा से है, वैज्ञानिक और तकनीकी ज्ञान के सहज रूप से है, अर्थात् देश और समाज के आधुनिकीकरण की पूरी प्रक्रिया से है। इस भाषा-शैली ने एक बार फिर हमें उसी स्थिति में ला खड़ा किया है जो विदेशी शासन के समय अंग्रेजी भाषा अपनाने के कारण बनी थी। यह हिंदी जनसाधारण के लिए उसी प्रकार अबूझ और पहेलीनुमा है, जैसीकि उनके लिए अंग्रेजी भाषा।

सच तो यह है कि इस स्थिति के मूल कारण और दुर्भाग्यपूर्ण परिणाम दोनों के ही मूल में सरकार की 'भाषा-नीति' और 'अनुवाद की प्रणाली' रही है। राजभाषा अधिनियम 1967 की धारा 3 में यह उपबंध रखा गया कि संघ के उन सभी सरकारी

प्रयोजनों के लिए अंग्रेजी का प्रयोग किया जाएगा जिनके लिए 26 जनवरी, 1965 से तत्काल पूर्व अंग्रेजी का प्रयोग किया जा रहा था। इस उपबंध के द्वारा यह भी स्वीकार किया गया कि संसद में कार्य-निष्पादन के लिए हिंदी के अतिरिक्त अंग्रेजी का भी प्रयोग जारी रखा जाए। पर अधिनियम की धारा 5 से 7 के द्वारा केंद्रीय अधिनियम, आदेश, नियम, संसद में प्रस्तुत किए जानेवाले विधेयक एवं उच्च न्यायालय द्वारा दिए गए निर्णय, डिग्री तथा आदेश के प्राधिकृत हिंदी अनुवाद का उपबंध भी किया गया। राजभाषा (संशोधन) अधिनियम, 1967 के द्वारा द्विभाषिकता की इस स्थिति और अनुवाद की प्रणाली को और मजबूत आधार मिला, क्योंकि उसके अनुसार अंग्रेजी को तब तक 'सह राजभाषा' अथवा 'वैकल्पिक भाषा' के रूप में सांविधिक मान्यता दी गई जब तक कि अहिंदीभाषी देना चाहेंगे। सांविधिक तथा प्रशासनिक आवश्यकताओं के निर्वाह के लिए अनुवाद को एक महत्त्वपूर्ण उपाय माना गया। अनुवाद का यह बृहद् आयोजन कार्य तीन अभिकरणों को सौंपा गया, यथा–केंद्रीय अधिनियम, नियम आदि का हिंदी अनुवाद विधि मंत्रालय के राजभाषा (विधायी) आयोग द्वारा, सभी मंत्रालयों विभागों के असांविधिक प्रकार के कार्याविधि साहित्य का हिंदी अनुवाद, गृह मंत्रालय के केंद्रीय अनुवाद ब्यूरो द्वारा और डाकतार विभाग, रेलवे बोर्ड, केंद्रीय लोक निर्माण, रक्षा सेवाओं आदि से सम्बद्ध अनुवाद कार्य स्वयं उनके एककों द्वारा करने की व्यवस्था की गई। इसके अतिरिक्त 1968-69 से भारत सरकार ने विश्वविद्यालय स्तर पर ग्रंथ-निर्माण की जो वृहत्तर योजना चलाई है, उसके अंतर्गत अनुवाद का कार्य हिंदी भाषी राज्यों की ग्रंथ अकादमी कर रही है। अनुवाद के लिए यह शर्त रखी गई कि सरकार से किसी रूप में आर्थिक सहायता लेनेवाले व्यक्ति को भारत सरकार द्वारा गढ़ी गई पारिभाषिक शब्दावली का अनिवार्यतः प्रयोग करना होगा।

आधुनिकीकरण और अनुवाद की आवश्यकता के नाम पर कुछ ही वर्षों में जितने पारिभाषिक शब्द हिंदी में गढ़े गए, उसके प्रयोक्ता उनको सँभाल पाने की स्थिति में नहीं दीखते। प्रगतिपरक संस्कृति के उन विभिन्न संदर्भों में हिंदी भाषा के 'प्रगामी प्रयोग' की तैयारी की भूमिका तैयार की जाने लगी जिनमें अब तक केवल अंग्रेजी भाषा का हमारे जीवन में स्थान था। व्यक्ति या समाज को आधुनिक बनाने का सरकार ने जो संकल्प किया, उसने एक तरफ अंग्रेजी शब्द 'कपैसिटर' के लिए 'धारित्र', 'कैलकुलेटर' के लिए 'परिकलित्र' और दूसरी तरफ 'फोकस' तथा 'डिवलेप' के लिए 'फोकस' तथा 'डिवलेप' आदि शब्द दिए। पर भाषा के शब्दकोश अपनी सीमा में मुक्त होते हैं, वे व्याकरण की तरह व्यवस्था में बंद नहीं होते। हम अपनी शब्द-शक्ति और शब्द-सम्पदा का विकास और प्रसार जीवन पर्यंत करते रहते हैं। प्रयोग में आकर हर नया शब्द हमारा निजी हो जाता

है, सम्भवतः यही कारण है कि विदेशी आगत शब्द भी बाद में चलकर विदेशी नहीं रह जाते। शब्द तो हमें सीखना है। जैसे अपने अनुभव में आनेवाली नई-नई वस्तुओं एवं विचारों को पहचानना-समझना पड़ता है, वैसे ही मन में पकड़ने-बाँधने के लिए उनको नाम देने और बिम्ब-रूप में उन्हें ग्रहण करने के लिए हम बाध्य हैं।

वस्तुओं के नाम या संकेत-ग्रह का प्रश्न एक होता है और शब्द से शब्द बनाने की प्रक्रिया दूसरी। इन दोनों में अंतर कर लेना जरूरी है। एक का प्रसंग 'शब्दकोश' से होता है और दूसरे का व्याकरण से। इसी प्रकार शब्द और शब्द-प्रकार्य में भेद रहता है जो शब्दों को 'कोशीय' शब्द और 'व्याकरणिक शब्द में विभाजित करता है। कोशीय शब्द से भाषा नहीं बदलती, पर शब्द-निर्माण की प्रक्रिया या व्याकरणिक शब्दों को उसकी प्रकृति के विरोध में ले जाइए, भाषा बदल जाती है। आप लाखों कोशीय शब्द भाषा के भीतर समेट लीजिए, भाषा वही रहेगी, पर भाषा के नियमों और व्याकरणिक शब्दों में पाँच-छः स्तरों पर केवल परिवर्तन ला दीजिए, वह पढ़नेवालों के लिए असम्प्रेषणीय बन जाएगी। हिंदी में हम 'लेख' शब्द से निर्मित 'लेखन' और 'लिखित' शब्द को शब्द-निर्माण के एक निश्चित नियम के आधार पर बना पाते हैं। अब हम न केवल 'विलेप', 'विलेपन' और 'विलेपित' पाते हैं, बल्कि अनूदित पुस्तकों में 'डिवेलप', 'डिवेलपन', 'डिवेलपित', 'फोकस', 'फोकसन', 'फोकसित', 'वेल्ड', 'वेल्डन', 'वेल्डित' आदि शब्द-प्रयोग भी पाते हैं। अंग्रेजी के शाब्दिक अनुवाद की कोशिश में हमने 'हियर इन आफ्टर', 'हियर टु फार', 'हियर बाई' के लिए क्रमशः 'एतश्मिन पश्चात्', 'अधुनापर्यंत', 'एतदद्वारा' आदि व्याकरणिक शब्द भी बना डाले हैं ! व्याकरणिक शब्दों को इस प्रकार गढ़ने और निस्संकोच भाव से प्रयोग करने के पीछे का रहस्य अब छिपा नहीं रहा। हम ऐसी द्विभाषिक स्थिति में जीना चाहते हैं जिसमें सोचें तो 'अंग्रेजी' में, पर लिखने की बाध्यता स्वीकार करें 'हिंदी' में, अपनी अस्मिता तो बनाए रखें विदेशी संस्कृति के साथ, पर रोटी के लिए जाएँ अपनी भाषा के पास।

भाषा ऐसे दुराव को स्वीकार नहीं करती। उसकी अभिव्यक्ति (वाक्) और कथ्य (अर्थ) का एकीकरण शिव-पार्वती की भाँति होता है, वे इस प्रकार सम्बद्ध रहते हैं जैसे जल और बीचि जिन्हें हम 'कहियत भिन्न न भिन्न' की स्थिति से जानते आए हैं। जब हम सोचेंगे अंग्रेजी में और लिखेंगे अपनी भाषा में, तब भाषा की जो संकरशैली उत्पन्न होगी, वह भाषा प्रकृति पर एक विद्रूप व्यंग्य के रूप में ही उभरेगी। इसी प्रकार अनुवाद को वैज्ञानिक प्रक्रिया के साथ-साथ सर्जनात्मक विधा भी कहा गया है, उसे 'पुनः सृजन' की प्रक्रिया से जाना-पहचाना गया है और परिभाषा के रूप में एक भाषा की (स्रोत भाषा) पाठ-सामग्री में अंतर्निहित

कथ्य का समतुल्यता सिद्धांत के आधार पर दूसरी भाषा (लक्ष्य भाषा) में संगठनात्मक रूपांतरण कहा गया है। पर अनुवाद की इस पूरी प्रक्रिया में अर्थ या कथ्य की समतुल्यता को हमने भाषिक इकाइयों की समतुल्यता मान लिया है और 'संगठनात्मक रूपांतरण' को 'यांत्रिक स्थानांतरण' समझ लिया है। हम भूल गए हैं कि अनुवाद की परिशुद्धता को अनूदित पाठ की बोधगम्यता और सम्प्रेषणीयता से काटकर नहीं देखा जा सकता।

वास्तविकता तो यह है कि हम एक तरफ भाषा की अगाध शक्ति को झुठला रहे हैं और दूसरी तरफ उसकी जातीय सम्वेदना से विरत होते जा रहे हैं। हमारा पूरा जीवन आधुनिकता और परम्परा के तनाव को सह नहीं पा रहा। हम भीतर से आगे बढ़ने के बजाय भाषायी संसार की परिधि पर चक्कर लगाना चाहते हैं। हमने अपनी चेतना को प्रगतिपरक (आधुनिकता) और अभिव्यक्तिपरक (परम्परा) संस्कृतियों के दो कठघरों में इस तरह बाँध रखा है कि वे दो भिन्न भाषाओं की हमसे अपेक्षा रखने लगी हैं। हम इनकी दूरी को अनुवाद के कृत्रिम सेतु से दूर करना चाहते हैं पर 'अनुवाद' तो मात्र सेतु है, उसके सहारे आगे बढ़कर हमें प्रगतिपरक संस्कृति के विषयों पर अपनी भाषा में मौलिक चिंतन करना होगा, विधि-सम्बन्धी अधिनियमों का मूल प्रारूपण करना होगा। जब तक यह प्रक्रिया शुरू नहीं होती, अनूदित सामग्री न केवल दुर्बोध और असम्प्रेषणीय बनी रहेगी बल्कि भाषा का अपना जातीय संस्कार भी नहीं बन पाएगा। और जब तक भाषा का हमारा जातीय संस्कार नहीं बनता, हम 'ए लाइन इन रिप्लाई विल बी एप्रीशिएटेड' के लिए 'उत्तर देकर अनुगृहीत करें', 'उत्तर की प्रतीक्षा रहेगी' आदि के बजाय–'प्रत्युत्तर में एक पंक्ति सराहनीय होगी', 'उत्तर में एक पंक्ति आशंसनित होगी' लिखते जाएँगे और 'आई कैन्नाट परसीव द डिफ़रेंस' के लिए 'मुझे अंतर नजर नहीं आता' के बजाय यह अनुवाद करते रहेंगे कि 'मैं विभेद प्रत्यक्षीकृत नहीं कर सकता।'

यहाँ इस बात पर बल देने की जरूरत है कि मौलिक साहित्य और अनूदित साहित्य के विषय और ज्ञान-क्षेत्र भले ही अनेक और अलग-अलग हों, उनकी 'भाषा' एक होती है। जिन विषयों पर मौलिक साहित्य लिखा गया है या लिखा जा रहा है, उन पर 'अन्य भाषा' में लिखित पाठ-सामग्री का अनुवाद सरल होता है क्योंकि उस विषय या व्यवहार-क्षेत्र की एक निर्धारित शैली अनुवादक को पहले से ही उपलब्ध रहती है। इसके विपरीत जिस विषय या व्यवहार-क्षेत्र में मौलिक साहित्य न हो, वहाँ अनुवादक को एक नई रजिस्ट्रीकृत शैली का निर्माण करना पड़ता है। यह निर्माण सर्जनात्मक प्रक्रिया की अपेक्षा रखता है, भाषा की प्रकृति की पहचान की माँग करता है और साथ ही भाषा की स्वाभाविक दिशा की जानकारी माँगता है। जब तक अनुवादक में भाषा की प्रवृत्ति और उसमें अंतर्निहित जातीय

आचरण और संस्कार को पहचानने और अनुभव करने की शक्ति न हो, वह सर्जनात्मक अनुवाद नहीं कर सकता। इस स्थिति में वह स्रोत भाषा की प्रकृति और संस्कार का अंधानुकरण करते हुए 'शाब्दिक अनुवाद' की ओर प्रवृत्त होता है–जो उसके लिए सुविधाजनक है। शाब्दिक अनुवाद हमारे भाषायी संस्कार पर कैसा विद्रूप व्यंग्य बनाता जा रहा है, यह बताने की जरूरत नहीं। अतः अनुवाद की सार्थकता को अगर सिद्ध करना है तो अनूदित पाठ सामग्री के विषयों पर मौलिक सर्जनात्मक सामग्री भी पैदा करनी होगी। अनुवाद, आधुनिकीकरण की प्रक्रिया का एक महत्त्वपूर्ण साधन है, पर अनुवाद के सहारे भाषा को आधुनिकीकृत करने के समय अत्यंत सावधानी की जरूरत है।

ऊपर की विवेचना के आधार पर यह कहा जा सकता है कि भाषाओं का आधुनिकीकरण, भाषा-विकास का एक विशेष लक्ष्यगामी पक्ष है। भाषा-विकास का सम्बन्ध किसी भी प्रयुक्ति (रजिस्टर) और किसी भी प्रोक्ति (डिस्कोर्स) के क्षेत्र में भाषा के प्रयोग-विस्तार और अभिव्यक्ति प्रसार के साथ रहता है। नई भूमिकाओं से जुड़ने के कारण यह अभिव्यक्ति शैली के नए-नए आयाम खोलती है। यह अभिव्यक्तिपरक (एक्सप्रेसिव) संस्कृति और प्रगतिपरक (प्रोग्रेसिव) संस्कृति के दोनों ही क्षेत्रों में भाषा-प्रयोग को साधती है। अतः अगर 'बाइबल' या 'कुरान' जैसे धार्मिक ग्रंथों के सफल अनुवाद के लिए हिंदी भाषा को नई भाषिक अभिव्यक्तियों से समृद्ध करने की आवश्यकता पड़ती है तब यह भी भाषा-विकास का एक उदाहरण माना जा सकता है और अगर आइंस्टीन के 'सापेक्षतावाद' के सिद्धांत अथवा वैज्ञानिक और तकनीकी ज्ञान के किसी अन्य पक्ष के निरूपण के लिए हिंदी भाषा को विकसित करने की जरूरत पड़ती है तब वह भी भाषा-विकास का ही एक उदाहरण स्वीकार किया जा सकता है।

आधुनिकीकरण, लक्ष्यगामी भाषा-विकास की वह प्रवृत्ति है, जिसका सम्बन्ध प्रगतिपरक संस्कृति के साथ किसी न किसी रूप में जुड़ा होता है। इसके दो स्पष्ट पक्ष देखे जा सकते हैं–परिमाणात्मक और गुणात्मक। आधुनिकीकरण का परिमाणात्मक पक्ष ज्ञान-विज्ञान के सैद्धांतिक और व्यावहारिक पक्ष को दृढ़ से दृढ़तर करने के लिए भाषा को संवर्द्धित करता है। इसके विपरीत आधुनिकीकरण का गुणात्मक पक्ष अभिव्यक्तिपरक संस्कृति को प्रगतिपरक संस्कृति में रूपांतरित करने की दृष्टि से किए गए भाषा-प्रयोग से सम्बद्ध होता है।

यह ध्यान देने योग्य है कि आधुनिकीकरण प्रगतिपरक संस्कृति से सम्बद्ध उभरनेवाले नए-नए संदर्भों में प्रयोग के लिए भाषा को सक्षम बनाता है। नई भूमिकाओं से जुड़ने के कारण यह प्रयुक्ति और प्रोक्ति के नए-नए आयाम को खोलता है। उदाहरण के लिए हिंदी-प्रयोग को अगर तकनीकी शिक्षा-संस्थानों और सर्वोच्च न्यायालय तक ले जाना है तो उसके योग्य बनाने की प्रक्रिया को भाषा का

आधुनिकीकरण कहा जा सकता है। अतः आधुनिकीकरण का सम्बन्ध एक तरफ थिसारस, तकनीकी शब्द-निर्माण आदि के माध्यम से है तो दूसरी ओर नए-नए स्थिति-संदर्भों में भूमिका-अनुकूल भाषा-प्रयोगों के साथ।

[2]

किसी भी भाषा-समुदाय का भाषिक व्यवहार परिवर्तनों/विकल्पनों से परे नहीं होता। विभिन्न सामाजिक स्थितियों में भाषा समुदाय के सदस्य भिन्न भाषा-शैलियों का प्रयोग करते हैं और ये शैलियाँ प्रकार्य, समाज और संस्कृति पर आश्रित होती हैं। प्रयुक्ति शब्द इसी भाषिक विकल्पन की ओर संकेत करता है जो नियमित रूप से स्थिति-संदर्भ और बोलनेवाले की भूमिका के अनुकूल होता है। दूसरे शब्दों में, प्रयुक्ति भाषा का ऐसा प्रकार/भेद है जिसमें सम्प्रेषण-प्रक्रिया के दौरान बोलनेवाले की भूमिका प्रतिबिम्बित होती है (रेड, 1952; केटफ़र्ड, : 1965; टर्नर, 1973)। हैलिडे, मैकिंटोश और स्ट्रेवेस के अनुसार, "लोग भाषा का किस प्रकार प्रयोग करते हैं और विभिन्न सामाजिक संदर्भों में भाषा किस प्रकार क्रियाशील रहती है–यह जानने के लिए जब हम भाषा का निरीक्षण करते हैं तो हम, लोगों द्वारा प्रयुक्त भाषा-प्रकार में अंतर पाते हैं; यह अंतर विभिन्न सामाजिक संदर्भों के लिए चुनी गई भाषा के विभिन्न प्रकारों में भी दृष्टिगोचर होता है।" नीचे हम भाषा के परिभाष्य प्रकारों, भाषा-शैलियों की आंतरिक संरचना और समाचारपत्र की विशेष प्रयुक्ति के सहसम्बन्धों को दिखाने का प्रयत्न करेंगे और साथ ही यह देखने का भी प्रयत्न करेंगे कि समाचार-प्रयुक्ति के सहारे भाषा का आधुनिकीकरण किस प्रकार होता है।

समाचारपत्र की प्रयुक्ति बहुत विस्तृत होती है। इसकी परिधि में प्रादेशिक, राष्ट्रीय और अंतर्राष्ट्रीय स्तर पर होनेवाली सभी गतिविधियाँ आती हैं और तर्कमूलक सम्पादकीयों, घटनापरक तथ्यों के विवरण और विभिन्न घटनाओं पर की जानेवाली विभिन्न टीका-टिप्पणियों के माध्यम से यह कई प्रकार के शैलीगत विकल्पनों से भी समृद्ध होती है। यहाँ यह बात भी ध्यान देने योग्य है कि भाषा-शैली चाहे जितनी परिष्कृत हो, किसी विषय-विशेष के लिए चाहे जितनी विशेष जानकारी की आवश्यकता हो, सूचनाओं को सामान्य पाठक तक सम्प्रेषित कर पाने की क्षमता ही समाचारपत्र की भाषा के लिए अनिवार्य आवश्यकता है। पत्रकार के लिए समय एक बंधन होता है। दैनिक अखबार में सूचनाओं को तत्काल भाषा में अभिव्यक्त करने की बाध्यता रहती है, अतः इस प्रयुक्ति में आधुनिकीकरण की प्रक्रिया समय के दबाव के भीतर निरंतर चलती रहती है। इसकी तीसरी विशेषता बहुपक्षी विषयवस्तु है जिसके भीतर अंतर्राष्ट्रीय सम्बन्ध, राजनीतिक गतिविधियाँ, सामाजिक-आर्थिक परिवर्तन, खेल-कूद आदि विभिन्न विषयों पर लिखने की

आवश्यकता रहती है। अतः समाचार की प्रयुक्ति के भीतर सम्प्रेषणीयता, समय-सापेक्षता और बहुपक्षी विषयवस्तु–तीनों का योग मिलता है। यही कारण है कि पारिभाषिक व तकनीकी शब्दावली की सहायता से अपवादस्वरूप लिखे गए अगर कुछ लेखों एवं टिप्पणियों को छोड़ दिया जाए, तो ऐसे उदाहरण सहज ही ढूँढ़े जा सकते हैं, जो समाचारपत्रों की भाषा के इस सामर्थ्य को दर्शाते हैं।

प्रस्तुत लेख के लिए सामग्री हिंदी के चार दैनिक पत्रों 'नवभारत टाइम्स', 'हिंदुस्तान', 'जनयुग' और 'वीर अर्जुन'–के 15 नवंबर से 10 दिसंबर, 1977 तक के अंकों में से ली गई है। संदर्भ के लिए 'द टाइम्स ऑफ इंडिया' और 'द हिंदुस्तान टाइम्स' में से पत्र चुने गए हैं। आवश्यक सामग्री सम्पादकीयों, समाचार-विवरणों, पुस्तक-समीक्षाओं, खेलकूद-स्तम्भ, विज्ञापनों और मुखशीर्षकों में से ली गई है।

समय-सीमा के कारण एकत्र किए गए बहुविध आँकड़ों का उतनी बारीकी से विश्लेषण नहीं हो पाया है, जितना इस प्रकार के अध्ययन में अपेक्षित है। इसके अतिरिक्त इस विश्लेषण के लिए जो साधन उपलब्ध थे, वे भी आधुनिकीकरण की प्रक्रिया के सभी पक्षों के अध्ययन के लिए पर्याप्त नहीं थे, तथापि प्रस्तुत लेख आधुनिकीकरण के कुछ रोचक पक्षों को उजागर करता है।

भाषा-सम्पर्क की स्थिति में जब लोग देशी शब्दों के समतुल्य आगत शब्दों की पुनः प्रस्तुति करते हैं तो इसके फलस्वरूप भाषिक उत्संस्करण की स्थिति पैदा होती है। इस समस्या के बारे में वार्नर बेत्ज़ (1936), हागेन (1950), वाइनराइख़ (1953), हाकेट (1958) और पालोमे (1975) आदि विद्वानों ने बहुत कुछ कहा और लिखा है। यहाँ पर आधुनिकीकरण-प्रक्रिया के संदर्भ में होनेवाले भाषिक उत्संस्करण की विभिन्न प्रक्रियाओं को फिर से व्यवस्थित करने का प्रयत्न किया गया है।

नीचे विशिष्ट संदर्भों में प्रयुक्त होनेवाले कुछ शब्दों को स्पष्ट करने का प्रयास किया गया है :

सामग्री (साम.) : नई वस्तुओं, भावों आदि की अभिव्यक्ति के लिए ग्राहक भाषा या तो अपने ही भाषा-साधनों का प्रयोग करती है या दात्री भाषा से सामग्री उधार लेती है। इस प्रकार 'सामग्री' शब्द का अभिप्राय किसी भी भाषा के ध्वनिक, शाब्दिक अथवा अन्य भाषिक साधनों से है।

भाषिक ढाँचा (भा. ढाँ.) : ग्राहक भाषा में नए विचारों की पुनः प्रस्तुति का आधार या तो देशी भाषा का ढाँचा होता है या फिर दात्री भाषा का ढाँचा। लेकिन आगत निर्माण (लोन क्रिएशन) या आगत छाया (लोन रेंडिशन) में भाषिक ढाँचा सामान्यतः ग्राहक भाषा से लिया जाता है, दूसरी ओर, यदि आगत अनुवाद (लोन ट्रांसलेशन) या आगत शब्दों (बोरोइंग) हो तो दात्री भाषा का ढाँचा लिया जाता है।

प्रक्रिया (प्र.) : नई संकल्पनाओं और विचारों को अपनाने और व्यक्त करने के लिए और नई संस्कृति की विशेषताओं को ग्रहण करने के लिए ग्राहक भाषा में अनेकानेक, भिन्न प्रक्रियाओं का जन्म और विकास होता है; उदाहरण के लिए, भाषा में पहले से ही विद्यमान अभिव्यक्ति के संदर्भ (प्रयोग की परिधि) का विस्तार या संकुचन (आगत परिवृत्ति); सामान्य आर्थी संकेतों के आधार पर नई संकल्पनाओं की पुनः प्रस्तुति (आगत छाया); दात्री भाषा के शब्दों से मेल खाते नए शब्दों का निर्माण (आगत निर्माण), दात्री भाषा से ग्राहक भाषा में शाब्दिक अनुवाद (आगत अनुवाद); वस्तुओं को अपनाने के साथ ही शब्द को भी तद्रूप या परिवर्तित उच्चारण के साथ अपनाना (आगत शब्द–यथावत् अथवा अनुकूलित)।

भाषिक उत्संस्करण के माध्यम से हिंदीभाषी समुदाय को प्रगतिशील संस्कृति की ओर अग्रसर कराने में उपरोक्त प्रक्रियाओं का ही प्रमुख हाथ रहा है। इन प्रक्रियाओं का विस्तृत और उदाहरण सहित विवरण नीचे दिया जा रहा है :

टाइप-I : ग्राहक भाषा में पहले से ही विद्यमान कुछ शब्द और अभिव्यक्तियाँ दात्री भाषा से प्रभावित होते हैं। फलस्वरूप उन्हीं शब्दों के प्रयोग–कुछ नए संदर्भों में प्रयोग–से उस शब्द के अर्थ-क्षेत्र का विस्तार हो जाता है :

साम. : ग्राहक भाषा + मौजूदा विद्यमान अभिव्यक्ति
भा. ढाँ. : देशी
प्र. : प्रायोगिक संदर्भ का विस्तार

मॉडल	अभिव्यक्ति विस्तार	विद्यमान अभिव्यक्ति
1. इलेक्ट्रिसिटी	बिजली, विद्युत	तड़ित
2. आल इंडिया रेडियो	आकाशवाणी	देववाणी
3. क्रास्ड (-चेक)	रेखांकित	किसी शब्द के नीचे रेखा खींचना
4. रिलीज (ऑव अ बुक)	विमोचन	मुक्त करना
5. ओथ (टू एन ऑफिस)	शपथ	सौगंध, कसम खाना
6. स्टार (फिल्म)	(सि) तारा	तारा (आकाश का)

टाइप-II : यह प्रक्रिया पिछली प्रक्रिया से ठीक विपरीत होती है। सामग्री का सूत्र तो ग्राहक भाषा ही है, किंतु विस्तार की बजाय यहाँ अर्थ-क्षेत्र का संकुचन होता है, शब्द या अभिव्यक्ति जो पहले अधिक संदर्भों में प्रयुक्त होती थी, उसके संदर्भों को सीमित कर दिया जाता है :

साम. : ग्राहक भाषा + विद्यमान अभिव्यक्ति
भा. ढाँ. : देशी
प्र. : प्रायोगिक संदर्भ का संकुचन

मॉडल	अभिव्यक्ति-संकुचन	विद्यमान अभिव्यक्ति
1. पार्लियामेंट	संसद	परिषद्, न्यायालय, धार्मिक संस्था
2. मिनिस्टर	मंत्री	विभाग का मुख्याध्यक्ष, निजी सलाहकार, मंत्री
3. सेक्रेटरी	सचिव	सलाहकार, सहचर, सचिव
4. सेंसस	जनगणना	जन-लोक, जनता+गणना–गिनती
5. पेटिशन	याचिका	'याचक' का स्त्रीलिंग-रूप, भिखारिन, प्रार्थी
6. कमिश्नर	आयुक्त	नियुक्त, जुड़ा हुआ

टाइप-III : इस प्रक्रिया में दात्री भाषा की नई संकल्पनाओं को अभिव्यक्ति देने के लिए उससे प्रभावित होकर ग्राहक भाषा नई अभिव्यक्तियों का निर्माण करती है :

साम. : ग्राहक भाषा + अनुपस्थित अभिव्यक्ति
भा. ढाँ. : देशी
प्र. : निर्माण

मॉडल	सर्जित अभिव्यक्ति
1. रेक्विज़िशन	अभियाचना
2. टेंडर	निविदा
3. लिटरेसी	साक्षरता
4. गज़ेट	राजपत्र
5. फैकल्टी	संकाय
6. नेपोटिज़्म	भाई-भतीजावाद
7. स्टैंडर्ड	मानक
8. स्टेरेलाइज़ेशन	नसबंदी

टाइप-IV : इस प्रक्रिया में दात्री भाषा के शब्द या अभिव्यक्ति के अर्थ और भाव के आधार पर ग्राहक भाषा में नई संकल्पना की पुनः प्रस्तुति होती है :

साम. : ग्राहक भाषा + अनुपस्थित अभिव्यक्ति
भा. ढाँ. : देशी
प्र. : पुनः प्रस्तुति

मॉडल	पुनः प्रस्तुत अभिव्यक्ति
1. टग-आव-वार	रस्साकशी
2. आडिटोरियम	समकक्ष
3. डेथ एनिवर्सरी	पुण्य-तिथि

4. एयर होस्टेस	विमान परिचारिका, आकाशकन्या, व्योमबाला
5. नॉन-एलाइन (मेंट)	गुट-निरपेक्ष (ता)
6. प्रोलिटेरियट	सर्वहारा
7. कामा	अल्पविराम

टाइप-V : इस प्रकार की प्रक्रिया में ग्राहक भाषा दात्री भाषा की अभिव्यक्ति के एक-एक अंग का शब्दशः अनुवाद करके दात्री भाषा की अभिव्यक्ति के समानांतर नई अभिव्यक्ति की रचना करती है :

साम. : ग्राहक भाषा
भा. ढाँ. : विदेशी
प्र. : शब्दशः अनुवाद

मॉडल	अनूदित अभिव्यक्ति
1. सोशल वेलफ़ेयर	समाजकल्याण
2. अंडर साइंड	अधोहस्ताक्षरी
3. पीस कान्फ़रेंस	शांति-सम्मेलन
4. सिक्योरिटी काउंसिल	सुरक्षा-परिषद् मंडल
5. लैंडस्लाइड	भू-स्खलन
6. व्हाइट पेपर	श्वेत पत्र
7. सोलर एनर्जी	सौर ऊर्जा
8. एअर-पल्यूशन	वायु-प्रदूषण
9. रेड टेपिज़्म	लाल फ़ीताशाही
10. गोल्डन जुबली	स्वर्ण जयंती

टाइप-VI : इस प्रक्रिया में दात्री भाषा के संयुक्त शब्द के एक हिस्से की पुनः प्रस्तुति और दूसरे हिस्से का अनुवाद करके ग्राहक भाषा में एक नए शब्द की रचना की जाती है :

साम. : ग्राहक भाषा
भा. ढाँ. : विदेशी
प्र. : संकरण

मॉडल	मिश्र अभिव्यक्ति
1. रिवाइज़्ड बजट	संशोधित बजट
2. क्लाथ मिल	कपड़ा मिल
3. शेयर होल्डर	शेयर धारक
4. पुलिस कमीशन	पुलिस आयोग

5. रजिस्टर्ड	रजिस्ट्रीकृत
6. इंटेलिजेंस पर्सनेल	इंटेलिजेंसवाला
7. बजट सेशन	बजट सत्र
8. आर्कीफ़ोनीम	आर्कीस्वनिम

टाइप-VII : इस प्रक्रिया के अंतर्गत दात्री भाषा से सम्बद्ध वस्तु प्रथा या व्यवहार को अपनाने के साथ ही उसकी अभिव्यक्ति को भी ग्राहक भाषा ग्रहण कर लेती है। यह प्रक्रिया बिना किसी प्रत्यक्ष ध्वनिक (उच्चारण सम्बन्धी) परिवर्तन के होती है :

साम. : दात्री भाषा
भा. ढाँ. : विदेशी
प्र. : यथावत् ध्वनीय रूपांतर

मॉडल	गृहीत अभिव्यक्ति
1. नोटिस	नोटिस
2. रिस्ट वॉच	रिस्ट वॉच
3. स्केटिंग	स्केटिंग
4. लाइसेंस	लाइसेंस
5. कम्प्यूटर	कम्प्यूटर
6. बोनस	बोनस

टाइप-VIII : यह प्रक्रिया भी पिछली प्रक्रिया की तरह शब्दों को, बिना किसी अनुवाद के, दात्री भाषा से ग्रहण करती है। अंतर केवल इतना ही है कि इस प्रक्रिया में ग्राहक भाषा के ध्वनि-भंडार और लोगों की क्षमता के अनुसार शब्दों के उच्चारण में प्रत्यक्ष परिवर्तन होता है :

साम. : दात्री भाषा
भा. ढाँ. : विदेशी
प्र. : प्रत्यक्ष ध्वनीय रूपांतर

मॉडल	रूपांतरित अभिव्यक्ति
1. एकेडेमी	अकादमी
2. टेकनीक	तकनीक
3. ट्रेजेडी	त्रासदी
4. इंटरिम	अंतरिम
5. ऐबलांश	अवलांश
6. कामेडी	कामदी

टाइप-IX : कई बार किसी वस्तु या संकल्पना के लिए ग्राहक भाषा में अभिव्यक्ति के होते हुए भी, ग्राहक भाषा दात्री भाषा में विद्यमान अभिव्यक्ति के समानांतर एक नई अनूदित अभिव्यक्ति गढ़ लेती है। इस प्रकार, ग्राहक भाषा में कुछ वस्तुओं के लिए दो-दो अभिव्यक्तियों का प्रयोग होने लगता है। भाषा में द्वित्तक होने की स्थिति तब भी उत्पन्न होती है, जब दोनों शब्दों का एक ही सूत्र की दो अलग शैलियों (लोकगत तथा पांडित्यपूर्ण) से उद्भव हुआ हो :

साम. : ग्राहक भाषा
भा. ढाँ. : देशी/विदेशी
प्र. : द्वित्तक

मॉडल	द्वित्तक
1. हंगर स्ट्राइक	अनशन/भूख-हड़ताल
2. रेज़िग्नेशन	इस्तीफ़ा/त्यागपत्र
3. हॉस्पिटल	अस्पताल/चिकित्सालय
4. मैटर्निटी होम	ज़च्चाघर/प्रसूतिगृह
5. सिनेमा	सिनेमा/चलचित्र
6. अंडरग्राउंड	अज्ञातवास/भूमिगत

[3]

अंग्रेजी शब्दों का हिंदी पर्याय सामान्य रूप से भाषा की प्रकृति और उसके प्रयोग के आधार पर ही बनाया गया है। संदर्भ और प्रयोग के अनुसार दात्री भाषा से उधार लिए गए शब्दों में न केवल अर्थ के स्तर पर परिवर्तन आया है, अपितु ये परिवर्तन दात्री भाषा की शब्द-व्यवस्था के भी अनुकूल है। इस प्रकार के अनेकार्थी शब्दों की अभिव्यक्ति ग्राहक भाषा में संदर्भ के अनुकूल भिन्न-भिन्न प्रकार से हुई है। दूसरे शब्दों में, यदि दात्री भाषा में एक ही शब्द का प्रयोग एक से अधिक अर्थ, अभिप्राय और संदर्भ में हुआ है, तो ग्राहक भाषा में, शब्द जितने अर्थों और संदर्भों में प्रयुक्त हुआ है, उतने ही शब्दों का प्रयोग हुआ है, केवल एक शब्द का नहीं। उदाहरणार्थ, अंग्रेजी के 'जनरल' शब्द के लिए (जो एकाधिक संदर्भों में प्रयुक्त होता है) हिंदी में निम्नलिखित शब्दों का प्रयोग होता है :

(क-1) महा–'महा-सम्मेलन' (जनरल कांफरेंस)
'महा-सभा' (जनरल असेंबली)
'महा-मंत्री' / सचिव (जनरल सेक्रेटरी)
(क-2) बड़ा–'बड़ा डाकघर' (जनरल पोस्ट ऑफ़िस)
(ख-1) साधारण–'साधारण सभा' (जनरल बॉडी)
(ख-2) आम–'आम चुनाव' (जनरल इलेक्शन)

(ग) सार्वजनिक–'सार्वजनिक हित' (जनरल वेलफ़ेयर)

(घ) सामान्य–सामान्य सिद्धांत (जनरल प्रिंसिपल)

सामान्य(तः) [जनरल (ी)]

उपरोक्त को इस प्रकार चित्रित किया जा सकता है :

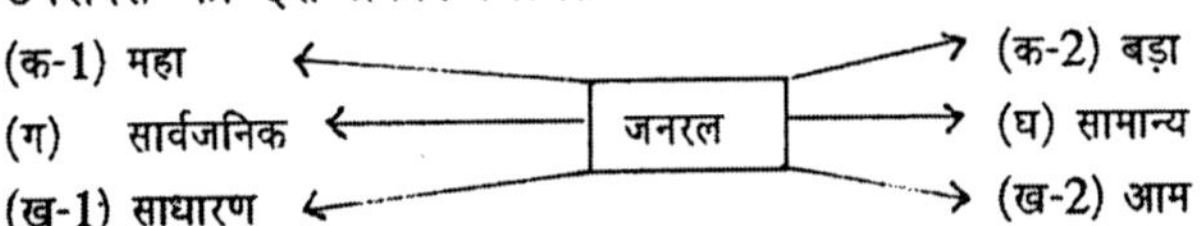

दात्री भाषा के शब्दों की पुनः प्रस्तुति में ग्राहक भाषा का भी एक सीमा तक प्रभाव होता है। उदाहरणार्थ, 'होम' शब्द के लिए हिंदी में निम्नलिखित पुनः प्रस्तुतियों का प्रयोग होता है :

–होम आर्ट	गृह कला
–कन्ज़म्पशन	निजी खपत
–डिलिवरी	आंतरिक उपभोग
–डिपार्टमेंट	गृह विभाग
–गुड्ज़	देसी माल
–इंडस्ट्री	गृह घरेलू उद्योग
–लैंड	स्वदेश
–लाइन	अपनी लाइन
–मिनिस्टर	गृहमंत्री
–मार्केट	देसी बाजार
–सिग्नल	निकट सिग्नल
–ट्रेड	आंतरिक व्यापार/देशीय व्यापार
–वर्क	गृह-कार्य

ग्राहक भाषा के इस शाब्दिक व्याघात का सूक्ष्म निरीक्षण, शब्द के संदर्भ विशेष में प्रयोग तथा भाषा की प्रयुक्ति के सहसम्बन्ध को उद्घाटित करता है। नीचे दिए गए चित्र में इसी सहसम्बन्ध को दर्शाया गया है :

(समाजशास्त्र और प्रशासन)

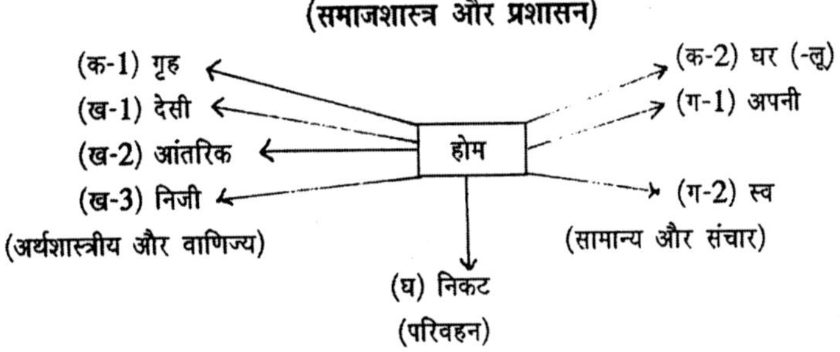

आरम्भ में जब यह महसूस किया गया कि हिंदी भाषा प्रगतिशील संस्कृति की बहुत-सी वस्तुओं को अभिव्यक्ति देने में असमर्थ है, तो समय की माँग को देखते हुए शब्द के स्तर पर अभिनव परिवर्तन लाने के लिए कुछ समाजवैज्ञानिक और भाषायी क्रिया-विधियाँ अपनाई गईं। किंतु ये क्रिया-विधियाँ तीन प्रकार के सैद्धांतिक और परिस्थितिजन्य दबावों से ग्रस्त थीं–राष्ट्रीयतावादी (क्लासिकी) प्रवृत्ति, जो संस्कृत की धातु और प्रत्यय के अधिक से अधिक प्रयोग तथा भाषा को संस्कृतनिष्ठ बनाने पर बल देती थी; लोकवादी (देशीकरण) प्रवृत्ति, जो देशी बोली के प्रत्ययों की सहायता से शब्द-रचना की समर्थक थी; आधुनिकतावादी (अंतर्राष्ट्रीयतावादी) प्रवृत्ति, जो अंतर्राष्ट्रीय पारिभाषिक शब्दावली को देवनागरी में लिप्यंतरित रूप में अपनाने के पक्ष में थी। फलस्वरूप हिंदी में एक संकल्पना (जिसके लिए अंग्रेजी में केवल एक ही शब्द है) के लिए तीन-तीन शाब्दिक रूप मिलते हैं। उदाहरणार्थ–'टेलिप्रिंटर' शब्द के लिए दूरमुद्रक (राष्ट्रीयतावादी), तारलेखी (लोकवादी) और टेलिप्रिंटर (आधुनिकतावादी), 'स्टेरेलाइज़ेशन' के लिए वंध्यकरण (राष्ट्रीयतावादी), नसबंदी (लोकवादी) और स्टेरेलाइज़ेशन (अंतर्राष्ट्रीयतावादी)। 'वंध्यकरण' का प्रयोग हम हिंदी की उच्च शैली में पाते हैं और 'स्टेरेलाइज़ेशन' का कोड-मिश्रण की स्थिति में। पर दैनिक जीवन के क्षेत्र में बोली जानेवाली भाषा में प्रयुक्त 'नसबंदी' शब्द भाषा के आधुनिकीकरण की उस प्रवृत्ति का परिणाम है जो न केवल लोकवादी है, वरन् जिससे यह पता ही नहीं चलता कि यह भाषा-अनुवाद का उदाहरण है।

इस प्रकार हिंदी अपने शैलीय विकल्पनों के कारण भाषा की एकाश्म संकल्पना को चुनौती देती है। हिंदीभाषी समुदाय में प्रकार्य के हिसाब से भाषा के विभिन्न रूपों की अवांछित भूमिका इस प्रकार है–ग्रामीण (स्थानीकृत) बोली, अप्रादेशिक मानक भाषा की दो भिन्न शैलियाँ (हिंदी और उर्दू) और वैज्ञानिक तथा तकनीकी उद्देश्य की भाषा (अंग्रेजी)। यहाँ यह बात भी ध्यान देने योग्य है कि एक ही भाषा-समुदाय के भीतर बातचीत के दौरान कोड-परिवर्तन भाषा का एक अनिवार्य और सहज अंग-सा हो गया है तथा इससे उपरोक्त सामाजिक स्तरों पर भाषा-व्यवहार में होनेवाले सम्प्रेषण का अंतर भी घट जाता है। यही नहीं, कोड-परिवर्तन भाषा की गतिशीलता और भाषा-परिवर्तन में भी प्रमुख भूमिका निभाती है, क्योंकि सम्प्रेषण के लिए अत्यावश्यक है कि भाषा स्थिर न हो, उसमें निरंतर बदलाव आता रहे। यही कारण है कि हिंदी की शब्द-सम्पदा और तकनीकी शब्दकोश में राष्ट्रीयतावादी, लोकवादी और आधुनिकतावादी–तीनों ही प्रवृत्तियों का योग मिलता है।

समाचारपत्रों की औपचारिक शैली एक ओर तो संस्कृत और फ़ारसी-अरबी पर आधारित शब्दों को चुनती है और दूसरी ओर अंग्रेजी के शब्दों को अपनाती

है। उदाहरण के लिए, सम्पादकीय में संस्कृत के प्रत्ययों और धातुओं का प्रचुर प्रयोग होता है, जबकि खेलकूद के विवरण में (विशेष रूप से क्रिकेट, टेनिस जैसे विदेशी खेलों के विवरण में) अपरिवर्तित या अनुकूलित आगत शब्दों का प्रयोग किया जाता है। यद्यपि 'इनिंग्ज़' के लिए **पारी**, 'अकाउंट ऑन रंज़' के लिए **खाता**, 'कैच' के लिए **लपका** जैसे शब्द हिंदी में हैं, लेकिन आगत शब्दों की ही संख्या अधिक है, जैसे—विकेट, ओवर, मेडन, मिड ऑन, रन आउट, आदि।

आधुनिकीकरण-प्रक्रिया में यदि संस्कृत, फ़ारसी-अरबी तथा अंग्रेजी संघटकों की उपस्थिति की तुलना की जाए, तो संस्कृति के स्तर पर अपनाई हुई संकल्पनाओं के लिए संस्कृत शब्दों का ही बाहुल्य है। कारण यह है कि संस्कृत भाषा की संरचना में कुछ ऐसी विशेषताएँ हैं जो नए शब्दों और नई अभिव्यक्तियों की रचना को अन्य भाषाओं की तुलना में अधिक सहज और सरल बना देती हैं, यथा :

(1) अत्यधिक लचीलापन
(2) अमूर्त संकल्पनाओं और तर्कमूलक शब्दों से समृद्ध
(3) संयोजन और समाज-रचना की प्रबल क्षमता
(4) ज्ञान का विपुल भंडार

एकत्र की गई सामग्री से यह भी पता चलता है कि पाठक की भाषिक क्षमता को नापने का अलग-अलग समाचारपत्रों का मानदंड भी अलग-अलग है। सामग्री यह भी संकेत करती है कि राष्ट्रीयतावादी, लोकवादी और अंतर्राष्ट्रीयतावादी—इन तीनों में से कौन-सी मान्यता (हिंदी के आधुनिकीकरण की प्रक्रिया) किस समाचारपत्र में अधिक हावी रही है और सम्पादक या सम्पादकगण का दृष्टिकोण तो इससे प्रतिबिम्बित होता ही है। आँकड़ों के विश्लेषण से अंत में, हम इस निर्णय पर पहुँचते हैं कि औसत शिक्षित पाठक की बौद्धिक आवश्यकताओं की पूर्ति के लिए हिंदी भाषा ने आधुनिकीकरण की पर्याप्त सम्भावना और क्षमता दिखाई है और उसका आधुनिकीकरण हुआ भी है। इस प्रक्रिया में कोड-परिवर्तन और शैली-परिवर्तन करने में भी समाचार की भाषा-प्रयुक्ति कभी नहीं हिचकी। एक तरफ तो 'इंटेलिजेंसवाले', 'सिलिंडरवाली गाड़ी', 'रजिस्ट्रीकृत' और 'इलेक्ट्रिसिटी' जैसे शब्दों से हिंदी ने अपनी शैली को आधुनिक बनाया है तो दूसरी तरफ इसने 'टाइम कैप्सूल' के लिए 'काल-पात्र', और 'एकेडेमिक काउंसिल' के लिए 'विद्या परिषद्' जैसे कालके (calque) का भी निर्माण किया है। लेकिन आँकड़ों से उभरनेवाले इस सत्य को भी नहीं नकारा जा सकता कि आधुनिकीकृत हिंदी ने निम्नवर्गीय कम शिक्षित एकभाषी हिंदीभाषियों के भाषा-व्यवहार से शब्द-प्रयोग एवं भाषिक अभिव्यक्तियों को ग्रहण नहीं किया है और हिंदी की अनौपचारिक शैली को समाचारपत्र की भाषा-प्रयुक्ति में कोई स्थान नहीं मिल पाया है।

संदर्भ

1. Alisjahbana, S.T., 1967. The modernization of Languages in Asia in Historical and Socio-Cultural Perspective in Alisjahbana (ed) 1967. 6-23.
2. −1967. The Modernization of Languages in Asia. Kaula Lampur: The Malayesian Society of Asian Studies.
3. Betz, Werner, 1936. Der Einfluss des Lateinischen auf den althochdeuschen sprachschatz. I. Der Abrogans. Heidelberg : Carl winter (Germanische Bibliothek. 2. Abt. Untersuchungen undtexte, 40.).
4. Catford, J.C., 1965. A Linguistic Theory of Translation. O.U.P.
5. Gandhi, M.K., 1956. Thoughts on National Language. Ahmedabad : Navajivan publ. House.
6. Haugen. E., 1950. "The Analysis of Linguistic Borrowing" Language, 26. 210-31.
7. Hockett, C.F., 1958. A Course in Modern Linguistics, O.U.P.
8. Polome, E.C., 1975. Linguistic Borrowing in working papers. 1974, Conference of American Council of Teachers of Uncommonly Taught Asian Languages. Austin : Texas.
9. Reid, T.P.W., 1952. Linguistic Structuralism and phonology. Archivum Linguisticum. 8.2.
10. Srivastava, R.N., 1975. The Sociology of Functional Hindi. In Functional Hindi ed. by R.N. Srivastava, Agra : CHI.
11. −1976. Linguistic pluralism and Societal Roles of a Language. Seminar on Functional Telugu 131-54. Hyderabad Telgu Academy.
12. Turner, G.W., 1973. Sylistics. Penguin Book.
13. Weinreich, U., 1952. Languages in Contact. Linguistic Circle of New York.

15

भाषा-अनुरक्षण और भाषा-विस्थापन

अमेरिका में प्रायः यह देखा गया है कि कुछ ही पीढ़ियों में वहाँ के विस्थापितों की अगली पीढ़ी अंग्रेजी को मातृभाषा के रूप में ग्रहण कर लेती है (लीवरसन एवं करी, 1971) विस्थापितों की अपनी मातृभाषा के लुप्त होने का कारण यह है कि अगली पीढ़ी को पिछली पीढ़ी से मातृभाषा विरासत में नहीं मिलती। (थामसन, 1974)। यदि अमेरिका को उदाहरण के रूप में लें तो विस्थापितों की पहली पीढ़ी अपनी मातृभाषा का अनुरक्षण करती है किंतु दूसरी पीढ़ी द्विभाषिक हो जाती है। उसमें अंग्रेजी का प्रयोग दूसरी भाषा के रूप में अधिक होता है और तीसरी पीढ़ी तक आते-आते अंग्रेजी का प्रयोग उसमें इतना अधिक हो जाता है कि वह अपनी मातृभाषा को लगभग छोड़ देती है। इस पीढ़ी के द्वारा अपनी मातृभाषा का प्रयोग केवल मौखिक व्यवहार के लिए और वह भी दादा-दादी की पीढ़ी तक सीमित हो जाता है। फिशमैन कूपर एवं रोजनबाग (1977) के अनुसार इस प्रकार के भाषा-विस्थापन का मुख्य कारण व्यवसाय और उच्च नौकरियों में अंग्रेजी का प्रभुत्व एवं वरीयता है। अमेरिका में अंग्रेजी जीविका की भाषा है (ब्रडनर, 1972)। यद्यपि अंग्रेजी बहुल वर्ग का सामाजिक संसाधनों पर प्रचुर अधिकार है, फिर भी वहाँ के अल्पसंख्यकों में मातृभाषा-अनुरक्षण की प्रबलता देखी जा सकती है। उदाहरण के लिए अमेरिका के दक्षिण-पश्चिम में रह रहे अमेरिकी इंडियंज़ एवं शिकानु वर्ग में मातृभाषा-विस्थापन की बहुत ही धीमी गति पाई जाती है। वस्तुस्थिति यह है कि अब अमेरिका और पश्चिम के कुछ अन्य विकसित देशों में अल्पसंख्यक भाषा-भाषी समुदायों में मातृभाषा-अनुरक्षण की प्रवृत्ति बढ़ी हुई मिलती है। इतना ही नहीं, वे अपनी मातृभाषा के द्वारा ही जातीय अस्तित्व को बनाए रखने का प्रयास करते हैं (पालस्टन, 1976)।

शर्मरहार्न ने अपने उल्लेखनीय कार्य में जातीय सम्बन्धों के तुलनात्मक अध्ययन द्वारा उन कारणों एवं पक्षों का अध्ययन करने का प्रयास किया है, "जो इन जातीय समूहों के निकटवर्ती समुदायों से एकीकरण को प्रोत्साहित करती है अथवा उसमें बाधा डालती है" (शर्मरहार्न, 1970 : 14)। एकीकरण की प्रवृत्ति एवं

मात्रा के नियामक विभिन्न कारण एवं मातृभाषा-विस्थापन की स्थितियाँ साथ-साथ चलती हैं। शर्मरहार्न के अनुसार परिवेशगत समाज की विविध संस्कृतियों के लोगों में जो एकीकरण की भावना मिलती है, वह वास्तव में तीन स्वतंत्र और तीन संदर्भपरक परिवृत्तों का सामाजिक प्रकार्य है। ये तीन स्वतंत्र परिवर्त हैं–(क) **पारस्परिक व्यवहार की प्रवृत्ति** (अर्थात् अधिशासी एवं अधीनस्थ समाज में विस्थापन, उपनिवेशीकरण आदि से सम्पर्क की आवृत्ति), (ख) **संवेष्टन की मात्रा** (अर्थात् संस्थागत अलगाव या वृहत्तर समाज से अधीनस्थ वर्ग का विखंडन), (ग) **नियंत्रण की मात्रा** (अर्थात् किसी विशिष्ट समाज में अधीनस्थ वर्ग के लिए उपलब्ध साधनों पर अधिशासी वर्ग का नियंत्रण) (शर्मरहार्न, 1970 :15)।

अल्पसंख्यकों द्वारा अपनाई जानेवाली विभिन्न नीतियों पर विचार करते हुए वर्थ ने उनका चतुर्मुखी वर्गीकरण प्रस्तुत किया है, किंतु इसे शर्मरहार्न ने स्वीकार नहीं किया। वर्थ के अनुसार विभिन्न नीतियाँ इस प्रकार हैं–(1) **समीकरणवादी** (जब कोई अल्पसंख्यक वर्ग अपनी सांस्कृतिक विशिष्टताओं को खोकर अधिशासी वर्ग की जीवन-पद्धति अपना लेता है); (2) **अनेकतावादी** (जब किसी अल्पसंख्यक वर्ग को अपनी सांस्कृतिक अस्मिता को बनाए रखने की छूट दी जाती है); (3) **पृथक्वादी** (जिसमें अल्पसंख्यक वर्ग अपनी स्वतंत्र अस्मिता बनाए रखता है) और (4) **उग्रवादी** (जहाँ अल्पसंख्यक अधिशासी वर्ग पर अधिकार जताने का प्रयत्न करता है)। शर्मरहार्न के अनुसार इस चमुर्मुखी वर्गीकरण में अधिशासी वर्ग की प्रतिक्रियाओं पर पर्याप्त ध्यान नहीं दिया गया है। अतः शर्मरहार्न (1970-78) के अनुसार यह जानना भी अत्यंत आवश्यक है कि "अधीनस्थ वर्ग को क्या प्राप्त करना है तथा इस सम्बन्ध में अधिशासी वर्ग की क्या राय है।" इस प्रकार अधिशासी और अधिशासित के पारस्परिक आदान-प्रदान की दृष्टि से उन्होंने जीवन की केंद्राभिमुखी (सेंट्रीपीटल) एवं केंद्राभिसारी (सेंट्रीफ्यूगल) प्रवृत्तियों की व्यावहारिक व्याख्या की। केंद्राभिमुखी प्रवृत्तियाँ अल्पसंख्यक वर्ग को बहुसंख्यकों के जीवन-मूल्यों, जीवन-पद्धति आदि को अपनाने की ओर प्रवृत्त करती हैं। इसके साथ ही वे अपने सदस्यों को समान रूप से निर्धारित उद्देश्यों की प्राप्ति के लिए भी प्रोत्साहित करती हैं। इसके विपरीत केंद्राभिसारी प्रवृत्तियाँ अपनी भाषा, धर्म, मनोरंजन आदि के द्वारा अपनी सांस्कृतिक अस्मिता को बनाए रखकर दूसरे वर्ग से अलग किए रहती हैं।

सहयोगी एवं असहयोगी प्रवृत्तियों के आधार पर अधिशासी एवं अधिशासित की केंद्राभिमुखी एवं केंद्राभिसारी प्रवृत्तियों का चतुर्मुखी वर्गीकरण प्रस्तुत करना सम्भव है। इस वर्गीकरण को शर्मरहार्न (1970 : 83) के अनुसार इस प्रकार प्रस्तुत किया जा सकता है :

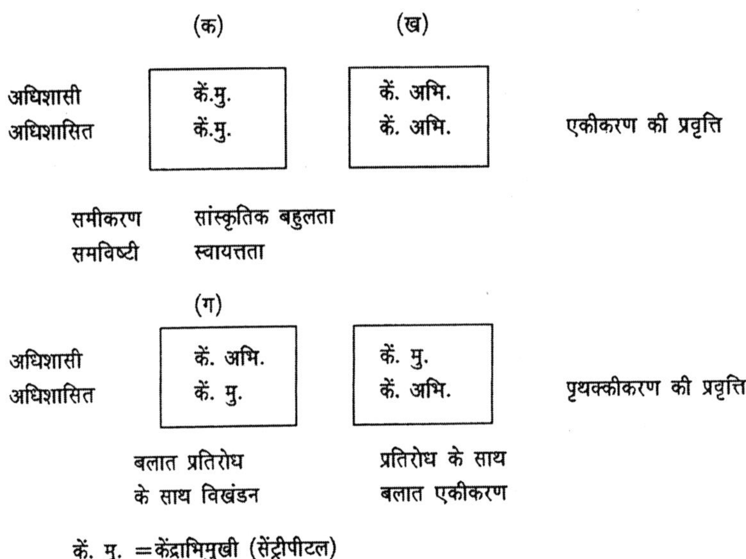

कें. मु. =केंद्राभिमुखी (सेंट्रीपीटल)
कें. अभि.=केंद्राभिसारी (सेंट्रीफ्यूगल)

विभिन्न समूहों के बीच जातीय सम्बन्धों का यह प्रारूपपरक वर्गीकरण भाषा-विस्थापन (अर्थात् एक भाषा के स्थान पर दूसरी भाषा का प्रयोग करना) एवं भाषा-अनुरक्षण (अर्थात् विभिन्न सामाजिक एवं मनोवैज्ञानिक दबावों के बावजूद अपनी भाषा को बनाए रखने का प्रयास) की गत्यात्मकता पर प्रकाश डाल सकता है। चूँकि भाषा-विस्थापन के विषय में कहा जाता है कि यह अधिशासित एवं आसपास के भाषायी समाज के साथ एकीकरण का सूचक है, अतः इस वर्गीकरण से यह भी उत्तर मिल सकता है कि क्यों अमेरिका में बसनेवाले विस्थापितों की कुछ ही पीढ़ियों में अंग्रेजी मातृभाषा बन जाती है। इसके साथ ही साथ पंडित ने जो यह समस्या उठाई है कि भारतीयों को दूसरे भाषा-भाषियों के बीच निरंतर रहने के बावजूद अपनी भाषा को क्यों नहीं छोड़ना पड़ता, इस प्रश्न का भी इससे उत्तर मिल जाता है (पंडित, 1977)।

समीकरण (वर्ग क) की स्थिति को अमेरिका के विस्थापितों के उदाहरण से भली प्रकार समझाया जा सकता है। इसमें एक ओर विस्थापित समीकरण के इच्छुक हैं (कें.मु.), तो दूसरी ओर अमेरिका के अधिशासी लोग भी समीकरण चाहते हैं (कें.मु.)। क्योंकि दोनों, अधिशासित (अल्पसंख्यक विस्थापित) एवं अधिशासी (बहुसंख्यक आतिथेय गृहीत भी), कें. मु. हैं अतः यहाँ हमें पूर्ण समीकरण की स्थिति मिलती है। यह स्थिति स्वैच्छिक भाषा-विस्थापन को संकेतित करती

है जो यह भी बताती है कि समाजीकरण की प्रक्रिया में विस्थापित अपनी भाषा का त्याग एवं अमेरिकी जीवन-पद्धति तथा मूल्यों को अपनाने के लिए स्वयं उत्सुक एवं तत्पर है।

ब्लूमफील्ड (1933) ने अमेरिका के लाखों विस्थापितों के द्वारा इस प्रकार के भाषा-विस्थापन के संदर्भ में कहा है :

> कुछ लोग विदेशी भाषा के लिए अपनी भाषा को पूर्ण रूप से त्याग देते हैं। इस समय यह स्थिति अमेरिका के विस्थापितों में देखी जा सकती है–उन्होंने भाषा का विस्थापन किया है : उनके सम्प्रेषण का एकमात्र माध्यम अब अंग्रेजी है और उनके लिए यह उनकी देशी भाषा न होकर दत्तक भाषा है (ब्लूमफ़ील्ड, 1933 : 55)।

पूर्ण विस्थापन की यह स्थिति उस स्थिति को जन्म देती है जहाँ विस्थापितों के लिए दत्तक भाषा [+मातृभाषा] का काम करती है परंतु वह [–देशी भाषा] होती है।

इसके विपरीत अमेरिका में मूल अमेरिकन एवं नीग्रो बलात् हो रहे एकीकरण (वर्ग घ) की प्रक्रिया का प्रतिरोध कर रहे हैं। यहाँ अधिशासी अंग्रेजी भाषा एवं देशी संस्कृति का उन्मूलन कर शासन करना चाहते हैं (कें. मु.) और देशी अधिशासित वर्ग का संसाधनों पर पूर्ण आधिपत्य होता है, अतः इन अधिशासितों को अनेक संसाधनों से वंचित रखा जाता है। दोनों वर्गों में संघर्ष की स्थिति होने के कारण इनमें मातृभाषा-विस्थापन की गति बहुत धीमी रहती है। पालस्टन (1978 : 319) के अनुसार, "यह देशी वर्ग किस मात्रा तक द्विभाषी हो पाता है, यह इस बात पर निर्भर करता है कि उनके लिए किस सीमा तक अंग्रेजी आजीविका की भाषा बन सकती है। और मातृभाषा-अनुरक्षण सम्भवतः इस बात पर निर्भर करता है कि वे किस मात्रा तक एकीकरण का प्रतिरोध कर पाते हैं।"

यह बहु-संस्कृत समाज (वर्ग ख) की स्थिति भारतीय सामाजिक बहुभाषिकता पर प्रकाश डालती है। इस महाद्वीप में सतत एवं स्थिर बहुभाषिकता है, जिसके कारण यहाँ विस्थापित न केवल अपनी भाषा का ही अनुरक्षण कर पाते हैं, बल्कि साथ ही अपने भाषायी समुदाय के सदस्यों के साथ उसका प्रयोग करते रहने में भी समर्थ है। भारतीय परम्परा में विस्थापित प्रायः अपनी मातृभाषा को केवल इसलिए नहीं खो देते, क्योंकि यहाँ घरेलू जीवन में जातीय अलगाव का महत्त्व है और भाषा जातीय अलगाव के साथ सम्बद्ध रहती है (गम्पर्स एवं विल्सन, 1971)। यहाँ बहुभाषिकता को इसलिए भी प्रोत्साहन मिलता है, क्योंकि भाषिक सम्प्रेषण उस प्रकार्यात्मक भूमिका पर आधारित है जो विभिन्न कोडों को विभिन्न सामाजिक भूमिकाओं से बाँधता है। इसी को श्रीवास्तव (1977) ने अप्रतिस्पर्द्धित (नॉन-कम्पीटिंग) एवं अप्रतिकूल (नॉन कांफ्लिक्टिंग) बहुभाषिकता कहा है। क्योंकि

भारत में पाए जानेवाली भाषाओं का भूमिकापरक संयोजन यूरोप एवं अमेरिका से भिन्न है, अतः यह अनेक ऐसे प्रश्नों को जन्म देता है जो पश्चिम से एकदम भिन्न हैं। इसलिए पंडित का कहना है :

> यूरोप अथवा अमेरिका में दूसरी पीढ़ी अधिशासित वर्ग की भाषा के पक्ष में अपनी भाषा को त्याग देती है। भाषा-विस्थापन वहाँ का प्रतिमान है, भाषा-अनुरक्षण एक अपवाद। भारतीय संदर्भ में भाषा-अनुरक्षण एक प्रतिमान है एवं भाषा-विस्थापन एक अपवाद। भाषाओं का अनुरक्षण क्यों होता है, इस बात से अमेरिकी समाजशास्त्री अपनी जिज्ञासा शुरू करते हैं, जबकि भारतीय समाजशास्त्री इस बात से अध्ययन शुरू करते हैं कि लोग अपनी भाषा को क्यों त्याग देते हैं ? (पंडित, 1977 : 9)

पंडित की यह धारणा गुजरात में अनेक पीढ़ियों से बसे मराठी-भाषियों के अनुभव पर आधारित है। ये लोग घर में मराठी का प्रयोग करते हैं और अपने कार्यक्षेत्र तथा आसपास के लोगों से गुजराती में बातचीत करते हैं। लगभग यही स्थिति दिल्ली में बसे बंगालियों (बंगला-हिंदी) की, मध्यप्रदेश में बसे मलयालम (मलयालम-हिंदी) भाषा-भाषियों की है जो स्थिर बहुभाषिकता को बनाए हुए हैं। वस्तुतः यह वह स्थिति है जहाँ बहुभाषिकता को उस बहु-संस्कृति का परिणाम माना जा सकता है जहाँ अधिशासित विस्थापित अपनी भाषा, खानपान, पहनावे आदि को सुरक्षित रखने के लिए पर्याप्त मात्रा में सांस्कृतिक अलगाव चाहते हैं (कें. अभि. स्थिति) और दूसरी ओर वहाँ का अधिशासी समाज उन्हें स्वायत्त एवं सहिष्णु बनने की प्रेरणा देता है (कें. अभि. स्थिति); क्योंकि अधिशासी एवं अधिशासित दोनों वर्ग सीमित अलगाव पर सहमत होते हैं, अतः इनमें पारस्परिक अनुकूलन की प्रवृत्ति देखी जा सकती है। वस्तुतः इस प्रकार का एकीकरण भाषाद्वैत की स्थिति को जन्म देता है। ऐसी स्थिति में मातृभाषा का पूर्णरूप में विलयन नहीं होता, जबकि अल्पसंख्यक अधिशासित वर्ग अधिशासक वर्ग की भाषा को अपना भी सकते हैं, ताकि उन्हें अधिकाधिक जीविकोपार्जन के अवसर मिल सकें पर साथ ही साथ वे अपनी भाषा का घर पर और आत्मीय जनों से सम्पर्क के लिए प्रयोग भी करते हैं। ये सभी स्थितियाँ मातृभाषा के संदर्भ में 'पूर्ण विस्थापन' के स्थान पर 'आंशिक विस्थापन' की स्थितियों को जन्म देती हैं।

कुछ ऐसी भी स्थितियाँ हैं जहाँ पंडित की यह धारणा कि "भारत में भाषा-अनुरक्षण एक प्रतिमान है एवं भाषा-विस्थापन एक अपवाद", पूर्णतः असंगत हो जाती है। कम-से-कम स्पष्ट रूप से दो ऐसी स्थितियाँ हैं जहाँ हमें मातृभाषा-विस्थापन मिलता है। इनमें से हिंदी की बोलियों का एक ऐसा ही संदर्भ है। आज हम देखते हैं कि हिंदी की कई क्षेत्रीय बोलियाँ अपनी अस्मिता स्थापित

करने का प्रयत्न कर रही हैं। मैथिली को अलग भाषा मानने की माँग की जा रही है। साथ ही यह आंदोलन भी चल रहा है कि हिंदी-राज्यों में भोजपुर, बुंदेलखंड एवं विशाल हरियाणा को अलग किया जाए। किंतु बहुत समय से इसके बोलनेवालों ने अपनी निष्ठा हिंदी की अधिशासी भाषायी परम्परा के साथ जोड़ी हुई है। इसलिए, हिंदी-बोलियों (भोजपुरी, बुंदेली, मैथिली आदि) के भाषा-भाषियों ने अपनी क्षेत्रीय बोलियों को मूल मातृभाषा एवं हिंदी को सह-मातृभाषा के रूप में स्वीकार किया है (श्रीवास्तव, 1977)। पूरा हिंदीक्षेत्र भाषा-बोली (अधिशासी हिंदी भाषा एवं अधिशासित क्षेत्रीय बोली) का उदाहरण है, जहाँ हमें सीमित बहुसंस्कृति मिलती है। और क्योंकि अधिशासी एवं अधिशासित दोनों कें. अभि. स्थिति को स्पष्ट करते हैं, अतः यह स्थिति वर्ग 'ख' के समान है। किंतु, यह भी देखा गया है कि जब एक बार ये अधिशासित वर्ग अपने क्षेत्र को छोड़कर बाहर आ जाते हैं, तो दो-तीन पीढ़ियों में ही वे अपनी मूल मातृभाषा को हिंदी के पक्ष में उसी प्रकार छोड़ देते हैं जैसे भारतीय विस्थापित अंग्रेजी के पक्ष में अपनी भाषाएँ छोड़ देते हैं। एक बार जब यह बोली-भाषी अपने क्षेत्र को छोड़कर दूसरी जगह विस्थापितों की तरह रहने लगते हैं तो वे अपने-आपको वर्ग 'क' में वर्णित समीकरण की स्थिति में पाते हैं।

जनजातीय अधिशासित वर्ग भाषा-विस्थापन का दूसरा संदर्भ प्रस्तुत करते हैं। भारत में ऐसे अनेक जातीय वर्ग हैं जो या तो अपनी भाषा को पूर्णतः छोड़ चुके हैं या भाषा-विस्थापन की प्रक्रिया में हैं। भील, भूमिज, गोंड, हो, कोरथा, लोथा, मँदारी, कुरुक आदि अनेक जनजातियाँ अपनी भाषा छोड़ चुकी हैं। अतः हम मातृभाषा के आँकड़ों से पाते हैं कि 1961 की भारतीय जनगणना के अनुसार उड़ीसा में 44.55 प्रतिशत कुरुक (ओरोंग) ने उड़िया को, और पश्चिमी बंगाल में 55.3 प्रतिशत ने बंगाली (एक्का, 1979) भाषा को अपना लिया है। इसी प्रकार लाल एवं रेखा शर्मा (1980) के अनुसार इस क्षेत्र की बहुत-सी विस्थापित जनजातियों ने बहुत सीमित व्यवहार-क्षेत्र के कारण या तो अपनी मूल भाषाओं को खो दिया है या धीरे-धीरे सदरी (जो भोजपुरी का एक रूप है) को अपनाती जा रही हैं। 1961 की जनगणना से स्पष्ट होता है कि 63.47 प्रतिशत जनजातियों ने सदरी को मातृभाषा के रूप में एवं 36.5 प्रतिशत ने अन्य भाषा के रूप में अपना लिया है।

पंडित का यह मत कि "भारत में भाषा-अनुरक्षण एक प्रतिमान है", उन परिस्थितियों पर आधारित है जहाँ सम्पर्क स्थिति में अधिशासित अल्पसंख्यकों की भाषा भारत के कुछ अन्य क्षेत्रों में अधिशासी भाषा-वर्ग की प्रभुतासम्पन्न भाषा है। अतः उनके उदाहरण उसी स्थिति तक सीमित हो जाते हैं जहाँ अधिशासी एवं अधिशासित की भाषाएँ महान परम्परा की भाषाएँ होती हैं। इसके विपरीत

अल्पसंख्यक जातियों की भाषाएँ सम्पर्क स्थिति में अपनी भाषाओं को इसलिए छोड़ देती हैं, क्योंकि उनके पास लिखित समाज जैसी कोई महान परम्पराएँ नहीं हैं। वस्तुतः अधिकांश मामलों में हम प्रतिरोध के साथ बलात् अलगाव (वर्ग ग) की स्थिति पाते हैं। हम बिहार, उड़ीसा एवं पश्चिमी बंगाल के कुरुक एवं संथालों के उदाहरण से इस बात को स्पष्ट कर सकते हैं। यहाँ एक ओर अधिशासी वर्ग की आर्य जातियाँ अधिशासित वर्ग से अपने जातीय आदर्श के आधार पर अलगाव एवं पार्थक्य रखती हैं (कें. अभि. स्थिति) तो दूसरी ओर अल्पसंख्यक कुरुक एवं संथाल एकीकरण की माँग करते हैं (कें. मु. स्थिति)। संथालों के संदर्भ में 19वीं शताब्दी में हुआ खेरवाड़-आंदोलन इसी संघर्ष का परिणाम है। इस आंदोलन में हिंदू विशिष्टताओं को आत्मसात् करने की प्रतिस्पर्धा के कारण मांसाहार, चावलों से बनी शराब आदि के त्याग पर बल रहा है, जिससे वे हिंदू सम्प्रदाय को ग्रहण कर सकें (आरांस, 1965)। इतना ही नहीं, जो लोग हिंदू हो गए उन्होंने वस्तुतः जनेऊ भी धारण करना शुरू कर दिया। ये जनेऊधारी संथाल उन संथालों से परस्पर विवाह करने अथवा सामाजिक व्यवहार रखने में भी हिचकिचाते थे, जो जनेऊधारी नहीं थे (महापात्र, 1979 : 112)। इनमें से बहुत-से संथालों ने अपनी मातृभाषा संथाली के स्थान पर अधिशासी वर्ग की किसी आर्य भाषा को ग्रहण कर लिया है।

इतना ही नहीं, एक दूसरे संदर्भ में भी इस कथन पर प्रश्नचिह्न लगाया जा सकता है कि भारतीय भाषाओं में भाषा-अनुरक्षण एक प्रतिमान है। यह सच है कि परम्परागत कृषि-निर्भर समाज में भाषा-अनुरक्षण कोई समस्या नहीं है। यह समाज किसी तनाव अथवा विरोध के बिना विस्थापितों की भाषा को स्थान देने के लिए तैयार हो जाता है, बशर्ते उनकी भाषा गृहीता (आतिथेय) समाज की भाषा से स्तर एवं शक्ति की दृष्टि से प्रतिस्पर्धा न करे। इसके विपरीत औद्योगिक व शहरी समाज में विभिन्न भाषायी समाजों को ऐसी स्थिति में रहना पड़ता है, जहाँ दूसरी भाषा को सीखने के लिए विभिन्न भाषाओं में सदा होड़ लगी रहती है। जैसे ही किसी भाषा को राजभाषा का स्तर प्राप्त होता है, वैसे ही उसका विभिन्न भाषा-समुदायों पर आजीविका के साधनों (उच्च पदों के अवसर) व्यक्तिगत कैरियर, आर्थिक एवं राजनीतिक लाभों के लिए अलग-अलग ढंग से प्रभाव पड़ने लगता है। ऐसी स्थिति में आम तौर पर हम देखते हैं कि एक बहुभाषी समाज के भीतर प्रायः अशांति एवं विद्रोह का वातावरण पैदा हो जाता है। दूसरे समुदाय की भाषा को सीखने के दबाव की तीव्रता के कारण यह देखा जाता है कि न केवल विशिष्ट भाषा-समुदाय के विभिन्न कोडों के पद-स्तर में अंतर आ जाता है, बल्कि उनमें एक के बदले दूसरे कोड के प्रयोग सम्बन्धी मनोवृत्ति में भी अंतर आ जाता है। दिल्ली विश्वविद्यालय (भारत) में किए गए मुकर्जी (1980), सत्यनाथ (1982) एवं

मोहन (1983) के सर्वेक्षण पर आधारित कार्यों ने इस बात को सिद्ध किया है कि जहाँ प्रवासियों द्वारा प्रयुक्त भाषा तथा गृहीता समाज की भाषा में एक ही सामाजिक भूमिका को सम्पन्न करने के लिए कोई संघर्ष नहीं होता, तो भाषा-अनुरक्षण की सम्भावनाएँ अधिक बढ़ जाती हैं। इसके विपरीत जहाँ उनमें संघर्ष एवं स्पर्धा होती है, वहाँ उसका स्पष्ट परिणाम भाषा-विस्थापन होता है। उक्त अध्ययनों से यह भी स्पष्ट होता है कि शहरी सम्पर्क की स्थिति द्विभाषिक समुदाय की ऐसी स्थिति को जन्म देती है जहाँ आम तौर पर 'पूर्ण विस्थापन' की अपेक्षा 'आंशिक विस्थापन' मिलता है; अर्थात् भाषा समुदाय का युवा वर्ग अपने आत्मीय व्यवहार क्षेत्र से बाहर एवं आजीविका के क्षेत्र में मातृभाषा के स्थान पर दूसरी भाषा को अपनाता है तथा पारिवारिक परिवेश और अनौपचारिक घनिष्ठता के क्षेत्र में मातृभाषा का अनुरक्षण करता है।[1]

वर्ग 'ग' 19वीं शताब्दी में संथालों के खेरवाड़-आंदोलन से सम्बद्ध है। इस आंदोलन के प्रमुख लक्षण थे हिंदू समाज के कुछ विशिष्ट मूल्यों को अपनाना या उनको नकारना। किंतु आज के संदर्भ में संथाली भाषा-आंदोलन को वर्ग 'घ' के आधार पर ठीक-ठीक समझा जा सकता है। संथाल ऐसी भाषायी अल्पसंख्यक आदिम जाति है जो बिहार, उड़ीसा, आसाम एवं बंगाल में फैली हुई है। विशेष रूप से उल्लेखनीय है कि जहाँ पहले भारत की भाषा-नीति उदार थी और इसी के परिणामस्वरूप जातीय संघवाद को प्रोत्साहन मिला था, वहाँ अब वह राष्ट्रीय एकता के लक्ष्य से प्रेरित होने के कारण मुख्यतः केंद्रीकरण की प्रवृत्ति से संचालित है। जैसाकि श्रीवास्तव (1982) ने कहा है, केंद्र के आधिकारिक एवं मजबूत नियंत्रण से अ-जनजातीयता की प्रक्रिया शुरू हुई। यह प्रक्रिया राष्ट्रीय एकता एवं संगठन की पहली शर्त है। यह संगठन की अपेक्षा समीकरण की प्रक्रिया पर अधिक बल देती है। प्रभुतासम्पन्न अधिशासी वर्ग में अनेकता से एकता की ओर जो प्रवृत्ति बढ़ी है, उसने ही संथालों को उग्रवादी रुख अपनाने के लिए बाध्य किया है।

आज की स्थिति इस बात का स्पष्ट संकेत देती है कि दोनों वर्गों में संघर्ष जारी है। एक ओर जहाँ अधिशासी वर्ग अपनी भाषा एवं संस्कृति को आरोपित

---

1. **भाषा-विस्थापन** की इस प्रक्रिया को, जहाँ एक कोड को हटाकर दूसरे कोड का प्रयोग होता है, **विस्तारीकरण** की उस प्रक्रिया से अलग कर देखना चाहिए जो भाषा के आधुनिकीकरण का कारण बनती है। आधुनिकीकरण के दबाव में सामाजिक गतिविधियों के कुछ नये क्षेत्रों का जन्म होता है, अतः किसी कोड को हटाने का वहाँ प्रश्न ही नहीं उठता। गैर-मातृभाषा के सम्प्रेषण-अंतर को पूरा करने के लिए अथवा सामाजिक गतिविधियों के असम्पृक्त क्षेत्रों में दूसरी भाषा को ग्रहण करने के लिए किसी समाज के सम्प्रेषण के तरीकों में प्रतीकात्मक परिवर्तन को वास्तविक अर्थों में भाषा-विस्थापन नहीं कहा जा सकता।

करना चाहता है और चाहता है कि अ-जनजातीयता की प्रक्रिया में संथाल अपनी जनजातीय विशिष्टताओं को छोड़ दें (कें.मु.), वहीं दूसरी ओर अधिशासित संथालों ने अपनी एक 'महान परम्परा' स्थापित करने का निश्चय किया है (कें. अभि. स्थिति)।

"यह सारा प्रयास नई सीमा-रेखाओं को पैदा करने एवं अपनी जाति को स्थायित्व प्रदान करने के लिए है जो इस जनजाति को समीकरण से बचा सके। ये अभिलक्षण कुछ भी हो सकते हैं–चाहे गौ मांस-भक्षण, गौ-हत्या, भाषा-अनुरक्षण अथवा पारम्परिक नृत्यों, चावल की शराब पीना या पारम्परिक देवी-देवताओं की आराधना अथवा पवित्र उपवनों का संरक्षण (महापात्र, 1979 : 113)।

इससे दूसरे प्रकार के प्रश्न पैदा होते हैं–कैसे कोई अपनी अस्मिता की भाषा (मातृभाषा) को बिना खोए उसका आरक्षण एवं विकास कर सकता है ? स्व-अनुरक्षण एवं स्व-निष्पत्ति के इस प्रश्न ने हम लोगों का ध्यान भाषा-विस्थापन से भाषा-अनुरक्षण की ओर मोड़ दिया है। अब प्रश्न यह नहीं है कि वे अधिशासी वर्ग की भाषा को कैसे सीखेंगे, जिससे उन्हें आर्थिक एवं सामाजिक लाभ मिल सके बल्कि इससे भी महत्त्वपूर्ण प्रश्न यह है कि किस प्रकार वे अपनी सामाजिक अस्मिता की भाषा का अनुरक्षण एवं विकास करें ? परिणामतः हम देखते हैं कि संथाल भाषा-आंदोलन अपनी सांस्कृतिक विशिष्टताओं को कायम रखने तक ही सीमित नहीं है, बल्कि वह सामाजिक-आर्थिक स्रोतों पर भी अपना प्रभुत्व जमाने के लिए प्रयत्नशील है। भाषा-आंदोलन के रूप में ऐसे आंतरिक संघर्ष भारत के अन्य भागों में देखे जा सकते हैं।

[2]

उक्त विवरण से स्पष्ट है कि शर्मरहार्न द्वारा प्रतिपादित कें. मु. एवं कें. अभि. के चतुर्मुखी वर्गीकरण के अनेक लाभ हैं। इसके अतिरिक्त इसका एक लाभ यह भी है कि यह उन तीन स्वतंत्र विकल्पनों के परिणामों का भी उद्घाटन करता है, जिन्हें हम चतुर्मुखी वर्गीकरण पर लागू करते हैं। इस वर्गीकरण के साथ-साथ ये विकल्पन भाषा-अनुरक्षण एवं विस्थापन की गतिशीलता को भी अच्छी तरह स्पष्ट करते हैं। उदाहरण के लिए सामान्यतः यह कहा जा सकता है कि केंद्राभिमुखी प्रवृत्तिवाला अधिशासित वर्ग मातृभाषा से विस्थापन की ओर प्रवृत्त होगा, जबकि केंद्राभिसारी प्रवृत्तिवाले अधिकतर मातृभाषा के अनुरक्षण की ओर प्रवृत्त होंगे। कार्य-कारण सम्बन्धी पहल के रूप में स्वतंत्र विकल्पन में संवेष्टन की मात्रा कें. अभि. प्रवृत्ति के प्रत्यक्ष अनुपात में होती है, अर्थात् समाज में जितनी अधिक संवेष्टन की मात्रा होगी उतनी अधिक कें. अभि. प्रवृत्ति होगी। इसका अर्थ यह हुआ कि वर्ग 'क' एवं 'ग' मातृभाषा-विस्थापन की ओर इंगित करते हैं तो वर्ग 'ख' एवं

'घ' का उद्देश्य मातृभाषा-अनुरक्षण है। जैसाकि लीवरसन, डालटो एवं जानसन ने कहा है, अन्य विकल्पनों के समान रहने पर चार वर्गों–(1) मूल अधिशासी, (2) प्रवासी अधिशासी, (3) मूल अधिशासित एवं (4) प्रवासी अधिशासित–में से प्रवासी अधिशासित में ही मातृभाषा-विस्थापन की गति अधिक मिलती है। लीवरसन (1975) आदि के अनुसार मूल अथवा प्रवासी अधिशासी वर्ग में मातृभाषा-विस्थापन की सम्भावना नहीं मिलती।

शर्मरहार्न के समर्थकों ने जो सुझाव दिया, उसके अनुसार यह सच है कि प्रवासी अधिशासितों एवं मूल अधिशासितों के लिए वर्ग एवं जातीय सम्बन्धों का मार्ग भिन्न होगा। फिर भी अनेक ऐसे प्रश्न हैं जिनका उत्तर देना अभी शेष है। पहला, क्या पश्चिम में ऐसे देश नहीं हैं जिनमें प्रवासी अधिशासितों द्वारा मातृभाषा-विस्थापन की गति अमेरिका के विस्थापितों की अपेक्षा धीमी हो ? यह देखा जाता है कि अमेरिका की अपेक्षा यूरोप में भाषायी अल्पसंख्यकों में समीकरण की प्रक्रिया काफी धीमी है, क्योंकि वहाँ का सामाजिक ढाँचा एवं परिवेश भिन्न है। यूरोप के भाषायी अल्पसंख्यक न तो बहुत युवा हैं और न ही वे सामाजिक स्तर में कमजोर हैं। उनका अधिशासी भाषा-वर्ग के साथ-साथ रहने का इतिहास लम्बा और समानधर्मी है (प्लैंक, 1978)। इन सभी तत्त्वों का प्रवासी अधिशासितों के मातृभाषा-विस्थापन की गति पर प्रभाव पड़ता है।

भारत में ऐसे अनेक उदाहरण मिलते हैं, जहाँ भले ही कई प्रवासी अधिशासित जातियाँ एक ही क्षेत्र में और एक गृहीता समाज के समाज बस गए हैं, किंतु उनकी मातृभाषा-विस्थापन की गति एक-दूसरे से भिन्न है। इन प्रवासी भाषायी समुदायों में हम भिन्न पीढ़ियों में मातृभाषा-अनुरक्षण की गति या तीव्रता में अंतर देखते हैं। उदाहरण के लिए मुकर्जी (1980 : 140) द्वारा नीचे दिए गए आँकड़े स्पष्ट रूप से दिखाते हैं कि गृहीता समाज के साथ एकीकरण (पूर्ण समीकरण) के प्रश्न पर बंगाली एवं पंजाबी हिंदू (जो प्रवासी अधिशासित के रूप में दिल्ली महानगर में बसे हैं) का रुझान अलग-अलग है :

	बंगाली		**पंजाबी**	
	युवा	वृद्ध	युवा	वृद्ध
समीकरण	00.00	10.00	100.00	30.76
संवेष्टन	40.00	30.00	00.00	69.23
प्रतिधारण	60.00	60.00	00.00	00.00

दिल्ली के बंगाली एवं पंजाबी हिंदू में समीकरण की प्रवृत्ति

उक्त तालिका से स्पष्ट है कि युवा बंगाली पूर्ण विस्थापन की स्थिति को स्वीकार नहीं करते, जबकि युवा पंजाबी हिंदू चाहते हैं कि वे गृहीता समाज के साथ पूर्णतः समीकृत हो जाएँ। इसी प्रकार, जहाँ अधिकतर बंगाली चाहते हैं कि या तो उन्हें

अपनी अस्मिता बनाए रखनी चाहिए या गृहीता समाज के साथ आंशिक समायोजन अर्थात् आंशिक रूप से मातृभाषा-विस्थापन की स्थिति कर लेनी चाहिए, वहीं एक भी पंजाबी हिंदू–युवा अथवा वृद्ध–नहीं है जो इस बात की आवश्यकता महसूस करे कि उसके लिए अपनी अलग पंजाबी अस्मिता आवश्यक है। इससे यह पता चलता है कि बंगाली एवं पंजाबी हिंदू में एक ही समय में कें. मु. एवं कें. अभि. प्रवृत्तियाँ मिलती हैं जो समीकरण की ओर इंगित करती हैं। किंतु दोनों भाषा-वर्गों में एक मूलभूत अंतर है। जहाँ बंगाली सांस्कृतिक बहुरूपता (वर्ग ख) का पक्षधर है, वहाँ पंजाबी हिंदू समीकरण (वर्ग क) का। शर्मरहार्न ने इन दोनों वर्गों को दो अलग-अलग स्थितियों के रूप में माना था, जिनमें अतिरेक के लिए कोई स्थान नहीं किंतु कन्नड़भाषी (सत्यनाथ, 1982), पंजाबी सिख (रंगीला, 1983) एवं कश्मीरी (मोहन, 1983) पर किए गए भाषा-अनुरक्षण एवं भाषा-विस्थापन की प्रवृत्ति, प्रक्रिया एवं दिशा-सम्बन्धी शोधकार्य की तुलना से स्पष्ट होता है कि अनुरक्षण की मात्रा एवं भाषायी कोडों के अलगाव के आधार पर इनको एक मानदंड-रेखा पर रखा जा सकता है। इस रेखा के दो छोर शर्मरहार्न द्वारा वर्ग 'क' एवं 'ख' होंगे। उदाहरण के लिए बंगाली एवं पंजाबी हिंदू समीकरण के स्तर पर दो छोरों के प्रतीक हैं, जहाँ बंगाली कम-से-कम मातृभाषा-विस्थापन एवं अधिकतम अनुरक्षण दिखाता है तो पंजाबी हिंदू अधिक से अधिक मातृभाषा-विस्थापन एवं न्यूनतम मातृभाषा-अनुरक्षण। पंजाबी सिक्ख एवं कश्मीरी को इन दोनों के बीच में कहीं रखा जा सकता है। नीचे दिए गए आँकड़ों से स्पष्ट है कि पंजाबी सिख एवं कन्नाडिगा में पंजाबी हिंदुओं की अपेक्षा मातृभाषा-अनुरक्षण की प्रवृत्ति अधिक है (किंतु बंगालियों से कम है)। साथ ही उनमें घर एवं बाहर के परिवेश

भाषा-समुदाय	माता	पिता	पति-पत्नी	पुत्री	पुत्र	अधिशासी	मित्र	सहयोगी	अधिकारी
1. बंगाली									
बंगला (मातृभाषा)	100	97	100	94	85	30	66	10	15
हिंदी	00	00	00	00	00	57	22	45	17
अंग्रेजी	00	03	00	06	12	13	02	45	66
2. कन्नड़भाषी									
क. (मातृभाषा)	90	74	–	50	00	–	00	00	–
हिंदी	00	00	–	27	65	–	53	33	–
अंग्रेजी	10	26	–	23	35	–	47	67	–
3.पंजाबी-हिंदू									
पं. (मातृभाषा)	30	56	42	29	32	17	23	07	07
हिंदी	70	37	47	57	55	71	48	52	45
अंग्रेजी	00	07	11	14	13	12	29	41	48

[दिल्ली के बंगालियों, पंजाबियों एवं कन्नाडिगा में घरेलू परिवेश में भाषा-प्रयोग का आरेख (सत्यनाथ, 1982) बंगाली एवं पंजाबी की सूचना मुकर्जी (1980) पर आधारित हैं]

में मातृभाषा-विस्थापन की मात्रा बंगालियों से अधिक है (किंतु पंजाबी हिंदुओं की अपेक्षा यह कम है)।

यह उल्लेखनीय है कि कोई भी पीढ़ी भाषिक व्यवहार के सभी क्षेत्रों में एक साथ एक कोड से दूसरे कोड में परिवर्तन नहीं करती। हमारा शोध-अध्ययन भाषा-विस्थापन के तरंग-सिद्धांत (वेव थ्योरी) को पुष्ट करता है। दूसरे शब्दों में एक कोड से दूसरे कोड में परिवर्तन भाषा-व्यवहार के कुछ सीमित संदर्भ से शुरू होता है। पहले एक या दो संदर्भों में दो कोडों का प्रयोग विकल्पवत चलता है, फिर दूसरे कोड को प्राथमिकता मिलने लगती है, फिर इस कोड का व्यवहार व्यापक रूप में स्थिर हो जाता है। इस स्थिर हो जानेवाले दूसरे कोड का कुछ अन्य व्यवहार क्षेत्रों में प्रसार होने लगता है। यह प्रसार एक तरंग के समान चलता है।

दूसरी बात यह ध्यान देने की है कि शर्मरहार्न ने जातीय सम्बन्धों के लिए जो रूपरेखा प्रस्तुत की है, वह सांस्कृतिक अनुरक्षण एवं अंतर-वर्गीय जातीय चेतना से अधिक सम्बद्ध है। किंतु सांस्कृतिक अनुरक्षण और भाषा-अनुरक्षण अपनी प्रकृति और प्रकार्य में पूर्ण रूप से समान नहीं है। इस सम्बन्ध में फ़िशमैन का कथन द्रष्टव्य है :

> सामान्यतः जातीय सम्बन्ध एवं सांस्कृतिक अनुरक्षण भाषा-अनुरक्षण की अपेक्षा कहीं अधिक स्थिर पहलू हैं। एक ओर पुनः जातीयता एवं बहुसंस्कृति को अपनाने से बहुत पहले अधिकतर विस्थापित द्विभाषी बन जाते हैं और दूसरी ओर, सीमित ही सही किंतु प्रकार्यात्मक जातीयता मातृभाषा के पूर्ण विलयन के बहुत बाद तक बनी रहती है (फिशमैन, 1966 : 339)।

इस बात की बहुत अधिक सम्भावना है कि इतिहास में एक समय पर एक भाषा समुदाय उसकी केंद्राभिमुखी प्रवृत्ति को दिखाता है। यह उसके सांस्कृतिक समीकरण को प्रोत्साहित करती है तो साथ ही केंद्राभिसारी प्रवृत्ति अधिशासी वर्ग से उसे अलग करने की ओर प्रेरित करती है। भारतीय संदर्भ में इस बात को स्वीकार किया जा सकता है कि विस्थापित भाषा समुदाय के बच्चे–जो विस्थापित एवं गृहीता समाज के परस्पर विरोधी दबावों के बीच बढ़ते हैं–एक तरफ अपने क्षेत्र की प्रमुख भाषा को सामाजिक व्यवहार के बाहरी संदर्भ (नौकरी, बाजार-हाट आदि) में अपनाते जाते हैं और दूसरी तरफ व्यवहार के घरेलू संदर्भ में भाषायी एवं सांस्कृतिक एकता को बनाए रखने के लिए मातृभाषा का प्रयोग करते हैं।

प्लैंक (1978) के अनुसार यूरोप और अमेरिका के विस्थापितों के भाषायी अल्पसंख्यकों के बीच जो प्रभेदक अभिलक्षण हैं, वे इस संदर्भगत तथ्य पर आधारित हैं कि अमेरिका में समीकरण-प्रक्रिया के अनेक विभेदक तत्त्वों में से भाषा केवल

एक है, जबकि यूरोप में भाषा अस्मिता का एक बहुत बड़ा प्रतीक है। भारत में भाषायी समीकरण दूसरी राष्ट्रीय अस्मिता के चयन का सूचक हो भी सकता है और नहीं भी। उदाहरण के लिए हम पंजाबी हिंदुओं को ले सकते हैं। इनमें भाषायी समीकरण इस बात का द्योतक है कि उन्होंने पंजाबी से हिंदी भाषायी समुदाय के साथ अपनी अस्मिता स्थापित कर ली है, जबकि कन्नाडिगा में भाषायी समीकरण इस बात का प्रतीक नहीं है कि उन्होंने किसी प्रकार की अस्मिता का विस्थापन किया है। उन स्थितियों में भी जहाँ भाषायी समीकरण एक अन्य अस्मिता के चयन को स्वीकारने का प्रतीक है–भारतीय संदर्भ में वहाँ भी यह महत्त्वपूर्ण प्रश्न उठता है कि कौन-सी अस्मिता ? श्रीवास्तव एवं गुप्त (1982 : 4) के अनुसार भारत जैसे परम्परावादी समाज में "क्षेत्रीय एवं सामाजिक अस्मिताओं का जाल-सा है" जो "स्तरपरक अधिक्रम" में है। भाषा भी अस्मिता की यह "बहुस्तरपरक सापेक्षिक व्यवस्था" बहुभाषिकता की प्रकृति पर प्रत्यक्ष प्रभाव डालती है। इसका भाषा-विस्थापन की प्रक्रिया पर सीधा प्रभाव पड़ता है जिसे मोहन (1983) ने दिखाया है।

तीसरा, जातीय वर्गों के दूसरे समाज में एकीकरण की प्रक्रिया को समझने के लिए शर्मरहार्न द्वारा सुझाए गए स्वतंत्र, संदर्भगत एवं आश्रित विकल्पन बहुभाषी समाज में इसी प्रकार कार्य करते हैं, जैसे कि वे प्रभावी रूप से एक भाषिक संदर्भ में कार्य करते हैं। शर्मरहार्न ने स्वयं ही इस ओर संकेत किया है कि बहुभाषी समाजों में रिश्ते-नाते के सम्बन्ध, धर्म, अर्थ, शिक्षा, मनोरंजन आदि की प्रथाएँ समान होती हैं किंतु उनके मानदंड एवं ढाँचों में अंतर होता है। आम तौर पर भाषा एवं वर्ण से इसमें अंतर आ जाता है (शर्मरहार्न, 1970 : 124)।

उदाहरण के लिए भारत में पंजाबी भाषा सिख धर्म (जिसकी स्थापना गुरु नानक ने 15वीं शताब्दी में की थी) का प्रतीक बन गई है। सिखों में अलग राजनीतिक अस्मिता की स्पष्ट प्रवृत्ति मिलती है। पंजाब में वे प्रमुख रूप से मिलते हैं और पंजाबी से वे अपनी भाषायी एवं सामाजिक-सांस्कृतिक अस्मिता स्थापित करते हैं। यह बहुत दिलचस्प स्थिति है कि एक ओर तो दिल्ली के आँकड़ों में पंजाबी प्रवासियों की संख्या में वृद्धि हुई है किंतु दूसरी ओर पंजाबी मातृभाषा के आँकड़ों में आश्चर्यजनक कमी आई है। ब्रास (1975) के अनुसार इस बेमेल स्थिति का कारण सामाजिक एवं राजनीतिक है। क्योंकि, सिखों की यह प्रवृत्ति है कि वे पंजाबी को धर्म एवं राजनीति की माँगों के साथ जोड़ते हैं अतः पंजाबी हिंदुओं ने पंजाबी को अपनी मातृभाषा मानने से इनकार कर दिया है। भारत में पंजाबी हिंदू और पाकिस्तान में पंजाबी मुसलमान के लिए पंजाबी भाषा एक भिन्न प्रतीक के रूप में आती है। पंडित (1974 : 30) के शब्दों में "दिल्ली का पंजाबी हिंदू ('हिंदू'-सिख के विरोध में), सिखों से अपनी अस्मिता नकारने के लिए

पंजाबी को छोड़ देने के पक्ष में है और पाकिस्तान का पंजाबी मुसलिम पंजाबी को पुनर्जीवित करना चाहता है, जिससे उसकी अस्मिता दूसरे मुसलमानों (पंजाबी मुसलिम एवं वे जो पंजाबी मुसलिम नहीं हैं) से अलग बनी रहे।"

अतः स्पष्ट है कि यदि भारत में पंजाबीभाषी सिख अपनी भाषा की अस्मिता बनाए रख सके हैं तो इसका कारण ब्रास के शब्दों में यह है कि "उत्तरी भारत में भाषायी समीकरण की प्रवृत्तियों को (पंजाबियों ने) अपने लिए एवं पंजाबी भाषा की प्रमुखता के लिए उस सीमा तक झेला है, जहाँ तक राजनीतिक इकाई के रूप में उन्हें अलग दिखाया जा सके" (ब्रास, 1975 : 277)। यह प्लैंक (1978 : 458) के इस सामान्य सिद्धांत के अनुरूप ही है कि "समीकरण प्रक्रिया के भीतर ही धार्मिक विश्वास की बुनियाद पर ध्रुवीकरण उत्पन्न होता है।" किंतु प्रश्न जहाँ का तहाँ है कि दिल्ली के प्रवासी पंजाबी हिंदू एवं बंगाली हिंदू भाषा-अनुरक्षण एवं भाषा-विस्थापन के संदर्भ में क्यों कुछ समान तथा कुछ विशिष्ट प्रवृत्तियाँ दर्शाते हैं ? मुकर्जी का शोध इस तथ्य को स्पष्ट रूप से दिखाता है कि दोनों समुदायों में गृहीता समाज के साथ युवा पीढ़ी प्रौढ़ पीढ़ी की अपेक्षा समीकरण (अर्थात् हिंदी को अपनाने) की ओर अधिक प्रवृत्त है। इसके साथ ही प्रवास के समय उनकी आयु क्या थी, यह दोनों समाजों के लिए भाषायी समीकरण का सबसे प्रमुख कारण है। इनके अतिरिक्त दूसरे सामाजिक विकल्प जिनका समीकरण पर प्रभाव पड़ता है, नितांत भिन्न हैं (मुकर्जी, 1980)। स्पष्ट है, शर्मरहार्न के विकल्पों एवं रूप-तालिका (पैराडाइम) को इन बहुभाषिक संदर्भों के परिप्रेक्ष्य में और अधिक व्याख्यायित करने एवं उनमें अंतर दिखाने की अपेक्षा है।

आम तौर पर यह कहा जाता है कि अंग्रेजी बोलनेवाले बहुसंख्यकों द्वारा आजीविका एवं आर्थिक साधनों पर अधिकार ही है जो अमेरिका के विस्थापितों में मातृभाषा के विस्थापन और अंग्रेजी के ग्रहण का मुख्य कारण बनता है। पालस्टर्न (1978 : 355) के शब्दों में "लाभों के अभाव में अंग्रेजी न तो महत्त्वपूर्ण थी और न ही है।" किंतु बहुभाषी एवं बहुजातीय भारतीय समाज के संदर्भ में हम पाते हैं कि बहुत-सी प्रवासी जनजातियों ने अपनी भाषा के स्थान पर अपने क्षेत्र की 'प्रमुख' अथवा 'जीविका की भाषा' की अपेक्षा दूसरी अल्पसंख्यक भाषा को विकल्प के रूप में चुना है। उदाहरण के लिए बिहार में 10.3 प्रतिशत कुरुकों ने अल्पसंख्यक सदरी को चुना है जबकि केवल 8.05 प्रतिशत ने हिंदी को चुना, जो कि क्षेत्र की आजीविका की भाषा है। इसका कारण खोजने में कोई कठिनाई नहीं होगी। सदरी, आर्य परिवार की ही एक भाषा है और प्रकार्य की दृष्टि से हिंदी की बोली है, जो बिहार, बंगाल एवं मध्यप्रदेश की जनजातियों में सम्पर्क-भाषा के रूप में काम करती है। मूल रूप में यह सदानों की मातृभाषा थी किंतु अब यह बहुत बड़े हिंदुत्व जनजातीय समाज की भाषा है। यह एक महत्त्वपूर्ण तथ्य

है कि 1951 की जनगणना में सदरी को मातृभाषा के रूप में बोलनेवालों की कुल संख्या 56 थी। 1961 की जनगणना के अनुसार एक ही दशक में यह संख्या बढ़कर 3,65,772 हो गई है। इस अभूतपूर्व वृद्धि का सीधा सम्बन्ध जहाँ एक ओर जनजातियों में जागरण से है, वहीं दूसरी ओर इसका सम्बन्ध जनजातियों में अंतर-समूह सम्प्रेषण-माध्यम से भी है। यह सही है कि हिंदी आजीविका की भाषा के रूप में काम करती है किंतु इन जनजातियों ने हिंदी के अनुरक्षण को आर्य-संस्कृति के अनुरक्षण के प्रतीक के रूप में भी देखा। उनके अनुसार हिंदी की ओर प्रवृत्त होने का अर्थ अपनी जातीय अस्मिता के विस्थापन से है। जनजातियों के अंतस की गहराई ने समीकरण के इसी भय से हिंदी को अपनी अस्मिता की भाषा स्वीकारने से नकारा है। भले ही उसे उसका व्यावहारिक ज्ञान था। सदरी के साथ ऐसा कोई जातीय लांछन नहीं था। सदरी जहाँ एक ओर कुरुकभाषियों में सम्पर्क-भाषा का काम करती थी, वहाँ दूसरी अन्य जनजातियों एवं उस क्षेत्र के दूसरे लोगों में सम्प्रेषण की भी भाषा थी। मध्यभारत में **सदरी**, उत्तर-पूर्वी क्षेत्र में **नगामीज** और दक्षिण-पूर्वी भाग में **देसिया** का सम्पर्क भाषा के रूप में प्रयोग जातीय अस्मिता के लिए सहायक रहा है। सदरी का उदाहरण इस बात का प्रत्यक्ष प्रमाण है कि बहुसंस्कृति एवं बहुजातीय समाजों के संदर्भ में शर्मरहार्न के कुछ विकल्पों की पुनर्व्याख्या करने की आवश्यकता है।

खंड : घ

16. बहुभाषिकता और उसके विभिन्न आयाम
17. भारतीय बहुभाषिकता : विचार-रूढ़ियाँ और वास्तविकता
18. बहुभाषिकता और हिंदी भाषायी समाज

16

बहुभाषिकता और उसके विभिन्न आयाम

द्विभाषिकता का सम्बन्ध दो या दो से अधिक भाषाओं के प्रयोग की क्षमता से है। ब्लूमफील्ड के अनुसार द्विभाषिक वह व्यक्ति माना जाएगा जो दो भाषाओं में मातृभाषावत् दक्षता रखता हो। इसी प्रकार जो विद्वान द्विभाषिकता को स्थिति विशेष के रूप में परिभाषित करना चाहते थे, उनके मतानुसार द्विभाषिकता व्यक्ति के बचपन में समान रूप से दो भाषाओं को एक साथ सीखने के फलस्वरूप उत्पन्न होती है, जिससे वह व्यक्ति किसी भी बात को दोनों ही भाषाओं में सहज भाव से व्यक्त कर पाने की क्षमता रखता है। आज ये दोनों ही तथ्य गलत सिद्ध किए जा चुके हैं। हम देखते हैं कि हिंदी क्षेत्र में कुछ व्यक्ति अपनी 'बोली' और हिंदी (खड़ी बोली) दोनों का व्यवहार करते हैं, पर उन दोनों भाषाओं में समान रूप से दक्षता नहीं रखते। कुछ व्यक्तियों का 'बोली' पर पूर्ण अधिकार रहता है पर 'हिंदी' का उनका ज्ञान अपूर्ण होता है, कुछ ऐसे व्यक्ति हैं जिनका 'बोली' का ज्ञान अधिक नहीं होता, पर हिंदी पर उनका अधिकार रहता है, और कुछ ऐसे व्यक्ति भी हैं जिनका 'बोली' और 'हिंदी भाषा' पर समान अधिकार दिखलाई पड़ता है। यही स्थिति 'हिंदी' और 'अंग्रेजी' भाषा के प्रयोग के सम्बन्ध में भी देखी जा सकती है। इन तथ्यों के आधार पर यह कहा जा सकता है कि द्विभाषिकता को किसी लक्षण के होने या न होने के रूप में परिभाषित नहीं किया जा सकता। उसे तो उस वैयक्तिक गुण के रूप में स्वीकार किया जा सकता है जिसके अनुसार व्यक्ति दो या दो से अधिक भाषाओं में न्यूनतम से लेकर पूर्ण दक्षता तक के किसी भी सोपान पर खड़ा हो सकता है। जैसाकि हागेन ने संकेत किया है, द्विभाषिकता की परिभाषा को हमें बहुमत अनुपात के रूप में नहीं, बल्कि लघुत्तम अनुपात के रूप में ग्रहण करना चाहिए। व्यावहारिक स्तर पर द्विभाषिकता पर विचार करते हुए वाइनराइख ने इसीलिए इसे "दो भाषाओं को एक के बाद दूसरे प्रयोग के स्वभाव" के रूप में देखने का आग्रह किया।

यहाँ इस तथ्य पर भी ध्यान देना आवश्यक है कि द्विभाषिकता एक भाषिक

स्थिति है जबकि द्विभाषिक, भाषाप्रयोक्ता। ऐसा सम्भव है कि स्थिति तो द्विभाषिकता की हो पर उस स्थिति में रहनेवाले भाषाप्रयोक्ता द्विभाषिक न हों। उदाहरण के लिए यह सम्भव है कि किसी भी राष्ट्र को संवैधानिक दृष्टि से द्विभाषिक कहा जाए पर उस राष्ट्र के व्यक्ति केवल अपनी मातृभाषा ही जानते हों। उदाहरण के लिए राजभाषा के स्तर पर स्विट्ज़रलैंड बहुभाषा-भाषी है, पर इससे यह निष्कर्ष निकालना गलत होगा कि उस देश का हर व्यक्ति बहुभाषिक है। इसी प्रकार भारत में संघ की राजभाषा के रूप में दो भाषाएँ स्वीकृत हैं : हिंदी और अंग्रेजी, पर व्यक्ति और समाज के स्तर पर ऐसे वर्ग देखने को मिलते हैं जो न हिंदी जानते हैं और न ही अंग्रेजी। अतः द्विभाषिकता को दो मुख्य वर्गों में विभाजित किया जा सकता है : (1) स्थितिसापेक्ष, और (2) प्रयोक्तासापेक्ष। स्थितिसापेक्ष द्विभाषिकता राष्ट्र के स्तर पर देखी जा सकती है, जिसमें प्रयोक्ता को द्विभाषिक होना अनिवार्य नहीं होता। इसके विपरीत प्रयोक्तासापेक्ष द्विभाषिकता में व्यक्ति दो भाषाओं में पूर्ण अथवा आंशिक दक्षता रखता है।

प्रयोक्तासापेक्ष द्विभाषिकता के कई आयाम देखे जा सकते हैं जिनमें तीन मुख्य हैं : शिक्षा, सामाजिकता और अभिप्रेरणा (मोटिवेशन)। शिक्षा के आयाम पर द्विभाषिकता को दो वर्गों में विभाजित किया जा सकता है : (1) शिक्षानिरपेक्ष 'सामान्य द्विभाषिकता' और (2) शिक्षासापेक्ष 'सम्भ्रांत द्विभाषिकता'। 'सामान्य द्विभाषिकता' जनजीवन की अपनी दैनिक आवश्यकताओं से उद्भूत सम्प्रेषणावस्था का परिणाम होती है, जिसे दो भिन्न मातृभाषा-भाषी 'अवभाषा' (वर्नाक्यूलर) के स्तर पर अपनाते देखे जाते हैं। इसमें अन्य भाषा की प्रवृत्ति सामान्यतः 'पिजिन' (अवमिश्रित) भाषा के रूप में ढलने की ओर होती है। इस प्रकार की द्विभाषिकता जन सामाजिक आवश्यकता का वह स्तर होता है जो न किसी औपचारिक भाषा-शिक्षण की अपेक्षा रखता है और न ही किसी लिखित साहित्यिक मानदंड की। यही कारण है कि भारत जैसे अशिक्षित देश की भाषा-व्यवस्था में भी द्विभाषिकता की जड़ें बहुत गहराई तक जमी हैं। हिंदी के संदर्भ में यह कहा जा सकता है कि जब बंगाली मातृभाषी दूसरी भाषा के रूप में 'कलकतिया हिंदी' या मराठी मातृभाषी 'बम्बइया हिंदी' अपनाते हैं, तब तक दूसरी भाषा के प्रयोक्ता उसे किसी औपचारिक संदर्भ में नहीं सीखते। इस प्रकार की द्विभाषिकता के लिए सामान्य जीवन के अनौपचारिक संदर्भ ही पाठशाला का काम करते हैं और सम्प्रेषण की आवश्यकताएँ ही शिक्षक का काम करती हैं। इसके विपरीत सम्भ्रांत टाइप की द्विभाषिकता शिक्षासापेक्ष होती है। यह औपचारिक स्तर पर अन्य भाषा के शिक्षण से उद्भूत होती है। इस प्रकार की द्विभाषिकता में अन्य भाषा का मानक रूप साध्य होता है। सम्पर्क भाषा (लिंगुआ-फ्रेंका) के रूप में अन्य भाषा को यहाँ भी स्वीकार किया जा सकता है, पर इसका झुकाव 'अवमिश्रित' भाषा को जन्म

देने की ओर नहीं होता। इसके सीखनेवाले शिक्षित अथवा अर्द्धशिक्षित व्यक्तियों का वह समूह होता है जो भाषा-अवमिश्रण-प्रक्रिया को प्रायः हेय दृष्टि से देखता है। उदाहरण के लिए यदि सामान्य टाइप की द्विभाषिकता को हम 'बाजारू' हिंदी के नाम से पुकारते हैं तो सम्भ्रान्त टाइप की द्विभाषिकता को हम अखिल भारतीय स्तर पर सुनियोजित ढंग से प्रतिष्ठित की जानेवाली प्रतिष्ठाप्राप्त 'राजभाषा' के रूप में विकसित करने की ओर प्रवृत्त होते हैं। यह ध्यान देने की बात है कि शिक्षा-निरपेक्ष सामान्य द्विभाषिकता की स्थिति में प्रयोक्ता अन्य भाषा के व्यवहार को बोलने और सुनने के स्तर तक ही सामान्यतः सीमित रखता है पर शिक्षासापेक्ष सम्भ्रांत द्विभाषिकता की स्थिति में वह अन्य भाषा की दक्षता को लिखने और पढ़ने के स्तर पर भी ले जा सकता है।

सामाजिकता के आयाम पर द्विभाषिकता को दो वर्गों में विभाजित किया जा सकता है : (1) 'व्यक्तिपरक द्विभाषिकता', और (2) 'समुदायपरक द्विभाषिकता'। 'व्यक्तिपरक द्विभाषिकता' में प्रयोक्ता अपनी वैयक्तिक आवश्यकताओं के कारण अन्य भाषा को स्वीकार करता है। इस वर्ग के प्रयोक्ता किसी सामाजिक दबाव अथवा सम्प्रेषण-व्यवस्था की अपनी माँग के कारण दूसरी भाषा सीखने की ओर प्रवृत्त नहीं होते। उदाहरण के लिए अगर हिंदी मातृभाषी रूसी, जर्मनी, फ्रेंच, ग्रीक आदि भाषाओं के सीखने की ओर प्रवृत्त होता है तब उसकी इस प्रवृत्ति को उसके समाज की सम्प्रेषण-व्यवस्था की माँग का परिणाम नहीं कहा जा सकता। इसके विपरीत समुदायपरक द्विभाषिकता में प्रयोक्ता मातृभाषेतर भाषा को अपने समाज की व्यापक सम्प्रेषण-व्यवस्था की एक महत्त्वपूर्ण कड़ी के रूप में सीखता है। इस वर्ग का प्रयोक्ता अन्य भाषा को एक सामाजिक दबाव के परिणामस्वरूप अपनाता पाया जाता है। प्रस्तुत समुदायपरक द्विभाषिकता के संदर्भ में अपनायी जानेवाली अन्य भाषा, प्रयोक्ता के भाषायी समाज के भाषिक कोश (वर्बल रेपर्टायर) की एक भाषा होती है। उदाहरण के लिए हिंदी मातृभाषी, जब अंग्रेजी भाषा को सीखने की ओर प्रवृत्त होता है तब वह केवल अपनी वैयक्तिक रुचि के कारण ही ऐसा नहीं करता, बल्कि उच्च शिक्षा, तकनीकी ज्ञान, वैज्ञानिक विषयों पर ज्ञानवार्ता आदि सामाजिक संदर्भों की यह माँग है कि हिंदीभाषी समाज के प्रयोक्ता अंग्रेजी भाषा में भी पर्याप्त दक्षता रखें।

प्रयोक्ता की अभिप्रेरणा (मोटिवेशन) के आयाम पर द्विभाषिकों को दो वर्गों में विभाजित करना सम्भव है : (1) 'उपकरणवादी द्विभाषिक' और (2) 'समग्रतावादी द्विभाषिक'। 'उपकरणवादी द्विभाषिक' अन्य भाषा के सीखने के लक्ष्य को उपयोगिता के आधार पर स्वीकार करते हैं। उदाहरण के लिए, अगर प्रयोक्ता अपने पेशे को सुचारु रूप से सम्पन्न करने के निमित्त किसी अन्य भाषा को सीखना स्वीकार करता है, तब अभिप्रेरणा की प्रकृति को उपकरणवादी कहा जा सकता

है। इसी प्रकार अगर अहिंदीभाषी भारतीय हिंदी को 'राजभाषा' के रूप में ग्रहण करना चाहता है अथवा हिंदीभाषी भारतीय अंग्रेजी को तकनीकी ज्ञान के लिए अपनाता है, तब उसकी अभिप्रेरणा को उपकरणवादी कहा जाएगा। इसके विपरीत समग्रतावादी द्विभाषिक, अन्य भाषा को किसी दूसरे भाषायी समुदाय के बारे में अधिक ज्ञान प्राप्त करने के निमित्त सीखता है, जिससे वह अपनी सामाजिक अस्मिता (आइडेंटिटी) उस भाषायी समाज से जोड़ सके और सांस्कृतिक धरातल पर उस समाज की सदस्यता प्राप्त कर सके। ऐसी अभिप्रेरणा से युक्त भारतीय प्रयोक्ता अंग्रेजी भाषा को उपकरण-रूप में ग्रहण न कर 'अंग्रेज' जैसा दिखने और स्वीकार किए जाने के लिए अपनाता है। स्पष्ट है कि उपकरणवादी द्विभाषिक अन्य भाषा को भाषा-व्यवहार के सीमित और निर्धारित क्षेत्र की भाषा के रूप में सीखने की ओर प्रवृत्त होता है, जबकि समग्रतावादी द्विभाषिक अन्य भाषा को भाषा-व्यवहार के संदर्भ में सर्वव्यापी बनाने की ओर उन्मुख होता है।

प्रयोक्तासापेक्ष द्विभाषिकता को उसके गुणात्मक (क्वालिटेटिव) और परिमाणात्मक (क्वांटिटेटिव) धरातल पर भी देखा जा सकता है। गुणात्मक धरातल द्विभाषिकों की प्रवृत्ति से सम्बन्ध रखता है और यह बताता है कि अन्य भाषा के रूप में सीखी जानेवाली भाषा को प्रयोक्ता किस रूप में ग्रहण किए हुए है। परिमाणात्मक धरातल द्विभाषिकों के अन्य भाषा सम्बन्धी ज्ञान और दक्षता के अनुपात को नापता है और यह बताता है कि अन्य भाषा के रूप में सीखी जानेवाली भाषा में द्विभाषिकों की योग्यता कितनी है।

गुणात्मक धरातल के तीन संदर्भ दिखलाई पड़ते हैं : (1) 'प्रकार्य' (2) 'दक्षता' और (3) 'स्थिरता'। प्रकार्य के संदर्भ में दो प्रकार के द्विभाषिक दिखलाई पड़ते हैं : (1) 'समानाधिकृत' (को-आर्डिनेट) द्विभाषिक, और (2) 'सामासिक' (कंपाउंड) द्विभाषिक। आज इस विभाजन की सार्थकता पर प्रश्नचिह्न लगाए जा रहे हैं और मानसिक व्यापार के रूप में कुछ प्रयोगों के आधार पर इसे असिद्ध करने का प्रयत्न भी हुआ है। पर द्विभाषिकों की अधिगम प्रकृति को समझने एवं भाषा-शिक्षण की दृष्टि को पकड़ने में यह विभाजन सहायक माना गया है। समानाधिकृत द्विभाषिक, दो भाषाओं को स्वतंत्र रूप से प्रयोग में लाते हैं और इनके व्यवहार में दोनों भाषाएँ दो भिन्न प्रकार की संस्कृतियों एवं जीवनदृष्टि की अभिव्यक्ति का साधन बनती हैं। दो भिन्न इकाइयों के रूप में भाषाओं की सत्ता स्वीकार करने के कारण ऐसे द्विभाषिक एक दूसरी भाषा के लिए अनुवाद-प्रक्रिया का सहारा नहीं लेते। इस वर्ग के प्रयोक्ता द्विभाषिकता की उस स्थिति को स्वीकार करते हैं जहाँ द्विभाषिकता दो भिन्न संस्कृतियों को समझने के लिए ही आवश्यक नहीं होती, वरन दो भिन्न संस्कृतियों की रक्षा और निर्वाह (मेंटेनेंस) का साधन बनती है। इसके विपरीत 'सामासिक द्विभाषिक' एक ही संस्कृति की अभिव्यक्ति के दो

विकल्पवत माध्यमों के रूप में दो भाषाओं की सत्ता को स्वीकार करते हैं। ऐसे द्विभाषिक अन्य भाषा को सीखने के लिए मातृभाषा से अनुवाद-प्रक्रिया का सहारा लेते हैं। स्वाभाविक है कि इस स्थिति में दोनों भाषाएँ एक-दूसरे के सम्पर्क में आने से प्रभावित होंगी और बदलेंगी।

दक्षता के संदर्भ में द्विभाषिकों के दो वर्ग देखे जा सकते हैं : (1) 'सक्रिय' (एक्टिव), और (2) 'निष्क्रिय' (पेस्सिव)। दक्षता का सम्बन्ध भाषा-कौशल से है, जो भाषा-व्यवहार के परिप्रेक्ष्य में चार माने गए हैं : बोलना, सुनना, लिखना और पढ़ना। इन चार कौशलों में दो वक्ता (लेखक) सापेक्ष हैं, यथा–बोलना और लिखना; और दो श्रोता (पाठक) सापेक्ष, यथा–सुनना और पढ़ना। वैसे तो वक्ता और श्रोता दोनों ही अपने व्यवहार-क्षेत्र में सक्रिय होते हैं पर सामान्यतः यह मान लिया गया है कि वक्ता (लेखक) सापेक्ष भाषायी कौशल, सम्प्रेष्य अथवा कथ्य के संदर्भ में उत्पादक (प्रोडक्टिव) है, जबकि श्रोता (पाठक) सापेक्ष भाषायी कौशल ग्रहणशील (रिसेप्टिव)। अन्य भाषा में उत्पादक शक्ति से युक्त द्विभाषिकों के वर्ग को 'सक्रिय' कहा गया है, जबकि मात्र ग्रहणशील शक्तिसंयुक्त द्विभाषिकों के वर्ग को 'निष्क्रिय'। यह विभाजन इसलिए महत्त्वपूर्ण है कि आम तौर पर द्विभाषिकता की ऐसी स्थिति दिखाई देती है जहाँ प्रयोक्ता बात सुनकर समझ लेने की क्षमता तो रखता है पर उसमें एक भी वाक्य स्वाभाविक ढंग से बोल नहीं पाता, या अन्य भाषा में लिखे पाठ को पढ़कर उसके अर्थ का पता तो लगा लेता है पर एक भी सही वाक्य नहीं लिख पाता।

स्थिरता के संदर्भ में द्विभाषिकों को दो वर्गों में विभाजित करना सम्भव है : (1) 'स्थिर' (स्टेबिल) द्विभाषिक, और (2) 'अस्थिर' (अन्स्टेबिल) द्विभाषिक। जैसा पहले संकेत किया जा चुका है, प्रयोक्ता अन्य भाषा को किन्हीं निश्चित उद्देश्यों से सीखता है। अगर यह उद्देश्य अपने में सीमित और भाषा-व्यवहार के अस्थायी संदर्भों को लेकर है तब संदर्भों के हट जाने पर अन्य भाषा की आवश्यकता भी हट जाती है। ऐसी स्थिति में द्विभाषिक धीरे-धीरे अन्य भाषा में दक्षता खो बैठता है। पर्यटकों के उपयोग तक सीमित अन्य भाषा को सीखकर बने द्विभाषिक ऐसे ही वर्ग में आते हैं। ऐसे सीमित उद्देश्यों और अस्थायी संदर्भ में उत्पन्न होनेवाली द्विभाषिकता की प्रकृति को 'अस्थिर' कहा गया है। इसके विपरीत 'स्थिर' द्विभाषिक वे हैं जिनका अन्य भाषा की दक्षता के निर्वाह का आधार स्थायी होता है। समुदायपरक द्विभाषिकता की स्थिति में द्विभाषिकों की प्रकृति सामान्यतः 'स्थिर' होती है।

परिमाणात्मक धरातल पर प्रयोक्तासापेक्ष द्विभाषिकता के अध्ययन की अनेक समस्याएँ हैं। यह ध्यान देने की बात है कि द्विभाषिकों की अन्य भाषा में दक्षता का मापांकन एक अविच्छिन्न सतत रेखा पर करना सम्भव है, जिसके एक छोर पर तो समतुल्य द्विभाषिक (एंबि-लिंगुअल) हैं और दूसरे पर अन्य भाषा के मात्र

कुछेक शब्दों एवं वाक्यों को समझने की दक्षता रखनेवाले प्रारम्भक (इंसिपिएंट) द्विभाषिक। इन दो छोरों के बीच में विभिन्न अनुपात में सापेक्षिक दक्षता रखनेवाले द्विभाषिकों का एक पूरा वर्ग है। दूसरी कठिनाई मापांकन के आधार को लेकर देखी जा सकती है। वस्तुतः दक्षता के मापांकन के लिए भाषायी कौशल के किस पक्ष को लिया जाए; बोलने, सुनने, लिखने और पढ़ने—इन चार कौशलों में किसी एक या दो को आधार बनाया जाए, या सभी को ? वस्तुतः इन विभिन्न भाषायी कौशलों के संदर्भ में द्विभाषिकों की क्षमता का स्तर भिन्न-भिन्न मिलता है। तीसरी कठिनाई भाषायी स्तर के संदर्भ में है। अन्य भाषा के प्रयोग की दक्षता का सम्बन्ध उस भाषा के विभिन्न स्तरों (स्वनिमिक, शाब्दिक, व्याकरणिक) पर प्राप्त ज्ञान और उसके प्रयोग से भी हो सकता है। यह सम्भव है कि एक प्रयोक्ता को अन्य भाषा के शब्द अधिक याद हों और दूसरे को उसकी तुलना में व्याकरणिक संरचना का ज्ञान अधिक हो।

इन कठिनाइयों को ध्यान में रखते हुए परिमाणात्मक धरातल पर द्विभाषिकों की क्षमता को मोटे तौर पर तीन श्रेणियों में विभाजित किया जा सकता है : 'पूर्ण' (फुल), 'आंशिक' (पार्शियल) और प्रारम्भक (इंसिपिएंट)। वे द्विभाषिक पूर्ण माने जाएँगे जो अन्य भाषा में मातृभाषावत् अथवा लगभग मातृभाषा जैसी दक्षता रखते हों। अतः पूर्ण द्विभाषिकों को समतुल्य द्विभाषिक भी कहा जाता है। आंशिक द्विभाषिक अन्य भाषा के सीमित व्यवहारक्षेत्र में सीमित दक्षता रखते हैं। प्रारम्भक द्विभाषिक वे भाषाप्रयोक्ता हैं जो बोलने के स्तर पर भाषा-व्यवहार की दक्षता नहीं रखते, पर समझने के स्तर पर अन्य भाषा में थोड़ी-बहुत दक्षता रखते हैं। संदर्भतः यह तालिका :

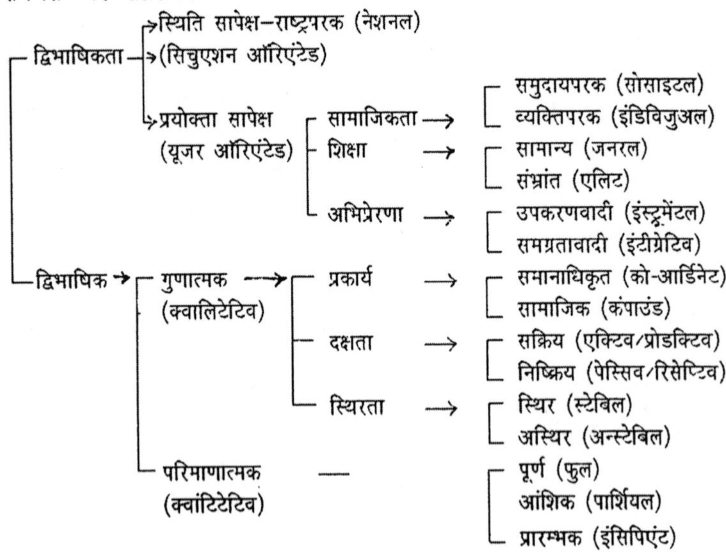

17

भारतीय बहुभाषिकता : विचार-रूढ़ियाँ और वास्तविकता

प्रसिद्ध नृतत्वशास्त्री टेलर ने लिखा है कि संस्थागत ज्ञान के रूप में मिथ, इतिहास की तुलना में अधिक समीप और प्रभावशाली होता है। वैज्ञानिक और तत्त्वदर्शी मन आज भी इसीलिए मिथ-सृजन की प्रवृत्ति और सामाजिक-सांस्कृतिक अंतर्विरोधों से उद्‌भूत विचार-रूढ़ियों से मुक्त नहीं हो पाता। भाषा को लेकर न केवल सामान्य व्यक्ति के मन में कई भ्रांतिपूर्ण धारणाएँ बनी हुई हैं, बल्कि भाषा के प्रकांड पंडितों, अध्येताओं और चिंतकों का मन भी तत्सम्बन्धी कई भ्रांतियों से मुक्त नहीं है। ज्ञान के प्रकाश में भी वे कई ऐसे 'मिथ' का अनजाने ही निर्वाह करते जा रहे हैं जिसकी सच्चाई आँकड़ों और तथ्य पर आधारित नहीं है। द्विभाषिकता और बहुभाषिकता के संदर्भ में पलनेवाले ऐसे ही कुछ 'मिथ' की ओर मैं यहाँ संकेत देना चाहूँगा। भारतीय बहुभाषिकता की सही प्रकृति को समझने के लिए यह आवश्यक है कि पहले हम उन धारणाओं का सही आकलन कर लें जो अन्य देशों की भिन्न आवश्यकताओं, विदेशी तथ्यों की सीमित सामग्री और पाश्चात्य विद्वानों की एकांगी दृष्टि पर आधारित हैं।

मिथ-1 : राजनीतिक इकाइयों (राष्ट्रों) के लिए भाषायी विषमता (हेटरीजिनीटी) की अपेक्षा भाषायी समरूपता (होमेजिनीटी) सम्प्रति अधिक लाभप्रद और वांछनीय है।

आर्थर बैंक्स और राबर्ट टैक्स्टर (1965) तथा हावर्ड एल्कर और ब्रूस रसे (1964) के 'क्रॉस-पालिटी प्रोफ़ाइल' सम्बन्धी सर्वेक्षण और परियोजना के आधार पर प्रसिद्ध समाजभाषावैज्ञानिक फ़िशमैन ने यह निष्कर्ष निकाला कि भाषा के स्तर पर समरूप और विषमरूप सामाजिक व्यवस्था का सीधा आनुपातिक सम्बन्ध उस समाज के आर्थिक विकास के साथ जुड़ा रहता है। उनके मत में (1967 : 24) "भाषिक स्तर पर समरूप राजनीतिक इकाइयाँ सामान्यतः आर्थिक दृष्टि से अधिक विकसित, शिक्षा की दृष्टि से अधिक उन्नत, राजनीति की दृष्टि से अधिक आधुनिक और चिंतन की दृष्टि से अधिक प्रौढ़ और संतुलित है।" राजनीतिक वांछनीय मूल्य

और विघटनकारी प्रवृत्ति ऐसे दो परिवर्ती (वैरिएबुल) को प्रति व्यक्ति राष्ट्रीय कुल आमदनी के इंडेक्स से जोड़ते हुए (तालिका-1) वे यह सिद्ध करना चाहते हैं कि भाषायी स्तर पर समरूप राजनीतिक इकाइयाँ, विषमरूपी राजनीतिक इकाइयों की तुलना में न केवल अधिक सुदृढ़, जनतांत्रिक और विकसनशील हैं, बल्कि उनकी प्रति व्यक्ति कुल आमदनी भी अधिक है।

ध्यान देने की बात है कि फ़िशमैन की यह मान्यता जिन तथ्यों पर आधारित है, वे अपनी प्रकृति में सापेक्षिक ही कहे जा सकते हैं। अन्यथा ऐसे कई देशों के नाम गिनाए जा सकते हैं जो अपनी भाषायी प्रकृति में विषमरूपी होकर भी आर्थिक दृष्टि से समुन्नत हैं; उदाहरण के लिए–बेल्जियम, कैनाडा, स्विट्ज़रलैंड, इज़राइल, सोवियत संघ (विभाजन पूर्व), बल्गारिया, त्रिनिदाद आदि। इसी प्रकार ऐसे कई देशों के नाम गिनाए जा सकते हैं, जहाँ प्रति व्यक्ति कुल राष्ट्रीय आमदनी बहुत ही कम है यद्यपि वे भाषायी स्तर पर समरूपी हैं, जैसे–अल्बानिया, ब्राज़ील, मैक्सिको, पुर्तगाल, जोर्डन, कोरिया, लीबिया, सोमालिया, यमन आदि। इसलिए यह कहना कि भारत, पाकिस्तान, नेपाल, इंडोनेशिया, ईरान, नाइजीरिया, सीरिया, टर्की, पेरु, सूडान, युगांडा आदि देश इसलिए अविकसित हैं कि वे भाषायी प्रकृति में विषमरूपी हैं–तर्कसंगत नहीं। फ़िशमैन के विरोध में यह भी कहा जा सकता है कि छोटी इकाइयों में बसी हुई वन्य जातियाँ प्रायः अपनी भाषायी प्रकृति में समरूप ही होती हैं। दूसरी तरफ यह भी संकेत दिया जा सकता है कि भारतवर्ष आदिकाल से बहुभाषा-भाषी देश रहा है; यहाँ बहुभाषिकता प्राचीन काल से ही सामाजिक यथार्थ के रूप में प्रतिष्ठित रही है और किसे नहीं मालूम कि इसके इतिहास का मध्यकाल हर दृष्टि से स्वर्णकाल रहा है ?

मिथ-2 : द्विभाषिकता बालक की शिक्षा और व्यक्तित्व-विकास में प्रायः बाधा उत्पन्न करती है।

कुछ विद्वानों की यह मान्यता है कि एकभाषी बालकों की तुलना में द्विभाषी बालक अपनी शिक्षा में प्रायः पिछड़ जाते हैं। इस ओर भी विद्वानों ने संकेत किया है कि एक भाषा के माध्यम से पढ़नेवाले बालकों की प्रगति द्विभाषी माध्यम से पढ़नेवाले बालकों की प्रगति की तुलना में कहीं अधिक होती है (मैक्ममारा, 1966)। यह भी संकेत दिया गया है कि द्विभाषिकता की स्थिति में व्यक्ति की अपनी सामाजिक अस्मिता (आइडेंटिटी) और सांस्कृतिक तादात्म्य की भावना खंडित होने लगती है और व्यक्ति प्रायः 'एनीमिया' का शिकार हो जाता है (लैंबर्ट, 1967; फ़िशमैन, 1966)।

द्विभाषी शिक्षा के संदर्भ में यह कहा जा सकता है कि शैक्षिक प्रगति को नियंत्रित करनेवाले कई उपकरण होते हैं और द्विभाषिकता उसमें से केवल एक उपकरण के रूप में सिद्ध रहती है। किसी प्रोग्राम के मूल्यांकन के समय सभी

अन्य उपकरणों के नियंत्रण के बाद ही द्विभाषिकता के प्रभाव का आकलन उचित होगा। जींस (1960), एलिज़ाबेथ पील और लैंबर्ट (1962) आदि द्वारा संचालित परियोजनाओं से यह सिद्ध होता है कि द्विभाषिकता, बौद्धिक विकास में बाधक नहीं। उनके परीक्षण से यह स्पष्ट हो जाता है कि फ्रेंचभाषी समुदाय के दस वर्षीय द्विभाषी बालक अपने समुदाय के एकभाषी बालकों की तुलना में कहीं अधिक भाषायी क्षमता रखते हैं और सामान्य बौद्धिक योग्यता में दूसरे वर्ग से कहीं आगे रहते हैं। बाल्कन (1970), लैंबर्ट, टकर आदि (1970), द' अंग्लेयन और टकर (1971) आदि विद्वानों की शोध परियोजनाओं से इस बात की संपुष्टि हो जाती है कि द्विभाषिकता, बालक की शिक्षा में बाधक नहीं और सम्भवतः यही कारण है कि आज द्विभाषी स्कूल की शिक्षा को असंगत और व्यक्ति-विरोधी मानने की प्रवृत्ति कम होती जा रही है (मैके, 1972)।

यह बात अवश्य है कि हर व्यक्ति अपने भाषायी समाज का सदस्य होता है। भाषा उसकी सामाजिक अस्मिता का मार्कर भी है। जब कोई व्यक्ति अन्य भाषा सीखता है तब उसके भाषायी समाज से भी जुड़ता है। अगर किसी अन्य भाषा के सीखने के कारण कोई व्यक्ति किसी दूसरे भाषा-समाज का सदस्य बनने लगता है और उसके फलस्वरूप मातृभाषा समुदाय के साथ की अस्मिता खंडित होने लगती है, तब यह सम्भव है कि वह 'एनीमिया' की उस मानसिक यंत्रणा का अनुभव करे जिसे प्रायः अपनी जमीन से उखड़े हुए व्यक्ति किया करते हैं। एनीमिया के मूल में सामाजिक असुरक्षा की आशंका की भावना और खंडित अस्मिता का दबाव काम करता है। मैं यहाँ यह कहना चाहूँगा कि यह 'एनीमिया' ऊपर से द्विभाषिकता का भले ही एक स्वाभाविक परिणाम लगे पर वस्तुतः यह द्विभाषिकता की अपनी अंतःप्रकृति का न तो लक्षण है और न ही स्वाभाविक परिणति।

भाषा और संस्कृति का सम्बन्ध एक दूसरे से बहुत गहरा होता है। कुछ लोग तो भ्रम से भाषा को किसी समुदाय की संस्कृति का एक सूचक चिह्न भी मानते हैं। पर भाषा और संस्कृति—दोनों का सम्बन्ध सामाजिक समुदाय से रहता है। यह सामाजिक समुदाय एकभाषी या द्विभाषी हो सकता है। पर यह अनिवार्य नहीं कि एकभाषी समुदाय की संस्कृति भी एकनिष्ठ ही हो और द्विभाषी समुदाय की द्विनिष्ठ। सिद्धांत रूप में हम चार भिन्न स्थितियाँ पा सकते हैं (क्रिस्टीफ़र्सन, 1973) :

(क) एक-भाषिकता – एक-सांस्कृतिकता
(ख) एक-भाषिकता – द्वि-सांस्कृतिकता
(ग) द्वि-भाषिकता – एक-सांस्कृतिकता
(घ) द्वि-भाषिकता – द्वि-सांस्कृतिकता

ध्यान देने की बात है कि (क) और (ग) की स्थितियों में न तो व्यक्ति का अपना व्यक्तित्व खंडित होता है और न समाज में भाषा को लेकर आम तौर पर वहाँ लड़ाई ही देखी जाती है। खंडित व्यक्तित्व और भाषा को लेकर होनेवाले सामाजिक झगड़े अगर कहीं देखने को मिलते हैं तो उसके मूल में या तो (ख) की स्थिति होती है या (घ) की। हिंदी-उर्दू का झगड़ा भाषा के नाम पर सामाजिक अस्मिता का ही झगड़ा है, क्योंकि सामान्य बोलचाल के स्तर पर वे 'एक' ही भाषा हैं (श्रीवास्तव, 1974), अतः इसका आधार (ख) स्थिति है। द्विभाषिकता की प्रकृति अपनी (ग) स्थिति में 'कंपाउंड होती है, जहाँ भिन्न भाषा-प्रयोग आपसी प्रतिस्पर्द्धा से इसलिए मुक्त रहते हैं कि उनके व्यवहार-क्षेत्र समाज (या व्यक्ति के आचरण) में परिपूरक वितरण में होते हैं। पर जब द्विभाषी समाज या व्यक्ति के व्यवहार-क्षेत्र में दो भाषाएँ परिपूरक वितरण में नहीं होती हैं (जो कोआर्डिनेट-टाइप की द्विभाषिकता का प्रमुख लक्षण है) तब उनका आचरण असंतुलित हो जाता हैं क्योंकि ये भाषाएँ अपने सांस्कृतिक दबाव के फलस्वरूप आपसी प्रतिस्पर्द्धा का कारण बनती हैं। यह प्रतिस्पर्द्धा ही मानसिक तनाव और सामाजिक झगड़े का मूल कारण है और यह सम्भव है कि प्रतिस्पर्द्धा के भाव से मुक्त होकर कोआर्डिनेट टाइप की द्विभाषिकता संतुलित द्विभाषियों को जन्म दे। इतिहास से ऐसे कई उदाहरण दिए जा सकते हैं, जहाँ द्वि-सांस्कृतिकता का पोषण करती हुई द्विभाषिकता फली-फूली और पनपी है, पर ऐसी हर स्थिति में द्विभाषियों की सामाजिक अस्मिता उसके मातृभाषा-भाषी समुदाय के साथ अखंड भाव से बनी रही है।

यही नहीं कि हर टाइप की द्विभाषिकता मानसिक तनाव और सामाजिक झगड़े का कारण नहीं बनती या संतुलित व्यक्तित्व में बाधक सिद्ध नहीं होती, बल्कि उच्चतर व्यक्तित्व के निर्माण में वह सहायक भी होती है। इसमें संदेह नहीं कि व्यक्ति भाषा के दायरे में रहकर ही सोचता और समझता है। वह देखता तो अपनी आँखों से है, पर उसका दृष्टिकोण भाषा द्वारा बहुत कुछ नियंत्रित होता रहता है। हम चीजों और वस्तुस्थिति को उसी रूप में देखने को विवश हैं जिस रूप में भाषा हमें देखने को बाध्य करती है। अन्य भाषा-शिक्षण (द्विभाषी बनने) का एक महत्त्वपूर्ण उद्देश्य स्वभाषा द्वारा नियंत्रित दृष्टिकोण के संकुचित आयाम को वृहत्तर बनाना भी है। यह दूसरा लक्ष्य भाषा की आम व्यावहारिक आवश्यकता से कहीं ऊपर की उपसिद्धि की माँग करती है जहाँ मूल्यों का निर्माण होता है, जहाँ सांस्कृतिक तंतुओं का जाल बुना जाता है और सम्वेदनाओं का एक नया संसार बनता है। इस संदर्भ में तो यह भी कहना अनुचित न होगा कि द्विभाषिकता, व्यक्तित्व-निर्माण में बाधक नहीं, बल्कि साधक है (श्रीवास्तव, 1968)।

मिथ-3 : द्विभाषिकता मानव-मन की सर्जनात्मक शक्ति का क्षय करती है।

कुछ विद्वानों के अनुसार दो भाषा सीखने में जितनी शक्ति का उपयोग किया जाता है वह अगर केवल एक भाषा (मातृभाषा) के सीखने के लिए प्रयुक्त की जाती है तो व्यक्ति का भाषाविकास अधिक सहज, सार्थक और सर्जनात्मक होता। इसी दृष्टि से प्रसिद्ध भाषाविद् स्वीट (1899 : 82) ने यह लिखा था कि कोई भी भाषावैज्ञानिक न तो सार्थक साहित्य का सृजन कर सका है और न ही भाषाविज्ञान के सिद्धांत के क्षेत्र में महत्त्वपूर्ण उपलब्धि दे सका है। यस्पर्सन (1922 : 148) का भी यही मत रहा है कि कोई भी द्विभाषी बालक कभी भी महान कवि नहीं बन सका है। वस्तुतः वह तो एक ऐसे धनुष के समान है जिसमें दो डोरियाँ लगी हों लेकिन दुर्भाग्य से दोनों ही ढीली हों। भाषा-सम्पर्क के क्षेत्र के अधिकारी विद्वान वाइनराइख का मत भी स्वीट और यस्पर्सन के विचार से अधिक भिन्न नहीं है। उनका (1963) तो यहाँ तक कहना है कि अगर हमें वाइज़गर्बर जैसे विद्वानों को दृष्टांत रूप में लेना है तब यह कहा जा सकता है कि द्विभाषिकता पूरी सामाजिक संस्था की बौद्धिक प्रतिभा का क्षय करने और आनेवाली अनेक पीढ़ियों तक उसको मानसिक दृष्टि से अपंग बनाने में समर्थ है।

सर्जनात्मक शक्ति और द्विभाषिकता के अंतस्सम्बन्धों पर दी गई विद्वानों की ये उक्तियाँ एक प्रकार की सारहीन विचार-रूढ़ियाँ ही हैं, जिन्हें भ्रमवश हम अपने ज्ञान के क्षेत्र में स्वीकार करते आए हैं, अन्यथा क्या विदेश और क्या भारत, क्या मध्ययुग और क्या आधुनिक काल, विभिन्न देश-काल से ऐसे कई प्रतिभाशाली साहित्यकारों के उदाहरण दिए जा सकते हैं जो मूलतः द्विभाषी रहे हैं। सच तो यह है कि यूरोप में 18वीं शताब्दी तक यह परम्परा रही है कि उसके उच्चस्तरीय वर्ग के सुशिक्षित व्यक्ति अपनी मातृभाषा के अतिरिक्त लैटिन या फ्रेंच में भी प्रशिक्षित हों। साहित्यिक परम्परा का दबाव यह भी रहा है कि मातृभाषा की तुलना में लैटिन या फ्रेंच भाषा में कविता करना कहीं अधिक गौरवपूर्ण और प्रतिष्ठापरक माना जाता रहा है। भारत की भी स्थिति कुछ इससे भिन्न नहीं रही है। अपनी मातृभाषा की तुलना में संस्कृत भाषा या परम्परा अनुमोदित किसी अन्य भाषा में काव्य-सृजन कहीं अधिक सम्मानपूर्ण माना जाता रहा है।

अगर विदेशों से व्यक्तिगत उदाहरण लिए जाएँ तो सम्वेदनशील मन और सर्जनात्मक शक्ति का परिचय देनेवाले कई ऐसे प्रबुद्ध साहित्यकारों के नाम गिनाए जा सकते हैं जिनकी शक्ति का रहस्य दो या दो से अधिक भाषाओं के प्रति लगाव रहा है—जैसे सैमुअल बेकेट (फ्रेंच+अंग्रेजी), हाइने (फ्रेंच+जर्मन), काफ़्का (चेक+जर्मन+चोडिश), नोबोकोव (रूसी+फ्रेंच+जर्मन+अंग्रेजी) आदि। सच तो यह है कि ऐसे द्वि या बहुभाषी साहित्यकारों की अमर कृतियों की कथावस्तु और रूपविधान की अद्वितीयता का रहस्य बहुत कुछ इनकी बहुभाषी क्षमता और भाषाओं में बँधी सम्वेदनाओं और अभिव्यक्तियों की टकराहट और तनाव में है (स्टेइनर,

1972)। ऐसे ही कई उदाहरण भारत की अपनी सांस्कृतिक और साहित्यिक परम्परा से दिए जा सकते हैं। मध्यकालीन उत्तर भारत में सांस्कृतिक एवं साहित्यिक चेतना को अभिव्यक्ति देने के लिए ब्रजभाषा सर्वमान्य भाषा थी। यही कारण था कि विभिन्न भाषायी पृष्ठभूमि में पले सांस्कृतिक पुनर्जागरण के कई महत्त्वपूर्ण चिंतक और समाज-सुधारकों ने अपने तत्त्वचिंतन के लिए ब्रजभाषा को ही अन्य भाषा के रूप में अपनाया। उदाहरण के लिए रामानुजाचार्य, मध्वाचार्य, निम्बर्काचार्य और वल्लभाचार्य के जीवनवृत्त (मातृभाषा), चिंतन (संस्कृत) और पुनर्जागरण में योगदान (ब्रजभाषा) के बहुआयामी पक्ष को सामने रखा जा सकता है। चाहे संस्कृत भाषा रही हो या ब्रजभाषा, अपने सांस्कृतिक और साहित्यिक वैभव की चरम पराकाष्ठा पर उसने उन्हीं व्यक्तियों की लेखनी से अपना रूप निखारा है जिनकी वह मातृभाषा नहीं है। दूसरे शब्दों में कहें तो ये भाषाएँ अपनी प्रकृति में सार्वदेशिक भाषा बनकर ही कालजयी बनी हैं। भारतीय द्विभाषिकता की गोद में पलकर साहित्य-सृजन करनेवाले ऐसे कई कवियों के नाम भी लिए जा सकते हैं जिनके लिए यह कहना सरल नहीं कि वे किस एक साहित्यिक परम्परा के वर्ग में रखें जाएँ। उदाहरण के लिए अवहट्ट और प्राचीन मैथिली के कवि विद्यापति हिंदी के हैं या बंगला के ? प्राचीन ब्रज और राजस्थानी का पुट देकर लिखनेवाली मीराबाई हिंदी की कवयित्री हैं या गुजराती की ? ब्रज, खड़ी बोली और पंजाबी के आंतरिक सम्मिश्रण को स्वीकृति देती हुई नानक की रचनाओं को हिंदी साहित्य के अंतर्गत रखा जाए या पंजाबी के ?

द्विभाषिकता को प्रयोजनपरक सिद्धि के रूप में आधुनिक काल के कई भारतीय चिंतकों एवं साहित्यकारों ने भी अपने व्यवहार में उतारा है। दयानंद सरस्वती का उदाहरण हमारे सामने है। महात्मा गाँधी की मातृभाषा गुजराती थी, अंग्रेजी में वे प्रभावशाली रूप से अपने विचार व्यक्त कर लेते थे, लेकिन राष्ट्रभाषा की समस्या को न केवल हिंदी के पक्ष में हल करना चाहते थे वरन् हिंदी में व्यक्त करने के पक्षधर भी थे। साहित्यिक द्विभाषिकता के रूप में एक ओर तुलसी का नाम लिया जा सकता है जिन्होंने परम्परा-अनुमोदित काव्य-विधा की दो प्रवृत्तियों को दो भिन्न भाषाओं—अवधी और ब्रज—में समान सृजनात्मक प्रतिभा के साथ व्यक्त किया और दूसरी तरफ आधुनिक काल के नोबुल पुरस्कार विजेता रवींद्रनाथ ठाकुर का उदाहरण सामने रखा जा सकता है, जिन्होंने बंगला और अंग्रेजी दोनों ही भाषाओं में अपनी कारयित्री प्रतिभा का परिचय दिया।

मिथ-4 : द्विभाषिकता, भाषा-व्यवहार की सामान्य स्थिति न होकर उसकी विसंगत परिणति है।

मिथ-5: द्विभाषिकता, समाज की सहज भाषायी सम्प्रेषण-व्यवस्था में बाधक है।

द्विभाषिकता एकभाषी पाश्चात्य समाज के व्यक्तियों के लिए भले ही अप्राकृतिक और विसंगतिपूर्ण हो, लेकिन एशिया और अफ्रीका महाद्वीपों के ऐसे

बहुभाषी देशों के लिए वह सहज और सामान्य ही रही है। अब तो विद्वान यह भी मानने लगे हैं कि द्विभाषिकता हर भाषा समाज में हर स्तर पर देखी जा सकती है (हांगेन, 1972; हाइम्स, 1967; फ़िशमैन, 1972; ग्लोन लेविस, 1972; गम्पर्ज, 1971)। चॉम्स्की की भाषायी क्षमता की समरूप प्रकृति की संकल्पना के विरोध में अब तो यह भी कहा जाने लगा है कि जिसे एकभाषी समुदाय माना जाता है, उसकी प्रकृति भी नितांत समरूप नहीं होती। विभिन्न सामाजिक संदर्भों, सांस्कृतिक परिवेश और विषय-भेद के आधार पर भाषा की समरूप व्यवस्था भी विषमरूपी होने के लिए बाध्य है। भाषा की विषमरूपी प्रकृति को समझने के लिए ही भाषावैज्ञानिकों ने कभी 'रजिस्टर', 'शैली', 'डायग्लॉसिया' और कभी 'उपकोड' आदि संकल्पनाओं को अपने भाषा-सिद्धांत में स्थान दिया है।

अगर भाषा अपने प्रयोजन में समाज-संदर्भित है तब भाषा के अध्ययन-अनुसंधान को सही दिशा तभी मिल सकती है जब हम उसे समाज की व्यवस्था से जोड़कर देखें। और यह सम्भव है कि 'रजिस्टर' या 'उपकोड' का जो कार्य एक भाषा की विभिन्न उपव्यवस्थाएँ करती हों, उसको करने के लिए कोई समाज विभिन्न भाषाओं को अपनाए। इसी आधार पर यह भी कहा जा सकता है कि सामाजिक सदस्य के रूप में व्यक्ति और सम्प्रेषण-व्यवस्था को साधनेवाला उसका मन एक होता है और वही मन प्रयोजनसिद्ध भाषा-भेद को उसी प्रकार साधता है जिस प्रकार किसी एक भाषा के शैली-भेद या पर्याय-प्रयोग को (रूबिन, 1961; फ़िशमैन, 1965; हाइम्स, 1976; गम्पर्ज, 1968)। और सरल शब्दों में यह कहा जा सकता है कि जिस प्रकार व्यक्ति वाक्य-स्तर पर पर्यायवाची शब्दों का चयन विकल्प से करता है उसी प्रकार वार्तालाप के स्तर पर वह शैली-भेद को स्वीकार करता है और जिस प्रकार शैली-भेद को पहचानता है, सामुदायिक भाषायी कोश के स्तर पर अपने व्यवहार में भाषा-भेद को वह विकल्प से अपनाता है। भाषायी स्तर पर जिसे विकल्प कहा जाता है, वस्तुतः सामाजिक आवश्यकताओं से नियंत्रित होने के कारण वह सामाजिक अर्थ का द्योतक होता है। अतः पर्याय, शैली और भाषा-भेद के विभिन्न प्रयोग वस्तुतः सामाजिक अर्थ के प्रकाशक होते हैं। गम्पर्ज का यह कथन सार्थक ही माना जाएगा कि एकभाषी और द्विभाषी व्यक्तियों के व्यवहार-भेद का अंतर वस्तुतः समतुल्य सामाजिक प्रक्रिया के भाषायी कोडीकरण में स्थित होता है, अन्यथा भाषायी प्रक्रिया के अपने धरातल पर ये दोनों एक ही हैं।

भारतीय समाज की यह विशेषता रही है कि वह प्रयोजनसिद्ध भाषा-भेद को सहज भाव से मान्यता देता आया है। उदाहरण के लिए पारिवारिक और आत्मीय भाव को व्यक्त करने के लिए वह अपनी पहली अर्जित बोली को चुनता है, स्थानिक सामाजिक संदर्भों के निर्वाह के लिए वह स्थानीय बोली को व्यवहार में लाता है, क्षेत्रीय व्यवहार एवं क्रियाकलाप के लिए वह जनपदीय बोली या भाषा

को माध्यम बनाता है और अंतरक्षेत्रीय व्यवहार-क्षेत्रों के लिए किसी एक चौथी ही भाषा को अपनाता है। (विस्तार के लिए देखिए श्रीवास्तव, 1975 ए, बी) इन विभिन्न स्तरों में आनेवाली विभिन्न बोलियों एवं भाषाओं के प्रयोग को भारतीय समाज अपनी भाषायी सम्प्रेषण-व्यवस्था में कोड-परिवर्तन और कोड-मिश्रण के आधार पर व्यावहारिक बनाता है।

यहाँ इस तथ्य की ओर ध्यान देना आवश्यक है कि किसी भाषा को लेकर व्यक्ति की भाषायी और प्रयोजनसिद्ध सम्प्रेषण-दक्षता एक ही नहीं होती। प्रायः यह मान लिया जाता है कि अगर कोई व्यक्ति किसी भाषा को व्यवहार में लाता है तो वह उसके भाषिक नियमों की जानकारी (अज्ञात मन के स्तर पर ही सही) भी रखता है। पर भाषा सम्प्राप्ति मूल्यांकन के आधार पर यह प्रमाणित किया जा सकता है कि विभिन्न सामाजिक संदर्भों में किसी भाषा की सम्प्रेषण-दक्षता का सीधा आनुपातिक सम्बन्ध उसकी भाषायी क्षमता के साथ नहीं रहता। यह देखा गया है कि छात्र विभिन्न अवसरों और विभिन्न व्यवहार-क्षेत्रों में तो अन्य भाषा का सहज और मुक्त प्रयोग करने में समर्थ है पर उस भाषा के नियमों के मूल्यांकन के क्षेत्र में वह काफी पीछे रहता है अथवा भाषायी क्षमता के क्षेत्र में अपने को अधिक सुयोग्य और प्रवीण साबित करने के बावजूद भाषा-अनुप्रयोग अथवा सम्प्रेषण-दक्षता में अक्षम रहता है। इसलिए स्पोलस्की (1968) के अनुसार द्विभाषिक क्षमता को मापते समय यह कहने के बजाय कि "वह साठ प्रतिशत अंग्रेजी जानता है" कहीं अधिक अच्छा होगा अगर हम यह बताएँ कि "वह बाजार में सामान खरीदने के लिए कितनी अंग्रेजी जानता है।"

भारतीय भाषा समाज-भाषायी क्षमता के आधार पर नहीं, अपितु प्रयोजनसिद्ध सम्प्रेषण-दक्षता के आधार पर बहुभाषिकता की समस्या का समाधान करती है। यही कारण है कि बम्बई में बसे मिर्च-मसाले का एक गुजराती व्यापारी एक साथ पाँच या छः भाषाओं का व्यवहार करते हुए भी भाषाज्ञान के बोझ से संत्रस्त नहीं होता (पंडित, 1972)। वह अपने परिवार में **गुजराती** बोलता है, नौकरों और सब्जी बाजार में **मराठी** का प्रयोग करता है; दूधवाले के साथ, लोकल ट्रेन और प्लेटफार्म पर **हिंदी** का व्यवहार करता है, और मिर्च-मसाले के व्यापार-क्षेत्र में **कच्छी** और **कोंकणी** को माध्यम बनाता है, क्योंकि वही उस क्षेत्र में प्रयुक्त व्यापारियों की माध्यम भाषाएँ हैं। और अगर वह व्यापारी शिक्षित हुआ तो अपने औपचारिक व्यवहार में वह **अंग्रेजी** भाषा का भी प्रयोग करता पाया जाता है। ऐसे व्यापारी पाँच या छः भाषाओं के व्याकरण में न तो (ज्ञात अथवा अज्ञात मन के स्तर पर) प्रवीण होते हैं और न उनके भाषायी नियमों की जानकारी ही रखते हैं—जिसे भाषिक क्षमता कहा जाता है, पर इन सभी भाषाओं में प्रयोजनसिद्ध सम्प्रेषण-दक्षता वे सहज भाव से रखते हैं।

ऊपर के उदाहरण से स्पष्ट हो जाता है कि भारतीय बहुभाषिकता का मूलाधार वस्तुतः समाज की अपनी सम्प्रेषण-व्यवस्था की अनिवार्य स्थिति है और वह भाषायी सम्प्रेषण-व्यवस्था में बाधक नहीं है। उसे पाश्चात्य एकभाषी समुदाय के बीच अपवाद या विसंगति के रूप में दिखनेवाली द्विभाषिकता से भिन्न समझना चाहिए। फ़िशमैन (1968) ने संकेत दिया है कि अपने अध्ययन के पहले चरण में द्विभाषिक स्थिति को कभी अप्रवासी (इमिग्रेंट) समूह और उसकी संतान की भाषा-समस्या के साथ जोड़ा गया, कभी विदेशी भाषा-शिक्षण की समस्या के रूप में देखा गया और कभी दलित अल्पसंख्यक वर्ग के भाषा-नियोजन के रूप में समझाया गया। पर बहुव्यापी, स्थिर और आंतरिक टाइप की उस बहुभाषिकता को अध्ययन का आधार नहीं बनाया गया, जिसे सामाजिक (सोसाइटल) द्विभाषिकता के रूप में बाद में परिभाषित किया गया और जो भारतीय द्विभाषिकता की अपनी विशेषता है।

[2]

अब यह देख लेना अनुचित न होगा कि भारतीय द्विभाषिकता के अपने आधारभूत लक्षण क्या हैं। इस छोटे-से लेख में यह तो सम्भव नहीं कि उसकी सभी विशिष्टताओं पर प्रकाश डाला जाए अथवा कुछेक को लेकर ही गहराई से विचार-विमर्श किया जाए। इसलिए नीचे उसके कुछ आधारभूत लक्षणों पर सामान्य दृष्टि से प्रकाश डालकर ही अपने को संतुष्ट कर लेना चाहूँगा। दूसरी तरफ यह भी संकेत देना चाहूँगा कि द्विभाषिकता के तीन संदर्भ हैं–राष्ट्रीय, सामाजिक और वैयक्तिक। सामाजिक और वैयक्तिक संदर्भ का अंतर वस्तुतः अन्य भाषा की प्रयोजनसिद्धि के आधार पर किया गया है। अगर अन्य भाषा, मातृभाषा के साथ परिपूरक स्थिति में है अर्थात् किसी भाषायी समाज की पूरी सम्प्रेषण-व्यवस्था में वह भाषा इस प्रकार प्रयोजनवत् सिद्ध रहती है कि कुछ विशेष सामाजिक संदर्भों में वही भाषा व्यवहार में लाई जाती है, तब उसे सामाजिक द्विभाषिकता कहा जा सकता है। सामाजिक द्विभाषिकता, डायग्लॉसिया की स्थिति उत्पन्न करती है, अन्य भाषा को द्वितीय भाषा के रूप में सिद्ध करती है और ज्ञान तथा व्यवहार दोनों ही स्तर पर वह 'स्थिर' (स्टेबल) द्विभाषियों को जन्म देती है। व्यक्तिगत द्विभाषिकता के संदर्भ में व्यक्ति अन्य भाषा को मातृभाषा के लिए सहायक अथवा सम्पूरक भाषा के रूप में अपनाता है। यह समाज की अपनी आंतरिक आवश्यकता का परिणाम नहीं होता और इसे व्यक्ति 'विदेशी' भाषा के रूप में सीखता है। यही कारण है कि ऐसे द्विभाषी अपनी प्रकृति में 'पैसिव' और 'अस्थिर' होते हैं (देखिए तालिका-2)। आगे हम द्विभाषिकता के वैयक्तिक संदर्भ पर विचार नहीं करेंगे।

आधारभूत लक्षण-1

राष्ट्रीय स्तर पर भारतीय द्विभाषिकता राष्ट्रीयता (नेशनेलिज्म) और राष्ट्रवादिता (नेशनिज्म) दोनों की आवश्यकताओं को समेटनेवाली प्रवृत्ति का परिणाम है।

आधारभूत लक्षण-2

भारत की हर प्रमुख भाषा सम्पर्क (लिंक) भाषा है, पर अंतर-क्षेत्रीय स्तर पर हिंदी और अंग्रेजी ज्यादा प्रयोजनसिद्ध भाषाएँ हैं।

बहुभाषा-भाषी देश की सम्प्रेषण-व्यवस्था अनिवार्यतः सम्पर्क भाषा अर्थात् वृहत्तर आयाम पर 'लिंगुआ-फ्रेंका' को जन्म देती है। राष्ट्रीय संदर्भ में कभी इसका रूप राजभाषा को जन्म देता है और कभी राष्ट्रभाषा को। राजभाषा का सम्बन्ध राष्ट्रवादिता (नेशनिज्म) से रहता है, वह राष्ट्र को राजनीतिक और आर्थिक दृष्टि से एकसूत्रता में बाँधने के काम में आनेवाली प्रशासनिक प्रयोजनों की भाषा होती है। इसके लिए यह जरूरी नहीं कि वह भाषा अपने देश की हो। राष्ट्रभाषा का सम्बन्ध राष्ट्रीयता (नेशनेलिज्म) से रहता है, उसके पीछे जातीय प्रामाणिकता और 'ग्रेट ट्रेडिशन' की शक्ति काम करती है और उसके सहारे समाज राष्ट्र के स्तर पर समाज और संस्कृति के संदर्भ में तादात्म्य स्थापित करता है और अपनी सामाजिक अस्मिता सिद्ध करता है। (फ़िशमैन, 1971) प्रत्येक देश राष्ट्रीयता और राष्ट्रवादिता के द्वंद्व का समाधान अपने ढंग से करता है—उदाहरण के लिए घाना और जैम्बिया ने राष्ट्रवादिता की प्रवृत्ति से प्रेरित होकर उस भाषा को देश की लिंगुआ-फ्रेंका का स्तर दिया जो स्वतंत्रतापूर्व शासकों (विदेशियों) की भाषा थी। इज़रायल, थाइलैंड, सोमालिया, इथोपिया आदि देशों ने राष्ट्रीयता से अनुप्राणित होकर अंतरक्षेत्रीय स्तर पर फैली अपने देश की लिंगुआ-फ्रेंका को राष्ट्रभाषा का दर्जा दिया। पर भारत, श्रीलंका, मलेशिया आदि जैसे देशों के सामने समस्या जटिल थी, क्योंकि परम्परा-अर्जित और संस्कृति-समर्थित इसमें कई समुन्नत भाषाएँ राष्ट्र-भाषा की दावेदार बनकर आईं और इन देशों ने अपना दूसरा ही रास्ता अपनाया।

यहाँ मैं केवल दो तथ्यों की ओर ध्यान आकर्षित करना चाहूँगा। जब कोई भाषा 'लिंगुआ-फ्रेंका' के रूप में उभरती है तब राष्ट्रीयता या राष्ट्रवादिता से प्रेरित होकर वह 'डामिनेंट' भाषा बन जाती है, जिसे प्रभुता की भाषा भी कहा जा सकता है। अपनी प्रकृति में स्थिर होकर यह परिनिष्ठित बनती है। यह जरूरी नहीं कि मातृभाषा के रूप में इसके बोलनेवालों की संख्या अधिक हो पर द्वितीय भाषा के रूप में इसके बोलनेवाले बहुसंख्यक होते हैं। सबसे बड़ी विशेषता इसकी यह है कि इसके मातृभाषी, अन्य किसी भाषा के सीखने की ओर प्रेरित नहीं होते। यह कहा जा सकता है कि भारत के आधुनिक युग में कदम रखने के पहले यहाँ

बहुभाषिकता थी, प्रमुख (राष्ट्रीय) भाषाएँ भी विकसित हुईं पर उनमें कोई भी इस संदर्भ में 'डामिनेंट' भाषा के रूप में नहीं उभरी। यहाँ तक कि मुगलकाल में भी फ़ारसी को यह दर्जा प्राप्त नहीं हुआ। अंग्रेजों के शासन सँभालने के बाद स्थिति बदलने लगी और अंग्रेजी भाषा ने भारत की संतुलित बहुभाषिकता में पहली बार दरार डालकर अपना प्रभुत्व जमाया। इसने खुशवंतसिंह जैसा बुद्धिजीवी वर्ग भी पैदा किया जो यह समझता है कि उनके सामाजिक एवं बुद्धिपरक प्रयोजन की पूरी सिद्धि केवल अंग्रेजी भाषा से हो सकती है।

यह ठीक है कि हर प्रमुख भाषा या बोली अपने स्तर पर सम्पर्क भाषा/बोली है पर अखिल भारतीय स्तर पर हिंदी-उर्दू या अंग्रेजी सापेक्षतया अधिक सिद्ध भाषाएँ हैं। भारत के द्विभाषी समाज के 52.5 प्रतिशत व्यक्तियों की ये दूसरी भाषाएँ हैं (हिंदी-उर्दू = 26.8% और अंग्रेजी = 25.7%) और जैसाकि तालिका-3 से स्पष्ट है, सम्पर्क भाषायी समुदाय के प्रति एक हजार व्यक्तिवर्ग पर 35 (30+5) हिंदी-उर्दू और 25 अंग्रेजी जाननेवाले व्यक्ति हैं। किसी भी अन्य भाषा जाननेवाले व्यक्तियों का अनुपात 10 या 10 से अधिक नहीं। तालिका-3 से यह भी स्पष्ट हो जाता है कि प्रायः सभी प्रमुख भाषाएँ अपने क्षेत्र से बाहर व्यवहार में आती हैं पर जैसा ऊपर संकेत दिया गया, व्यावहारिकता, प्रयोजनसिद्धि और प्रसार की दृष्टि से हिंदी-उर्दू और अंग्रेजी की स्थिति उनसे भिन्न है। इसमें भी मातृभाषा के स्तर पर, जबकि हिंदी-उर्दू बोलनेवालों की संख्या करोड़ों में है, अंग्रेजी की संख्या दो लाख के आसपास है, और जिस प्रकार मातृभाषा के रूप में संस्कृत भाषा बोलनेवालों की संख्या संदेह के साथ देखी जाती है, उसी प्रकार अंग्रेजी की इस संख्या पर भी संदेह किया जा सकता है।

आधारभूत लक्षण-3

भारतीय द्विभाषिकता सामाजिक सम्प्रेषण-व्यवस्था की अपनी अनिवार्य आवश्यकता का केवल परिणाम ही नहीं है, अपितु वह सामाजिक संस्थाओं (इंस्टिट्यूशन) से समर्थित भी है।

जैसाकि तालिका-3 से स्पष्ट है, अधिकांश प्रमुख भाषाओं के बोलनेवाले अपने भाषायी समाज-क्षेत्र से बाहर भी बसे हैं। 1971 की जनगणना के अनुसार दिल्ली की कुल आबादी 40,65,698 है और चार प्रमुख दक्षिणी भाषाओं के बोलनेवालों की संख्या 70,605 (=1.65%) है, (जिनकी वर्गीकृत संख्या तालिका-4 में दी गई है।

भारतीय द्विभाषिकता, पाश्चात्य से इस दृष्टि से भिन्न है कि यहाँ दूसरी या तीसरी पीढ़ी पर आते-आते ये प्रवासी (इमिग्रेंट) बहुसंख्यकों की प्रमुख भाषा अपनाने की बाध्यता के परिणामस्वरूप अपनी भाषा छोड़ने के लिए विवश नहीं।

इसी का परिणाम है कि जब अमेरिका में भाषा-निर्वाह (मेंटिनेंस) भाषा-नियोजन की एक प्रमुख समस्या है, भारत के लिए न तो वह कभी समस्या रही है और न आज भी है। यद्यपि प्रत्येक दक्षिणभाषी भाषावर्ग अनुपात की दृष्टि से दिल्ली में एक प्रतिशत से कम संख्या में हैं, पर अपने को दिल्लीवासी सिद्ध करने के लिए उन्हें अपनी भाषा, संस्कृति या रहन-सहन छोड़ने की विवशता नहीं। और यह दिल्ली की ही बात नहीं और न ही केवल दक्षिण भाषावर्ग तक ही यह प्रवृत्ति सीमित है। किसी भी भाषावर्ग के व्यक्ति जब अपने क्षेत्र से बाहर जाकर बसते हैं वे सामान्यतः अपनी भाषा, संस्कृति या आचार-विचार को अपने जीवन से किसी न किसी स्तर पर बाँधे रखते हैं और उनकी इस प्रवृत्ति को सामाजिक संस्थाएँ (इंस्टिट्यूशन) बल ही देती हैं। उदाहरण के लिए तमिल वर्ग के लोग क्लर्क या व्यापारी के रूप में बंगाल में बसे, अधिकारी और संवाददाता के रूप में दिल्ली आए या अध्यापक के रूप में अन्य किसी प्रदेश में गए; पर जहाँ भी गए वहाँ की प्रमुख भाषा के बोलचालवाले रूप को तो सीखा पर साथ में तमिल संगम को भी अपने साथ रखा, अपने मंदिर बनवाए, कर्नाटक संगीत का प्रसार किया, अपने बच्चों को शिक्षा के लिए तमिल माध्यम स्कूल की स्थापना की और मद्रासी खान-पान के लिए होटल, रेस्तराँ खोला।

यहाँ एक विशिष्टता की ओर ध्यान देना आवश्यक है। हर भाषा की अपनी साहित्यिक शैली और बोलचाल का रूप होता है। प्रवासी भारतीयों का सम्बन्ध व्यावहारिक आवश्यकताओं को लेकर पहले होता है, इसलिए सम्प्रेषण की व्यावहारिक अनिवार्यता के कारण वे आतिथेय वर्ग की भाषा के बोलचालवाले रूप को ही अपनाने की ओर प्रवृत्त होते हैं। भाषा की साहित्यिक शैली से उन्हें कम टकराना पड़ता है और इसीलिए जब तक वे औपचारिक रूप से प्रशिक्षित न हों, साहित्यिक स्तर पर द्विभाषिकता को सिद्ध नहीं कर पाते। यही कारण है कि सामाजिक द्विभाषिकता का आयाम भाषाओं के बोलचाल के स्तर पर ही प्रमुखतः देखने को मिलता है।

आधारभूत लक्षण-4

सामाजिक स्तर पर भारतीय द्विभाषिकता, भाषायी क्षेत्र (लिंग्विस्टिक एरिया) की उस संकल्पना को सामने लाती है जिसमें भाषायी लक्षण भाषाओं के पारिवारिक सम्बन्धों का अतिक्रमण करता है।

1961 की जनगणना के अनुसार भारत में 1,652 मातृभाषाएँ हैं जिन्हें चार प्रमुख भाषा-परिवारों में विभाजित किया जा सकता है। (इन भाषा-परिवारों के बोलनेवालों की संख्या तालिका-5 में दी गई है।)

प्राचीनकाल से ही भारतवर्ष में भाषा-सम्पर्क की स्थिति देखी जा सकती

है और जैसाकि एमेन्यू और काइपर ने सिद्ध किया है कि द्विभाषिकता की स्थिति में आर्यभाषा और द्रविड़ भाषाओं के सम्मिश्रण की प्रवृत्ति वैदिक काल में भी थी। भाषा-अवमिश्रण का ही यह परिणाम कहा जा सकता है कि आर्यभाषाओं में द्रविड़भाषा के भाषायी लक्षण (गम्पर्ज, 1971) और द्रविड़कुल की भाषाओं में आर्यभाषाकुल के भाषायी लक्षण (श्रीधर, 1975) स्पष्ट दिखाई पड़ते हैं। इसी प्रकार आर्यभाषाओं (नेपाली) और भोट-बर्मी (नेवाड़ी) के सम्पर्क से उत्पन्न भाषायी समानता भी देखी जा सकती है (कुइपर, 1974)। पारिवारिक भाषायी सीमा का अतिक्रमण करते हुए भाषायी लक्षणों के इस प्रश्न को दृष्टि में रखकर ही एमेन्यू ने सर्वप्रथम (एमेन्यू, 1956) 'लिंग्विस्टिक एरिया' माना, जहाँ एक से अधिक परिवारों की भाषाएँ स्थित हैं पर जहाँ सामान्य रूप से ऐसे कुछ भाषायी लक्षण मिलते हैं जो कम-से-कम एक परिवार के सदस्यों में देखने को नहीं मिलते। ऐतिहासिक या वंशानुक्रम के सम्बन्धों के बजाय–जन्मस्थिति के परिणामरूप में–सम्पर्क सिद्ध भाषायी समानता की इस संकल्पना को एमेन्यू ने आगे (1962, 1974) और बढ़ाया और यह सिद्ध किया कि भारत के विभिन्न भाषायी परिवारों के बीच पाई जानेवाली भाषायी समानता युगों से वहाँ चली आ रही सम्पर्क स्थिति का परिणाम है।

भाषा-अवमिश्रण (मिक्स्चर या कनवर्जन्स) कई स्तरों पर और कई रूपों में देखा जा सकता है। वह एक ही स्थान और एक ही भाषायी समाज द्वारा व्यवहार में आनेवाली एक ही भाषा की विभिन्न उन शैलियों के बीच में दिखाई दे सकता है जो डायग्लॉसिया की स्थिति में हों (यथा–बंगाली में साधु और चलित भाषा, तेलुगु में ग्रंथिका और व्यावहारिक शैली, तमिल में सेन और पेचू) अथवा भाषा और बोली के बीच की (हिंदी भाषा और भोजपुरी, अवधी, ब्रज आदि) द्विभाषिकता की स्थिति में पाया जा सकता है। यह स्वदेशी भाषाओं/बोलियों के सम्पर्क की स्थिति में भी देखा जा सकता है और विदेशी भाषाओं के अवमिश्रण का भी परिणाम हो सकता है (यथा–मध्यकाल में अरबी/फ़ारसी और आधुनिक काल में अंग्रेजी)। स्वदेशी भाषाएँ एक परिवार की भी हो सकती हैं जैसे हलबी (छत्तीसगढ़ी, उड़िया, मराठी), मालबी (गुजराती और राजस्थानी) और विभिन्न परिवारों से सम्बद्ध भी, जैसे सौराष्ट्री (गुजराती और तमिल), कपवार बोली (कन्नड़, मराठी और उर्दू)। इस वर्गीकरण को तालिका-6 में दिया गया है।

- भाषा-अवमिश्रण
  - आभ्यंतर
    - शैलीबद्ध
    - बोलीबद्ध
  - बाह्य
    - स्वदेशी भाषासिद्ध
      - अंतः पारिवारिक
      - बहिर् पारिवारिक
    - विदेशी भाषासिद्ध

भाषा-अवमिश्रण को भाषावैज्ञानिकों ने 'पिजन'-प्रक्रिया कहा है। समरिम (1971) के अनुसार इसके दो भेद हो सकते हैं–आधारपरक (सैलिएंट) और सत्त्वपरक (सबस्टैंटिव)। आधारपरक 'पिजन'-प्रक्रिया में व्यापक स्तर पर आदान (बोरोइंग) होता है, जबकि सत्त्वपरक पिजन-प्रक्रिया में व्याकरणिक संरचना का सरलीकरण। भारतवर्ष में भाषा-अवमिश्रण जिस रूप में सिद्ध मिलता है, उसकी यह विशेषता रही है कि एक ओर तो ध्वनि, व्याकरण और अर्थ-स्तर पर आधार भाषा, सम्पर्क की स्थिति में न केवल अपनी विशेषताओं का दूसरी भाषा पर प्रक्षेपण करती है, वरन् एक लम्बे सम्पर्क के कारण इन स्तरों पर एक समान आंतरिक संरचना को जन्म देने की ओर प्रवृत्त भी होती है। दूसरी ओर शब्दरूप के स्तर पर वह दूसरी भाषा की विशिष्टताओं को यथावत् अपनाती भी है। तमिलनाडु में बोली जानेवाली सौराष्ट्री भाषा का व्याकरण तमिल (द्रविड़कुल) भाषा का है, पर उसकी शब्दावली गुजराती (भारतीय आर्यकुल) की (पंडित, 1972)।

मैसूर सीमा से सात मील दूर महाराष्ट्र स्थित साँगली जिले के कुपवार गाँव की बोली का विश्लेषण करते हुए गम्पर्ज और विल्सन (1971) का तो यहाँ तक कहना है कि कन्नड़ बोलनेवाले जैनियों, उर्दू बोलनेवाले मुसलमानों और मराठी बोलनेवाले भूमिहीन मजदूरों की बोलियों की यह विशेषता है कि उन्होंने एक संकेतविज्ञान, एक व्याकरण-नियमावली, और एक ध्वनिविज्ञान का निर्माण कर लिया है और अंतर है तो उन नियमों में जो आर्थी संवर्ग को रूपिमिक (मर्फिमिक) स्वरूप देते हैं। और यही कारण है कि भाषायी अस्मिता के लिए भाषा-भेद को तो यह गाँव निभाता आया है पर भाषायी कोश में कोड-परिवर्तन की निरंतर आवश्यकता ने अर्थ, व्याकरण और ध्वनि के स्तर पर इन भाषाओं को इस प्रकार समान बना दिया है कि उनमें शब्द प्रति शब्द और रूपिम प्रति रूपिम अनुवादपरकता देखी जा सकती है (देखिए तालिका-6)।

जो अनुवादपरकता उर्दू, कन्नड़ और मराठी में देखी जा सकती है, वही हिंदी और पंजाबी के द्विभाषी समाज में भी है (गम्पर्ज 1964, 1969) और जो अनुवादपरकता हिंदी और पंजाबी की स्थिति में मिलती है वह भारतवर्ष के किसी भी भाग में दिखाई पड़ती है, जहाँ के भाषायी कोश में 'कम्पाउंड' द्विभाषिकता अनिवार्यतः है। दूसरा तथ्य भी हमें नहीं भूलना चाहिए कि भाषाओं की आंतरिक व्यवस्था के बीच की समानता का सीधा सम्बन्ध पारिवारिक एकता से सम्बद्ध न होकर दो भाषाओं के बोलनेवालों के बीच के सम्पर्क के अनुपात के साथ होता है। कहने का तात्पर्य यह है कि जिस अनुपात अथवा समानता के साथ दो भाषायी समाज अपनी आंतरिक सम्प्रेषण-व्यवस्था में एक-दूसरे के नजदीक आएँगे, उसी अनुपात में भाषाओं की आपसी समानता का अंश भी बढ़ाया जाएगा। यही कारण है कि भाषायी सम्पर्क की स्थिति सामान्यतः बोलचाल की शैली में सबसे ज्यादा

होती है। अतः भाषायी समानता का जो रूप भाषाओं के सामान्य स्तर पर मिलता है, वह उनकी साहित्यिक शैली के स्तर पर नहीं मिलता।

आधारभूत लक्षण-5

भारतीय द्विभाषिकता का अनुपात भाषा के प्रयोजन सामर्थ्य के मूल्य के विपरीत (इन्वर्स प्रोपोर्शन) है।

तालिका-7 में दिए गए आँकड़े से स्पष्ट है कि हिंदी-उर्दू-पंजाबी खंड में द्विभाषिकता का अनुपात सबसे कम (5.9%) है और द्विभाषियों के बीच यहाँ भारत की दूसरी भाषाओं को अन्य भाषा के रूप में अपनाने की अपेक्षा अंग्रेजी भाषा (37%) बोलने की प्रवृत्ति कहीं अधिक है। इसके कारण पर थोड़ा भी ध्यान देने से स्पष्ट हो जाता है कि जो भाषा जितनी अधिक प्रयोजनसिद्ध होती है, अर्थात् जितना ही उसके प्रयोग का क्षेत्र व्यापक होता है, उतना ही उसके बोलनेवाले अन्य भाषा सीखने में शिथिलता दिखलाते हैं। आप्टे (1970) के दिए आँकड़ों से यह तथ्य भली भाँति सिद्ध हो जाता है। उनके अनुसार चार वर्गों में विभाजित द्विभाषिकता का औसत अनुपात इस प्रकार है–हिंदी : 5.105%; प्रमुख राजभाषाएँ : 9.569% ; प्रमुख भाषाएँ जो राजभाषा नहीं हैं : 18.842% और गौण भाषाएँ : 42.144%।

यह स्थिति केवल हिंदी को लेकर भारत में ही नहीं है, (पूर्व) सोवियत संघ जैसे बहुभाषी देश की द्विभाषिक प्रवृत्ति का विश्लेषण करने से स्पष्ट हो जाता है कि "गौण भाषाओं के बोलनेवालों में द्विभाषिकता का अनुपात सबसे अधिक है, विशेषकर जब वे प्रमुख भाषाओं के क्षेत्र के भीतर स्थित मिलते हैं" (ग्लिनलेविस, 1972 : 46), जबकि रूसी मातृभाषा-भाषी के बीच द्विभाषिकता का अनुपात काफी कम (3.0%) है। कहने की आवश्यकता नहीं कि रूसी, (पूर्व) सोवियत संघ की सर्वाधिक प्रयोजनसिद्ध भाषा है और सम्भवतः यही कारण है कि अन्य भाषा की अपेक्षा गौण भाषा के बोलनेवालों में रूसी भाषा सीखने की प्रवृत्ति अधिक है (यथा–कबार्डान 71.4% और 0.8%; कुभीक 57.4% और 1.2%; लाक 56% और 3.5%; नोगई 58.5% और 1.1%)। (यह तथ्य 1970 की जनगणना पर आधारित है। पहला और दूसरा प्रतिशत क्रमशः रूसी और अन्य भाषा के आँकड़ों को व्यक्त करते हैं।)

यहाँ दो तथ्यों की ओर संकेत देना आवश्यक है : पहला, ऊपर जिस तथ्य की ओर संकेत किया गया है उसके विरोध में यह कहा जा सकता है कि अंग्रेजी को मातृभाषा के रूप में बोलनेवालों में द्विभाषिकता का अनुपात 47.6% है, जबकि अंग्रेजी हिंदी की तुलना में अधिक प्रयोजनसिद्ध भाषा है। (तुलना कीजिए, हिंदी की द्विभाषिकता की स्थिति से जो 6% से भी कम है।) पंडित के अनुसार, इसका

कारण यह है कि अंग्रेजी सीमित लोगों (उच्च वर्ग) की भाषा है पर उसका प्रयोजन-क्षेत्र व्यापक है, जबकि हिंदी बोलनेवालों की संख्या व्यापक है पर उसका प्रयोजन-क्षेत्र सीमित है। इस दृष्टि का खंडन अन्यत्र किया जा चुका है (श्रीवास्तव, 1973)। यहाँ इतना कहना अलम् होगा कि भारत के वृहत्खंड में (कुछेक बड़े शहरों के अत्यंत उच्चवर्ग को छोड़कर) और सामाजिक व्यवहार के अधिकांश स्तरों पर कोई भी व्यक्ति केवल अंग्रेजी के सहारे अपना काम नहीं चला सकता। उसे किसी दूसरी स्थानीय भाषा का सहारा लेना अनिवार्य होगा, क्योंकि अंग्रेजी न तो जनपदीय भाषा-बोली है और न ही वह आम व्यवहार की ही प्रयोजनसिद्ध भाषा है।

तालिका-7 से यह भी स्पष्ट है कि जिस क्षेत्र में हिंदी सम्पर्क भाषा के रूप में जिस अनुपात में प्रयुक्त होती है, उसके ठीक विपरीत अनुपात में अंग्रेजी का व्यवहार होता है। उदाहरण के लिए अगर भारत के दक्षिणी क्षेत्र में हिंदी-उर्दू को सम्पर्क भाषा के रूप में अपनानेवालों की संख्या 7% है, तो अंग्रेजी की 31.2%। पश्चिमी क्षेत्र में अगर हिंदी की यह संख्या 42% है तो अंग्रेजी की केवल 17.5%। इस तथ्य से यह निष्कर्ष तो निकाला जा सकता है कि हिंदी और अंग्रेजी दोनों ही सम्पर्क भाषा के रूप में सिद्ध भाषाएँ हैं, लेकिन यह भी कहा जा सकता है कि यह केवल उच्च वर्ग के एक सीमित समुदाय की भाषा नहीं है और न ही अंग्रेजी की तरह वह समाज को स्तरीकृत करनेवाली प्रभुता की पोषक भाषा है।

हिंदी राजभाषा के रूप में भारत को राजनीतिक और आर्थिक दृष्टि से एकसूत्र में आँकने के काम में आनेवाली प्रशासनिक प्रयोजनों की राजभाषा भी है तथा समाज और संस्कृति के संदर्भ में सामाजिक अस्मिता और सांस्कृतिक तादात्म्य स्थापित करनेवाली राष्ट्रभाषा भी।

TABLE-1

POLITICAL ENCULTURATION AND SECTIONALISM RELATED TO PER CAPITA GROSS NATIONAL PRODUCT AND LINGUISTIC HOMOGENEITY-HETEROGENEITY

	Per Capita G.N.P.			Linguistic Factor		
Related to	Very High, Medium %		Low, Very Low %	Homogeneous %		Heterogeneous %
Political Enculturation						
High, Medium	74		46	73		44
Low	26		54	27		46
TOTAL (n)*	100 (32)		100 (61)	100 (40)		100 (55)
X^2		5.68			6.70	
P		0.11			.007	
Sectionalism						
Negligible	55		37	67		25
Moderate, Extreme	45		63	33		75
TOTAL (n)	100 (40)		100 (68)	100 (48)		200 (59)
X^2		2.71			6.64	
P		.074			.001	

*Missing data account for variable numbers of cases.

TABLE-2
CONTEXTS AND TYPES AND BILINGUALISM

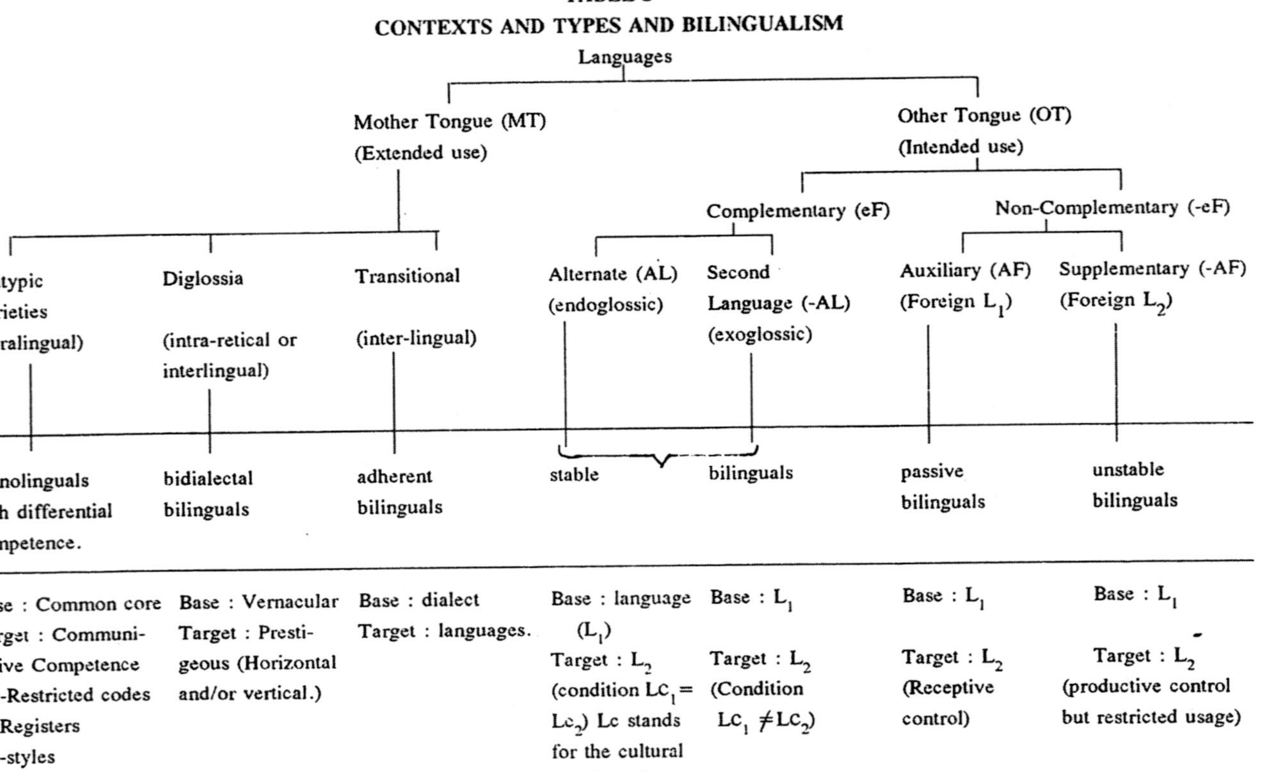

TABLE-3
MAJOR LANGUAGES PROFILE

(Census of India-1961)

[Based on Khubchandani (1972) and Apte (1970)]

Major Languages	Native (MT) Speakers (in Millions)	Native (Mt) ratio/1000 to total population	Contact Speaker (in thousand)	Contact ratio/1000 among non-native population	Native + contact ratio/1000 (3+5)	Name of first three contact Languages	Number of Speakers (of 7) (in thousands)
(1)	(2)	(3)	(4)	(5)	(6)	(7)	(8)
Hindi (M)	129.2	294	9,363	30	324	English	3,315
						Urdu	783
						Punjabi	415
Telugu (Tg)	37.7	66	3,279	6	94	Tamil	2,326
						Kannada	1,036
						English	555
Bengali (B)	33.9	77	1,907	5	82	English	1,563
						Hindi	615
						Assamese	557
Marathi (Mr)	33.3	76	2,724	7	83	Hindi	2,018
						English	528
						Kannada	474
Tamil (Tm)	30.6	70	3,659	9	79	English	1,262
						Telugu	583
						Kannada	285

Urdu (U)	23.4	53	2,006	5	58	Telugu	1,036
						Hindi	1,021
						Kannada	831
Gujarati (G)	20.3	46	558	1	47	Hindi	774
						English	424
						Marathi	146
Kannada (Kn)	70.4	40	3,551	9	49	Telugu	775
						Tamil	563
						Marathi	460
Malayalam (Ml)	17.0	39	213	0.5	39	English	762
						Tamil	163
						Hindi	61
Oriya (Or)	15.7	35	1,075	3	38	Hindi	252
						English	209
						Telugu	245
Punjabi (P)	11.0	25	465	1	26	Hindi	726
						English	407
						Urdu	235
Assamese (A)	6.8	14	1,649	4	20	Bengali	236
						English	158
						Hindi	150
Kashmiri (Ksh)	2.0	5	25	0.1	5	Urdu	158
						Hindi	15
						English	6
Sanskrit (Sk)	2.5 (thousand)	–	149	0.5	–	–	–
English (E)	224 (thousand)	–	10,915	25	25	–	–
INDIA	**439.2**	–	**42,536**	**97**	–	–	–

TABLE-4

STATISTICAL PROFILE OF SOUTH INDIANS IN DELHI

(Based on 1971 Census)

	Male (1)	Female (2)	1+2	% of total
Tamils	19,822	17,521	37,343	0.92
Malayalees	11,637	8,144	19,781	0.49
Telugus	5,215	4,341	9,556	0.23
Kannadigas	2,192	1,733	3,925	0.01
TOTAL	38,866	31,739	70,605	1.65
TOTAL POPULATION OF DELHI :			40,65,658	

TABLE-5

(Data Based on 1961 Census)

Family	No. of speakers	Percentage
Indo-Aryan	321,720,700	73.30
Dravidian	107,410,820	24.47
Austro-Asiatic	6,192,425	1.05
Tibeto-Burman	3,183,801	0.73

TABLE-6

"I cut some greens and brought them"

a. Ku U	pala	jara	kat	ke	le	ke	a	Ø	ya
b. Ku M	pala	jara	kap	un	ghe	un	a	l	o
c. Ku K	tapla	jara	khod	i	tagond	i	ba	Ø	yn
	greens	a little	having	cut	having	taken	*	/I/	come
	NP	ADV	V	PPL	V	PPL	V	PRON	AGR

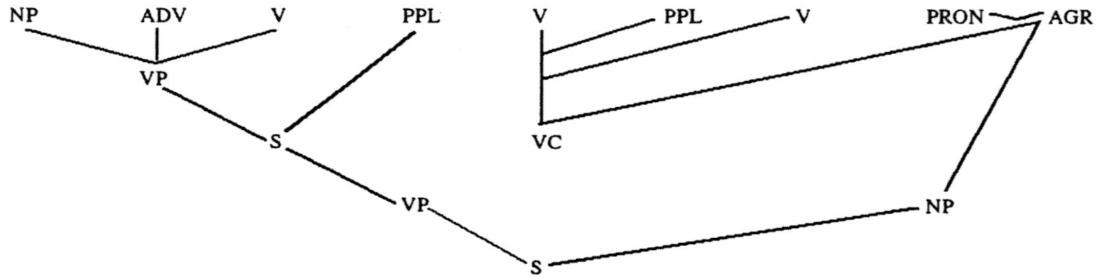

VP VC

S

VP NP

S

Ku : Kupwar; U : Urdu; M : Marathi; K : Kannada; ADV : adverb; AGR : Agreement; Pron : Pronoun; NP : Noun phrase; PPL : Participial; VP : Verb phrase; S : Sentences.

TABLE-7

	Total Population (in millions)	% of Bilingual Population	% of Contact Speakers (H.U.)	% of Contact Speakers (E.U.)
H-U-P Belt	200.7	5.9	52	37
South * (AP; Tm Nadu, Mys., Ker.)	110.6	13.5	7	31.7
Non H-U-P-Belt				
East (WB, Orissa, Assam)	67.0	10.9	14	28
West (Maharashtra, Gujarat)	60.9	124	42	17

*57% of Contact speaker (HU) of South belongs to AP.

संदर्भ

1. Alker, H. R. and B.M. Russett, 1964. Relationship between paired indices of political and economic development, New Haven : Yale University.
2. Apte, M.L., 1970. Some Sociolinguistic aspects of interlingual communication in India, Anthropological linguistics 12.3.63-82
3. Balkan, Lewis, 1970. Les effects du bilinguisme francaisanglais sur les aptitudes intelectuelles, Brussels : ATMAV
4. Banks, A. and R. B. Textor, 1965. A cross policy survey, Combridge : MIT Press.
5. Bendix, E. H., 1974. Indo-Aryan and Tibeto-Burman contact, IJDL. 3.1.42-59
6. Cristophersen, P., 1973. Second-language learning : Myth and reality, Penguin ed.
7. D' Anglejan, A. and G. R. Tucker, 1971. The St. Lambert program of home school language switch, Modern Language Journal, 55-99-101
8. Elizabeth Peal and W. E. Lambert. 1962. The relation of bilingualism to intelligence, psychological Monographs, General and Applied. 76. No. 546
9. Emeneau, M.B., 1956. India as a linguistic area. Language 3.1.42-59
10. −1962. Bilingualism and Structural Borrowing, Proceed of the Amer. Philos. Soc. 106.430-42
11. −1974. The Indian Linguistic area revisited, IJDL 3.1.92-134.
12. Ferguson, C.A., 1959. Diglossia, Word. 15.325-40
13. Fishmen, J. A., 1965. Who speaks what language to whom and when, La linguistique. 2.67-88.
14. −1966. Some constraints between linguistically homogeneous and linguistically heterogeneous politics in Explorations in socio-linguistics. ed. by S. Lieberson. 18-30. Mouton : The Hague.
15. −1968. The Description of Societal bilingualism in Language in Socio-cultural Change. ed. by Anwar S.Dil. 153-161. California : Stanford University Press.
16. −1971. National language and languages of wider communication

in the developing nations in language use and Social change, ed. by W.H. Whitley. 27-56. Oxford University Press.
17. −1972. The Sociology of language. Rowley, Mass : Newbury House.
18. Glivn Lewis., E., 1972. Multilingualism in the Soviet Union. Mouton : The Hague.
19. Gumperz, J.J., 1964. Hindi-Punjabi code-switching in Delhi Proceed of the IX Int. Congress of Linguists, ed. by H. Lunt. 1115-24. Mouton : The Hague.
20. −1968. The Speech Community. International Encyclopaedia of Social Sciences 9.9.381-86
21. −1969. Communication in multilingual societies. In Cognitive Anthropology, ed. by S. Tylor. 435-49. New York : Holt, Rinchart and Wington.
22. −and R. Wilson, 1971. Convergance and Creolization : a case from the Indo-Aryan/Dravidian Border in India in Pidginization and Crealization, ed. by. D. Hymes. 151-67. Cambridge University Press.
23. Haugen. E., 1972. The Stingmata of bilingualism in the ecology of language, ed. by Anwar S. Dil. 307-24. California : Stanford Univ. Press.
24. Hymes, D., 1967. Models of the interaction off language and Social Setting. J. of Soc. Iss. 23.2.8-28
25. Jespersen, O., 1922. Language. Allen and Unwin.
26. Jones. W.R., 1960. A critical study of bilingualism and non-verbal intelligence. Brit. J. Educ. P-sychol. 30.71-6.
27. Khubchandani, L.M., 1972. Distribution of contact languages in India-a study of the 1961 bilingual returns. Mimeo.
28. Kloss. H., 1966. Types of multilingual communities, in Exploration in socio-Linguistics, ed. by S. lieberson. 7-17. Mouton : The Hague.
29. Kuiper, F.B.J., 1974. The Genesis of linguistic area IJDL. 3.1.135-153
30. Lambert. W.E., 1967. A social psychology of bilingualism. J. Soc. Sciences. 23.91-109.
31. −G. R. Tucker, et al., 1970. Congnitive and attitudinal consequences of following the curriculla of the first three grades in a foreign language. Montreal : MoGill University Mimeo.
32. Meckey. W.F., 1972. Bilingual education in a bilingual school,

Naubury House.
33. Macnamara. J., 1966. Bilingualism and primary education. Edinburgh University Press.
34. Pandit, P. B., 1972. India as a socio-linguistic area. Poona University Press.
35. –?. Aspects of socio-linguistics. Mimeo.
36. Pride, J. B. and J. Holmas. (ed), 1972. Sociolinguistics. Penguin.
37. Rubin. J., 1961. Bilingualism in paraguay. Anth-Lins. 4.52-58.
38. Samarin, W.J., 1971. Selient and substantive pidginization and Creolization of languages, ed. by Dell Hymes. 117-40. Cambridge University Press.
39. Spolsky, B., 1968.Language testing : the problem of validation. TESOL Quarterly 2.88-94.
40. Sridhar, S.N., 1975. On the Aryanization of the Kannada Lexicon a study of the Hindi, Urdu loan words in Kannada (Mimeo).
41. Srivastava, R.N., 1968. Two models of language learning in studies in Hindi-Urdu, ed. by B. Kachru. 185-95. (Mimeo).
42. –1973. Linguistic Perspective to the study of social meaning. Paper presented in symposium on-soical stratification and language behavior. Simla (Mimeo)
43. –1974 a. The Sociology of functional Hindi in Functional Hindi, ed. by R.N. Srivastava (1975). 27-34. Agra : CHI.
44. –1974 b. सामाजिक अस्मिता और भाषायी सवाल, नया प्रतीक
45. –1975 a. बहुभाषिकता और हिंदी भाषी समाज, भाषा, 75-77.
46. –1975 b. बहुभाषिकता और हिंदी भाषा शिक्षण, विश्व हिंदी दर्शन, 45-48, नागपुर,
47. Steiner, G., 1968. Extra-territiorial. London: Faber and Faber.
48. Sweet, H., 1899. The practical study of languages. Dent.
49. Tucker, G.R. and A.D. Angleyan., 1973. Some thoughts concerning bilingual education programs. in Anthropology and language Science in Educational Development. 37-39. Unesco.
50. Tylor, E.B., 1871. Primitive culture. Murray : Harper and Row.
51. Weinreich. U., 1953. Languages in contact. Linguistic circle of New York.

18

बहुभाषिकता और हिंदी भाषायी समाज

भारतवर्ष एक बहुभाषी देश है। 1961 की जनगणना के आधार पर यह कहा जा सकता है कि इस देश में 1,652 मातृभाषाएँ हैं जिनको 200 वर्गीकृत भाषाओं में बाँटा जा सकता है। यह तथ्य कम महत्त्वपूर्ण नहीं है कि साक्षर व्यक्तियों की संख्या अनुपात में कम होने तथा भाषाशिक्षण के किसी निश्चित योजनाबद्ध अध्ययन-अध्यापन के अभाव के बावजूद बहुभाषिकता देश की संचार-व्यवस्था की एक प्रमुख शर्त है। भारतवर्ष में बहुभाषिकता किसी समस्या के रूप में नहीं रही। यहाँ की संचार-व्यवस्था समाज की अपनी आवश्यकताओं के अनुरूप जिस प्रकृति में ढलती गई, उसमें बहुभाषिक स्थिति एक सहज और प्राकृतिक लक्षण के रूप में उभरी। यही कारण है कि न केवल भारतवर्ष एक देश के रूप में बहुभाषी देश है वरन् हर भाषावार प्रदेश भी एक बहुभाषी प्रदेश है (देखिए : परिशिष्ट-3)।

उदाहरण के लिए बिहार प्रदेश को ही लें। उसके कोड मैट्रिक्स को नीचे दी गई तालिका के आधार पर देखा जा सकता है :

कुल जनसंख्या : 5,64,41,502

हिंदी	:	2,05,80,643	माल्तो	:	88,632	मलयालम	:	7,559
पश्चिमी और पूर्वी (बिहारी)	:	1,64,42,087	पंजाबी	:	72,191	मराठी	:	5,074
			राजस्थानी	:	61,618	सिंधी	:	4,089
उर्दू	:	41,49,245	भूमिज	:	38,457	कोरवा	:	3,768
संथाली	:	14,59,235	तेलुगु	:	37,222	असमिया	:	2,241
बंगाली	:	12,20,800	नेपाली	:	29,747	ट्रविडन	:	1,931
मुंडारी	:	4,74,482	मुंडा	:	20,301	बिरजिया	:	1,506
हो	:	4,45,068	गुजराती	:	20,068	गढ़वाली	:	1,057
उड़िया	:	3,02,969	तमिल	:	16,177			
खरिया	:	96,016	अंग्रेजी	:	8,387			

इसके अतिरिक्त जिन भाषाओं को बोलने-समझनेवाले सौ से ऊपर और हजार से नीचे हैं, उनकी संख्या आठ है—कोरकू (867), कोंकणी (816), कन्नड़ (674), गोंडी (451), कश्मीरी (186), संस्कृत (129) और भीली (125)।

बिहार की भाषायी स्थिति भारतवर्ष के अन्य प्रांतों में पाई जानेवाली भाषायी स्थिति से अलग-थलग या अनूठी हो—ऐसी बात नहीं। यह स्थिति अन्य प्रांतों में भी है कि प्रायः विभिन्न भाषा-परिवारों की बोलियाँ एक ही समाज में न केवल अगल-बगल प्रयोग में आती हों, वरन् एक भाषा-परिवार की बोली को मातृभाषा के रूप में ग्रहण करनेवाले, दूसरे भाषा-परिवार की बोली को भी सहज रूप में अपनाते देखे जाएँ। इस दृष्टि से बहुभाषिकता की प्रकृति के बारे में कुछ सामान्य अभिलक्षण देखे जा सकते हैं।

पहला तथ्य तो यही है कि बहुभाषिकता की यह प्रकृति समुदायपरक है, न कि व्यक्तिपरक। व्यक्तिपरक बहुभाषिकता, एक भाषा-भाषी समुदाय में देखी जाती है जहाँ व्यक्ति अपने ज्ञान या अन्य वैयक्तिक आवश्यकताओं के कारण अन्य भाषा को स्वीकार करता और उसके प्रयोगों को सीखता है। उदाहरण के लिए कोई अमेरिकी या रूसी अपने देश में जब हिंदी या अन्य कोई भारतीय भाषा सीखने की ओर प्रवृत्त होता है, तब उसकी यह आवश्यकता उसके समाज की संचार-व्यवस्था का उपांग बनकर सिद्ध नहीं होती। इसके विपरीत समुदायपरक बहुभाषिकता, एक बहुभाषी देश के समाज की व्यापक संचार-व्यवस्था का एक उपांग बनकर सिद्ध रहती है। पारिवारिक व्यवहार, सम्प्रेषणीयता, दैनिक आचरण आदि के संदर्भ में जब समाज एक से अधिक भाषाओं के प्रयोग को सहज और स्वाभाविक स्तर पर स्वीकार करने लगे, तब समुदायपरक बहुभाषिकता की स्थिति उभरती है। इस दृष्टि से देखें तो जिसे हम हिंदी प्रदेश कहते हैं, वह भी एक समुदायपरक बहुभाषी प्रदेश के रूप में ही सामने आता है।

बिहार के संथाली समाज को ही लें। अपने जीवन के पारिवारिक संदर्भ में वे संथाली का प्रयोग करते हैं; पर अपने वैयक्तिक और पारिवारिक जीवन के दायरे से बाहर आकर वे स्थानीय बोलियों का उपयोग करते देखे जाते हैं, और जीवन के एक-दूसरे आयाम पर वे क्षेत्रीय बोलियों (भोजपुरी, मैथिली और मगही) को भी अपनाते देखे जा सकते हैं। प्रारम्भिक शिक्षा के लिए उनमें से अधिकांश अखिल भारतीय हिंदी के परिनिष्ठित रूप को ग्रहण करते हैं, क्योंकि हिंदी प्रदेश की यह विशेषता रही है कि वह स्थानीय बोली के घेरे से बाहर निकलकर हिंदी को माध्यम भाषा के रूप में स्वीकार कर शिक्षा ग्रहण करने की ओर प्रवृत्त होती है। इस पूरे समाज में साक्षरता का सवाल बोली के स्थान पर क्षेत्रीय भाषा या हिंदी के सीखने की प्रक्रिया से जुड़ा है। आगे जब उच्च शिक्षा की बात उठती है तब यदि हिंदी अंग्रेजी भाषा के सीखने और अपनाने

की समस्या से जुड़ जाती है।

परिवार, स्थानीय समुदाय, क्षेत्रीय जन-व्यवहार, साक्षरता और सामान्य तथा उच्च शिक्षा—इन विभिन्न संदर्भों में जब हम भारतीय किसी भाषा-भाषी समुदाय के कोड-मैट्रिक्स को देखते हैं तो उसे बहुभाषा की एक जटिल प्रक्रिया से बँधा पाते हैं। पर उसकी यह जटिलता भाषाविदों के लिए भले ही समस्या के रूप में आती हो और भाषाविद् भारत की इस आंतरिक संचार-व्यवस्था के संदर्भ में भले ही उसे 'भांषायी पागलपना' कहते हों, पर स्वयं समाज उसे सहज और सामान्य रूप से ग्रहण करता आ रहा है। समाज के स्तर पर सम्प्रेषणीयता में न तो कभी कोई गतिरोध ही आया और न उसकी संचार-व्यवस्था में ही कोई रुकावट आई। इसका कारण कोड-परिवर्तन (कोड-स्विचिंग) की सहज स्वीकृति रही है।

यहाँ यह तथ्य भी कम महत्त्वपूर्ण नहीं रहा है कि जिस प्रकार एक गाँव की बोली अपने सीमावर्ती दूसरे गाँव की बोली से भिन्न होकर भी एक-दूसरे जनसमुदाय के लिए बोधगम्य रही है और जिस प्रकार अगल-बगल के गाँव आपसी व्यवहार के लिए एक क्षेत्रीय सामान्य उस बोली का निर्वाह एवं प्रयोग करते रहे हैं जो दोनों के लिए मान्य एवं सुबोध हो, उसी प्रकार सामाजिक स्तर-भेद की भी एक ऐसी क्रमिक सीढ़ी को हम पाते हैं जहाँ हर स्तर अपने सीमावर्ती स्तर की भाषा अथवा शैली से परिचित रहता है। इसमें संदेह नहीं कि ये सभी भाषाएँ एवं शैली-भेद समाज-संदर्भित हैं, सभी की अपनी इयत्ता एक विशिष्ट सामाजिक आवश्यकता की पूर्ति के साधन हैं और उन सभी की सत्ता समाज की पूरी सम्प्रेषण-व्यवस्था की एक अनिवार्य उपांग बनकर सिद्ध है। संक्षेप में, इसे हम इस प्रकार समझ सकते हैं :

पारिवारिक : (परिवार में प्रयुक्त भाषा/बोली)
स्थानीय : (स्थानीय गाँव में प्रयुक्त बोली)
क्षेत्रीय : (क्षेत्रीय स्तर की बोली/भाषा)
साक्षरता का स्तर : (माध्यम भाषा-1)
सामान्य शिक्षा का स्तर : (माध्यम भाषा-2)
उच्च शिक्षा का स्तर : (माध्यम भाषा-3)

इस संदर्भ में यह तथ्य भी कम महत्त्वपूर्ण नहीं कि सम्पूर्ण भारतवर्ष में परिवार के जीवन-मूल्य और भाषा-रूप, समाज के वृहत्तर संदर्भ के सामाजिक मूल्य और भाषा-प्रयोग से भिन्न रहे हैं। इन दोनों के बीच की विभाजक-रेखा निश्चित और सुदृढ़ रही है और ये दोनों आपस में नितांत भिन्न होने की स्थिति में भी एक-दूसरे की कभी विरोधी या प्रतिद्वंद्वी नहीं रहीं। भारतवर्ष की सामाजिक बनावट की यह प्रकृति ही रही हें कि वह पारिवारिक मूल्यों का निर्वाह स्थानीय सामाजिक मूल्यों से टकराए बिना करती रही है। यह यहाँ की व्यवस्था का स्वीकृत तथ्य है कि

अगर कोई व्यक्ति या समुदाय या वर्ग अपना भाषा-क्षेत्र छोड़कर अन्य भाषा-क्षेत्र में जाकर बसा है, तो उसे अपनी भाषा छोड़ने की आवश्यकता कभी भी सामाजिक दबाव के रूप में नहीं महसूस करनी पड़ी। यह स्थिति अमेरिका से काफी भिन्न है। वहाँ अगर किसी अन्य देश का भाषा-भाषी जाता है तो एक या दो पीढ़ी के बाद वह अपनी भाषा को छोड़कर वहाँ की भाषा (अंग्रेजी) अपना लेता है। पर हिंदुस्तान के भीतर एक क्षेत्र की भाषा बोलनेवाला जब दूसरे क्षेत्र में जाता है तो उसका अपना एक पाँव हमेशा अपनी धरती से जुड़ा होता है। संयुक्त परिवार और कुल का सदस्य होने के नाते जीवन के एक दायरे में उसे उस परिवार या कुल से सम्बन्ध बनाए रखना पड़ता है, जिसका वह मूलतः सदस्य है। परिणाम यह है कि हर भाषा-क्षेत्र में ऐसे कई सामुदायिक वर्ग मिल जाते हैं जो अपने सामाजिक व्यवहार क्षेत्र में स्थानीय और क्षेत्रीय बोलियों का प्रयोग करते हैं, पर अपने पारिवारिक आचरण के लिए उस क्षेत्र के बाहर की भाषा का सहज भाव से निर्वाह कर लेते हैं। अतः बहुभाषिकता के संदर्भ में यह भाषा-निर्वाह भारत में कोई समस्या के रूप में सामने नहीं आता।

बहुभाषिकता के संदर्भ में यह तथ्य ध्यान देने योग्य है कि हर भाषा समाज के हर प्रकार के दायित्व को नहीं निभाती। अगर बहुभाषिकता की प्रकृति व्यक्तिपरक न होकर समुदायपरक है, तब विभिन्न भाषाओं का प्रयोग अपने एक निश्चित सामाजिक संदर्भ की अपेक्षा रखेगा। उसी संदर्भ में उस भाषा का प्रयोग सहज और सामान्य माना जाएगा। जिस प्रकार किसी एक भाषा के भीतर कई शैलियाँ होती हैं और हर शैली एक विशेष सामाजिक-सांस्कृतिक संदर्भ की माँग करती है, उसी प्रकार अगर हम भाषा की सीमा का विस्तार कर अपनी दृष्टि भाषायी समाज तक ले जाएँ और उसे विवेच्य सामग्री के लिए इकाई मान लें, तब हम पाते हैं कि एक भाषा-समाज के बीच स्थिर सम्बन्धों के साथ निर्वाह करनेवाली भाषाएँ भी शैलीवत ही सिद्ध रहती हैं। भाषा-प्रयोग के इन स्थिर सम्बन्धों की प्रकृति पर ध्यान देने से स्पष्ट हो जाता है कि जिस प्रकार वाक्य-स्तर पर पर्यायवाची शब्दों की सत्ता और महत्त्व है और जिस भाषा-स्तर पर शैली-भेद की स्थिति और प्रयोजन सिद्ध है, उसी प्रकार बहुभाषी समाज के संदर्भ में उस भाषा-भेद की प्रकृति और उनके प्रयोजन का महत्त्व है जो उस भाषायी समाज की कोड-मैट्रिक्स है।

बहुभाषा समाज की कोड-मैट्रिक्स उन सभी प्रयोजनबद्ध भाषाओं एवं शैलियों के समूह को कहेंगे जिसे वह समाज अपने प्रभाव-संचार के लिए अपनाने के लिए विवश है। शैली-भेद की जहाँ तक बात है, हर भाषा में उसकी सत्ता असंदिग्ध रूप से देखी जाती है। पर ऐसी स्थिति भी देखी जा सकती है कि एक भाषा, दो या दो से अधिक ऐसी शैलियों का प्रयोग करती हो जो न केवल सामाजिक

संदर्भों द्वारा नियंत्रित हों अपितु जिनका भाषा के परिप्रेक्ष्य में प्रयोजन सिद्ध और स्थिर हो। प्रसिद्ध भाषा-वैज्ञानिक फर्ग्यूसन ने ऐसी स्थिति को 'डायग्लॉसिया' नाम दिया है। उनके अनुसार 'डायग्लॉसिया' एक ही भाषा की दो शैलियों के व्यवहार की वह स्थिर स्थिति होती है जिसमें भाषा की एक आधारभूत शैली के अतिरिक्त उससे भिन्न आरोपित एक और भाषा-शैली भी प्रयुक्त होती है। आधारभूत शैली का मानक रूप सम्भव है। आरोपित शैली का व्याकरण अतिरिक्त नियमों द्वारा न केवल सापेक्षतया जटिल होता है वरन् उसके प्रयोग को समाज में अधिक सम्मानजन्य माना जाता है। वस्तुतः लिखित साहित्य में इसी का प्रयोग अधिक होता है और औपचारिक अवसरों पर इसी भाषा-शैली को लोग व्यवहार में लाते हैं, इसलिए भाषा का यह शैली-रूप किसी-न-किसी औपचारिक संदर्भ में सीखा जाता है।

भारतीय समाज न केवल बहुभाषी समाज है, बल्कि स्तरीकृत होने के कारण उसकी भाषाओं में शैलीभेद सामाजिक प्रयोजनों के साथ सम्बद्ध होकर सामने आते हैं। इन भाषाओं में 'डायग्लॉसिया' की स्थिति स्पष्ट देखने को मिलती है। बंगाली भाषा में 'चलित' और 'साधुभाषा', तेलुगु में 'व्यावहारिक' और 'ग्रंथिका' शैली अथवा तमिल में 'पेचू' और 'सेन तमिल' की दो स्पष्ट शैलियाँ हैं। 'चलित', 'व्यावहारिक' और 'पेचू' आदि शैलियाँ वस्तुतः इन भाषाओं की आधारभूत शैलियाँ हैं, जिन्हें सामान्य व्यक्ति सहज रूप में सीख लेता है। इनके विपरीत 'साधुभाषा', 'ग्रंथिका शैली' अथवा 'सेन तमिल' इन भाषाओं की वह शैली है जिसे अधिक सामाजिक प्रतिष्ठा मिली है और जिसके न जानने से व्यक्ति सुसंस्कृत नहीं माना जाता अथवा उस भाषा का उसका ज्ञान अधूरा या अपूर्ण समझा जाता है।

हिंदी की स्थिति इन भाषाओं से जटिल इस अर्थ में है कि इसमें आधारभूत शैली के अतिरिक्त एक नहीं, अपितु दो आरोपित शैलियाँ हैं। आधारभूत शैली को प्रायः सामान्य हिंदी या हिंदुस्तानी की संज्ञा दी जाती है और आरोपित शैलियों को संस्कृतनिष्ठ (या उच्च हिंदी) और फारसी-अरबीनिष्ठ (या उर्दू) शैलियाँ कहा जाता है। हिंदी और उर्दू के बीच गहरी खाई का काम करनेवाले दो प्रमुख तत्त्व रहे हैं–लिपि और साहित्यिक परम्परा। हिंदी, नागरी लिपि की मुखापेक्षी है और उर्दू फ़ारसी लिपि की। हिंदी की परम्परा भारतवर्ष की उस जातीय संस्कृति का संवाहक रही है जो संस्कृत भाषा से अबाध गति से चली आ रही है, जबकि उर्दू मुड़-मुड़कर फ़ारसी काव्यधारा से भी काव्य-रूढ़ियाँ आत्मसात करती रही है। पर लिपि भाषा नहीं और लिपि-भेद को भाषा-भेद का आधार नहीं बनाया जा सकता। दूसरी बात यह भी स्पष्ट हो जानी चाहिए कि इन दोनों आरोपित साहित्यिक शैलियों का मूलाधार एक ही है–हिंदुस्तानी, जो न केवल दोनों ही लिपियों में लिखी जा सकती है बल्कि लिखी जाने पर नागरी को देखकर जिस पाठ को

एक वर्ग 'हिंदी' से जोड़ता है तो फ़ारसी लिपि में पाकर उसी पाठ को दूसरा वर्ग 'उर्दू' मान बैठता है।

स्पष्ट है कि जिसे हम हिंदी भाषी-समाज कहते हैं, उसका भाषायी कोश (वर्बल रेपर्त्वा) दो या दो से अधिक बोलियों, हिंदुस्तानी, हिंदी की दो आरोपित शैलियों तथा उच्चवर्ग में अंग्रेजी भाषाओं से संक्रमित हैं और जो आपस में इस प्रकार ग्रंथित हैं कि उनमें कोड-परिवर्तन सहज और स्वाभाविक प्रक्रिया के रूप में देखने में आता है। बोली, शैली और भाषा-भेद के ये अंतस्सम्बन्ध विभिन्न सामाजिक स्तरों पर भिन्न रूप में प्रतिफलित होते हैं, पर सामाजिक प्रक्रिया के संदर्भ में जिनको सामान्यीकृत नियमों से बाँधना सम्भव है। यह देखा जा सकता है कि जिन सामाजिक दबावों और औपचारिक परिस्थितियों के संदर्भ में उच्च वर्ग के सदस्य हिंदी और अंग्रेजी के बीच भाषा-परिवर्तन करते हैं, उन्हीं परिस्थितियों में बहुत कुछ आधारभूत शैली हिंदुस्तानी और आरोपित शैलियों–उच्च हिंदी अथवा उर्दू–में भी परिवर्तन देखा जा सकता है और उसी प्रकार समाज के एक तीसरे स्तर पर उन्हीं संदर्भों में बोलियों और हिंदुस्तानी के बीच कोड-परिवर्तन सम्भव है।

हिंदी को उसके सही संदर्भ में समझने के लिए अत्यावश्यक है कि हम उसके समाज के भाषायी कोश (वर्बल रेपर्त्वा), कोड-मैट्रिक्स, कोड-परिवर्तन (कोड स्टाइल-स्विचिंग) को उस समाज में पाई जानेवाली बहुभाषिकता की सही प्रकृति के परिप्रेक्ष्य में देखें।

मातृभाषा का सवाल और उसकी समस्या एकभाषी देश में जिस रूप में दिखाई देती है, वहाँ बहुभाषी समाज में उसी रूप में नहीं प्रतिफलित होती। बहुभाषी देश में विभिन्न सामाजिक आवश्यकताओं एवं विभिन्न प्रयोजनों के निर्वाह के लिए भिन्न-भिन्न भाषाएँ काम में आने के कारण आपस में एक स्थिर सम्बन्धों का निर्माण करती चलती हैं। जब तक इन सम्बन्धों की प्रकृति का हम सही आकलन न कर लें, हम उस समाज की सम्प्रेषण-व्यवस्था और भाषा सम्बन्धी उनकी जातीय चेतना का भी पता नहीं लगा सकते। भारतवर्ष जैसे देश में जहाँ बहुभाषिकता इतिहास-समर्थित रही है और जहाँ भाषा-सहिष्णुता सामाजिक संस्कृति का निर्वाह-तत्त्व रहा है, वहाँ आज भाषा-वैमनस्य की भावना का तीव्र उद्रेक निश्चय ही भाषा-नियोजन की किसी गहरी भूल का परिणाम कहा जा सकता है। भाषा-नियोजन के लिए यह आवश्यक है कि पहले हम देखें कि अन्य भाषा के रूप में कोई भाषा किन प्रयोजनों को साधती है और इस दृष्टि से आज की भाषायी स्थिति में हिंदी किन प्रयोजनों को लेकर प्रदेश अथवा भारत संघ की स्वीकृत भाषा बन सकती है।

अन्य भाषाओं के रूप में आगे दिए गए चार प्रयोजन देखे जा सकते हैं:

(1) **सहायक भाषा** (auxiliary language) : जब अन्य भाषा सामाजिक सम्प्रेषण के लिए काम में न लाई जाए और उसे केवल ज्ञान के माध्यम के रूप में ही स्वीकार किया जाए, तब ऐसी भाषा को सहायक भाषा की संज्ञा दी जा सकती है। इस दृष्टि से क्लासिक भाषाओं का ज्ञान प्राप्त किया जा सकता है।

विभिन्न विदेशी विश्वविद्यालयों में हिंदी की पढ़ाई भारतवर्ष की समाज, संस्कृति और साहित्य आदि की जानकारी के लिए उपकरण के रूप में की जाती है। ऐसे प्रशिक्षण से उस तरह के द्विभाषी निकलते हैं, जो ज्ञान के धरातल पर तो हिंदी को सीख लेते हैं पर समाज के वास्तविक संदर्भों में इनका व्यावहारिक उपयोग नहीं कर पाते। इस सहायक भाषा को कभी-कभी पुस्तकालीय भाषा-रूप भी कहा जाता है।

(2) **सम्पूरक भाषा** (supplementary language) : जब अन्य भाषा व्यवहार में तो प्रयुक्त हो, लेकिन जिन आवश्यकताओं के लिए अपनाई जाती है वह अपनी प्रकृति में अस्थायी तथा अपने प्रयोग में अत्यंत सीमित हों (यथा–पर्यटकों के उपयोग तक सीमित भाषा) तब इसे सम्पूरक भाषा की संज्ञा दी जा सकती है। इस दृष्टि से पढ़ाई जानेवाली भाषा आंशिक क्षमता के रूप में उन द्विभाषियों को पैदा करती है, जिसकी प्रकृति भाषिक क्षमता के संदर्भ में अस्थिर होती है।

भाषा का सहायक एवं सम्पूरक प्रयोजन व्यक्तिपरक और व्यक्तिसाधक है न कि समाजपरक और समाजसाधक। ये दोनों प्रयोजन किसी भाषा-समाज की सम्प्रेषण-व्यवस्था की आवश्यकता पर आधारित नहीं होते। अतः ऐसी भाषाओं का ज्ञान संस्था के रूप में किसी भाषा-समुदाय की आंतरिक आवश्यकताओं का परिणाम नहीं होता। इसके विपरीत नीचे दिए दो और प्रयोजनों के लिए भाषा समाज की अपनी आंतरिक व्यवस्था और सम्प्रेषण की सामाजिक आवश्यकताओं से बाधित होती है।

(3) **परिपूरक भाषा** (complementary language) : अन्य भाषा के रूप से प्रयोग में आनेवाली भाषा पहली या मातृभाषा के परिपूरक प्रयोजन में सिद्ध तब मानी जा सकती है, जब वही भाषा (न कि कोई अन्य भाषा) निर्धारित भाषा-समाज के सीमित परंतु निर्दिष्ट सामाजिक संदर्भों में स्वभावतः प्रयुक्त की जाती है। इस दृष्टि से अगर हम अंग्रेजी के प्रयोग पर ध्यान दें तो स्पष्ट हो जाता है कि वह भारतीय भाषा-समाज के लिए परिपूरक प्रयोजनवत सिद्ध है। हम अपने समाज के विशिष्ट संदर्भ में ही अंग्रेजी का प्रयोग करते हैं और जिन सीमित संदर्भों में इसका व्यवहार सहज रूप में होता है उसमें अन्य किसी विदेशी भाषा–रूसी, फ्रेंच, जर्मन आदि का व्यवहार नहीं होता। वस्तुतः अंग्रेजी इसी संदर्भ में एक अक्षेत्रीय, लेकिन अखिल भारतीय स्तर पर व्यवहार में लाई जानेवाली सम्पर्क भाषा के रूप में विकसित हुई।

सम्पर्क भाषा के रूप में सिद्ध प्रयोजन भाषा परिपूरक संदर्भ को सामने उभारती है। इसी संदर्भ में कोई भाषा लिंगुआ-फ्रेंका भी बनती है। यही उस विशिष्ट रजिस्टर को सामने उभारती है जिसे कभी हम अखिल भारतीय स्तर पर संघ की राजभाषा कह लेते हैं और कभी ज्ञान के स्तर पर पारिभाषिक शब्दावली से युक्त तकनीकी भाषा के नाम से सम्बोधित करते हैं। परिपूरक भाषा के रूप में अन्य भाषा-शिक्षण उस स्थिर प्रकृति के द्विभाषी पैदा करता है, जिसका ज्ञान अन्य भाषा के संदर्भ में आंशिक रहता है।

अहिंदी क्षेत्रों में हिंदी-शिक्षण का सही दृष्टिकोण परिपूरक प्रयोजनों को लेकर होना चाहिए। उन क्षेत्रों की अपनी मातृभाषा तो है ही, इसलिए हिंदी की शिक्षा उन संदर्भों में करना अनुचित होगा जिनके लिए पहले से ही मातृभाषा का प्रयोग होता रहा है। ऐसा न करने पर हिंदी अनावश्यक रूप से अन्य भारतीय भाषाओं की प्रतिद्वंद्विता में उलझ जाएगी।

बहुभाषी समाज में प्रायः यह देखा जाता है कि समाज की पूरी सम्प्रेषण व्यवस्था के भीतर जब एक भाषा कुछ निश्चित क्षेत्रों में अपने दायित्व का निर्वाह करती है तो दूसरी भाषा कुछ अन्य निश्चित क्षेत्रों में। सीमित सामाजिक क्षेत्रों में प्रयुक्त होने के कारण यह कहा जाने लगता है कि वह भाषा अधूरी और अक्षम है क्योंकि उसका वह रूप खुलकर नहीं आता जो उन क्षेत्रों में प्रयोग में आने पर होता है जिनमें कोई दूसरी भाषा प्रयोग में आती है। लेकिन एक भाषावैज्ञानिक दृष्टि के आधार पर यह कहा जा सकता है कि कोई भी भाषा स्वयं में अधूरी अथवा अविकसित नहीं होती, केवल उसका प्रयोग क्षेत्र और व्यवहार सीमित या विस्तृत होता है। सभी भाषाएँ अपनी मूल रचना और प्रकृति में उन सम्भावनाओं से युक्त रहती हैं जो किसी भी विकसित भाषा के लिए मान्य स्वरूपगत विशेषताओं को लिए होती हैं। हिंदी पर यह आक्षेप लगाया जाता है कि वह अंग्रेजी भाषा की तुलना में अधूरी अथवा अविकसित है। यह कथन भ्रांत दृष्टि का परिणाम है, क्योंकि अंग्रेजी उन विशिष्ट सामाजिक संदर्भों में प्रयोग में लाई जाती रही है जिनमें हिंदी का प्रयोग नहीं होता था। साम्राज्यवाद एवं अंतर्राष्ट्रीय दबाव के फलस्वरूप हिंदी को अवसर ही नहीं मिला कि वह अपने भाषा-समाज के वृहत्तर आयाम पर प्रयुक्त हो। अब, जबकि अंग्रेजी का बल घटता जा रहा है और शिक्षा का आधार व्यापक होकर जनसमाज के निचले स्तर तक बढ़ता जा रहा है, यहाँ की अपनी भाषाएँ वह रास्ता स्वयं बनाती जा रही हैं जिस पर चलकर वे समृद्ध और बहुप्रयोजनीय सिद्ध होंगी। हिंदी-शिक्षण को इस दृष्टि से भी अपने को समसामयिक माँग के अनुरूप सम्यक बनाना जरूरी है।

(4) **समतुल्य भाषा** (equative language) : जब अन्य भाषा उन सभी सामाजिक संदर्भों में प्रयुक्त होने लगे, जिनमें मातृभाषा प्रयोग में लाई जाती है

तब उसे समतुल्य भाषा-प्रयोजन की संज्ञा दी जा सकती है। ऐसी स्थिति में द्विभाषी धीरे-धीरे अंततोगत्वा एकभाषी बन जाता है, क्योंकि उसके लिए मातृभाषा एक अर्थहीन भाषा बन जाती है। यह स्थिति अमेरिका जैसे देशों में प्रायः देखने को मिलती है, जहाँ दूसरे भाषा-समाज (यथा—रूसी, फ्रेंच, जर्मन आदि) के व्यक्ति जब वहाँ जाकर बसते हैं तब एक या दो पीढ़ी के बाद वे अपनी मातृभाषा को पहले आनुषंगिक और बाद में अर्थहीन देखकर उसे छोड़ते जाते हैं और अंत में वहाँ की भाषा को ही अपनी पहली भाषा के रूप में स्वीकार कर लेते हैं। भारतवर्ष में भाषा-परिवर्तन की यह स्थिति देखने को नहीं मिलती, क्योंकि एक भाषाक्षेत्र से जब व्यक्ति दूसरे भाषाक्षेत्र में जाता है तब भी उसका एक पाँव अपनी स्थानीय मातृभूमि की व्यवस्था में जमा रहता है और जिसके फलस्वरूप वह अपने कुल, जाति एवं परिवार से संबंधित दायित्वों के निर्वाह के लिए अपनी मातृभाषा का प्रयोग करने के लिए सदा बाध्य रहता है। इस तरह अन्य भाषा के साथ-साथ अपनी मातृभाषा का भी वह निर्वाह करता है।

एक दूसरी स्थिति भी देखने को मिल सकती है। कभी-कभी विस्थापित परिवार अपनी जमीन से उखड़कर बोली के धरातल पर मान्य सम्प्रेषण-व्यवस्था को छोड़ता हुआ पाया जा सकता है। हिंदी-भाषाक्षेत्र के भीतर अनेक बोलियों के उपक्षेत्र हैं। इन बोली-उपक्षेत्रों से उखड़कर परिवार दूसरे बोली-क्षेत्र के शहरी जीवन में जब प्रवेश करता है तो एक या दो पीढ़ी के बाद वह हिंदी भाषा को अपने उन जीवन-संदर्भों में भी प्रयोग करता पाया जाता है, जिसमें कभी वह अपनी बोली का प्रयोग करता था। ऐसी स्थिति में एक-दो पीढ़ी के बाद हिंदी भाषा उसकी पहली भाषा बन जाती है।

भारतीय समाज भाषा-वैविध्य को बिना मिटाए हुए भाषा की एकता पर बल देता रहा है। भाषा-सहिष्णुता उसकी जातीय एवं सांस्कृतिक चेतना की आंतरिक शक्ति के रूप में स्थित रही है। जिस सामासिक संस्कृति की बात हिंदी के माध्यम से संविधान में उठाई गई है, वह न तो भाषा-परिवर्तन और न भाषा-लोप पर आधारित है, बल्कि विभिन्न भाषाओं की परिपूरक प्रयोजनों पर आधारित—सामाजिक सम्प्रेषण-व्यवस्था से जुड़ी हुई है। आपसी भाषायी सहयोग उस बहुभाषी समाज का निर्माण करता है, जो अपनी प्रकृति में समानाधिकरणिक न होकर सामासिक होता है। हिंदी भाषा-शिक्षण का सही संदर्भ यही है कि हम पहले भारतीय समाज की बहुभाषिकता की प्रकृति को ठीक से समझें और तदनुरूप विभिन्न भाषा-प्रयोजनों के संदर्भ में हिंदी के अन्य भाषाओं के साथ सम्बन्धों की सही जानकारी रखते हुए भाषा-शिक्षण को सार्थक बनाएँ।

परिशिष्ट

1. भारत का भाषायी खाका
2. हिंदी का अंतर्राष्ट्रीय संदर्भ
3. विश्व हिंदी विद्यापीठ

1

भारत का भाषायी खाका

भारत आदिकाल से बहुभाषिक और बहुसांस्कृतिक देश रहा है। यहाँ चार से अधिक भाषायी परिवारों की विभिन्न भाषाएँ एक बृहद् परिवार के रूप में पनपती और विकसित होती रही हैं। वर्तमान स्थिति भी यह संकेत दे रही है कि इन विभिन्न परिवारों की भाषाएँ आज की भारतीय बहुभाषिकता की वास्तविकता हैं। इस तथ्य को नीचे दी गई तालिका से स्पष्ट किया जा सकता है :

परिवार	बोलनेवालों की संख्या	प्रतिशत
आर्यकुल	32,17,20,700	73.30
द्रविड़ कुल	10,74,10,820	24.47
आस्ट्रिक कुल	61,92,495	1.05
भोट-बर्मी कुल	31,83,801	0.73
अन्य	4,29,102	0.45

यह आँकड़ा 1961 की जनगणना के आधार पर है।

विभिन्न भाषा-परिवारों की अनेक बोलियों एवं भाषा की सामाजिक अस्मिता के साथ बाँधनेवाली कम-से-कम पंद्रह ऐसी भाषाएँ हैं, जिन्हें संविधान की अष्टम् सूची में स्वीकृति मिली है (तालिका-1) यहाँ कोई भी ऐसा प्रदेश नहीं जो पूर्णतः एकभाषी हो (तालिका-2)। एक भी ऐसी आधुनिक प्रमुख भाषा नहीं जिसके बोलनेवाले कम-से-कम तीन सम्पर्क भाषाओं का प्रयोग न करते हों (तालिका-3) और न ही ऐसा कोई यहाँ भाषायी समुदाय है जिसके भाषायी कोश में तीन या तीन से अधिक विभिन्न कोड न हों। यह तथ्य भी ध्यान देने योग्य है कि भारत की सभी प्रमुख भाषाएँ अपने स्वयं के भू-भाग के बाहर बोली जाती हैं और कोई भी ऐसी महानगरी यहाँ नहीं है, जिसकी आबादी भाषायी और सांस्कृतिक संदर्भ में मिश्रित न हो। उदाहरण के लिए यह ठीक है कि अधिकांश तेलुगु भाषा-भाषी अपने भू-भाग

(आंध्रप्रदेश) में रहते हैं, लेकिन ऐसे व्यक्तियों की भी संख्या कम नहीं जो अपने समीपवर्ती प्रदेश में जा बसे हैं। तालिका-4 के आँकड़ों से यह स्पष्ट हो जाता है कि तेलुगुभाषी हजारों की संख्या में तमिलनाडु से महाराष्ट्र और उड़ीसा में स्थायी रूप से जा बसे हैं। इसी प्रकार तालिका-2 से यह भी जाहिर हो जाता है कि आंध्रप्रदेश में बोली जानेवाली प्रमुख भाषाओं की संख्या भी कोई कम नहीं। अनुपात की दृष्टि से देखें तो आंध्रप्रदेश से बाहर जाकर विभिन्न प्रदेशों में बसनेवाले तेलुगुवासियों की संख्या उसी अनुपात में है, जिस अनुपात में समीपवर्ती विभिन्न प्रदेशों की अपनी मातृभाषाएँ स्वयं आंध्रप्रदेश में। आनुपातिक क्रम की दिशा है तमिल (तमिलनाडु), कन्नड़ (मैसूर), मराठी (महाराष्ट्र) और उड़िया (उड़ीसा) (विस्तार से विवेचन के लिए देखें—श्रीवास्तव, 1976)।

इसी प्रकार अगर दिल्ली जैसी महानगरी के भाषायी खाके (प्रोफाइल) पर ध्यान दें तो 1969 की जनगणना के अनुसार द्रविड़ कुल की चार भाषाओं के बोलनेवालों की संख्या निम्नलिखित है :

	पुरुष (1)	स्त्री (2)	1+2	योग का प्रतिफल
तमिल	19,822	17,521	37,343	0.92
मलयालम	11,637	8,144	19,781	0.49
तेलुगु	5,215	4,341	9,556	0.23
कन्नड़	2,192	1,733	3,925	0.10
योग :	38,866	31,739	70,605	1.74

दिल्ली की पूरी आबादी : 40,65,658

पाँच हजार पाँच सौ साल से आबाद, पंद्रह प्रमुख राष्ट्रीय स्तर की भाषाओं के साथ अस्मिता जोड़नेवाली 1,652 मातृभाषाओं और स्कूल में अपनाई जानेवाली 67 शैक्षिक भाषाओंवाला यह देश निश्चय ही भाषाअध्येताओं, शिक्षाविदों और नीति-निर्धारण करनेवाले राजनीतिज्ञों के लिए एक चुनौती बना रहा है। परिशिष्ट की तालिकाओं में दिए गए आँकड़ों से भारत का भाषायी स्थिति का जो खाका उभरकर सामने आता है, उसके प्रमुख लक्षण निम्नलिखित हैं :

1. भारत की विभिन्न जनभाषाएँ प्रमुखतः चार भाषायी कुल के अंतर्गत हैं—आर्यकुल, द्रविड़कुल, ऑस्ट्रिक कुल और भोट-बर्मी कुल, जिनके बोलनेवालों की संख्या अपने योग में 99.55 प्रतिशत है।
2. चार भाषायी कुलों में दो परिवार (आर्य और द्रविड़) अपनी आबादी में कुल जनसंख्या के 97.7 प्रतिशत हैं।
3. अष्टम् सूची में मान्य पंद्रह भाषाओं (हिंदी, तेलुगु, मराठी, बंगाली, तमिल,

उर्दू, गुजराती, कन्नड़, मलयालम, उड़िया, पंजाबी, आसामी, कश्मीरी, सिंधी और संस्कृत) के बोलनेवालों की संख्या भारत की कुल आबादी का प्रतिशत है।

4. ऐसी केवल 204 बोलियाँ (12 प्रतिशत) ही हैं, जिनके मातृभाषी दस हजार या उससे ऊपर की संख्या में हैं। एक हजार से कम बोलनेवालों की बोलियों की संख्या 1,428 (75 प्रतिशत) है। इससे यह निष्कर्ष भी निकाला जा सकता है कि भारत में ऐसी बोलियाँ अनेक हैं, जिनके बोलनेवाले कबीलों के रूप में अपनी निश्चित अस्मिता बनाए हुए हैं और अभी भारत की मुख्य सम्प्रेषण-व्यवस्था के साथ जुड़ नहीं पाए हैं।
5. भारत की सभी प्रमुख भाषाएँ अपने स्वयं के भू-भाग के बाहर भी बोली और समझी जाती हैं। अपने भू-भाग से उखड़े हुए ऐसे व्यक्ति अपने घरेलू जीवन में तो अपनी मातृभाषा का प्रयोग करते हैं, पर अपने बाह्य व्यवहार में प्रमुख स्थानिक भाषा का प्रयोग भी करते देखे जाते हैं। यह स्थिति उन्हें द्विभाषिक बनने के लिए बाध्य करती है, जिसे वे सहज रूप में स्वीकार करते पाए जाते हैं।
6. प्रशासनिक सुविधा के लिए विभिन्न प्रदेशों को एक भाषिक या द्विभाषिक भले ही घोषित कर दिया गया हो, पर अपनी प्रकृति में वे बहुभाषिक और बहुसांस्कृतिक हैं।
7. विभिन्न प्रदेशों के सीमा-क्षेत्र वस्तुतः विसरण (डिफ्यूजन) क्षेत्र हैं। यहाँ विभिन्न भाषायी-परिवारों की विभिन्न भाषाएँ सम्पर्क की विभिन्न स्थितियों में देखने को मिलती हैं। भाषा-मिश्रण और भाषा-परिवर्तन इन सीमावर्ती विसरण-क्षेत्रों की अपनी विशेषताएँ हैं, यही कारण है कि अगर हम प्रदेशों की राजनीतिक सीमा को भाषायी सिद्धांत के आधार पर निर्धारित करना चाहें तो ऐसे कई क्षेत्रों का सामना करना पड़ेगा जिन्हें हम किसी एक या द्विभाषी क्षेत्र के भीतर समेटने में किसी प्रकार सफल नहीं हो सकते (भारत सरकार, 1973)।

भाषा सम्पर्क की स्थिति भारत की अपनी विशेषता रही है। एमेन्यू (1956, 1962, 1974) और काइपर (1974) ने अपने अध्ययन द्वारा स्पष्ट कर दिया है कि द्विभाषिकता की प्रवृत्ति आदिकाल से ही भारत में रही है, जिसके परिणामस्वरूप आर्य भाषा और द्रविड़ भाषाओं में एक-दूसरे के भाषायी लक्षण घुले-मिले से दिखाई देते हैं। भारतवर्ष में भाषा अवमिश्रण (कोड मिक्स्चर या कनवर्जन्स) कई संदर्भों में और भाषा के कई स्तरों पर देखने को मिलता है।

भारत की मौजूदा परिस्थिति में अगर हम सम्पर्क भाषाओं को प्रदेशों के

आधार पर देखें तब जो नक्शा उभरता है, वह दो स्तरों पर डायग्लॉसिया की स्थिति की ओर संकेत करता है। पहला स्तर प्रादेशिक भाषाओं का हिंदी-उर्दू के साथ है और दूसरा अंग्रेजी के साथ। हिंदी प्रदेशों में पहला स्तर हिंदी-उर्दू का अंग्रेजी के साथ है। अगर बोलियों की बात को छोड़ दें तो द्विभाषिकता की स्थिति हिंदी प्रदेशों में केवल उन साकार द्विभाषियों में मिलती है जो अंग्रेजी जानते-बोलते हैं। विभिन्न प्रदेशों के बीच सम्पर्क भाषा के रूप में उभरनेवाली भाषाओं का विवरण खूबचंदानी (1978) ने दिया है, जिनके अनुसार हमें निम्नलिखित स्थितियाँ देखने को मिलती हैं :

1. प्रमुख सम्पर्क भाषा के रूप में हिंदू-उर्दू छह प्रदेशों में बोली जाती हैं–तीन हिंदी प्रदेश (मध्यप्रदेश, बिहार और पंजाब) और तीन अहिंदी प्रदेश (जम्मू-काश्मीर, गुजरात और महाराष्ट्र)। इन प्रदेशों में भारतवर्ष की पूरी द्विभाषी आबादी के 43 से 83 प्रतिशत द्विभाषिक व्यक्ति यहाँ मिलते हैं।
2. प्रमुख सम्पर्क भाषा के रूप में अंग्रेजी पाँच प्रदेशों में बोली जाती है–तीन हिंदी प्रदेश (दिल्ली, उत्तरप्रदेश, और राजस्थान) और दो अहिंदी प्रदेश (केरल और प. बंगाल)। इन प्रदेशों में भारतवर्ष की पूरी द्विभाषी आबादी के 49 से 71 प्रतिशत द्विभाषिक व्यक्ति यहाँ मिलते हैं।
3. अपने स्व-प्रदेशों में तमिल, आसामी, उड़िया, कन्नड़ और तेलुगु प्रमुख सम्पर्क भाषाएँ हैं, जिनके द्विभाषिक भारत के कुल द्विभाषिकों के 51 से लेकर 65 प्रतिशत तक इस प्रदेश में बसते हैं।
4. वे अन्य प्रादेशिक भाषाएँ जो अपने स्व-प्रदेशों में प्रमुख सम्पर्क भाषा के रूप में नहीं बोली जातीं, उन्हें इस वर्ग में रखा जाता है। पूरे द्विभाषिकों के 32 से 39 प्रतिशत तक द्विभाषी सम्पर्क भाषा के रूप में गुजराती, मराठी और बंगाली के अपने स्व-प्रदेश में मिलते हैं। पंजाबी, मलयालम, काश्मीरी–ये तीन ऐसी सम्पर्क भाषाएँ हैं जिनके सम्पर्क भाषा के रूप में सबसे कम क्षेत्रों में सबसे कम बोलनेवाले हैं अर्थात् भारत की कुल द्विभाषिक आबादी के 17 प्रतिशत से कम की संख्या इन प्रदेशों में मिलती है।

तीन प्रमुख सम्पर्क भाषाओं के अतिरिक्त कुछ ऐसी भी सम्पर्क भाषाएँ हैं, जिनके बोलनेवालों की संख्या अपने समीपवर्ती प्रदेशों में काफी मात्रा में दिखाई देती है। क्रमानुसार इन्हें आगे दी गई तालिका में दिखाया गया है :

सम्पर्क भाषा	समीपवर्ती प्रदेश
तेलुगु	मैसूर, तमिलनाडु, उड़ीसा
बंगाली	आसाम, बिहार, उड़ीसा
मराठी	मैसूर, आंध्रप्रदेश
कन्नड़	महाराष्ट्र, आंध्रप्रदेश, केरल
तमिल	मैसूर, आंध्रप्रदेश, केरल
पंजाबी	दिल्ली
संस्कृत	उत्तरप्रदेश
(जिसका कोई अपना क्षेत्र नहीं)	

अगर विभिन्न प्रदेशों में बोली जानेवाली प्रमुख भाषाओं की बात उस प्रदेश की राजभाषा के साथ की जाए तो यह स्पष्ट हो जाता है कि भारतीय द्विभाषिकता का अनुपात भाषा के प्रयोजन-सामर्थ्य के मूल्य के विपरीत (इमवर्स प्रपोर्शन) है। इस तथ्य को निम्नलिखित तालिका द्वारा देखा जा सकता है :

प्रदेश	राज्य भाषाएँ	अन्य प्रमुख भाषाएँ
1. उत्तरप्रदेश	हिंदी-उर्दू	अंग्रेजी
2. पंजाब	हिंदी-उर्दू, पंजाबी	अंग्रेजी
दिल्ली	हिंदी-उर्दू	अंग्रेजी, पंजाबी
आंध्रप्रदेश	तेलुगु	हिंदी-उर्दू, अंग्रेजी
गुजरात	गुजराती	हिंदी-उर्दू, सिंधी
केरल	मलयालम	अंग्रेजी, तमिल
3. राजस्थान	राजस्थानी, हिंदी-उर्दू	भीली, पंजाबी
4. जम्मू और काश्मीर	आसान उर्दू	पंजाबी, हिंदी-उर्दू, पहाड़ी, राजस्थानी
महाराष्ट्र	मराठी	हिंदी-उर्दू, गुजराती, अंग्रेजी, कन्नड़
तमिलनाडु	तमिल	तेलुगु, अंग्रेजी, कन्नड़, हिंदी-उर्दू
उड़ीसा	उड़िया	हिंदी-उर्दू, कुर्क, तेलुगु, संथाली
5. बिहार	हिंदी-उर्दू	भोजपुरी, मैथिली, मगही, संथाली, नेपाली
मध्यप्रदेश	हिंदी-उर्दू	छत्तीसगढ़ी, राजस्थानी, मराठी, गौंडी-भीली
6. मैसूर	कन्नड़	तेलुगु, हिंदी-उर्दू, मराठी, तमिल, तुलु, कोंकणी
आसाम	आसामी	बंगाली, हिंदी-उर्दू, खासी,बोडो, गारो, अंग्रेजी

द्विभाषिकता के अनुपात को भाषा के प्रयोजन-सामर्थ्य के मूल्य-संदर्भ में देखने पर यह बात साफ हो जाती है कि भारतवर्ष में गौण भाषाओं के बोलनेवाले

सबसे अधिक द्विभाषिक हैं और हिंदी मातृभाषियों के बीच द्विभाषिकता की स्थिति सबसे कम है। उदाहरण के लिए द्विभाषिकता के औसत अनुपात के अनुसार भारतीय भाषाओं को चार वर्गों में विभाजित करना सम्भव है :

गौण भाषाएँ–42,144 प्रतिशत; प्रमुख भाषाएँ जो राजभाषाएँ नहीं हैं–18,842 प्रतिशत, प्रमुख राजभाषाएँ–9,569 प्रतिशत, और हिंदी–5,105 प्रतिशत।

प्रादेशिक भाषाओं में कितनी अभिरुचि उसकी जनता लेती है, इस बात का पता उस भाषा में प्रकाशित दैनिक एवं साप्ताहिक पत्र-पत्रिकाओं से चल सकता है। नीचे दी गई तालिका से यह जाहिर होता है कि हिंदी और अंग्रेजी दो ऐसी भाषाएँ हैं, जिनमें सबसे अधिक पत्र-पत्रिकाएँ प्रकाशित होती हैं। (वस्तुतः यही दो ऐसी भाषाएँ हैं जो अखिल भारतीय स्तर पर बोली और पढ़ी जाती हैं) :

भाषा	दैनिक	साप्ताहिक	अन्य	कुल योग
हिंदी	213	1,168	1,313	2,694
आसामी	3	10	25	38
बंगाली	17	162	528	707
गुजराती	50	133	394	577
कन्नड़	38	76	133	247
मलयालम	53	72	307	432
मराठी	73	248	359	680
उड़िया	5	20	78	103
पंजाबी	14	98	124	236
संस्कृत	1	2	24	27
सिंधी	4	31	37	72
तमिल	47	78	396	521
तेलुगु	15	100	246	361
उर्दू	100	399	399	898
अंग्रेजी	82	275	1,890	2,247
द्विभाषी	26	225	612	863
बहुभाषी	2	43	154	199
अन्य	12	22	100	134
योग	755	3,162	7,119	11,036

जहाँ तक स्कूली शिक्षा में प्रयुक्त होनेवाली भाषाओं का सम्बन्ध है, अष्टम् अनुसूची में दी गई भाषाओं के अतिरिक्त सैंतीस ऐसी भाषाएँ हैं, जिनका उपयोग स्कूली शिक्षा में माध्यम भाषा के रूप में किया जा रहा है। इन भाषाओं को गौण

भाषाओं का दर्जा मिला है। एक तरफ फ्रेंच, पुर्तगीज़ और ईरानी भाषाओं और दूसरी तरफ नेपाली, मैथिली और मणिपुरी को अगर छोड़ दिया जाए तो तिब्बत-बर्मी और आह्लिक परिवारों की भाषाएँ हैं, इनको निम्नलिखित चार वर्गों में विभाजित करना सम्भव है (चतुर्वेदी और महाले, 1976) :

1. वह माध्यम भाषाएँ जो कक्षा दो तक पढ़ाई जाती हैं :

   1. करैन, 2. निकोबारी

2. वे माध्यम भाषाएँ जो प्राथमिक स्तर तक पढ़ाई जाती है :

   1. बोडो, 2. गारो, 3. हो, 4. ह्मार, 5. खरिया, 6. कोंकणी, 7. लुशाई, 8. मैथिली, 9. आधुनिक तिब्बती, 10. मुंडारी, 11. पुर्तगीज़, 12. अरावौन, 13. सदनी, 14. संथाली।

3. वे माध्यम भाषाएँ जो माध्यमिक स्तर तक पढ़ाई जाती हैं :

   1. आवो, 2. अंगामी, 3. आसान उर्दू, 4. छक्खसंग 5. चांगवागो, 6. खासी, 7. खिम्मुंग, 8. कोन्याक, 9. कुकी, 10. लोठा, 11. मिज़ो, 12. फोम, 13. रेंगभा, 14. सन्तम, 15. सीमा, 16. यीम युंगरी, 17. ज़ेलियान।

4. वे माध्यम भाषाएँ जो स्कूली शिक्षा के अंत तक पढ़ाई जाती हैं : फ्रेंच, ईरानियम, मणिपुरी, नेपाली।

यहाँ इस बात की चर्चा अप्रासंगिक न होगी कि मातृभाषाओं को प्रोत्साहित करने के लिए जो कुछ भी थोड़ा-बहुत प्रयत्न भारत सरकार ने किया है, उसका पूरा लाभ उनके प्रयोक्ताओं ने नहीं उठाया है। संघ-लोक-सेवा आयोग ने भारतीय प्रशासनिक सेवा आदि सेवाओं में 1969 से 'निबंध' और 'सामान्य ज्ञान' विषय के दो प्रश्नपत्रों के लिए वैकल्पिक माध्यम की सुविधा दी। आगे दी गई तालिका से यह साफ जाहिर हो जाता है कि इस सुविधा का उपयोग कितने कम लोगों ने किया है। किसी भी प्रादेशिक भाषा में 19 प्रतिशत से अधिक उम्मीदवारों की संख्या नहीं है, जिन्होंने अपनी मातृभाषा को इन प्रश्नपत्रों के लिए चुना हो।

ऊपर के तथ्य से यह साफ जाहिर हो जाता है कि भारत न केवल एक बहुभाषिक और बहुसांस्कृतिक देश है, बल्कि एक ऐसा भाषायी क्षेत्र है जहाँ द्विभाषिकता सामाजिक सम्प्रेषण-व्यवस्था की अपनी अनिवार्य आवश्यकता का परिणाम मानी जा सकती है। यद्यपि इसकी सम्प्रेषण-व्यवस्था की कड़ियाँ एक-दूसरे के साथ जुड़ी हुई हैं और द्विभाषिकता की प्रकृति कुछ इस प्रकार की है कि सम्प्रेषणीयता की समस्या कभी उसके विकास में बाधक नहीं रही, पर जिस औद्योगीकरण, आधुनिकीकरण और नगरीकरण की प्रक्रिया से वह गुजर रहा है, वह एक भिन्न प्रकार की ही द्विभाषिकता की अपेक्षा रखता है। गौण भाषाओं को देश की मुख्य धारा के साथ जोड़ने की समस्या है और साथ ही विभिन्न भाषाओं

के बोलनेवालों की अपनी सामाजिक अस्मिता का भी सवाल है।

इन सवालों को लेकर भाषायी झगड़े भी उठ रहे हैं। जरूरत इस बात की है कि हम इस देश के भाषायी खाके और भाषायी स्थिति की प्रकृति को ठीक से समझें और देश की आवश्यकता के अनुरूप भाषाओं का नियोजन करें।

तालिका-1

अष्टम् सूची में उल्लिखित भाषाओं के बोलनेवाले

भाषा	बोलनेवालों की संख्या	प्रतिशत
हिंदी	17,27,37,835	41.3
तेलुगु	3,76,68,132	9.0
मराठी	3,46,39,134	8.0
बंगाली	3,38,88,939	7.8
तमिल	3,05,62,706	7.2
उर्दू	2,33,23,518	5.4
गुजराती	2,03,04,464	4.8
कन्नड़	1,74,15,827	4.1
मलयालम	1,70,15,782	3.9
उड़िया	1,57,19,398	3.5
पंजाबी	1,09,50,802	2.5
आसामी	68,03,465	1.7
काश्मीरी	19,56,789	0.5
सिंधी	13,71,932	0.3
संस्कृत	2,544	0.3
	योग : 42,43,61,267	

नोट : हिंदी-उर्दू का योग : 19,60,61,353 –46.7 प्रतिशत

तालिका-2

राज्य-स्तर पर भाषाओं का विवरण

राज्य का नाम	बोली जानेवाली भारतीय मातृभाषाओं की संख्या	बोली जानेवाली विदेशी मातृभाषाओं की संख्या	योग
आंध्रप्रदेश	186	24	210
आसाम	162	30	192
बिहार	121	32	153
गुजरात	106	32	138
जम्मू और काश्मीर	90	13	103
केरल	69	41	110
मध्यप्रदेश	233	25	258
मद्रास	100	59	159
महाराष्ट्र	410	53	463
मैसूर	128	42	170
नागालैंड	89	6	95
उड़ीसा	50	8	58
पंजाब	135	26	161
राजस्थान	78	11	89
उत्तरप्रदेश	117	25	142
प. बंगाल	236	37	273
दिल्ली	92	49	141
हिमाचल प्रदेश	203	7	210
गोवा, दमन और दिव	15	13	28
पांडिचेरी	36	19	55
दादर और नगरहवेली	23	3	26
एल. एम. और ए. आइसलैंड	12	2	14
ए. और एन. आइसलैंड	65	8	73
मणिपुर	82	5	87
त्रिपुरा	107	5	112
नेफा	162	6	168

तालिका 3

मुख्य भाषाओं का खाका (प्रोफाइल)

मुख्य भाषाएँ (1)	देशीय (मातृ) भाषी-भाषियों की संख्या (लाख में) (2)	देशीय (मातृ) का अनुपात (पूरी आबादी के हजार पर) (3)	सम्पर्क भाषा भाषी (हजार में) (4)	सम्पर्क भाषा-भाषी का अनुपात (हजार में) (5)	देशीय-सम्पर्क का अनुपात (हजार में) (3+5) (6)	प्रथम तीन सम्पर्क भाषाओं के नाम (7)	प्रथम तीन सम्पर्क भाषाओं के बोलनेवालों की संख्या (हजार में) (8)
						अंग्रेजी	3,315
हिंदी	112.2	294	9,363	30	324	उर्दू	783
						पंजाबी	415
						तमिल	2326
तेलुगु	37.7	66	3,279	6	94	कन्नड़	1036
						अंग्रेजी	555
						अंग्रेजी	1563
बंगाली	33.9	77	1,907	5	82	हिंदी	615
						आसामी	557
						हिंदी	2018
मराठी	33.3	76	2,724	7	83	अंग्रेजी	528
						कन्नड़	474
						अंग्रेजी	1262
तमिल	30.6	70	3,959	9	79	तेलुगु	583
						कन्नड़	285
उर्दू	23.4	53	2,006	5	58	तेलुगु	1036
						हिंदी	1021

						कन्नड़	831
गुजराती	20.3	46	558	1	47	हिंदी	774
						अंग्रेजी	424
						मराठी	146
कन्नड़	70.4	40	3,551	9	49	तेलुगु	775
						तमिल	563
						मराठी	460
मलयालम	17.0	39	213	0.5	39	अंग्रेजी	762
						तमिल	168
						हिंदी	81
उड़िया	15.7	35	1.075	3	38	हिंदी	252
						अंग्रेजी	209
						तेलुगु	245
पंजाबी	11.0	25	465	1	26	हिंदी	726
						अंग्रेजी	407
						उर्दू	235
आसामी	6.8	14	1.649	4	20	बंगाली	236
						अंग्रेजी	158
						हिंदी	150
काश्मीरी	2.0	5	25	0.1	5	उर्दू	158
						हिंदी	15
						अंग्रेजी	6
संस्कृत	2.5 (हजार)	–	149	0.5	–	–	–
अंग्रेजी	224 (हजार)	–	10,915	25	25	–	–
भारत	**439.2**	...	**42,536**	**97**	...	...	...

तालिका 4

राज्यों के अनुसार तेलुगु बोलनेवालों का विवरण

राज्य	कुल बोलनेवाले	तेलुगु बोलनेवाले
समूह : (अ)		
1. आंध्रप्रदेश	3,59,83,447	3,09,34,898
2. मद्रास (तमिलनाडु)	3,36,86,953	33,53,834
3. मैसूर	2,35,86,772	10,47,379
4. महाराष्ट्र	3,95,53,718	6,40,895
5. उड़ीसा	1,75,48,846	3,93,443
समूह : (ब)		
6. प. बंगाल	3,49,26,279	80,930
7. मध्यप्रदेश	3,23,72,408	58,838
8. केरल	1,69,03,715	44,838
9. बिहार	4,64,55,610	36,222
10. आसाम	1,18,72,772	19,786
11. गुजरात	2,07,33,350	10,602
12. उत्तरप्रदेश	7,37,46,401	4,530
13. पंजाब	2,03,06,812	2,410
14. राजस्थान	2,01,55,602	1,181
15. जम्मू और काश्मीर	35,60,976	172

तालिका-5

आंध्रप्रदेश की मुख्य भाषाएँ

(संख्या हजार में)

समूह 'अ'			समूह 'ब'			समूह 'स'			समूह 'द'		
तेलुगु	:	30,935	राजस्थानी	:	584	गुजराती	:	25	कोया	:	108
हिंदी	:	139	तमिल	:	512	मलयालम	:	23	गोंडा	:	76
उर्दू	:	2,554	कन्नड़	:	382	पंजाबी	:	11	येर्कुला	:	73
			उड़िया	:	102	बंगाली	:	3	लंबादी	:	56
			मराठी	:	287				सवारा	:	48
									खोंड	:	23
									कोलामी	:	12
									सिंधी	:	6
									कोंकणी	:	15
									भीत	:	1

2

हिंदी का अंतर्राष्ट्रीय संदर्भ

विश्व हिंदी सम्मेलन के अवसर पर हिंदी के अंतर्राष्ट्रीय संदर्भों की चर्चा स्वाभाविक ही है। 10 जनवरी, 1975 को नागपुर में आयोजित प्रथम विश्व हिंदी सम्मेलन के अभूतपूर्व समारोह की अध्यक्षता करते हुए मारिशस के प्रधानमंत्री सर शिवसागर रामगुलाम ने इस तथ्य की ओर संकेत करते हुए कहा था कि हिंदी भारत की राष्ट्रभाषा तो है, लेकिन उनके लिए इस बात का अधिक महत्त्व है कि एक अंतर्राष्ट्रीय भाषा भी है। यही कारण है कि हिंदी की मूलभूत और व्यापक समस्याओं पर वैचारिक आदान-प्रदान का मंच प्रस्तुत करने के उद्देश्य से प्रथम विश्व हिंदी सम्मेलन की विभिन्न विचार-गोष्ठियों को जिन तीन विषयों के अंतर्गत विभाजित किया गया था, उनमें से एक प्रमुख विषय था–हिंदी की अंतर्राष्ट्रीय स्थिति। इसी प्रकार अगस्त, 1976 में मारिशस में आयोजित अविस्मरणीय द्वितीय विश्व हिंदी सम्मेलन के निर्धारित चार विचार-सत्रों में एक प्रमुख सत्र था–हिंदी की अंतर्राष्ट्रीय स्थिति, शैली और स्वरूप।

स्वाभाविक है कि तृतीय विश्व हिंदी सम्मेलन में भी हिंदी के अंतर्राष्ट्रीय संदर्भ पर गम्भीरता से विचार हो। साथ ही, इस तथ्य का आकलन भी हो कि सन 1975 में इस सम्बन्ध में पारित प्रस्तावों के सम्बन्ध में क्या कदम उठाए गए; उस दिशा में हमारी प्रगति या उपलब्धि क्या रही; उनके क्रियान्वयन के सम्बन्ध में क्या बाधाएँ आईं और उनको दूर करने के निमित्त क्या-क्या प्रयत्न किए गए। यह हम मानते हैं कि विश्व हिंदी सम्मेलन का सफलतापूर्ण आयोजन अपने में स्वयं एक उपलब्धि है। पर क्या वह अपने में पर्याप्त है ? जिन महान उद्देश्यों को लेकर ऐसे सम्मेलनों का आयोजन किया जाता है, उनके प्रतिफलन का आकलन कम महत्त्वपूर्ण नहीं होता। सम्भव है, अपने आयोजन में सम्मेलन 'भव्य' हो, यह भी सम्भव है कि आतिथ्य और सांस्कृतिक कार्यक्रमों की दृष्टि से वह 'अद्वितीय' हो, पर यह भी सम्भव है कि अपने उद्देश्यों की पूर्ति तथा उपलब्धियों के प्रतिफलन के संदर्भ में वही 'भव्य' और 'अद्वितीय' सम्मेलन

ऋणात्मक या महत्त्वहीन भी हो।

जिस तथ्य की ओर मैं संकेत करना चाहता हूँ, उसका सम्बन्ध पहले सम्मेलन में लिए गए तीन प्रमुख निर्णयों के प्रभावी कार्यान्वयन से है। इसमें संदेह नहीं कि उन तीनों निर्णयों का सम्बन्ध अंतर्राष्ट्रीय भाषा के रूप में हिंदी के प्रगामी प्रयोग एवं प्रभाव से है। ये निर्णय हैं–1. संयुक्त राष्ट्रसंघ में हिंदी को भी अधिकारिक भाषा के रूप में स्थान दिया जाए, 2. वर्धा में विश्व हिंदी विद्यापीठ की स्थापना हो, और 3. विश्व हिंदी सम्मेलन की उपलब्धियों को स्थायित्व प्रदान करने की दृष्टि से कोई ठोस योजना बनाई जाए। क्या हम आज यह प्रश्न पूछने की स्थिति में नहीं हैं कि संयुक्त राष्ट्रसंघ में हिंदी की मान्यता एवं अधिकारिक भाषा के रूप में उसकी स्वीकृति के लिए क्या प्रयत्न किए गए ? हिंदी अध्ययन-प्रशिक्षण तथा अनुसंधान के अंतर्राष्ट्रीय विद्यालय के रूप में जिस विद्यापीठ का शिलान्यास राष्ट्रभाषा प्रचार समिति, वर्धा के प्रांगण में हुआ, वह अपने उद्देश्यों में कहाँ तक सफल हुआ ? इसी प्रकार हम आज कम से कम पूछ तो सकते हैं कि प्रथम दो विश्व हिंदी सम्मेलनों की उपलब्धियों को स्थायित्व प्रदान करने की दृष्टि से किसी ठोस योजना की अभी तक किसी ने पहल भी की है ?

जहाँ तक संयुक्त राष्ट्रसंघ तथा अन्य अंतर्राष्ट्रीय संगठनों में हिंदी की अधिकारिक भाषा के रूप में मान्यता का सवाल है, हम सभी इस बात से परिचित हैं कि यह प्रश्न कभी-कभी उछाला तो जाता रहा, पर इस दिशा में कोई भी ठोस कार्यवाही अभी तक नहीं की गई। किसे नहीं मालूम कि हिंदी न केवल देश के भीतर व्यापक सम्प्रेषण की प्रमुख भाषा है, अपितु विश्व में सबसे अधिक प्रयोग की जानेवाली भाषाओं में उसका स्थान तीसरा है। यह भी सर्वविदित है कि वह भारत के बाहर फिजी, त्रिनिदाद, सूरीनाम, मारिशस, गुआना, नेपाल, भूटान आदि देशों में भारतीय मूल के नागरिकों की एक सांस्कृतिक कड़ी ही है। वहाँ के निवासियों के लिए हिंदी सामाजिक अस्मिता, ऐतिहासिक पहचान तथा भारत के साथ उनके भावात्मक सम्बन्ध का एक दृढ़ आधार है। यह भी ध्यान देने योग्य तथ्य है कि हिंदी श्रीलंका, बर्मा, इंडोनेशिया, मलेशिया, कम्पूचिया, बंगला देश जैसे राष्ट्रों में एक महत्त्वपूर्ण सामाजिक, सांस्कृतिक भूमिका का निर्वाह कर रही है। अगर विदेशी भाषा के रूप में इसके शैक्षिक महत्त्व पर दृष्टि डालें तो हम पाते हैं कि लगभग एक सौ विदेशी विश्वविद्यालयों में हिंदी पर शोधकार्य का काम आगे बढ़ रहा है। यह देखकर किसी भी प्रमुख नागरिक का दुखी होना स्वाभाविक ही है कि हिंदी के इन विभिन्न अंतर्राष्ट्रीय पक्षों के प्रति न केवल विभिन्न प्रशासनिक विभाग उदासीन हैं, अपितु शैक्षिक संस्थाएँ भी इस दिशा में कोई सार्थक काम नहीं कर रही हैं। कुछ संस्थाओं तथा शासकीय विभागों द्वारा हिंदी के प्रति अनुराग रखनेवाले विदेशियों के लिए निर्धारित थोड़े-बहुत कार्यक्रमों के आधार पर एक

गलत धारणा बन गई है कि अंतर्राष्ट्रीय क्षेत्र में हिंदी के विकास के लिए भिन्न स्तरों पर प्रयत्न किए जा रहे हैं। माँग पर विदेशों में थोड़ी-बहुत पुस्तके भेजकर या हिंदी की विभिन्न परीक्षाओं का संचालन कर या फिर सरकारी स्तर पर पत्राचार पाठ्यक्रम चलाकर हिंदी के अंतर्राष्ट्रीय स्वरूप को न तो हम पुष्ट कर सकते हैं और न ही उसे निखार सकते हैं। इसमें संदेह नहीं कि ये सभी छुटपुट प्रयास समय की माँग के अनुरूप पर्याप्त सिद्ध नहीं हो सकते। हम अन्यत्र यह संकेत दे चुके हैं कि आज कोई भी ऐसी संस्था नहीं है जो हिंदी के लिए अंतर्राष्ट्रीय मंच के रूप में काम करने के लिए उपयुक्त साधन-सम्पन्न बनाई जा चुकी हो। इस समय ऐसी कोई भी एजेंसी नहीं है जो हिंदी पर अंतर्राष्ट्रीय दृष्टि-प्रधान बुनियादी और अनुप्रयुक्त अनुसंधान की व्यवस्था करने में सक्षम हो।

प्रथम विश्व हिंदी सम्मेलन में विश्व हिंदी विद्यापीठ की स्थापना की माँग वस्तुतः विदेशी विद्वानों द्वारा की गई थी। विश्वबंधुत्व की चेतना से अनुप्राणित विश्व हिंदी सम्मेलन में पारित प्रस्ताव के आधार पर ही इसका शिलान्यास हुआ था। यह सही है कि विद्यापीठ की योजना के कार्यान्वयन की दृष्टि से अनुभवी शिक्षाविदों, साहित्यकारों, भाषाविदों तथा हिंदीसेवी अन्य विद्वानों की एक समिति गठित की गई थी, जिसके सदस्य के रूप में डॉक्टर वेणीशंकर झा, आचार्य हजारीप्रसाद द्विवेदी, बाबू गंगाशरणसिंह, श्री रमाप्रसन्न नायक, डॉ. सुधाकर पांडेय और इन पंक्तियों के लेखक ने उसकी भावी योजना का निर्धारण किया। ऐसे विशिष्ट व्यक्तियों की समिति द्वारा निर्धारित विद्यापीठ के उद्देश्यों एवं उसके विकास की भावी दिशा को लेकर आज तक कोई ठोस कदम नहीं उठाया जा सका। आज भी इस विद्यापीठ के प्रति हिंदी जगत तथा सरकार पूरी तरह उदासीन है। सवाल तो यही है कि हिंदी अध्यापन, प्रशिक्षण तथा अनुसंधान के अंतर्राष्ट्रीय विश्वविद्यालय के रूप में विश्व हिंदी विद्यापीठ के अभिविन्यास, उद्देश्य, दिशा एवं भावी कार्यक्रम को क्या तृतीय विश्व हिंदी सम्मेलन से बल मिलेगा ?

अंतर्राष्ट्रीय संदर्भ में हिंदी के लिए विश्व-केंद्र के रूप में विद्यापीठ के गठन के सम्बन्ध में एक खेमे से यह आवाज आती रही कि उसका प्रारूप ब्रिटिश कौंसिल, मैक्समूलर भवन आदि संस्थानों के सदृश हो। यह निश्चय ही एक भ्राँतिपूर्ण संकल्पना है, क्योंकि हिंदी जिन संदर्भों में अंतर्राष्ट्रीय है, वह अंग्रेजी, जर्मन आदि अन्य विश्व-भाषाओं के अपने संदर्भ से भिन्न है। अंग्रेजी, फ्रेंच, डच, स्पेनिश आदि भाषाएँ विश्वभाषा बनने की प्रक्रिया में साम्राज्यवाद का सहारा लेती रहीं। ये सभी भाषाएँ साम्राज्य के प्रसार के साथ प्रभुता और शक्ति की रक्तरंजित प्रकृति से सींची गई थीं। ये शासकीय प्रयोजनों की वे विदेशी भाषाएँ हैं, जो बंदूकों और तलवार की नोक के बल पर फैलीं। इसके विपरीत विश्वभाषा हिंदी का आधार रहा है—श्रमजीवियों की उसके प्रति अपनी श्रद्धा और अस्मिता। यह भाषा मजदूरों

के पसीनों से सींची गई है और उनके जातीय इतिहास का अंग बनकर उनकी साँसों द्वारा अनुप्राणित होती रही है। वस्तुतः हिंदी भारत मूलवंशियों के लिए केवल भाषा ही नहीं, अपितु एक सामाजिक संस्थान है, उनकी अपनी आत्मीयता की गीता और सांस्कृतिक पहचान की दीप्त शिखा है।

इसी संदर्भ में इस तथ्य की ओर भी ध्यान देना आवश्यक है कि भारत मूलवंशियों के लिए हिंदी कोई घरेलू भाषा नहीं। घरेलू भाषा के रूप में अपने देश के भाषायी संचार-तंत्र से प्रभावित वे भोजपुरी का प्रयोग करते हैं। यही कारण है कि हम गुआना भोजपुरी, त्रिनिदाद भोजपुरी, मारिशीय भोजपुरी, सूरीनामी भोजपुरी आदि भाषासंघ को व्यवहार में प्रयुक्त होते देखते हैं। हम यह भी देखते हैं कि भोजपुरी को अपनानेवाले ये व्यक्ति जनसाधारण कार्यों में मूलतः क्रिओल भाषा का प्रयोग करते हैं। गुआना, त्रिनिदाद, फिजी (और सीमित रूप में मारिशस) में इस क्रिओल का आधार अंग्रेजी भाषा है, जबकि सूरीनाम में डच और मारिशस में फ्रेंच। इन्हीं क्रिओल भाषाओं के साथ अपना सामंजस्य और तारतम्य बैठाते हुए इन देशों में भोजपुरी ने अपना अलग-अलग रंग निखारा है, पर जहाँ तक हिंदी का सवाल है, उसका एक मानक रूप लगभग इन सभी देशों में समान रूप से प्रयुक्त होता है। यह बात दूसरी है कि इन देशों में हिंदी के माध्यम से कविता-संग्रह, कथा-साहित्य, आलोचनात्मक ग्रंथ, ज्ञानात्मक पुस्तकों का सर्जन अब काफी संख्या में होता जा रहा है। इन देशों में रचित विपुल रंजक साहित्य में अब हम पाते हैं–इनका रस। हम इस साहित्य की अवमानना करने की स्थिति में नहीं हैं और निश्चय ही निकट भविष्य में वह दिन आनेवाला है, जब हिंदी साहित्य का इतिहास-लेखक इन देशों के रचित साहित्य को भी अपना साहित्य घोषित करने में गर्व महसूस करेगा।

तृतीय विश्व हिंदी सम्मेलन की त्रिदिवसीय विचार-गोष्ठी में विचार के लिए हिंदी के जिन तीन वृहत्तर अध्यायों की संकल्पना की गई है, उसमें एक अध्याय का विषय है 'हिंदी का अंतर्राष्ट्रीय संदर्भ'। इसके अंतर्गत तीन पक्षों पर विचार करने के लिए तीन गोष्ठी-सत्र रखे गए हैं : 1. भारतीय मूल के जनसमुदाय में हिंदी का प्रसार, 2. विश्व के अन्य क्षेत्रों में हिंदी का विचार-प्रसार, और 3. संयुक्त राष्ट्र संघ तथा अन्य अंतर्राष्ट्रीय संगठनों में हिंदी का प्रयोग। प्रथम विश्व हिंदी सम्मेलन का उद्‌घाटन करते हुए भारत की तत्कालीन प्रधानमंत्री श्रीमती इंदिरा गाँधी ने इस बात की आशा व्यक्त की थी कि हिंदी के माध्यम से भारत तथा अन्य देशों के मैत्रीपूर्ण सम्बन्ध दृढ़ होंगे। इन सम्बन्धों की प्रकृति तथा हिंदी के अंतर्राष्ट्रीय संदर्भों की भूमिका पर विचार करने के लिए एक खुले अधिवेशन का भी आयोजन है, जिसका विषय है 'अंतर्राष्ट्रीय भाषा के रूप में हिंदी के प्रसार की संभावनाएँ एवं प्रयास'।

तृतीय विश्व हिंदी सम्मेलन से यह अपेक्षा की जाती है कि इसमें भाग लेनेवाले देश-विदेश के हिंदी-प्रेमियों के सहयोग से हिंदी न केवल भारत तथा अन्य देशों के मैत्रीपूर्ण सम्बन्धों की एक दृढ़ कड़ी सिद्ध होगी, बल्कि अंतर्राष्ट्रीय भाषा के रूप में वह अपनी पहचान भी कराएगी। यह सम्मेलन इस बात की छानबीन का भी अवसर देगा कि पिछले दो सम्मेलनों में लिए गए प्रमुख निर्णयों की फलश्रुति हिंदी को आज तक क्यों नहीं मिली ? इसके साथ-साथ इस बात पर भी गम्भीरता से विचार किया जाना अपेक्षित है कि सम्मेलन की उपलब्धियों को स्थायित्व प्रदान करने की दृष्टि से ऐसे कौन-से ठोस कदम उठाए जाएँ जिससे सम्मेलन मात्र 'सम्मेलन' रहकर समय की गुहा में न खो जाए।

3

हिंदी का अंतर्राष्ट्रीय विश्वविद्यालय : विश्व हिंदी विद्यापीठ

[1]

राष्ट्रीय एकात्म भावना एवं विश्व बंधुत्व की चेतना के साथ सन् 1975 में आयोजित प्रथम विश्व हिंदी सम्मेलन के तीन प्रमुख निर्णयों में से एक निर्णय विश्व हिंदी विद्यापीठ की स्थापना का रहा है। जहाँ तक हिंदी अध्ययन-प्रशिक्षण तथा अनुसंधान के अंतर्राष्ट्रीय विश्वविद्यालय के रूप में विद्यापीठ की स्थापना का प्रश्न है, यह सर्वविदित ही है कि उसका शिलान्यास राष्ट्रभाषा प्रचार समिति, वर्धा के प्रांगण में हो चुका है। पर अभी भी सरकारी अधिकारियों एवं अन्य कुछेक विद्वानों के मन में इस विद्यापीठ के उद्देश्य एवं परिप्रेक्ष्य स्पष्ट नहीं हैं। अतः जब कभी भी इसकें विकास अथवा उसके लिए अनुदान की माँग उठाई जाती है, तो यह प्रश्न उठा दिया जाता है कि क्या हिंदी की अन्य अनेक संस्थाओं की तरह यह 'विद्यापीठ' भी प्रचार-प्रसार की एक और संस्था नहीं है ? क्या शिक्षा मंत्रालय के अधीनस्थ काम कर रहे कार्यालय के रूप में 'केंद्रीय हिंदी निदेशालय' अथवा उसके द्वारा प्राप्त शत-प्रतिशत अनुदान से संचालित 'केंद्रीय हिंदी संस्थान' (आगरा) या फिर 'अखिल भारतीय हिंदी संस्था संघ' से सम्बद्ध अन्य स्वैच्छिक हिंदी सेवी संस्थाओं द्वारा उन सभी उद्देश्यों की पूर्ति नहीं की जा सकती, जिसके लिए विद्यापीठ की स्थापना की गई है ?

इन प्रश्नों के साथ-साथ एक प्रश्न यह भी उठता रहा है कि क्या हिंदी का अपना कोई अंतर्राष्ट्रीय-संदर्भ भी है, जिसको लेकर विश्व हिंदी सम्मेलनों का आयोजन किया जाता है और जिसके संदर्भ में विश्व हिंदी विद्यापीठ की स्थापना एवं उसके विकास की बात उठाई जाती है ? इन सभी प्रश्नों का उत्तर निर्भ्रांत दृष्टि से मिलना अपेक्षित है, क्योंकि आज हम 'दूसरा' नहीं अपितु 'तीसरा' विश्व हिंदी सम्मेलन करने जा रहे हैं और लगभग एक दशक के अंतराल पर भी हमें

यह स्पष्ट नहीं हो पाया कि प्रथम सम्मेलन में पारित प्रस्ताव का वास्तविक संदर्भ और प्रयोजन क्या था और उसके प्रतिफलन की प्रगति या नियति आज क्या है ?

विद्यापीठ के उद्देश्य, अभिविन्यास एवं प्रस्तावित कार्यक्रमों की चर्चा करने से पहले कुछेक तथ्यों की ओर ध्यान दिलाना आवश्यक है। प्रथम विश्व हिंदी सम्मेलन के अवसर पर ही लोगों ने यह अनुभव कर लिया था कि बोलनेवालों की संख्या की दृष्टि से हिंदी न केवल विश्व की तीन प्रमुख भाषाओं में से एक है, बल्कि वह एक अंतर्राष्ट्रीय भाषा भी है। यही कारण है कि उस सम्मेलन में यूनेस्को का प्रतिनिधित्व कर रहे श्री अशर डिलियान ने सम्मेलन की पूर्ण सफलता की आशा व्यक्त करते हुए कहा था–"सबसे अधिक प्रयोग की जानेवाली भाषाओं में हिंदी का स्थान विश्वभाषाओं की तुलना में तीसरा है। भारत में राष्ट्रीय भाषा की दृष्टि से हिंदी का स्थान सर्वोपरि है और दस से अधिक देशों में विद्यमान विभिन्न समुदाय इसका प्रयोग करते हैं। इसका साहित्य ज्ञान, दर्शन, कविता, कला एवं विज्ञान का एक बहुत बड़ा भंडार है। निश्चय ही भविष्य में हिंदी भारत में व्यापक जन-भाषा बनेगी। विश्व-भाषा के रूप में ज्ञान एवं संस्कृति के आदान-प्रदान की दृष्टि से इसका विकास हो सकेगा।"

प्रथम विश्व हिंदी सम्मेलन में पारित प्रस्ताव के आधार पर हिंदी अध्ययन-प्रशिक्षण तथा अनुसंधान के अंतर्राष्ट्रीय विश्वविद्यालय के रूप में राष्ट्रभाषा प्रचार समिति के प्रांगण में विद्यापीठ का न केवल शिलान्यास हुआ, बल्कि उसकी योजना के कार्यान्वयन की दृष्टि से अनुभवी शिक्षाविदों, साहित्यकारों, भाषाविदों तथा हिंदी के विकास-उत्थान की समस्या से सम्बद्ध अन्य विद्वानों की एक समिति गठित की गई। इस परामर्श समति की अनेक बैठकें भी हुईं। इस समिति के सदस्य के रूप में प्रसिद्ध शिक्षाविद् डॉ. वेणीशंकर झा, हिंदी के मनीषी साहित्यकार आचार्य हजारीप्रसाद द्विवेदी, राजभाषा विभाग के तत्कालीन सचिव श्री रमाप्रसन्न नायक, दिल्ली विश्वविद्यालय के भाषाविज्ञान विभाग के प्रोफेसर रवींद्रनाथ श्रीवास्तव आदि विद्वानों के साथ-साथ अखिल भारतीय हिंदी संस्था संघ के बाबू गंगाशरण सिंह, गाँधी स्मारक निधि के श्री श्रीमन्नारायण, नागरी प्रचारिणी सभा के डॉ. सुधाकर पांडेय, केंद्रीय हिंदी निदेशालय के तत्कालीन निदेशक डॉ. हरवंशलाल शर्मा आदि विचारकों ने विद्यापीठ के योजना-निर्धारण में महत्त्वपूर्ण योगदान दिया। ऐसे विशिष्ट व्यक्तियों की समिति द्वारा निर्धारित विद्यापीठ के उद्देश्यों एवं उसके विकास की भावी दिशा को लेकर आज तक कोई ठोस कदम नहीं उठाया जा सका–इसका खेद किस हिंदी प्रेमी को नहीं होगा ?

[2]

संदर्भ : भारतीय संविधान के अनुच्छेद 35 में स्पष्ट उल्लेख है कि संघ सरकार का यह कर्तव्य होगा कि वह भारत की प्रमुख राजभाषा हिंदी के प्रचार-प्रसार के लिए प्रयत्न करे, ताकि हिंदी भारत की सामासिक संस्कृति की अभिव्यक्ति का प्रभावी माध्यम बन सके। पिछले तीन दशकों के दौरान इस दिशा में किए गए प्रयत्न पर्याप्त सफल रहे हैं, परंतु इनका मुख्य ध्येय प्रधानतः देश के भीतर हिंदी का प्रचार-प्रसार करना है। इसमें संदेह नहीं कि हिंदी देश के भीतर व्यापक सम्प्रेषण की प्रमुख भाषा तथा सांस्कृतिक एकता का सूत्र है, अतएव इसकी प्रगति को इस तरह परिपुष्ट करना आवश्यक है जिससे कि उसका आंतरभारती स्वरूप उभर सके और अखिल भारतीय संदर्भ में वह भारतीय संस्कृति और सभ्यता की संवाहिका बन सके। रंजक साहित्य की सर्जनात्मक भाषा के साथ-साथ हमें इसे ज्ञान-विज्ञान की समर्थ माध्यम-भाषा के रूप में भी विकसित करना है।

उपर्युक्त राष्ट्रीय संदर्भ को सामने रखते हुए भी हम हिंदी के समान महत्त्ववाले उसके अंतर्राष्ट्रीय पक्ष को नजरअंदाज नहीं कर सकते। यह सर्वविदित है कि हिंदी भारत के बाहर फौजी, त्रिनिदाद, सूरीनाम, मारिशस, नेपाल, भूटान तथा गुआना आदि देशों में न केवल एक प्रयोजनी भाषा है, बल्कि एक सांस्कृतिक कड़ी भी है तथा वहाँ के निवासियों के लिए वह ऐतिहासिक अस्मिता तथा भावात्मक सम्बन्ध का एक दृढ़ आधार भी है। यह भी ध्यान देने योग्य है कि हिंदी श्रीलंका, बर्मा, इंडोनेशिया, मलेशिया, कम्पूचिया, बंगला देश जैसे राष्ट्रों में एक महत्त्वपूर्ण सामाजिक-सांस्कृतिक भूमिका निभा रही है। साथ ही लगभग एक सौ विदेशी विश्वविद्यालयों में हिंदी के विविध पक्षों में दिनों-दिन बढ़ती हुई शैक्षिक रुचि को भी ध्यान में रखना होगा।

यह बात बहुत समय से खटकती रही है कि हिंदी-प्रयोग एवं विकास की ये सशक्त सम्भावनाएँ अभी तक उपेक्षित ही रही हैं। कुछ शासकीय विभागों और अन्य संस्थाओं द्वारा विदेशों के लिए निर्धारित थोड़े-बहुत शैक्षिक कार्यक्रमों के कारण एक गलत धारणा उत्पन्न हो गई है कि अंतर्राष्ट्रीय क्षेत्रों में हिंदी के विकास के लिए विभिन्न स्तरों पर प्रयत्न लिए जा रहे हैं। किंतु ये छुटपुट प्रयास समय की माँग के अनुरूप पर्याप्त सिद्ध नहीं हो सके हैं। उदाहरणार्थ, कोई भी वर्तमान संस्था अंतर्राष्ट्रीय संघ के रूप में काम करने के लिए उपयुक्त साधन-सम्पन्न नहीं बनाई जा सकी है, ताकि वह हिंदी के माध्यम से सम्बन्धित विविध प्रकार के कार्यक्रमों को समन्वित कर सके, उन्हें उचित दिशा में अग्रसर कर सके या हिंदी के विविध पक्षों के विषय में यथावश्यक सूचनाएँ प्रसारित कर सके अथवा हिंदी के उन पक्षों में जहाँ कि सांस्कृतिक और शैक्षिक सहायता की आवश्यकता है, एक जीवंत और कारगर कड़ी प्रदान कर सके। इसके अतिरिक्त ऐसा कोई भी मंच या संस्थान

नहीं है, जो हिंदी के ऐसे कार्यकर्ताओं को प्रशिक्षित कर सके, जो अंतर्राष्ट्रीय संचार-तंत्र में उपयोगी सूत्र बन जाए। इस समय ऐसी कोई भी एजेंसी नहीं है जो हिंदी पर अंतर्राष्ट्रीय दृष्टि-प्रधान बुनियादी और अनुप्रयुक्त अनुसंधान की व्यवस्था करने में सक्षम हो।

हमें यह याद रखना होगा कि भारत की तत्कालीन प्रधानमंत्री श्रीमती इंदिरा गाँधी ने हिंदी के इस पक्ष पर अपना मंतव्य व्यक्त करते हुए कहा था, "हिंदी भाषा के द्वारा भारत की अन्य देशों से मित्रता की कड़ियाँ और दृढ़ होंगी।" मारिशस के प्रधानमंत्री सर श्री शिवसागर रामगुलाम ने भी कहा था कि "हिंदी भारत की राष्ट्रभाषा तो है ही, लेकिन हमारे लिए इस बात का महत्त्व है कि यह अंतर्राष्ट्रीय भाषा है। मारिशस, सूरीनाम, गुआना, फीजी, अफ्रीका के कई देश इस बात का मान करते हैं कि भारत की राष्ट्रभाषा को अंतर्राष्ट्रीय भाषा बनाने में उनका हाथ रहा है।"

इन घोषणाओं को प्रतिफलित करने की दृष्टि से ही प्रथम विश्व हिंदी सम्मेलन ने राष्ट्रभाषा प्रचार समिति, वर्धा के तत्त्वावधान में विश्व हिंदी विद्यापीठ की स्थापना करने का प्रस्ताव सर्वसम्मति से स्वीकार किया था। इसकी आधारशिला मकर संक्रांति 14 जनवरी, 1975 को वर्धा में रखी गई थी। अब वहाँ एक न्यूनतम कार्य-व्यवस्था उपलब्ध है। एक प्रभावी अंतर्राष्ट्रीय मंच के रूप में विश्व हिंदी विद्यापीठ की स्थापना हिंदी के प्रचार-प्रसार की गतिविधियों में अभी पाई जानेवाली कमियों को दूर करने और अंतर्राष्ट्रीय क्षेत्र में उसके समुन्नयन को बल देने के लिए की गई है। यद्यपि विद्यापीठ का मुख्य कार्य अंतर्राष्ट्रीय क्षेत्र में हिंदी को आगे बढ़ाने का होगा, तथापि यह विद्यापीठ अपनी मूल भूमि भारत से ही प्रेरणा तथा पोषण ग्रहण करेगी। विद्यापीठ हिंदी के प्रचार और प्रसार की एक और संस्था मात्र नहीं होगी, बल्कि उसका मूल उद्देश्य हिंदी के उन महत्त्वपूर्ण पक्षों की सम्भावनाओं का पता लगाना होगा जो अभी तक उपेक्षित रहे हैं।

[3]

स्थान : विश्व हिंदी विद्यापीठ की स्थापना का मूल उद्देश्य है कि हिंदी का अध्ययन इस प्रकार से किया जाए कि इसकी अंतःसांस्कृतिक तथा बहुमुखी भूमिकाएँ न केवल उभरकर सामने आएँ, बल्कि उन्हें बल मिले तथा राष्ट्रीय एवं अंतर्राष्ट्रीय स्तर पर हिंदी परस्पर सद्भाव का शक्तिशाली माध्यम बन सके।

यह सर्वविदित है कि राष्ट्रपिता महात्मा गाँधी की प्रेरणा से ही राष्ट्रभाषा प्रचार समिति, वर्धा की स्थापना हुई थी। अतः यह सर्वथा उचित ही है कि विश्व हिंदी विद्यापीठ का मुख्य केंद्र वर्धा में हो, जहाँ पर वह राष्ट्रभाषा प्रचार समिति के तत्त्वावधान में कार्य करे, तथापि अपने उद्देश्यों तथा लक्ष्यों की प्रभावी सिद्धि

के लिए विश्व हिंदी विद्यापीठ आवश्यकतानुसार अन्य स्थानों पर अपने संचालन-केंद्र स्थापित करेगी। परियोजना के प्रथम चरण में प्रशासनिक कार्य तथा अंतर्राष्ट्रीय सम्पर्क बनाए रखने के लिए दिल्ली में एक केंद्र खोलने का प्रस्ताव है।

[4]

परिप्रेक्ष्य, अभिविन्यास और उद्देश्य : विश्व हिंदी विद्यापीठ की परिकल्पना हिंदी-अध्ययन के एक ऐसे अंतर्राष्ट्रीय विश्वविद्यालय की है जिसमें विदेशी भाषा के रूप में हिंदी का अध्ययन-अध्यापन तथा अनुसंधान होगा और जो विश्व के सभी भागों में हो रहे हिंदी के अध्ययन से सम्बन्धित सूचनाओं का प्रसार-केंद्र होगा।

अंतर्राष्ट्रीय भाषा के रूप में हिंदी के अध्यापन की दृष्टि से अभी तक भाषा-शिक्षा के क्षेत्र में हमारी बड़ी खामी यह रही है कि भाषा-संरचना के आंतरिक प्रकार्यों को हमने बाह्य प्रकार्यों के परिप्रेक्ष्य में नहीं देखा है। भाषा के आंतरिक प्रकार्य यह प्रकट करते हैं कि **भाषा क्या है ?** दूसरी ओर भाषा के बाह्य प्रकार्य यह उद्‌घाटित करते हैं कि जातीय, सामाजिक एवं सांस्कृतिक संदर्भों में **भाषा क्या करती है ?** इन दोनों पक्षों के पारस्परिक सम्बन्ध को ठीक तरह से समझ न पाने के कारण हमारे विद्वान और शिक्षण-विशेषज्ञ इस मान्यता के आधार पर कार्य करते रहे हैं कि भाषा सीखने और पढ़ने का कार्य केवल व्याकरण और पाठ्य-पुस्तकों द्वारा ही भली भाँति सम्पन्न किया जा सकता है। अद्यतन अनुसंधानों ने यह सिद्ध किया है कि भाषा अधिगम की सफलता या असफलता में सामाजिक तथा अन्य परिवेशीय तत्त्वों की महत्त्वपूर्ण भूमिका होती है। यह तथ्य उस भाषा पर और भी लागू होता है जो द्वितीय अथवा विदेशी भाषा के रूप में ग्रहण की जाती है। भाषा का अध्यापन प्रभावशाली तभी हो सकता है, जबकि सीखनेवाले का सामाजिक, सांस्कृतिक और भाषायी परिवेश ध्यान में रखा जाए और उसे सीखी जानेवाली भाषा की प्रयोजनपरकता से सम्बद्ध किया जाए। उदाहरणार्थ, हिंदी गुआना अथवा फीजी में कुछ चुनी हुई भूमिकाएँ और प्रयोजन सिद्ध करती हैं। हिंदी की इस प्रयोजनपरकता को फीजी और गुआना के विद्यार्थी के सामाजिक, सांस्कृतिक और भाषायी परिवेश के साथ सम्बद्ध करने पर ही अध्यापन सार्थक और उपयोगी हो सकेगा।

इस उद्देश्य की प्राप्ति के लिए उन देशों का, जहाँ कि हिंदी सीखी और पढ़ाई जाती है, अंतःसांस्कृतिक और तुलनात्मक अध्ययन करना होगा तथा इन देशों के यथार्थपरक भाषा-चित्र सामाजिक दृष्टि से तैयार करने होंगे।

अभी तक हिंदी को विदेशी भाषा के रूप में पढ़ाने से सम्बन्धित कोई सार्थक कार्य नहीं हुआ है, हालाँकि हिंदी बड़े पैमाने पर फीजी, मारिशस, त्रिनिदाद आदि देशों में प्रयोजनीय भाषा के रूप में प्रयुक्त हो रही है। साथ ही बर्मा, श्रीलंका,

कम्पूचिया आदि देशों में हिंदी सामाजिक, सांस्कृतिक अंतःशक्ति के रूप में विद्यमान है तथा रूस, संयुक्त राज्य अमेरिका तथा यूरोप के अनेक देशों में हिंदी के प्रति गहरी शैक्षिक अभिरुचि है। इतना सब होते हुए भी अभी इन देशों के सामाजिक-सांस्कृतिक संदर्भ में हिंदी की भूमिका तथा प्रयोजनीयता सही ढंग से पहचानने तथा वर्णित करने का कोई सार्थक प्रयास नहीं किया गया है।

[5]

दिशा एवं कार्यक्रम : उपर्युक्त बातों को ध्यान में रखते हुए प्रस्तावित विश्व हिंदी विद्यापीठ निम्नलिखित दिशाओं में कार्य करेगा :

1. भाषा-चित्र तथा तुलनात्मक अध्ययन : अंतःसांस्कृतिक तुलनात्मक अध्ययन तथा सामाजिक दृष्टि से यथार्थपरक भाषा-चित्र तैयार करना विश्व हिंदी विद्यापीठ के प्रमुख कार्य होंगे। साथ ही साथ जहाँ भी हिंदी का अध्ययन-अध्यापन होता है, उन देशों में पाए जानेवाले सम्प्रेषण-तंत्र के विवरण भी तैयार किए जाएँगे। यह एक महत्त्वपूर्ण शोध-योजना है तथा इसके परिणामस्वरूप विभिन्न देशों में हिंदी की प्रयोजनमूलक भूमिकाओं का प्रकारात्मक विवरण उपलब्ध हो सकेगा।

2. शिक्षण कार्यक्रम : उपर्युक्त प्रकारात्मक विवरण के आधार पर विश्व हिंदी विद्यापीठ निम्नलिखित कार्य करेगी :

–शिक्षण-कार्यक्रमों के लक्ष्यों का निर्धारण;

–निर्धारित लक्ष्यों की प्राप्ति के लिए प्रभावी शिक्षण-प्रविधियाँ अपनाना;

–लक्ष्यों तथा शिक्षण-प्रविधियों के अनुरूप शिक्षण-सामग्री तथा सहायक उपकरण तैयार करना; तथा

–शिक्षण-कार्यक्रमों की प्रभावी सिद्धि के लिए शिक्षकों को नये चिंतन के अनुरूप प्रशिक्षित करना।

3. द्वि तथा बहुभाषिकता का प्रचार-प्रसार : अपने शिक्षण तथा शोध-कार्यक्रमों के माध्यम से विश्व हिंदी विद्यापीठ द्वि/बहुभाषिक तथा बहुसांस्कृतिक मानव के स्वप्न को साकार करने में निरंतर प्रयत्नशील रहेगी। इस उद्देश्य की प्राप्ति के लिए विश्व हिंदी विद्यापीठ निम्नलिखित कार्य करेगी :

–भारत की प्रमुख प्रादेशिक भाषा-भाषी जनता को जनभाषा के रूप में हिंदी पढ़ाना; तथा

–भारतीय समाज-व्यवस्था, दर्शन तथा सांस्कृतिक रिक्थ के सशक्त माध्यम के रूप में हिंदी भाषा तथा साहित्य से परिचय कराना।

4. अंतर्राष्ट्रीय भाषा के रूप में हिंदी का संवर्धन : इस लक्ष्य की सिद्धि के लिए विश्व हिंदी विद्यापीठ निम्नलिखित कार्य करेगी :

–उन व्यावहारिक तथा अध्ययन-क्षेत्रों में हिंदी का प्रचार-प्रसार, जिनमें

सम्प्रति हिंदी बहुत ही कम प्रयुक्त होती है; तथा
–विदेशी भाषा के रूप में हिंदी-अध्यापन के कार्यक्रमों का विस्तार एवं परिपुष्टि।

5. अनुवादकों तथा दुभाषियों को प्रशिक्षण : प्रथम चरण में विश्व हिंदी विद्यापीठ सम्प्रति राष्ट्रसंघ में प्रयोग की जा रही भाषाओं के लिए हिंदी जाननेवाले अनुवादक तथा दुभाषिए प्रशिक्षित करेगी। दूसरे चरण में विश्व की सभी महत्त्वपूर्ण भाषाओं के लिए हिंदी जाननेवाले अनुवादक तथा दुभाषिए प्रशिक्षित किए जाएँगे।

6. समन्वय, वितरण तथा सम्बद्ध गतिविधियाँ :

(क) विश्व हिंदी विद्यापीठ विभिन्न देशों में, संस्थानों में, संगठनों अथवा व्यक्तियों द्वारा किए जा रहे हिंदी से सम्बद्ध अध्ययन का समन्वय करेगी। समन्वय के साथ-साथ विदेश स्थित अपने केंद्रों तथा अन्य सम्बद्ध संस्थाओं, संस्थानों को उपाधियाँ तथा डिप्लोमा आदि प्रदान करने का कार्य भी करेगी। भारत तथा अन्य देशों में स्थित संस्थाओं, संस्थानों अथवा विश्वविद्यालयों द्वारा दी गई उपाधियों को समकक्षता प्रदान करने के लिए शैक्षिक मापदंडों का निर्धारण भी विश्व हिंदी विद्यापीठ करेगी।

(ख) **विस्तार सेवाएँ :** विश्व हिंदी विद्यापीठ देश-विदेश में उन स्थानों पर अपने केंद्र स्थापित करेगी, जहाँ संस्थागत अथवा व्यक्तिगत रूप से हिंदी के सम्बद्ध समानांतर तथा नए प्रयत्न किए जा रहे हैं। ये केंद्र न केवल हिंदी सम्बन्धी अध्ययन का समन्वय करेंगे, वरन् विद्वानों, तकनीकी कर्मचारियों, शिक्षण तथा पठन-सामग्री एवं विधियों के आदान-प्रदान में भी सहायक होंगे।

(ग) **जानकारी का विवरण :** विश्व हिंदी विद्यापीठ देश-विदेश में हो रहे विभिन्न केंद्रों में हिंदी से सम्बद्ध कार्यों की प्रकृति, स्तर तथा परिसीमाओं के बारे में जानकारी उपलब्ध करेगी। इस प्रकार विश्व हिंदी विद्यापीठ एक अंतर्राष्ट्रीय वितरण केंद्र का रूप लेकर हिंदी से सम्बद्ध जानकारी के आदान-प्रदान में सहायक सिद्ध होगी तथा विभिन्न केंद्रों में हो रहे कार्यों का समन्वय भी करेगी।

(घ) **शोध :** हिंदी के विभिन्न पहलुओं पर मूलभूत तथा प्रयुक्त शोध में न केवल विश्व हिंदी विद्यापीठ स्वयं प्रयत्नशील होगी वरन् अन्य संस्थाओं, संस्थानों के साथ इस दिशा में सहयोग भी करेगी। जानकारी वितरण केंद्र के रूप में विश्व हिंदी विद्यापीठ हिंदी से सम्बद्ध शोध-कार्य को शैक्षिक दृष्टि से उपयुक्त दिशा प्रदान करेगी। विश्व हिंदी विद्यापीठ का प्रलेखन-केंद्र सहायता के रूप में शोध-कर्ताओं को विभिन्न देशों में हो रहे कार्यों के बारे में तथ्य, आँकड़े तथा कार्य के विभिन्न पक्षों की

जानकारी देगा।

7. व्यवस्था योजना : विद्यापीठ के दो व्यवस्था-क्षेत्र होंगे : आंतरिक और बाह्य। आंतरिक योजना के अंतर्गत वे उद्देश्य एवं लक्ष्य कार्यान्वित किए जाएँगे, जो मुख्य व्यवस्था केंद्र, वर्धा में सम्पन्न किए जा सकते हों। बाह्य योजना में उन देशों, राज्यों या केंद्रों की प्रवृत्तियों का प्रसार और प्रचार किया जाएगा जो विश्व हिंदी विद्यापीठ के उद्देश्य सिद्ध करने में उपयोगी सिद्ध हो सकें।

(क) **आंतरिक योजना :** आंतरिक योजना के अंतर्गत निम्नलिखित गतिविधियाँ होंगी :

1. अध्यापन एवं प्रशिक्षण विभाग;
2. अनुसंधान विभाग;
3. प्रलेखन विभाग;
4. वितरण केंद्र;
5. अंतःभाषिक सम्पर्क केंद्र।

(ख) **बाह्य योजना :** इसके अंतर्गत निम्नलिखित गतिविधियाँ होंगी :

1. व्याप्त (ओपन) विश्वविद्यालय;
2. सैटेलाइट केंद्र;
3. विस्तार सेवाएँ;
4. शैक्षिक-विनिमय कार्यक्रम;
5. प्रकाशन।

हमें विश्वास है कि हिंदी अध्ययन-प्रशिक्षण तथा अनुसंधान के अंतर्राष्ट्रीय विश्वविद्यालय के रूप में 'विश्व हिंदी विद्यापीठ' के अभिविन्यास, उद्देश्य, दिशा एवं भावी कार्यक्रम को तृतीय विश्व हिंदी सम्मेलन से और भी बल मिलेगा।

□□□

रवींद्रनाथ श्रीवास्तव

जन्म : 9 जुलाई, 1936 को बलिया (उ. प्र.)।

निधन : 3 अक्टूबर, 1992।

लेनिनग्राद विश्वविद्यालय से भाषा-विज्ञान में पी-एच. डी. ; अमेरिका में भाषा पर शोधकार्य के लिए पोस्ट-डॉक्टरल फेलो ; यूनेस्को (पेरिस), यूनाइटेड नेशंस यूनिवर्सिटी (टोक्यो) आदि अंतर्राष्ट्रीय संगठनों में भाषा-शिक्षण सम्बन्धी कार्य-गोष्ठियों के विशेषज्ञ सदस्य ; अमेरिका और इटली के विश्वविद्यालयों में विजिटिंग प्रोफेसर के रूप में अध्यापन ; दिल्ली विश्वविद्यालय के भाषाविज्ञान विभाग में प्रोफेसर ; शैली विज्ञान, आलोचना, भाषा-शिक्षण, अनुवाद पर 6 पुस्तकें और रूसी, अंग्रेजी एवं हिंदी में प्रकाशित अनेक लेख।

सम्पूर्ण लेख पाँच खंडों में प्रकाश्य

खंड-1. हिंदी भाषा का समाजशास्त्र
खंड-2. हिंदी भाषा : संरचना के विविध आयाम
खंड-3. भाषाविज्ञान : सैद्धांतिक चिंतन
खंड-4. अनुप्रयुक्त भाषाविज्ञान : सिद्धांत एवं प्रयोग
खंड-5 सृजनात्मक साहित्य